新版

実務者のための

著作権ハンドブック

元 文化庁著作権課 著作権調査官、弁護士
池村 聡　小坂 準記　澤田 将史 編著

Copyright Law Handbook

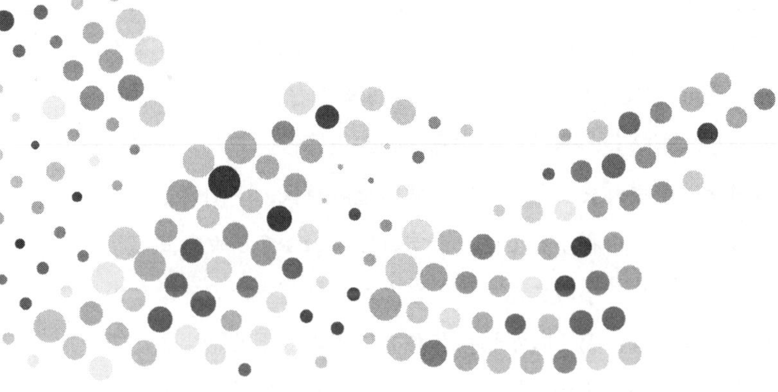

著作権情報センター

まえがき

1996年に初版が出版され、その後文化庁著作権課の諸先輩方の手で第9版まで改訂が重ねられてきた「実務者のための著作権ハンドブック」が、今回、新版として装いも新たに生まれ変わることになりました。

著作権情報センターの片田江邦彦さんから、「第9版の刊行以降、改正も続いたためそろそろ改訂版を出したいのだが、文化庁著作権課からは忙しすぎて改訂作業の時間が取れないと言われている。池村・小坂・澤田の元著作権調査官トリオで担当してもらえないだろうか」と相談を受けた際、この三人で本を書くことは楽しいに違いないと思い、小坂さん、澤田さんの意向を確認することもなく即快諾をしてしまいましたが、幸いお二人とも無事快諾して下さり、(締切のことさえ考えなければ)楽しい執筆作業が始まりました。

思えば中山信弘先生がその名著『著作権法』(有斐閣刊)で「著作権法の憂鬱」と嘆かれたのは2007年8月のことでした。その後、私は2009年から2012年6月まで、小坂さんは2012年7月から2014年12月まで、そして澤田さんは2016年11月から2019年6月まで著作権調査官として文化庁に出向し、審議会の運営や著作権法の改正等といった著作権行政に関与する機会に恵まれました。私は、著作権課時代、中山先生が嘆かれている憂鬱な状況から脱するにはどうすればよいかを日々自問自答していましたし、おそらく小坂さんも澤田さんも同様だったのではないかと思います。本書では、第9版が刊行されて以降の改正を踏まえたアップデートが施されていますが、例えば授業目的公衆送信補償金制度(平成30年改正)や図書館資料のメール送信等(令和3年改正)といった補償金付権利制限制度や、柔軟な権利制限規定(平成30年改正)などは、憂鬱な状況を晴らす改正だったように感じます。

本書は、「実務者のための」と銘打っている以上、実務者にとって分かりやすく、役に立つものでなければなりません。私達は、かかる観点から、今回の新版執筆にあたって、全体構成や一問一答の内容を思い切って大きく見直すこととしました。これまで行政官の手によって執筆されてきた本書に、行政官・弁護士双方の立場での実務経験を有する私達が新たな息吹を加えることによって、より実務者の要請に応える内容になったと確信しています。私は、「著作権のせいでビジネスが前に進まない」という後向きな気持ちではなく、「こうすれば権利制限規定の対象となる」「こういう契約を結べば広く利用できる」といった前向きな気持ちで著作権と付き合うことを日々心掛けていますが、本書を通じて読者の皆様にもそんなマインドが伝われば大変嬉しく思います。

執筆の打ち合わせはできれば三人で飲みながらやりたかったのですが、コロナ禍でかないませんでした。本書が刊行された暁には、文化庁の思い出話を肴に楽しい打ち上げができればと思っています。

最後に、本書編集の過程では、著作権情報センターの片田江邦彦さんと加藤宏亮さんに大変お世話になりました。この手の共著本において全員がほぼ締切を遵守するという小さな奇跡が起きたのは、他ならぬお二人のご尽力の賜物です。この場を借りて御礼を申し上げます。

3回目ワクチン接種後の副反応に苦しみながら

2022年2月

編著者を代表して　　池村　聡

目　次

第３章　著作権等の制限

第 1 部

著作権制度の概要

第1章

第１章　著作物、著作者、著作者の権利

第１節　著作物

１　著作物の定義

著作権は「著作物」に関し、一定の利用をコントロールすることができる権利であり、あくまで「著作物」に関して及ぶ権利です。言い換えれば「著作物」でなければ及ばない権利ですので、その意味で「著作物」かそうでないかということは、著作権が関係するか否かに直結する非常に重要な問題といえます。この点、「著作物」とは、「思想又は感情を創作的に表現したものであつて、文芸、学術、美術又は音楽の範囲に属するものをいう。」と定義されています（著作権法２条１項１号）。書籍として出版されている小説、CDや配信の形で販売されているヒットソング、美術館で展示されている絵画や彫刻などが著作物に該当し、著作権法上の保護を受けることに疑問を持つ人はいませんが、例えばシンプルな実用品のデザインや、広告のキャッチフレーズなどのような短い文章、企業や商品名等のロゴマークなど、著作物であるか否かが判別し難いものも少なくありません。上記定義を見ても、「●文字以上の文章」、「●色以上使って描かれたイラスト」といった客観的な基準はどこにも書いてありませんので、著作物か否かについて争いがある場合には、最終的には裁判による判断を待つことになりますが、上記定義からは、以下の４つの要件を導くことができます。

著作物の第１の要件は、「思想又は感情」を表現したものであること

です。従って、例えば、「エンゼルスの大谷翔平選手が8月18日（現地時間）、先発投手として今シーズン8勝目を上げるとともに、打者としても40号ホームランを打ちました。」という文のように、単なる「データ」「事実」だけを表現したものは思想や感情を含みませんので、著作物ではありません。また、ここでいう思想や感情は、人間のそれを指しますので、例えば猿が描いた絵画や機械が完全に自動で撮影した写真等は現在の法律においては著作物ではありません。

著作物となるための第2の要件は、「創作的」に表現したものであることであり、実務上、「創作性」の要件といいます。

ここでいう「創作性」とは、特許等産業財産権の分野で要求される厳格な「新規性」を要求しているものではなく、多少なりともその人のオリジナリティがあればそれで十分であると考えられています。他方で、既存の作品を単にそのまま模倣したものや、誰が表現しても似たり寄ったりになるようなありふれた表現については、創作性の要件を欠き、著作物ではありません。例えば、「エンゼルスの大谷翔平選手が8月18日（現地時間）、先発投手として今シーズン8勝目を上げるとともに、打者としても40号ホームランを打ちました。かっこいい!」という文章は、「かっこいい!」という感情表現を含んでいますので、第一の要件は一応充たしますが、誰でも思いつくありふれた表現ですので、第2の要件である創作性の要件を充たすとはいえず、著作物ではありません。このほか、絵画を忠実に再現するために真上から平面的に撮影した場合、（勿論絵画は著作物ですが）その写真は、著作物ではありません。

次に第3の要件は、「表現したもの」であることです。すなわち、作品のテーマやイメージを頭の中であれこれ膨らませていても、それを実際に文章やイラスト、旋律（音楽）といった形で具体的に「表現」しなければ著作物として保護を受けることはできません。裏を返せば、著作物としての保護を受けるのは、あくまで文章等の具体的な「表現」であって、その背後にあるアイデアや思想又は感情それ自体、それから画風や文章上のテクニックといった表現をするための技法自体は著作物ではありません。従って、例えば、あるスポーツのルールそれ自体は著作物ではありませんが、ルールを独自の文章やイラストを使って解説したテキストは著作物になり得ることになります。

なお、ここでいう「表現」とは、必ずしも印刷、楽譜、録音等といった形で何かに固定される必要はなく、講演や即興演奏のようなものであっても第３の要件を充たします（なお、映画の著作物に関しては固定が要件とされています。著作権法２条３項）。

著作物となるための最後の要件は、「文芸、学術、美術又は音楽の範囲に属するもの」であることです。これは高度な芸術的・学問的価値や経済的価値を要求しているものではなく、著作者の知的創作活動の発露であるか否かを求めているにすぎません。また、技術的、実用的に優れた作品であっても、それが文芸、学術、美術又は音楽の範囲に属さない工業製品であれば、そのデザインは著作物とはいえません。もっとも、最近は、いわゆる「応用美術」の問題として、家具等の実用品のデザインが著作物といえるかにつき、活発に議論が行われている状況にあります。

以上の４つの要件を全て満たせば「著作物」として著作権の保護を受けることができます。４つの要件はいずれもさほど厳しい要件ではありませんので、いわゆるプロの作品だけではなく、子供の手による作文や絵画は勿論のこと、我々が日常に書く文章やスマホ等で撮影する写真、職務上作成するレポート等もすべて著作物となり得るものなのです。マスコミ等に現れる著作権関係の事件報道は、いわゆるプロの作品をめぐるものが多いのですが、それらに限らず、我々の日常生活の中にも無数の著作物が存在しており、裁判例においても、ちょっとしたイラストや写真、文章等が著作物であると判断されています。現代社会においては、とりわけインターネット上をはじめ、身の回りは著作物だらけといっても決して過言ではありませんので、我々１人１人が身近な問題として著作権を意識することが大切です。

2　著作物の種類

著作物の定義については先に述べたとおりですが、著作権法では、著作物のイメージをさらに明確にするため、著作物の種類について、以下に見る通りいくつかの具体的な例を示しています（10条）。もっとも、あくまでも例示にすぎず、これらのいずれかに属さなければ著作物ではないというものではなく、また、複数の種類の性質を持つ著作物もあります（例えば漫画は言語の著作物と美術の著作物の性質を持ちます）。いずれにせよ、先に述べた４つの要件を充たす必要がありますので、その点は忘れないでください。

(1)　言語の著作物（10条１項１号）

小説、脚本、論文など文字で表現されたもののほか、講演、演説、スピーチなど口頭で伝達されるものを含めて言語の著作物といいます。

なお、事実の伝達にすぎない雑報及び時事の報道は、言語の著作物に該当しません（10条２項）。例えば、人事往来、死亡記事など、いつ、どこで、誰が、何をしたかという事実のみで構成されているものは著作物ではありません。

著作物の題号（タイトル）については、その著作物本体とともに、

「同一性保持権」（本章第３節２）の対象とはなりますが、題号自体は、よほど長くて特殊なものを除き、通常著作物には当たらないと考えられます。

⑵　音楽の著作物（10条１項２号）

楽曲や歌詞を音楽の著作物といいます。なお、歌詞に関しては、言語の著作物にも該当します。即興演奏のように楽譜に固定されていなくとも音楽の著作物に該当することは既に第３の要件との関係で説明したとおりです。

⑶　舞踊又は無言劇の著作物（10条１項３号）

日本舞踊、バレエ、パントマイムといったものの「振りつけ」がこれに当たります。

⑷　美術の著作物（10条１項４号）

絵画、版画、彫刻、書、舞台美術などを総じて美術の著作物といいます。

美術の著作物に関しては、いわゆる「応用美術」の取り扱いをどうすべきかについて、従来から様々な議論がされています。

応用美術は、一般には、⒜実用品として製作される美術作品（カメオのブローチなどの装身具、壁掛け、壷など)、⒝実用品と結合した美的な創作物（家具に施された彫刻など)、⒞実用品の模様やひな型として利用するための美的な創作物（機械生産品又は大量生産品のひな型、染織図案など）に分類され、我が国の著作権法では、このうち⒜のいわゆる一品製作の美術工芸品を美術の著作物に含めることとしていますが、⒝や⒞について著作物として保護されるかについては、様々な学説や裁判例があり、今なお議論が盛んです。

また、この問題とも関連して、印刷文字書体（タイプフェイス、フォント）が著作物として保護されるかという問題があります。先に述べたように、「書」は美術の著作物と考えられており、また、花文字、飾り文字のようなものも美術の著作物に含まれうると考えられます。これらは、文字をモチーフに、美的作品として表現しているため、美術の著作物と考えられますが、他方、タイプフェイスやフォントと呼ばれる書体については、あくまで伝達手段として用いられることから、著作権法上の保護対象である著作物とは一般に考えられておらず、最高裁判所もそのように判断しています。

⑸　建築の著作物（10条１項５号）

それなりに凝ったデザインのビルや塔、橋、庭園などの建造物については、建築の著作物として保護を受けます。他方、ありふれたデザインのビルや住居等の建物はこれに該当しません。

なお、建築の設計図等は⑹で見る図形の著作物に含まれます。

⑹　地図又は学術的な性質を有する図形の著作物（10条１項６号）

地図、学術的な性質を有する図面、図表、模型その他の図形も著作物の概念に含まれています。具体的には、道路地図、住宅地図、建築物の設計図、グラフ、図表、人体模型などが考えられます。なお、誰がまとめても同じようなデザインにならざるを得ないグラフや表は創作性の要件を欠き、著作物には当たりません。

⑺　映画の著作物（10条１項７号）

映画の著作物については、「映画の効果に類似する視覚的又は視聴覚的効果を生じさせる方法で表現され、かつ、物に固定されている著作物を含む」（著作権法２条３項）と規定されています。日常用語で「映画」といった場合、いわゆる劇場上映用映画のことをいいますが、著作権法の「映画の著作物」は、それだけでなく、テレビ番組、コマーシャル映像、ユーチューバーの投稿動画は勿論のこと、個人がスマホ等で撮影した動画も映画の著作物に当たりうるといえます。

なお、ゲームの映像についても、それなりに動きのあるものであれば、通常は映画の著作物に当たると考えられています。

他方、例えば防犯カメラで店内の風景を自動的に撮影した記録影像は、創作性の要件等を欠くことから著作物には当たりません。

⑻　写真の著作物（10条１項８号）

写真の著作物には、「写真の製作方法に類似する方法を用いて表現される著作物を含む」（２条４項）と規定されており、写真染め、グラビアなども含まれます。いわゆるアート写真だけでなく、各種の肖像写真や商品写真は勿論のこと、素人によるスナップ写真やスマホで何気なく撮影した画像も一般的には写真の著作物と考えられています。他方、創作性の要件のところで説明をした絵画を忠実に再現するために平面的に撮影した写真や自動撮影機による証明写真などは著作物には当たらないと考えられます。撮影機能付きスマホの普及等により誰もがいとも簡単に大量の写真を撮影ができる時代において、写真の著作物性をどう考えていけばよいかは、一つの課題といえるでしょう。

⑼　プログラムの著作物（10条１項９号）

プログラムに関しては、「電子計算機を機能させて一の結果を得ることができるようにこれに対する指令を組み合わせたものとして表現したもの」（２条１項10号の２）と定義されています。各種ソフトウェアがプログラムの著作物に当たるわけですが、例えばゲームソフトの場合、プログラムの側面に着目した場合はプログラムの著作物に、映像面に着目すれば映画の著作物に該当することになります。

なお、プログラムの著作物を作成するために用いるプログラム言語、規約及び解法は著作権法による保護を受けるものではありません（10条3項）。これは、日本語の文法や用語が著作権の保護を受けないことと同様です。

3　二次的著作物等

以上が著作権法10条が例示する著作物の種類ですが、この他、著作物には以下のような分類があります。

⑴　二次的著作物

外国語の小説を日本語に翻訳したもの、クラシックの楽曲をジャズにアレンジ（編曲）したもの、小説を脚本にしたもの、脚本を映画化したもの、漫画をアニメ化したものなど、既存の著作物に新たな創作行為を加えて作成された著作物を二次的著作物といい、基となった著作物とは別個の著作物として保護を受けます。著作権法では、「著作物を翻訳し、編曲し、若しくは変形し、又は脚色し、映画化し、その他翻案することにより創作した著作物」（2条1項11号）と定義されています。なお、二次的著作物の元となった著作物のことを「原著作物」といいます。

勿論、原著作物に用字用語の変更など多少の修正増減を加えたにすぎないものは、新たな創作行為を加えたとは考えられないため、二次的著作物とはなりません。

なお、二次的著作物の創作をすることに対しては、原著作物の翻訳権、翻案権等（27条）が働くことになります（本章第3節3⑽）。

また、原著作物の著作権者は、二次的著作物の利用に関する権利を有するので、二次的著作物を利用する場合には、二次的著作物の著作権者のほか、原著作物の著作権者の許諾を得なければなりません（本章第３節３⑾)。

⑵　編集著作物

百科事典、新聞、雑誌、詩集、論文集等の編集物は、複数の著作物を素材として成り立っていますが、この編集物自体も、素材である個々の著作物の選択又はそれらの配列方法に創作性を有する場合には、独立した著作物としての保護を受けます。これを編集著作物といいます（12条１項）。なお、英語単語集、企業リスト等、著作物でないものを素材とした編集物であっても、素材の選択又は配列に創作性があるものは編集著作物に該当します。

著作物を素材とする編集著作物（例えば文章や写真を素材とする雑誌）の場合、素材となっている著作物（文章、写真）と編集著作物（雑誌）とは別個の著作物ですので、その編集物を利用するときには、素材の著作物の著作権者と編集著作物の著作権者の許諾を得なければなりません。ただし、素材である著作物のみを単体で利用する場合には、素材の著作物の著作権者の許諾だけを得れば足ります。

⑶　データベースの著作物

「論文、数値、図形その他の情報の集合物であつて、それらの情報を電子計算機を用いて検索することができるように体系的に構成したもの」（２条１項10号の３）のうち、情報の選択又は体系的な構成によって創作性を有するものは、データベースの著作物としての保護を受けます（12条の２）。例えば、学術論文の書誌事項や全文を蓄積したデータベース、企業内の従業員に関する情報や顧客情報を蓄積したデータベースなどがあります。

データベースの著作物は編集著作物と類似する面を持っていますが、「素材の配列」ではなく「情報の体系的な構成」に著作物としての重要な要素を認めている点で異なっています。「体系的な構成」とは、コンピュータで検索するためのコード、個々の情報の属性（数値なのか文字なのかなど）、情報の文字数や桁数等を設定し、それに従って情報を整理し、組み立てることをいいます。あくまで「情報の選択又は体系的構成」に関して創作性が備わっていることが必要ですので、単純に数多くのデータを網羅的に収集し、記録等しただけでは、データベースの著作物とは評価されません。

データベースの著作物は、編集著作物と同様に、それに蓄積されている論文等の著作物とは別個の保護を受けます。

⑷　共同著作物等

この他、創作過程等に着目した著作物の分類として「共同著作物」、「集合著作物」、「結合著作物」があります。

まず、「共同著作物」とは、「二人以上の者が共同して創作した著作物であつて、その各人の寄与を分離して個別的に利用することができないもの」（2条1項12号）をいいます。例えば、座談会は、出席者全員の発言のやり取りによって構成されるところから、発言者全員の共同著作物に該当します。メロディーを二人で考えて作曲した場合の楽曲も共同著作物です。もっとも、一人が「●●風の曲を作ろう」といったアイデアを提供し、作曲はもう一人が全て担当したような場合は、共同著作物とは評価されません。

次に、「集合著作物」とは、例えば、10人の作曲家が一曲ずつ持ち寄って制作された1枚のアルバム作品のように、その構成部分（上記例でいうと各楽曲）を分離して個別的に利用できるものをいいます。複数の論文が収録された論文集も集合著作物に当たるでしょう。

最後に「結合著作物」とは、「集合著作物」に類似するものでありますが、例えば歌詞と楽曲により構成されている歌謡曲や、文章と挿絵により構成されている絵本のように、本来は一体的なものとして創作されながら、分離して利用することが可能なものをいいます。なお、「共同著作物」とは異なり、「集合著作物」と「結合著作物」は著作権法上に定義規定等があるわけではなく、あくまで講学上の概念です。

4　権利の目的とならない著作物

著作物であっても、その性質上、国民に広く開放して利用されるべきものについては、著作権法上の保護を受けないこととされています（13条各号）。具体的には、以下の(1)~(4)がこれに当たり、これらに関しては、無断利用しても著作権侵害には当たりません。

(1)　憲法その他の法令

憲法、法律、条約、政令、省令及び地方公共団体の条例等は、著作権法の保護を受けません。勿論、学者等が独自に考え、提唱した法律私案といったものは、これには含まれず、通常の著作物と同様の保護を受けます。

(2)　国若しくは地方公共団体の機関、独立行政法人又は地方独立行政法人が発する告示、訓令、通達その他これらに類するもの

告示、訓令、通達のほか、通知、照会・回答、行政機関の交換文書等の公文書は、保護を受けません。ただし、行政庁の作成するものであっても、白書、報告書のようなものは、通常の著作物と同様の保護を受けます。

(3)　裁判所の判決、決定、命令及び審判並びに行政庁の裁決及び決定で裁判に準ずる手続により行われるもの

裁判所の判決等のほか、特許審判、海難審判、行政不服審査等の審

決、裁定等は、保護を受けません。

(4)　法令や判決など(1)〜(3)に掲げるものの翻訳物及び編集物で、国若しくは地方公共団体の機関、独立行政法人又は地方独立行政法人が作成するもの

(1)〜(3)に掲げる著作物の翻訳物及び編集物についても、国若しくは地方公共団体の機関、独立行政法人又は地方独立行政法人が作成するものは、保護を受けないものとしています。あくまで国等が作成するものに限られますので、一般企業や一般人等が作成した翻訳物や編集物については、著作権法の保護対象となります。

5　保護を受ける著作物

我々が、日常生活の中で利用する著作物は、日本国内で作成されたものばかりではなく、外国の文献、映画、音楽なども多く含まれます。これらを含め、我が国の著作権法が、保護の対象とする著作物の範囲については著作権法６条に規定されています。

(1)　日本国民の著作物（６条１号）

我が国の国民の著作物は、発行されたか未発行であるかを問わず保護を受けます。

また、日本国民の中には、我が国の法令に基づいて設立された法人及び国内に主たる事務所を有する法人を含みます。さらに、法人には、法人格を有しない社団又は財団で代表者等の定めがあるものを含みます（２条６項)。

(2)　最初に国内において発行された著作物（６条２号）

日本国民を著作者としなくとも、我が国で最初に発行された著作物については、我が国の著作権法により保護を受けます。(3)において、

条約上の保護関係にある国の国民の著作物等を保護することを掲げていますが、条約未加入国の国民の著作物であっても、本号による保護を受ける途が開かれていることになります。

なお、「発行」とは、複製の許諾を得て、公衆の要求を満たす相当程度の部数の著作物の複製物が作成され、頒布されることをいい（3条1項)、国外で最初に発行されたものの、それから30日以内に日本において発行されたものも含まれることとされています（同時発行)。

⑶　条約により我が国が保護の義務を負う著作物（6条3号）

我が国は、著作権に関する国際条約として、ベルヌ条約、万国著作権条約、WIPO著作権条約並びにWTO協定（TRIPS協定）に加入しており、それぞれの条約の規定により、ベルヌ同盟国間においては、ベルヌ同盟国の国民の著作物及びベルヌ同盟国で最初に発行された著作物（ベルヌ条約パリ改正条約3条1項）を、万国著作権条約締約国間においては、同締約国の国民の著作物及び同条約締約国で最初に発行された著作物（同条約2条1項、2項）を、WIPO著作権条約締約国間においては、同締約国の国民の著作物及び同締約国において最初に発行された著作物（同条約3条）を、WTO協定（TRIPS協定）締約国間においては、同協定締約国の国民の著作物及び同協定締約国で最初に発行された著作物（同協定9条1項）を保護する義務を負っています。

この結果、日本と国交がない北朝鮮など、ごく限られた例外を除き、基本的に外国人や外国企業等による著作物も日本の著作権法で保護されることになります。

第2節　著作者

1　著作者の定義、著作者の推定

「著作権」という権利は、誰にでも与えられる権利というわけではなく、「著作者」に対して与えられる権利です。そして、著作権法では、「著作者」とは、「著作物を創作する者」（2条1項2号）であると定義されています。前1節においても述べたように、いわゆるプロのアーティストだけでなく、子どもであっても、著作物である作文や絵画を創作すれば、その著作者となります。

なお、あくまで著作物を創作する者が著作者となるのであって、創作のための企画を発案した者やアイデアを提供したに過ぎない者、あるいは創作のための資金を提供・援助した者といった創作行為に直接関与していない者は著作者ではないことに留意する必要があります。この点、監修者という立場には微妙なものがあり、著作物の権威づけのために著名人の名を借りているにすぎず、その著名人は創作に何も関与していないという場合には、その監修者（著名人）は著作者とはなりません。他方、監修者みずから内容を検討し、相当部分について改訂を求め、あるいは補正加筆するなど、創作と評価できる行為を行ったと判断されるときには、監修者も著作者のひとりであると考えられます。

ところで、例えばテレビの生放送でタレントが絵を描くといった場合、その絵の著作者はそのタレントであることが明らかですが、一般に、著作物の創作行為は、書斎、アトリエ等非公開の場で行われることが少なくなく、その場合、誰がその著作物を創作したのかを立証することが非常に困難となります。そこで、著作権法では「著作物の原作品に、又は著作物の公衆への提供若しくは提示の際に、その氏名（……中略……）

が著作者名として通常の方法により表示されている者は、その著作物の著作者と推定する。」（14条）という規定を置いています。この規定により、反証がない限り、著作者名として著作物に著作者として氏名等が表示された者が著作者として取り扱われることになります。

なお、著作物の原作品への著作者名の表示とは、絵画における署名や落款などのことであり、公衆への提供の際の著作者名の表示とは、書籍の奥付やCDのジャケットへの記載（例：「著者　●●」、「作詞・作曲　●●」等）を、公衆への提示の際の著作者名の表示とは、演奏会のプログラムへの記載や放送でのテロップ（「作曲　●●」等）などを指します。

2　共同著作物の著作者

前項のように、複数の者が共同して創作した著作物で各人の寄与を分離して個別的に利用することができないものを共同著作物といいますが、共同著作物の場合、著作物を共同して創作した複数の者が著作者となります。例えば、ロックバンドのメンバー全員で楽曲を創作した場合、メンバー全員が著作者となります。著作者には次節で述べるさまざまな権利が認められますが、全員の合意がなければ権利を行使することができないことになっています（64条、65条）。

また、著作権の保護期間については、共同著作物の著作者のうち、最後に死亡した者を基準に計算されます（51条２項）。

3　法人著作、職務著作

著作者とは、思想感情を独自の表現として具体化するという創作行為を行った者をいうため、本来、著作者となるのは自然人です。

ところで、新聞や雑誌、会社等の法人が公表するパンフレット、行政庁の刊行する各種の白書など、組織の職員が作成する著作物の場合、大勢の職員の共同により作成されるものも少なくありません。仮に、これを共同著作物と考えて、作成に関与した職員全員が著作者であるとすると、2で見たとおり著作者である職員全員の合意がなければ、その著作物を利用できなくなるため、利用が円滑に進まなくなる恐れがあります。また、実際上、対外的にもこのような著作物については、個々の職員ではなく、その組織が内容等について社会的な責任を負うことが通常です。そこで、著作権法15条は、一定の要件を満たした著作物に関しては、法人が著作者になるものと規定しています。

すなわち、以下の5つの要件をすべて満たす場合には、実際に創作した職員ではなく法人等の組織が著作者となり、著作権を取得します。このような著作物を法人（職務）著作による著作物といいます。なお、著作権法上、「法人」とは、法人格を有するもののほか、法人格を有しない社団又は財団であって代表者等の定めがあるものを含むこととされています（2条6項）。

⑴　法人の発意に基づき作成されるものであること

まず、著作物を作成するという意思が、直接又は間接に法人の判断による必要があります。この点に関しては、法人と従業員との間に雇用関係がある場合には、法人から具体的に著作物を作成する旨の指示等がなくとも、その従業員の業務の遂行上、当該著作物の作成が予期されると考えられれば、この要件を満たすと解されています。

⑵　法人の業務に従事する者により作成されるものであること

著作物が、法人と雇用関係のない部外者に委託して作成された場合には、法人著作の要件を満たさず、当該法人は著作者となりません。したがって、会社や公共機関等の団体が、そのPRのためのポスターの作成を外部のフリーイラストレーターに委託した場合には、たとえ前記⑴の要件を満たしていても、当該会社や公共機関は著作者とはならず、著作者はイラストレーターとなるのです。

なお、「業務に従事する者」の解釈のうち、労働者派遣事業の適正な運営の確保及び派遣労働者の保護等に関する法律に基づく派遣労働者については、派遣先の業務に従事する者に当たると解されています。

⑶　法人の従業者の職務上作成されるものであること

前記⑴⑵に基づいて、法人の従業員が、その職務として作成するものであることも、法人著作の要件です。したがって、職務上関係なく従業員が独自に作成した著作物については、法人著作は成立しません。

なお、この場合、必ずしも従業員が勤務時間中に職場内で作成する必要はなく、その作成行為が職務に該当するのであれば要件を満たします。

⑷　法人の著作名義の下に公表するものであること

著作物を作成した従業員の氏名を著作者として表示し、公表した場合、その著作物の著作者はその従業員であり、法人は著作者とはなりません。法人が著作者となるためには、法人名を著作者として表示する必要があります。また、未公表の著作物についても、法人の著作名義による公表を予定しているものは、この要件を満たすと考えられます。なお、公表を予定していないものについては、その著作物の性質上、仮に公表されるとすれば法人の著作名義で公表されるものも含まれると解されています。

⑸　法人内部の契約、勤務規則等に、別段の定めがないこと

前記⑴～⑷の要件を満たした上で、法人内部の契約等に、従業員を著作者とする旨の定めがなければ、法人が著作者となります。なお、

実務上、このような定めがあるケースは極めて稀です。

以上5つの要件をすべて満たした場合に、その著作物の著作者は法人となりますが、例外として、プログラムの著作物に関しては、⑷の要件を満たさなくとも法人が著作者となり得ます（15条2項）。

これは、例えば、企業内の人事・給与管理システムのように、内部で開発され、公表されずに利用されるものや、ROMに固定され機械に組み込まれるプログラムのように著作者名が付されることなく公表されるものも多いというプログラムの著作物の性質に対応するものです。

4　映画の著作物の著作者

映画の著作物の著作者については、一人のユーチューバーが何から何まで一人で担当して動画を創作した場合、当然そのユーチューバーが著作者となりますが、劇場公開用映画のように、監督を筆頭に多くのスタッフが関与して創作される映画の場合、「制作、監督、演出、撮影、美術等を担当してその映画の著作物の全体的形成に創作的に寄与した者」（16条）が著作者であるとされています。具体的には監督、プロデューサー等が映画の著作物の著作者に該当します。

ここで、「全体的形成に創作的に寄与した者」とは、一貫したイメージをもって映画製作の全体に参加している者を意味します。したがって、部分的に創作的寄与をすることにとどまる助監督やカメラアシスタント等は含まれません。

なお、映画の著作物であっても、例えば、テレビのバラエティ番組などのように、法人がその従業員に作成させるものの著作者については、前記3に述べた要件をすべて満たしていれば、法人（職務）著作に該当し、テレビ局が著作者となり、社内のディレクター等の個人は著作者にはなりません。おそらく「制作・著作：●●テレビ」といったクレジットを誰しも一度は目にされたことはあるのではないでしょうか。

ところで、次節以下に述べる著作者の権利は、原始的には著作者に発生し、著作者が専有するものですが、映画の著作物に関しては、その著作者が映画製作者に対し当該映画の著作物の製作に参加することを約束している場合には、その著作権は著作者である監督等ではなく、映画製作者（映画の著作物の製作に発意と責任を有する者（２条１項10号））に原始的に帰属することになっています（29条１項)。これは、映画製作の目的と実態にかんがみ、映画を経済的に利用する権利は、経済的なリスクを負担して映画を製作する主体である映画製作者に集中することが適当と考えられたからです。したがって、映画の著作物の著作者は、財産権としての著作権を有さず、著作者人格権だけを有することとなります。

第３節　著作者の権利

１　権利の発生と消滅

著作物を創作した著作者に認められる権利は、著作者人格権と著作権に大別されます。これらの二つの権利を合わせて、広義の「著作権」という場合もありますが、著作権法では財産権としての権利だけを意味して「著作権」という用語を使っており、一般的にも「著作権」といった場合は通常は財産権としての著作権を指すことが多いといえます。それでは、これらの権利はどのように発生し、どのように消滅するのでしょうか。

特許権、実用新案権、意匠権、商標権といったいわゆる産業財産権は、特許庁に出願をし、所定の手続きや審査を経て、権利の設定の登録がなされることにより発生しますが、著作権ではそのような制度にはなっていません。著作権法においては、「著作者人格権及び著作権の享有には、いかなる方式の履行をも要しない。」(17条2項）と規定されています。すなわち、著作権の場合、出願や登録といった手続きをとることなく、著作物の創作により自動的に発生することになっています（51条)。

産業財産権のように、権利の発生に登録等、一定の手続きを要する制度を「方式主義」、著作権のように、権利の発生に一切手続きを必要としない制度を「無方式主義」といいます。

無方式主義は、1908年におけるベルヌ条約のベルリン改正条約以来の原則であり、同条約締結国においては、いずれも著作権の発生のための手続きを設けていません。

著作権は、第4章で述べる保護期間の満了により消滅します。原則的には、著作者の死後70年を経過するまでの間であり、著作者の死後においては、遺族その他の承継者が著作権を有することになります。ただし、相続財産の相続人が存在しないときには、民法959条の規定によりその財産が国庫に帰属することになりますが、著作権については、国庫に帰属すべきこととなったときに消滅します（62条1項1号)。著作権者である法人が解散した場合においてもおおむね同様です（同条1項2号)。

2　著作者人格権

著作物は、著作者の思想、感情の表現物であり、勝手に著作物を公表されたり、内容を変えて利用されたりした場合には、著作者の人格的利益が損なわれるおそれがあります。そこで、著作者の人格的な利益について、単に道義的な問題にとどめず、法律上の保護を図ることとしており、これを著作者人格権といいます。

著作者人格権の保護については、ベルヌ条約において、1928年のローマ改正条約以来、これを義務付けており、加盟各国でも何らかの方法で保護を図っています。

著作者人格権は、その性質上、著作者固有の権利として認められるものであることから、財産権としての著作権とは異なり、譲渡することができない一身専属的な権利とされています（59条）。したがって、著作者人格権は、その著作者が死亡すれば消滅します。しかし、著作者が死亡しても内容や題号の改変は許されるべきものではないため、著作者の死後においても、生存していたとすれば著作者人格権の侵害となるべき行為をしてはならないことになっており（60条）、遺族等による差止請求権や罰則規定により担保されています（116条、120条）。

もっとも、その行為の性質及び程度、社会的事情の変化等によって、社会通念上、著作者の意を害しないと認められる場合には改変等が許されます（60条ただし書）。

著作者人格権は、以下に掲げる公表権、氏名表示権及び同一性保持権という3つの権利により構成されますが、これらを害しない行為であっても、著作者の名誉又は声望を害する方法により著作物を利用する行為は、著作者人格権の侵害とみなされます（113条11項）。実務上は、著作者に無断で著作物を特定の商品やサービスのコマーシャルに利用してしまうと、著作者人格権の侵害とみなされ得るといった形で問題になります。

⑴　公表権（18条）

著作物を公表するか否か、公表する場合に、その時期、方法等を決定することができる権利を公表権といいます。

なお、公表権は、未公表の著作物に係る著作者の権利であることから、一度公表されたものについて、著作者が公表権を行使することはできません。

ところで、「公表」とは、複製の許諾を得て、公衆の要求を満たす相当程度の部数の著作物の複製物が作成され、頒布されること（これを「発行」といいます。）又は上演、演奏、上映、公衆送信、口述若しくは展示の許諾を得て、著作物が公衆に提示されることをいいます（3条、4条)。また、著作者の同意を得ないで公表された著作物の場合は、実態として公衆に提供又は提示されているものの、著作者の権利行使の結果として公衆に提供又は提示されたものではないことから、なお、著作者は公表権を行使することができます。未公表の著作物の著作権を譲渡した場合又は未公表の美術の著作物若しくは写真の著作物の原作品を譲渡した場合に、著作権者が権利行使により公衆に提供若しくは提示する行為又は原作品の所有者が展示する行為等については、著作者が公表の同意をしたものと推定されます（18条2項)。したがって、画家が描いた絵を世間に発表する前にギャラリーに販売した場合、ギャラリーがこの絵を美術展に出品しても、反証がない限り、公表権の侵害には当たりません。

その他、情報公開法等及び公文書管理法等に基づく開示との関係で、一定の例外が定められています（18条3項、4項)。

⑵　氏名表示権（19条）

著作物の原作品又はその複製物が公衆に提供又は提示される際に、著作者の氏名を表示するか否か又は表示する際にどのような名義で表示するかを決定する権利を氏名表示権といいます。

これは、著作物の公衆への提供又は提示の際、匿名としたい場合や、ペンネームを使いたい場合に、著作者の意向を尊重すべきという趣旨で設けられている権利です。もっとも、既に公表され、一定の著作者の表示がある場合には、その後の利用の際にその表示どおりに表示できます（19条2項）。例えば、著作者があるペンネームを使いたいという意向を有しているにもかかわらず、本名を表示した場合は、氏名表示権侵害に当たりますが、従前本名を表示していたという事情があれば、本名を表示しても氏名表示権侵害は成立しないことになります。

なお、ドラマの中でBGMとして音楽が流れる場合やホテルのロビー等においてバックグラウンド・ミュージックを流す場合のように、著作者名を個別に表示することが困難で、しかも表示せずとも著作者の人格的利益を損なわないと認められる場合には、著作者名の表示を省略することが許されています（同条3項）。

氏名表示権においても、公表権と同様に、情報公開法等及び公文書管理法等に基づく開示との関係で、一定の例外が定められています（19条4項）。

⑶　同一性保持権（20条）

著作物の同一性を保持し、著作者の意に反した改変を受けない権利を同一性保持権といいます。

同一性保持権の侵侵に当たる改変行為の例としては、スペースの都合で著作物の一部分を勝手にカットすることや仮名遣いを勝手に改めることなどがあります。他方、明らかな誤字、脱字の修正や、印刷技術上、絵画の原作品の色彩が忠実に再製できない場合などは同一性保持権侵害には当たらないと考えられます。

この他、教科書に文芸作品等を利用する場合に、児童、生徒の発達段階に応じて用字・用語を修正すること（難しい漢字を平仮名にすること等）、建築物の増改築や修繕、コンピュータ・プログラムの使用上必要なコンバージョンやバージョンアップ、それから著作物の性質並びにその利用の目的及び態様に照らしやむを得ないと認められる改変も同一性保持権の侵害には当たらないこととされています（20条２項各号）。

なお、同一性保持権の中には、著作者の意に反した題号の改変を受けない権利を含んでいます。本章第１節２(1)において、題号（作品タイトル）は通常著作物には当たらないと解説しましたが、著作物でないからという理由で小説や音楽の題号を変更してもよいというものではなく、題号は著作物と一体となって同一性保持権の保護対象となります。

ところで、同一性保持権と関連して議論のある問題として、著作物の原作品の廃棄等の問題があります。絵画の原作品などを焼却、破壊等することは、ある意味では著作者の人格を傷つける行為とも考えられます。しかし、同一性保持権の趣旨としては、改変を加えられた著作物の存在により、著作者の名誉や声望など人格的利益が損なわれることを防ぐことであり、著作物の存在そのものを滅失させる行為に対しては、その規制の対象とはしていないと解されています。

3　著作権

著作者が著作物を創作することにより取得する権利には、著作者人格権に加えて、財産権としての著作権があります（第二節4.で見たとおり、映画の著作物に関しては、著作者は著作者人格権のみを取得し、著作権は映画製作者が取得します）。この財産権としての著作権とは、著作物を出版、上演、放送等の方法により利用することに関する排他的、独占的な権利であり、著作権法は、これらの権利を著作者が専有することを規定しています。しかし、著作者が自らその著作物を出版、上演等することは稀であり、実態面では、著作権とは自己の著作物を他人が利用することについて許諾又は拒否する権利であり、より端的にいえば、著作物を無断で利用されない権利、あるいは著作物の利用をコントロールすることができる権利ともいえるでしょう。

著作権法では、著作物の利用形態に応じ、著作権の内容をいくつかの種類に分けて規定しており、これらを著作権の「支分権」といいます。このことから、著作権は、支分権の集合体であり、「権利の束」と呼ばれることがあります。

なお、著作権は、財産的な権利であるため、相続や譲渡の対象となります。したがって、著作者が著作権を譲渡した場合や相続が発生した場合には、著作者は著作権を持っている者（「著作権者」）ではなくなります。実務上、著作権の譲渡は非常に良く行われており、その意味では、著作者が著作権者であるとは限らない点には留意して下さい。また、著作権は一部の譲渡も可能ですので（61条）、ある支分権を有する者と、他の支分権を有する者が異なる場合があることにも留意する必要があります。

以下、日本の著作権法に規定されている支分権について解説します。

⑴　複製権（21条）

複製権は、著作権制度における最も基本的な権利です。複製とは、「印刷、写真、複写、録音、録画その他の方法により有形的に再製すること」（２条１項15号）と定義されており、小説を書籍化すること、論文を複写機でコピーすること、講演を録音すること、テレビ番組を録画すること、音楽や画像のデータファイルをコピーすること、インターネット上の画像を自分のパソコンにダウンロードすることといった、そっくりそのまま再現することが複製の典型例ですが、このほか、小説を手書きで写したり、絵画を忠実に模写したりすることも複製に該当します。また、脚本など演劇用の著作物については、それをコピーすることだけでなく、その脚本などに基づいて上演したものや放送したものを、録音・録画することも複製に含まれます。さらに、建築の著作物については、その設計図に従って建築物を完成させることも複製に含まれます。

ところで、複製とは、隅から隅まですべてそっくりに再製することばかりでなく、多少の修正増減を施す場合も含まれます。また、一部分の再製であっても、その部分が著作物性のあると評価されれば複製権が働きます。

なお、例えば、映画の中に、音楽や美術作品を複製した場合には(映画の主題歌として音楽を使用する場合や美術セットを制作して映画で使用する場合等)、映画の著作物の著作権者が使用された音楽や美術作品の著作権を吸収するのでなく、音楽や美術作品の著作権者は、映画の著作権者から独立して音楽や美術作品について著作権を有しています。したがって、その映画を複製する場合、映画の著作物の複製権と、音楽や美術作品など映画で使用された数々の著作物の複製権とが同時に働くことになります。

⑵　上演権、演奏権（22条）

著作者は、自己の創作した脚本による演劇等を公に上演したり、自己の創作した音楽を公に演奏したりする権利を専有しています。ここでいう「公に」とは、「公衆に直接見せ又は聞かせることを目的として」いることをいいます。また、「公衆」とは、一般には不特定の者を指しますが、著作権法では、特定かつ多数の者を含みます（2条5項）。

したがって、不特定又は特定多数の者に見せ又は聞かせることを目的として演劇を上演したり音楽を演奏するときに、著作者の上演権や演奏権が働くことになります。逆に、例えば母親がその子供に子守唄を歌って聞かせるような場合は、特定少数に対する演奏となり演奏権は働きません。また、劇団員が公演前に芝居の練習をするような場合には、その演技については、公衆に直接見せることを目的としていないので上演権は働きません。

なお、演奏権に関しては、近時、音楽教室における教師や生徒の演奏に権利が働くかを巡り、裁判にまで発展しています。

ところで、上演、演奏には、その上演、演奏を録音、録画したものにより再生することや、その上演、演奏を電気通信設備を用いて伝達することを含みます（2条7項）。このことから、コンサート映像を録画したDVDや音楽CDを不特定多数の人が行き来する場所（ホテルのロビー等）で再生することや、コンサートホールでの演奏の音声を有線で館外のスピーカーに伝送し、流すことについても上演権や演奏権が働くことになります。

(3)　上映権（22条の2）

著作権法上、上映とは、「著作物を映写幕その他の物に映写すること」（2条1項17号）をいいます。平成11年著作権法改正前は、上映権は映画の著作物についてのみ認められていましたが、映像表示技術の進歩、マルチメディアの進展等により、映画だけでなく、写真、美術、言語、音楽などあらゆる著作物が融合して上映の形態で利用されるようになってきたことから、これらの変化に適切に対応するため、法律を改正し、著作物をスクリーンやディスプレイ画面等に映し出すことにより公衆に対して視覚的又は視聴覚的に提示する権利として、すべての著作物に上映権を認めることとしました。これにより、美術作品や写真などの静止画を映写して利用することについても上映権が働くことになります。

なお、公衆送信される著作物（テレビ放送される番組等）を映写する場合は上映権ではなくて、⑷で見る公の伝達権（23条2項）が働きます。また、演奏会や朗読会の模様を別の会場でスクリーンに同時に写すときは、音楽や言語の著作物について、上映権ではなくて⑵で見た演奏権（22条）又は⑸で見る口述権（24条）が働くことになります（2条7項後段）。

⑷　公衆送信権等（23条）

著作者は、自己の著作物を公衆送信する権利を専有しています。「公衆送信」とは、「公衆によつて直接受信されることを目的として無線通信又は有線電気通信の送信を行うことをいう。」（2条1項7号の2）と定義され、無線及び有線の送信全体を指しています。このうち、「公衆によつて同一の内容の送信が同時に受信されることを目的として行う無線通信の送信」（2条1項8号）を「放送」とし、「公衆によつて同一の内容の送信が同時に受信されることを目的として行う有線電気通信の送信」（2条1項9号の2）を「有線放送」としており、テレビやラジオによる送信行為のほか、宇宙空間に打ち上げた放送衛星から地上に向けて発信することが「放送」に該当し、喫茶店等に音楽を有線で提供する音楽有線放送、難視聴地域解消のためのCATV、大規模・多チャンネルの都市型CATV等が「有線放送」に該当します。

公衆送信権は、無線放送を例にとると、最初の放送局が行う放送だけでなく、放送を受信した別の放送局が行う放送（いわゆる再放送）にも働き、また、テープに録音・録画したものを同じ放送局が再放送すること（いわゆるリピート放送）にも働きます。有線放送の場合も同様です。

また、このほか、インターネット技術の発達に対応するため、公衆送信のうち、放送・有線放送を除き、「公衆からの求めに応じ自動的に行うもの」を「自動公衆送信」（２条１項９号の４）として定義するとともに、いわゆるネットワークに接続しているサーバーに情報を記録したり入力したりすること等により、自動公衆送信し得るようにすること（いわゆるアップロード行為）を「送信可能化」（２条１項９号の５）と定義し、著作者の有する公衆送信権については、著作物が公衆送信されていなくても、これを送信可能化した段階で権利が働くこととなっています（23条１項）。

さらに、著作者は、公衆送信された著作物をテレビやラジオ等の受信装置を用いて公に伝達する権利を専有します（同条２項）。

⑸　口述権（24条）

著作者は、自己の言語の著作物を公に口頭で伝達する権利を専有しています。口述権は、公衆に対して直接に小説等を朗読する場合のほか、口述の録音物を公に再生する場合にも権利が働きます（２条７項）。著作権法上、「口述」とは、朗読その他の方法により著作物を口頭で伝達することをいいますが、「実演」に該当するものは除かれます（２条１項18号）。ここで、「実演」とは、「著作物を、演劇的に演じ、舞い、演奏し、歌い、口演し、朗詠し、又はその他の方法により演ずること」をいいますので（２条１項３号）、小説の朗読であっても単なる朗読の域を超え、読む人の演技と評価できる場合には、その口演は口述権ではなく、(2)で見た上演権が働くことになります。

(6)　展示権（25条）

美術の著作物又は未発行の写真の著作物の著作者は、これらの著作物の原作品を公に展示する権利を専有しています。展示権は美術の著作物及び写真の著作物の、しかもそれらの原作品にしか認められていません。原作品とは、キャンバスや画用紙などに描かれたオリジナルの絵画などのことです。版画や写真などの場合には、複数の原作品が存在することがあります。写真の著作物については、とくに未発行のものに限っていますが、これは、写真の著作物の場合、原作品とその他の複製物の区別が困難であり、公衆の要求を満たす相当程度の部数の複製物が許諾を得て作成され、頒布された場合（これを発行といいます。3条）には、展示権を認めないこととしたのです。したがって、絵画や写真が印刷されたカレンダーを展示することに対して展示権は及びません。

ところで、著作権者が絵画や彫刻などの原作品を他人に売った場合、所有権は移転しますが、著作権は著作権者に留まっています。しかし、所有権者が自己の所有物を展示するにあたり、その都度著作権者の許諾を得なければならないとすると、大幅に所有権が制限される結果となり、購入者からすると原作品を買った意味が半減してしまうため、調整規定が設けられています。1つは、前述の公表の同意の推定規定（本章第3節2(1)）であり、もう1つは後述する美術の著作物の原作品の所有者による展示に関する規定（第3章第12節(1)1）です。

(7)　頒布権（26条）

映画の著作物に対してのみ与えられる権利として頒布権があります。映画の著作物の著作者は、前述のとおり、監督、演出等映画の著作物の全体的形成に創作的に寄与した者ですが、15条の規定により法人等が著作者となる場合を除き、映画の著作物の著作権は映画製作者に帰属することになっています（29条１項。本章第２節４）ので、頒布権も映画製作者に帰属します。

ここで、「頒布」とは、「有償であるか又は無償であるかを問わず、複製物を公衆に譲渡し、又は貸与すること」をいいますが、映画の著作物の場合は、譲渡したり貸与したりする相手が公衆でない場合（特定少数である場合）であっても、公衆への提示（上映）を目的としている場合は「頒布」に該当することとされており（２条１項19号)、映画の著作物をその複製物により頒布する権利のことを頒布権といいます。

この「頒布権」のうち譲渡に関する部分は、映画の著作物以外の著作物について認められている(8)で見る「譲渡権」とは異なり、「いったん原作品や複製物が適法に譲渡された後には権利は消滅する」という規定がなく、その意味では譲渡権よりも強力な権利であるといえます。これは、従来、映画製作者が、その製作したフィルムの上映期間、場所、頒布の相手方を限定して、映画館等の興業主に提供する、いわゆるフィルム配給を念頭に置いて設けられたためであり、その後登場した、同じ映画の著作物の複製物でもフィルムとは全く性質が異なる「ビデオ・DVD」や「ゲームソフト（の映像)」などについても、適法に譲渡されることによって権利は消滅するのではないのか、という疑義がありました。

この点について、平成14年に出された最高裁判決は、中古ゲームソフトの販売に関して、「公衆に提示すること」を目的とせずに譲渡される映画の著作物の複製物の譲渡については、いったん適法に譲渡されると、その後の「譲渡」については権利が消滅するという判断を示しました。この判決はゲームソフトに関するものですが、テレビ番組や劇場用映画等のDVDやブルーレイについても妥当すると解されています。

なお、頒布権は映画の著作物のみに認められるものですが、例外的に、他の著作物にも認められることがあります。すなわち、映画の著作物の原著作物となった原作小説や脚本などの言語の著作物、映画の主題曲や背景音楽として収録されている音楽の著作物等の著作権者は、当該映画の頒布にあたって、映画の著作権者と同様に、頒布権を有することとされています（26条２項）。

⑻　譲渡権（26条の２）

譲渡権は、映画の著作物を除く著作物について、その原作品や複製物の譲渡により公衆に提供する権利です。

譲渡権は、権利の性質上、商品の流通秩序、とりわけいわゆる中古市場に大きな影響を与えかねない権利ですので、それまでの流通秩序に影響を与えないよう、いったん適法に譲渡された著作物のその後の譲渡には権利が及ばない（消尽させる）こととしています（26条の２ ２項）。具体的には、

①譲渡権者又はその許諾を得た者等により公衆又は特定かつ少数のものに譲渡される場合（出版物が取次業者や書店に渡った場合など）

②文化庁長官の裁定（67条等）等を受け公衆に譲渡される場合

③外国において譲渡権に相当する権利を害することなく公衆又は特定かつ少数のものに譲渡される場合（いわゆる国際消尽）

が該当します。

この点、通常は複製の許諾とともに譲渡の許諾も併せて行われると考えられますので、具体的に消尽が問題になるケースとしては、公衆へ譲渡をしないという条件で複製を許諾したにもかかわらず当該複製物が公衆へ譲渡された場合や複製権者と譲渡権者が異なる場合に譲渡権者の許諾を得ずに譲渡行為が行われる場合など限定的なケースと考えられます。

なお、適法に譲渡されたものでない著作物の原作品やその複製物を他人に譲渡してしまう行為であっても、適法に譲渡されたものでないことについて善意無過失（そのことを知らず、また知らないことについて過失がないこと）である場合には、著作権侵害とはみなされません（113条の２）。

⑼　貸与権（26条の３）

映画の著作物以外の著作者は、自己の創作した著作物の複製物を公衆に貸与する権利を専有しています。この権利は、昭和50年代の貸レコード業の出現に伴い、昭和59年著作権法改正により創設されました。

実務上、貸与権の対象となる複製物には、CD、書籍、雑誌、ソフトウェア等があります。

なお、貸与には、仮に貸与という名目を使用していなくても、買戻特約付譲渡など、実質的に貸与と同様の効果を生じさせる行為をも含みます（２条８項）。

⑽　翻訳権、編曲権、変形権、翻案権（27条）

著作者は、自己の著作物を翻訳、編曲、変形又は翻案して、二次的著作物（本章第１節３）を創作する権利を専有しています。

「翻訳」とは、言語の著作物について、その言語体系と異なる他の国の言語により表現することです。なお、視覚障害者のための点字訳、コンピュータ・プログラムのソース・コードからオブジェクト・コードへの変換、方言から標準語への変換、速記文字の反訳、暗号文の解読等は翻訳には該当せず、通常、複製と考えられています。

「編曲」とは、音楽の著作物の楽曲の部分について、例えば、クラシック曲のメロディーをジャズ調にアレンジするなど、既存の楽曲に新たな創作性を加えて改作することをいいます。

「変形」とは、他の表現形式へ変更することであり、例えば、絵画を元に彫刻を創作することなどがこれに該当します。

「翻案」とは、脚色、映画化などのように、ストーリー性や基本的モチーフ（内面形式）を維持しつつ、具体的な表現（外面形式）を変えることをいいます。例えば、小説という非演劇的著作物を脚本という演劇的著作物に変更する場合、文芸作品や漫画作品を映画化する場合、コンピュータ・プログラムのバージョンアップを行う場合等がこれに該当します。

翻案権について難しい問題は、既存の著作物の内面形式を維持しつつ、外面形式を変更して二次的著作物を創作することと、既存の著作物からヒントを得て、又はそのアイデアを利用して新たな著作物を創作することとの区別であり、これについては、個々のケースにより、翻案に当たるのかアイデアの利用にすぎないのかを判断していく必要があります。

なお、翻訳、編曲、変形又は翻案にあたっては、その性質上、当然に原著作物に改変を加えることになりますが、内面形式に変更を及ぼして著作物の本質に触れるような改変でなければ、同一性保持権の問題（本章第３節２(3)）とはならないと解されています。

⑾　二次的著作物の利用権（28条）

翻訳、編曲等によりできた二次的著作物については、翻訳者や編曲者などがその著作者となりますが、当該二次的著作物の原著作物の著作者も、二次的著作物の著作者と同等の権利を有することとなっています。したがって、ある小説を原作として創作された映画をインターネット配信する場合、配信しようとする者は、映画の著作権者から配信の許諾を得るだけでなく、当該映画の原作小説の著作権者からも映画の配信につき許諾を得なければならないことになります（実務上は、原作の著作権者との契約によって映画の著作権者が両方の許諾を出すことができるケースが多いです）。

ところで、二次的著作物は、既存の著作物に翻訳等の新たな創作行為を加えてできあがるものですが、翻訳等の許諾を得て創作しなければ二次的著作物にならないというものではなく、無許諾で翻訳された小説や論文であっても二次的著作物となります。

第２章　著作隣接権

第１節　著作隣接権の概要

著作権法は、著作物の創作者を保護するだけでなく、著作物を公衆に伝達するために重要な役割を果たしている実演家（歌手、演奏家、俳優など）、レコード製作者（レコード会社など）、放送事業者（テレビ局、ラジオ局など）及び有線放送事業者（ケーブルテレビ局など）について一定の保護を与えています。例えば、歌手の歌唱について考えると、歌手は著作物（音楽）を歌唱するのであって、歌うことによって新たに著作物を創作しているわけではありません。しかしながら、歌手の歌い方によって聞き手の受け取り方が違うように、歌唱に関しては、著作物の創作に準ずる創作行為があるという見方もできますし、優れた歌唱で歌われることによって、その著作物（音楽）の魅力が多くの人に伝わるわけです。そこで著作権法は、上記のような一定の者の行為に着目し、これを「著作隣接権」として保護することにしています。なお、著作物を公衆に伝達する役割を担う者は、上記の者以外にも、例えば出版社やインターネット配信業者といった者が存在しますが、著作権法上、著作隣接権による保護が与えられているのは、上記の者に限られます。

著作隣接権も、著作権と同様に、何の手続きも必要とせず、実演等の一定の行為が行われることにより自動的に発生します（89条５項）。著作権と著作隣接権は、それぞれ独立して認められ、著作隣接権が及ぶからといって著作物の利用にあたり著作者の許諾の必要性が左右されるわけではありません（90条）。例えばヒット曲のCD音源をインターネット配信する場合には、実演家及びレコード製作者の著作隣接権の許諾のほか、楽曲や歌詞に関する著作権の許諾も必要となります。なお、第３章第15節で述べるとおり、著作権法上、著作権が制限されて著作物を自由に利用することができる場合には、通常は著作隣接権も同様に制限を受けます（102条）。

第２節　実演家の権利

1　実演家の範囲

「実演」とは、著作物を演劇的に演じ、舞い、演奏し、歌い、口演し、朗詠し、又はその他の方法により演ずることをいいます。実演には、例えばサーカスや奇術のように著作物を演じないが芸能的性質を有する行為も含まれます（２条１項３号）。そして、「実演家」とは、実演を行う者及び実演を指揮し、又は演出する者をいい、具体的には、歌手、演奏家、俳優、指揮者、劇の演出家などが該当します（同項４号）。

2　保護を受ける実演

実演は、次のいずれかに該当するものであれば、我が国の著作権法によって保護を受けます（７条）。

⑴　国内において行われる実演

⑵　保護を受けるレコードに固定された実演

⑶　保護を受ける放送において送信される実演

⑷　保護を受ける有線放送において送信される実演

⑸　実演家等保護条約（第８章第１節２⑴参照）により我が国が保

護の義務を負う実演

(6)　WIPO実演・レコード条約（第８章第１節４(2)参照）により我が国が保護の義務を負う実演

(7)　WTO協定（TRIPS協定）（第８章第１節３参照）により我が国が保護の義務を負う実演

この結果、著作物と同様に、一部の国のものを除き、基本的には外国の実演についても日本での保護の対象となっています。

３　権利の内容

実演家の権利は、著作者の権利とよく似ており、人格的な権利である実演家人格権と財産的な権利である著作者隣接権に大別されます。

(1)　実演家人格権

まず、実演家の人格的利益を保護する観点から、実演家に「実演家人格権」を付与し、法律上の保護を図っています。

実演家人格権も著作者人格権と同様、実演家固有の権利として認められるものであることから、財産権としての著作隣接権とは異なり、譲渡することができない一身専属的な権利とされています（101条の２）。したがって、実演家人格権は、その実演家が死亡すれば消滅します。しかし、実演家が死亡しても実演の改変が許されるべきものではないため、実演家の死後においても、生存していたとすれば実演家人格権の侵害となるべき行為をしてはならないこととなっています（101条の３）。ただし、その行為の性質及び程度、社会的事情の変化等によって、社会通念上、実演家の意を害しないと認められる場合には改変等が許されます（同条ただし書き）。

実演家人格権は以下の２つの権利から構成されます。著作者人格権とは異なり、公表権は認められていません。

①**氏名表示権**　実演家は、その実演が公衆に提供又は提示される際に、その氏名を表示するか否か、又は表示する際にどのような名義で表示するかを決定する権利を有します（90条の2第1項）。

これにより、例えば、歌手の歌をCDとして販売する場合、劇場用映画に俳優として出演する場合などに、実演家（歌手や俳優）は、CDのジャケット・歌詞カードや映画のエンドロールなどに自分の氏名・芸名等を表示すること、又は表示しないことを求めることができます。

もっとも既に公表され、一定の実演家名の表示があり、その実演家から何も意思表示がされていない場合には、その後の利用の際には、そのとおり表示することができます（同条2項）。

また、デパートやカフェなどでBGMとしてCDを流す場合などのように、いちいち実演家の氏名を表示しなくても実演家の利益を害するおそれがないと認められるときには、実演家名の表示を省略することが許されます。さらに、音楽ライブの放送の際の多数のバックの演奏家や映画のエンドロールにおいて、いわゆる「エキストラ」の氏名表示などを省略することも、公正な慣行として定着していることから許されます（同条3項）。

この他、著作者人格権における氏名表示権と同様に、情報公開法等及び公文書管理法等に基づく開示との関係で、一定の例外が定められています（同条4項）。

②**同一性保持権**　実演家は、その実演の同一性を保持し、自己の名誉又は声望を害するその実演の変更、切除その他の改変を受けない権利を有します（90条の3第1項）。

これにより、実演家は、自身の演技につき、顔の表情・大きさなどを変えることにより、無断でおかしな演技にすること、歌手の声を勝手に加工されることなどに対して、差止請求などをすることができます。

もっとも、機器の性能や特性の問題のために、実演の音声や映像を正しく再生・伝達できない場合など、やむを得ない場合には、実演の改変をすることが許されています（同条２項）。

なお、同一性保持権の対象となるのは、あくまで具体的な実演であり、物真似芸人がある歌手の歌唱を真似するような場合は、歌手の歌唱自体を改変しているわけではありませんので、同一性保持権は働きません。

⑵　著作隣接権

実演家には財産権的な権利である著作隣接権として、以下の①～⑥の権利が認められています。なお、著作権と同様に、著作隣接権は相続や譲渡の対象となりますので、相続や譲渡が発生した場合、実演家は著作隣接権者ではなくなります。著作権と同様に著作隣接権の譲渡も多く行われており、芸能プロダクションやレコード会社が権利を保有していることが少なくありません。

①録音権及び録画権　実演家は、実演を録音・録画することについて排他的な権利を有します（91条１項）。この録音・録画には、録音物・録画物を増製することも含まれます（２条１項13号、14号）。例えば、歌手の歌をCDに吹き込むときは歌手の許諾なしには録音することができませんし、さらに吹き込まれたCDを増製することについても歌手の権利が働きます。ただし、次のような例外が定められています。

(a)実演家は、録音権及び録画権を持つものの、いったん自分の実演を映画の著作物に録音・録画することを許諾すると、その映画の複製については、この権利を主張することができません(90条２項)。しかし、その映画からサントラ盤CDを作成するなど、録音物に録音する場合には権利が及びます。最初の許諾の際にその後の利用に対する対価も決定する必要があるという観点から、「ワンチャンス主義」と呼ばれています。

(b)実演の放送について実演家の許諾を得た放送事業者が、その実演を放送や同時配信等のために録音・録画する場合、録音権及び録画権は制限されます（つまり、放送の許諾さえ得ておけば、放送や同時配信等のための録音・録画につき許諾を得る必要はありません)。ただし、契約に別段の定めがある場合や許諾の対象となった番組以外の番組のために録音・録画する場合はこの限りではありませんし、放送や同時配信等のための録音物・録画物を放送や同時配信等以外の目的に使ったり、放送や同時配信等のための録音物・録画物の提供を受けた放送事業者等が、さらにこれらを無断で他の放送事業者等の放送や同時配信等のために提供したりすることはできません（93条)。

②**放送権及び有線放送権**　実演家は、実演を放送し、有線放送することについて排他的な権利を有します（92条１項)。ただし、次のような例外が定められています。

(a)放送される実演を有線放送する場合は、権利が働きません（92条２項１号）が、有線放送事業者は、営利又は有料で有線放送する場合には、実演家に相当な額の報酬を支払わなければならないこととされています（94条の２)。

⒝実演家の許諾を得て作られた録音物・録画物等を放送又は有線放送する場合は、権利が働きません（92条１項２号)。

⒞契約に別段の定めがない限り、ｉ実演の放送のために固定された録音物・録画物（93条）を用いてする当該放送事業者の放送（リピート放送)、ⅱ放送の許諾を得た放送事業者からその録音物・録画物の提供を受けてする放送（テープ・ネット放送）及びⅲ放送の許諾を得た放送事業者から当該許諾に係る放送番組の供給を受けてする放送（マイクロ・ネット放送）の３つについては、実演家に改めて放送の許諾を得る必要はありませんが、これらの放送がなされたときには、その放送事業者は、相当な額の報酬を実演家に支払わなければならないこととされています（93条の２)。

③送信可能化権　実演家は、実演を送信可能化することについて排他的な権利を有します（92条の２)。「送信可能化」とは、ネットワークに接続されているサーバーに情報をアップロードしたり、情報が入力されているサーバーをネットワークに接続したりすることによって、自動的に公衆に送信し得るようにすることをいい、要はアップロード行為のことをいいます（２条１項９号の５)。ただし、次のような例外が定められています（92条の２第２項)。

⒜実演家の許諾を得て録画された実演を送信可能化する場合は、権利が働きません（同項１号)。

⒝実演家の許諾を得て映画の著作物において録音・録画された実演でサントラ盤CDなどの録音物以外の物に録音・録画された実演を送信可能化する場合は、権利が働きません（同項２号)。

なお、平成18年著作権法改正により、放送される実演については、専ら元の放送の放送対象地域で受信されることを目的としてIPマルチキャスト技術を用いて公衆に送信する場合には、実演家の許諾なく、入力型の送信可能化による同時再送信を行うことができるようになりました（102条3項）。その場合、当該同時再送信が非営利かつ無料で行われる場合を除き、実演家は送信可能化を行う者から補償金を受けることができます（同条4項）。

また、令和3年著作権法改正により、放送番組に関し、初回の同時配信等の許諾を得た場合、契約に別段の定めがない限り、再放送の同時配信等について、集中管理等（第6章第5節参照）が行われておらず、円滑に許諾を得られないと認められる映像実演については、通常の使用料額に相当する報酬を支払うことで、事前の許諾なく実演を利用することができるようになりました（93条の3）。さらに、初回の同時配信等の許諾を得ていない場合（初回放送時に同時配信等がされていない場合）には、あらかじめ文化庁長官の指定する著作権等管理事業者に通常の使用料額に相当する補償金を支払うことで、事前の許諾なく実演を利用することができるようになりました（94条）。このほか、放送番組の同時配信等につき、集中管理等が行われておらず、円滑に許諾を得られないと認められる商業用レコード（市販のCD、配信音源など）に収録されている実演について、通常の使用料額に相当する補償金を支払うことにより、事前の許諾なく利用することができるようになりました（94条の3）。これらの改正は、放送番組のネット配信（同時配信、追っかけ配信、見逃し配信）を円滑に実施できることを目的に行われたものです。

④二次使用料を受ける権利　実演家は、実演が適法に録音されてい

る商業用レコード（市販のCD、配信音源など）が放送や有線放送で使われた場合、その放送事業者等から二次使用料を受ける権利を有します（95条1項）。この規定は、商業用レコードが放送や有線放送に用いられるのは、通常予定されている範囲を超えた商業用レコードの利用であり、しかも、放送事業者、有線放送事業者についてみれば非常に大量の商業用レコードを用いて経済的利益を上げていることから、実演家にもある程度その利益を還元すべきではないかという考え方に基づいています。

この二次使用料を受ける権利については、当初、商業用レコードを放送や有線放送に直接使用した場合に限り認められることとしていました。しかし、放送を受信して行う有線放送の大規模化により、有線放送による商業用レコードの再送信についても実演家の利益を確保すべき利用行為として考えられるものとなっていることから、平成18年著作権法改正により、有線放送による商業用レコードの実演の再送信についても、非営利かつ無料で行われる同時再送信を除き、二次使用料を受ける権利が認められることとなりました。

なお、放送事業者等が個々の実演家に二次使用料を支払う手続きの煩雑さを考慮し、この権利は国内の実演を業とする者の相当数を構成員とする団体（その連合体を含む）で、文化庁長官が指定するものがあるときは、当該団体によってのみ行使することができることとされています（95条5項）。現在、公益社団法人日本芸能実演家団体協議会（〒163-1466　東京都新宿区西新宿3-20-2　東京オペラシティタワー11階、03・3379・6600（実演家著作隣接権センター）https://www.geidankyo.or.jp https://

www.cpra/jp）が、この指定を受けています。

⑤**譲渡権**　実演家は、実演をその録音物又は録画物の譲渡により公衆に提供する権利を有します（95条の2第1項）。ただし、送信可能化権の場合と同様、実演家から録画の承諾を得た実演等については権利が働きません（同条2項）。また、いったん適法に譲渡された実演のその後の譲渡に権利が及ばないのは著作権の場合と同様です（同条3項）。

⑥**貸与権等**　実演家は、自己の実演が録音されている商業用レコードの公衆への貸与について、最初に販売された日から1年間は貸与権（許諾権）を有し、その期間の経過後は貸レコード業者から報酬を受ける権利を有します（95条の3）。報酬の額については、実演家の団体と貸レコード業者等との間の協議によって定められ、団体を通じて請求され、分配されます。現在、この団体としては、二次使用料の場合と同様、公益社団法人日本芸能実演家団体協議会が文化庁長官から指定されています。

第3節　レコード製作者の権利

1　「レコード」、「レコード製作者」とは

著作権法上、レコードとは、いわゆるアナログレコード盤のほか、CD、録音テープその他のものに音を固定したものをいいます（映画のサウンドトラックのように音を影像とともに再生することを目的とするものは除きます。2条1項5号）。レコードは、それに吹き込まれている内容の如何を問いませんから、例えば小鳥の声や虫の音のように著作物でないものをスマートフォンで録音した場合、その録音物もレコード

として保護されます。レコード製作者とは、音を最初にレコードに固定した者をいいます（同項６号)。

2　保護を受けるレコード

レコードは、次のいずれかに該当するものであれば、我が国の著作権法によって保護を受け（８条)、この結果、外国のレコードであってもその多くは日本でも保護を受けます。

⑴　日本国民をレコード製作者とするレコード

⑵　音が最初に国内において固定されたレコード

⑶　実演家等保護条約により我が国が保護の義務を負うレコード

⑷　WIPO実演・レコード条約により我が国が保護の義務を負うレコード

⑸　WTO協定（TRIPS協定）により我が国が保護の義務を負うレコード

⑹　レコード保護条約により我が国が保護の義務を負うレコード

3　権利の内容

レコード製作者の権利は、実演家とは異なり、人格権はなく、財産的な権利のみで構成されます。

⑴　複製権

レコード製作者は、そのレコードを複製することについて排他的な権利を有します（96条)。レコードの複製とは、レコードをCD盤、アナログレコード盤、テープなどの支持物に有形的に再製することをいい、レコードのリプレスのような直接的な複製だけでなく、レコードの放送を受信して録音するような間接的な複製も含まれます。

⑵　送信可能化権

レコード製作者は、実演家と同様、そのレコードを送信可能化することについて排他的な権利を有します（96条の2）。

放送されるレコードを、専ら元の放送の放送対象地域で受信されることを目的としてIPマルチキャスト技術を用いて公衆に送信する場合の送信可能化権の制限については、実演家の権利と同様の取り扱いがなされます。

また、令和3年著作権法改正により、放送番組の同時配信等に関しては、集中管理が行われておらず、円滑に許諾を得られないと認められるレコードについては、通常の使用料額に相当する補償金を支払うことで、事前の許諾なく利用することができるようになりました（96条の3）。

⑶　二次使用料を受ける権利

レコード製作者は、実演家と同様、商業用レコードが放送や有線放送に使われた場合、その放送事業者等から二次使用料を受ける権利を有します（97条1項）。

また、放送を受信して有線放送により商業用レコードを再送信する場合の二次使用料については、実演家の二次使用料を受ける権利と同様の取り扱いがなされます。

この権利については、国内において商業用レコードの製作を業とする者の相当数を構成員とする団体（その連合体を含む）で、文化庁長官が指定するものがあるときは、当該団体によってのみ行使することができることとされています（同条3項）。現在、一般社団法人日本レコード協会（〒105-0001　東京都港区虎ノ門2-2-5　共同通信会館9階　03・5575・1301 https://www.riaj.or.jp）がこの指定を受けています。

⑷　譲渡権

レコード製作者は、実演家と同様、そのレコードの複製物の譲渡により公衆へ提供することについて排他的な権利を有します（97条の２第１項）。ただし、いったん適法に譲渡が行われたレコードにその後の譲渡に権利が及ばないのは著作権の場合と同様です（同条２項）。

⑸　貸与権等

レコード製作者は、実演家と同様、商業用レコードの公衆への貸与について、最初に販売された日から１年間は貸与権（許諾権）を有し、その期間経過後は貸レコード業者から報酬を受ける権利を有します（97条の３）。報酬の額についても、実演家の場合と同様、レコード製作者の団体と貸レコード業者等との間の協議によって定められ、団体を通じて請求され、分配されます。この団体として、一般社団法人日本レコード協会が文化庁長官から指定されています。

第４節　放送事業者の権利

１　放送事業者の範囲

放送とは、公衆によって同一の内容の送信が同時に受信されることを目的として無線通信の送信を行うことをいいます（２条１項８号）。放送事業者とは、放送を業として行う者をいい、NHK、民放各局などがこれに該当します（２条１項９号）。

２　保護を受ける放送

放送は、次のいずれかに該当するものであれば我が国の著作権法によって保護を受けます（９条)。

⑴　日本国民である放送事業者の放送

⑵　国内にある放送設備から行われる放送

⑶　実演家等保護条約により我が国が保護の義務を負う放送

⑷　WTO協定（TRIPS協定）により我が国が保護の義務を負う放送

3　権利の内容

放送事業者の権利も、レコード製作者の権利と同様に、人格権はなく、財産的な権利のみで構成されます。

⑴　複製権

放送事業者は、その放送又はこれを受信して行う有線放送を受信して、その放送に係る音又は影像を録音し、録画し、又は写真的複製を行うことについて排他的な権利を有します（98条)。写真的複製とは、例えば、テレビ画面を写真撮影して複製物を作成することです。また、録音・録画又は写真的複製には、放送に係る音又は影像をいったんビデオなどに固定したのち、さらに固定物を用いて録音・録画等を行う行為（いわゆるダビング行為）も含まれます。

⑵　再放送権及び有線放送権

放送事業者は、その放送を受けてこれを再放送したり、又は有線放送することについて排他的な権利を有します（99条１項)。ここでいう再放送とは、ある放送事業者の放送を受信して同時に又は一時的な固定物を用いて放送することをいうのであって、放送事業者が自局の番組を後で再び放送すること（リピート放送）をいうのではありません。

なお、行政上の措置として、放送法11条も無断で他の放送事業者の放送を受信して再放送することを禁じています。

この放送事業者の再放送権及び有線放送権については、「放送を受信して有線放送を行なう者が法令の規定により行なわなければならない有線放送については、適用しない」（99条2項）として、法令によって義務付けられた有線放送にあっては、他の放送事業者の放送番組を受信して有線放送する場合は許諾は不要であるとされています。この条項は、放送法140条（受信障害区域における再放送）に対応するものです。

⑶　**送信可能化権**

放送事業者は、その放送又はこれを受信して行う有線放送を受信して、その放送を送信可能化することについて排他的な権利を有します（99条の2）。

⑷　**テレビジョン放送の伝達権**

放送事業者は、そのテレビジョン放送を影像を拡大する特別の装置を用いて公に伝達することについて排他的な権利を有します（100条）。

第5節　有線放送事業者の権利

1　有線放送事業者の範囲

有線放送とは、公衆によって同一の内容の送信が同時に受信されることを目的として有線電気通信の送信を行うことをいいます（2条1項9号の2）。有線放送事業者とは、有線放送を業として行う者をいい、音楽有線放送事業者やケーブルテレビ事業者などがこれに該当します（同項9号の3）。

2　保護を受ける有線放送

有線放送は、次のいずれかに該当するものであれば、我が国の著作権法によって保護を受けます（９条の２）。

⑴　日本国民である有線放送事業者の有線放送

⑵　国内にある有線放送設備から行われる有線放送

なお、有線放送は昭和61年著作権法改正により新たに保護を受けることになったものであるため、著作隣接権によって保護を受けるのは、改正法の施行後（昭和62年１月１日以降）において行われた有線放送に限られます。

3　権利の内容

有線放送事業者の権利も、放送事業者の権利と同様に、人格権はなく、財産的な権利のみで構成されます。

⑴　複製権

有線放送業者は、その有線放送を受信して、その有線放送に係る音又は影像を録音し、録画し、又は写真的複製を行うことについて排他的な権利を有します（100条の２）。また、録音・録画又は写真的複製には、有線放送に係る音又は影像をいったんビデオなどに固定したのち、さらにその固定物を用いて録音・録画等を行う行為も含まれます。

⑵　放送権及び再有線放送権

有線放送事業者は、その有線放送を受けてこれを放送したり、又は再有線放送することについて排他的な権利を有します（100条の３）。

⑶　送信可能化権

有線放送事業者は、その有線放送を受信して、これを送信可能化することについて排他的な権利を有します（100条の４）。

⑷　有線テレビジョン放送の伝達権

有線放送事業者は、その有線テレビジョン放送を、影像を拡大する特別の装置を用いて公に伝達することについて排他的な権利を有します（100条の５）。

第３章　著作権等の制限

第１節　著作権等の制限の概要

前章で述べたように、著作物を利用するには、その都度著作権者から許諾を得るのが原則です。

しかし、この原則をいかなる場合にも当てはめることは、文化的所産である著作物の公正で円滑な利用を妨げることとなり、ひいては文化の発展に寄与することを目的とする著作権制度の趣旨に反することにもなりかねません。

そこで、著作権法では、本章で述べる一定の場合に限り、著作権者の権利を法律上制限して著作権者に許諾を得ることなく、著作物を利用できることとするルールを決めています。このようなルールを定めた規定を「権利制限規定」といいます。

実務においては、著作権者の許諾を得ることが時間・費用等の観点から難しい場面も多く存在します。そのため、著作権者の許諾を得ることなく著作物を利用することができる権利制限規定に関する理解を深めることが重要です。

権利制限規定は、様々な著作物の利用の場面に対応することができるように多数の規定が設けられています。本書では次の表のとおり、権利制限規定を類型化した上で順に解説していきます。その後に著作権の制限の関連規定（47条の６、47条の７、48条、49条及び50条）について解説し、出版権・著作隣接権への準用（86条及び102条）について解説します。

私的使用関係	30条
付随的な利用・ 検討過程の利用関係	30条の２、30条の３
図書館関係	31条、43条
引用・転載関係	32条、39条
教育関係	33条、33条の２、33条の３、34条、 35条、36条
福祉関係	37条、37条の２
非営利利用関係	38条
報道関係	40条、41条、42条の２、42条の３
立法・司法・行政関係	42条
放送・有線放送関係	44条
美術・写真・建築関係	45条、46条、47条、47条の２
コンピュータ関係	47条の３
柔軟な権利制限規定関係	30条の４、47条の４、47条の５

第２節　私的使用関係

私的使用のための複製（30条）

個人的に又は家庭内その他これに準ずる限られた範囲内（例えば、ごく親しい少人数の友達の間など）で著作物を使用すること（私的使用）を目的とするとする場合、その使用する者は当該著作物を複製することができます（30条１項）。テレビ番組を実際の放送時間とずらして視聴するために録画しておくことや、新聞に掲載された記事の必要部分をメモに書き写すこと、インターネットの記事をスクリーンショットで記録しておくことなどが該当します。企業その他の団体において、内部的に業務上利用するために著作物を複製する場合には、私的使用目的には当たらないと解されています。また、独立した事業者が個人の私的使用目的の複製を代行する場合には、「その使用する者が複製する」との要件を充足しないと考えられています。

ただし、これには四つの例外があり、私的使用のための複製であっても、例外に当たる場合には著作権者の許諾を要することとされています。

例外の第一は、公衆の使用に供することを目的として設置されている自動複製機器を用いて複製する場合です（30条１項１号）。これは、自動複製機器を店頭に設置して、客に自由に著作物を複製できるようにすると膨大な「私的使用」のための複製が行われ、著作権者に多大な経済的損失を与えるおそれがあるとの観点から、昭和59年著作権法改正により規定されました。なお、文献複写機器（いわゆるコピー機）については、コンビニエンスストアなど多くの場所に設置してあり、これを用いた複製については例外とした場合の影響の大きさ、権利処理の体制が整備されていないことなどを考慮して、経過措置として当分の間は自動複製機器に含めないこととされており（附則５条の２）、本書の執筆時（2021年９月）においても文献複写機器は自動複製機器に含まれていません。

例外の第二は、技術的保護手段（２条１項20号）の回避装置等を用いて、当該回避により可能となった複製等をその事実を知りながら行う場合です（30条１項２号）。これは、CDやDVDなどに付された信号を読みとり、録音、録画を制限するいわゆるコピープロテクション等の技術的保護手段を回避して行う複製は、「私的使用」のためであっても、著作権者の経済的損失を多大なものとするおそれがあるとの観点から、平成11年著作権法改正で規定されました。規定された当時は信号付加型のものだけが技術的保護手段でしたが、平成24年著作権法改正により、DVD等に用いられているいわゆる暗号型の著作権保護技術も、令和２年著作権法改正により、ビジネスソフトウェア等に用いられているライセンス認証型の著作権保護技術も、それぞれ新たに技術的保護手段の対象となりました。

例外の第三は、著作権を侵害する自動公衆送信を受信して行う場合です。この例外は２つの類型に分かれており、１つ目の類型は、著作権を侵害する自動公衆送信を受信して行うデジタル方式の録音又は録画を、その事実を知りながら行う類型です（30条１項３号）。これは、いわゆる違法配信サイトやファイル共有ソフト等を利用して行うインターネット上の著作権侵害が膨大な規模になっており、これにより、アナログ方式と比較して高品質かつ利便性の高いデジタル方式で膨大な規模の複製が行われ、総体として看過できない権利者の損害が生じ、著作物の通常の利用を妨げ、権利者の正当な利益を不当に害しているものとの観点から、私的使用のためであっても許容される複製の対象範囲から除外することとして、平成21年著作権法改正で規定されました。２つ目の類型は、著作権を侵害する自動公衆送信を受信して行う録音又は録画以外のデジタル方式の複製を、その事実を知りながら行う類型です（30条１項４号）。この類型は、平成21年当時に被害が顕著であった音楽・映像の分野のみならず、漫画・雑誌・写真集・文芸書・専門書・学術論文など様々な分野・種類の著作物において、インターネット上の著作権侵害による被害が深刻さを増してきている状況を踏まえ、令和２年著作権法改正により、追加されました。もっとも、こちらの類型（録音・録画以外のデジタル方式の複製型）では、海賊版対策としての実効性を確保しつつ、国民の正当な情報収集等の萎縮を防止するため、漫画の１コマ～数コマなどの「軽微なもの」、翻訳物以外の二次的著作物、「著作権者の利益を不当に害しないと認められる特別な事情がある場合」のダウンロードについては、その対象から除外されています。

例外の第四は、映画館等において有料上映中の映画や無料試写会で上映中の映画（公開後８カ月を経過していないもの）の映画館等で映像の録画又は音声の録音です。これは、映画の盗撮によって作成された映画の複製物が多数流通し、映画産業に多大な被害が発生している状況に鑑み、平成19年に議員立法で成立した「映画の盗撮の防止に関する法律」により、「私的使用のための複製」の例外とされたものです（同法４条）。

これまで述べてきた私的使用の例外については、罰則について特別な取り扱いがされています。

まず、例外の第一及び第二の場合は、罰則の適用はありません（119条１項）。なお、複製を行った者自体には罰則はありませんが、営利を目的として自動複製機器を使用させる行為（119条１項２号）、技術的保護手段や技術的利用制限手段の回避装置等を公衆に譲渡等する行為（120

条の2第1号)、業として公衆からの求めに応じて技術的保護手段や技術的利用制限手段（120条の2第2号）には、罰則が適用されることとなります。

例外の第三の場合についても、従来は罰則の適用がないものとされていましたが、平成24年著作権法改正の際、国会の審議の過程において、私的使用の目的をもって、有償著作物等の著作権等を侵害する自動公衆送信を受信して行うデジタル方式の録音又は録画（上記1つ目の類型）を、自らその事実を知りながら行うことにより、著作権等を侵害した者に刑事罰を科すことを内容とする修正案（いわゆる議員修正）が提出され、可決、成立したことにより、第三の場合であっても、一部の場合においては罰則が適用されることとなりました（119条3項1号)。ここでいう「有償著作物等」とは、録音され、又は録画された著作物又は実演等であって、有償で公衆に提供され、又は提示されているものをいい、具体的には、CDとして販売されているような音楽作品や、DVDとして販売されているような映画作品が挙げられます。また、令和2年著作権法改正では、録音又は録画以外のデジタル方式の複製を、自らその事実を知りながら行うことにより、著作権等を侵害した者に刑事罰を科すこととしています（上記2つ目の類型)。もっとも、その対象からは、軽微なもの、翻訳物以外の二次的著作物、著作権者の利益を不当に害しないと認められる特別な事情がある場合のダウンロードは除くほか、特に悪質な行為に対象を厳格に絞り込む観点から、正規版が有償で公衆に提供・提示されているもののダウンロードを行ったことに加え、継続的に又は反復してダウンロードを行ったことが要件とされています（119条3項2号)。

例外の第四の場合にも罰則が適用されることとされています（映画の

盗撮の防止に関する法律４条)。

また、平成４年著作権法改正により、デジタル方式による録音録画機器・記録媒体を用いた私的複製については、私的録音録画補償金制度が導入され、著作権者への補償金の支払が義務付けられました（30条２項)。

この補償金を受ける権利は、文化庁長官が指定する団体（指定管理団体）があるときは、当該団体によってのみ行使することができることになっています（104条の２)。現在、一般社団法人私的録音補償金管理協会が録音の分野について文化庁長官の指定を受けています。

補償金の支払については、あらかじめデジタル方式による録音録画機器・記録媒体の販売価格に上乗せされており、補償金支払請求等の協力義務者である機器及び記録媒体の製造業者等（104条の５）から指定管理団体に支払われ、指定管理団体を通じて関係権利者に分配されるという形になっています。

第３節　付随的な利用・検討過程の利用関係

１　付随対象著作物の利用（30条の２）

写真撮影、録音・録画、放送等の方法により事物等の複製・伝達を行うにあたり、写真の撮影等の対象とする事物等に付随して又はその一部を構成するものとして対象となる著作物で、複製・伝達されるもののうち軽微な構成部分となるもの（付随対象著作物）は、正当な範囲において、当該複製・伝達行為に伴って利用することができます（30条の２第１項)。

また、このように利用された付随対象著作物は、複製・伝達行為により作成・伝達されたものの利用に伴って利用することができます（同条２項）。

同条の対象となる著作物の利用行為としては、写真を撮影した際に本来意図した撮影対象だけでなく、背景に小さくポスターや絵画が写り込んでしまったような場合や、そうした写真をブログ等に掲載する場合といった例が考えられます。また、スクリーンショットやインターネット上での生配信などでの写り込みも対象となる例として挙げられます。

２　検討の過程における利用（30条の３）

著作権者の許諾を得て、又は裁定を受けて著作物を利用しようとする者は、これらの利用についての検討の過程における利用に供することを目的とする場合には、その必要と認められる限度において、当該著作物を利用することができます（30条の３）。

同条の対象となる著作物の利用行為としては、漫画のキャラクターの商品化を企画するに際し、著作権者から許諾を得る前の時点で社内の会議資料や企画書等にキャラクターを掲載する行為が挙げられます。

第４節　図書館関係

１　図書館等における複製（31条）

著作権法では、図書館等の果たしている公共奉仕機能にかんがみ、図書館等が利用者の調査研究目的のためなどの必要がある場合には、一定の範囲内で著作権者の権利を制限し、著作物を許諾なく複製することができるとしています（31条１項）。

この複製を行うことができる図書館等は、国立国会図書館、公共図書館、大学附属図書館など著作物を公衆の利用に供している施設で司書又は司書相当の職員が置かれている施設に限定されています（著作権法施行令１条の３）。

これらの図書館等においては、営利を目的としない事業（複製するために必要な用紙代、光熱費、人件費等の実費を徴収することは「営利目的」には該当しません。）として、図書館等が所蔵している資料（図書館等が所有権を有している必要はありませんが、図書館等の間で一時的に預かっているような資料は、これに当たりません。）を用いて、以下の要件のもとに複製を行うことができます。

⑴　利用者の求めに応じて複製（いわゆるコピーサービス）する場合（31条１項１号）

①利用者の調査研究の用に供するためであること

この場合の「調査研究」は、必ずしも高度の学術研究に限るものではありません。

②公表された著作物であること

未公表の著作物については、それが図書館等の所蔵資料であっても、無許諾では複製して提供することはできません。

③著作物の一部分の複製であること

「一部分」とは、一般に少なくとも半分を超えない程度を指します。この「一部分」の解釈は極めて難しいところですが、実務的には、「公立図書館における複写サービスガイドライン」(https://www.library.metro.tokyo.lg.jp/pdf/zenkouto/pdf/hukusyasabisu.pdf）に従った運用が行われている例が多いように思われます。

例外として、発行後相当期間を経過した定期刊行物（例えば、次号が既に発行されていて通常の入手経路では入手できなくなってしまった雑誌など）に掲載された個々の著作物（雑誌に掲載された論文など）については、その全部を複製することができます。この例外については、令和３年著作権法改正（公布日である令和３年６月２日から２年以内で政令で定める日から施行）により、国等の周知目的資料（国若しくは地方公共団体の機関、独立行政法人又は地方独立行政法人が一般に周知させることを目的として作成し、その著作の名義の下に公表する広報資料、調査統計資料、報告書その他これらに類する著作物）その他の著作物の全部の複製物の提供が著作権者の利益を不当に害しないと認められる特別な事情があるものとして政令で定めるものと改正されます。

④利用者一人につき一部を提供するものであること

一人の利用者に複数部を提供することは認められません。

⑵　図書館資料の保存のため必要がある場合（31条１項２号）

例えば、稀覯本の紛失、損傷を防ぐ目的で、当該資料の全ページを複製したり、資料の汚損ページを補充するために、該当ページを複製することができます。また、記録技術・媒体の旧式化により作品の閲覧が事実上不可能になるおそれがある場合の新しい媒体への複製を行うことも可能です。

⑶　他の図書館の求めに応じ、絶版等の理由により、一般に入手することが困難な図書館資料の複製物を提供する場合（31条１項３号）

一般の市場等で入手が困難な資料（以下「絶版等資料」といいます。）について、他の図書館等からの求めに応じ、当該資料の一部分又は全部を複製して提供することができます。絶版はあくまでも例示であり、この「入手することが困難な」状況には、大学紀要・郷土資料など最初からごく少部数しか発行されていない場合も含まれます。他方で、当該資料が高価なために購入することができない場合や外国の出版物であるために入手するのに時間がかかるような場合は含まれません。

令和３年著作権法改正（公布日である令和３年６月２日から２年以内で政令で定める日から施行）では、新型コロナウイルス感染症の流行に伴う図書館の休館等により、インターネットを通じた図書館資料へのアクセスなどのニーズが顕在化したこと等を踏まえ、一定の図書館等が、現行の資料複写サービスに加え、一定条件の下で図書館資料の一部分を公衆送信（例：メール送信）できるよう改正されています（同改正後の31条２項）。これを行う場合には、図書館等の設置者は、相当な額の補償金を著作権者に支払う必要があります（同改正後の31条５項）。図書館等からの公衆送信を受信した利用者は調査研究の用に供するため必要な限度での複製を行うことができます（同改正後の31条４項）。

2　国立国会図書館における所蔵資料の電子化（31条２項）

国立国会図書館は、国立国会図書館法に基づく納本制度により、日本の官庁出版物や民間出版物を網羅的に収集し、その資料自体を保存していくことも大きな使命とされています。そのため、所蔵資料の原本を利用者に提供することによる滅失、損傷又は汚損を避けるため、原本に代わって使用するためのデジタル化を行うことができます。

また、絶版等資料に係る著作物については、当該著作物を31条３項の規定により自動公衆送信に用いるため、デジタル化を行うことができます。

3　国立国会図書館による所蔵資料の自動公衆送信等（31条3項）

国立国会図書館は、絶版等資料に係る著作物について、図書館等において公衆に提示することを目的とする場合には、31条２項によりデジタル化した当該著作物を自動公衆送信することができます。この場合において、図書館等は、自動公衆送信された絶版等資料に係る著作物を、利用者に対して、その一部分を複製して一部提供することや、受信装置を用いて公に伝達することができます。

令和３年著作権法改正（公布日である令和３年６月２日から１年以内で政令で定める日から施行）では、新型コロナウイルス感染症の流行に伴う図書館の休館等により、インターネットを通じた図書館資料へのアクセスなどのニーズが顕在化したこと等を踏まえ、国立国会図書館が、絶版等資料（３か月以内に復刻等の予定があるものを除く）のデータについて、利用者に自動公衆送信（利用者がウェブサイト上から資料を閲覧）できるよう改正されています（同改正後の31条４項）。自動公衆送信を受信した利用者は自ら利用するために必要な限度での複製及び公の伝達を行うことができます（同改正後の31条５項）。また、これと併せて、自動公衆送信された絶版等資料を図書館等が提供することができる範囲が「利用者が自ら利用するために必要と認められる限度において」に広げられています。

4　国立国会図書館法によるインターネット資料及びオンライン資料の収集のための複製（43条）

国立国会図書館は国立国会図書館法に基づき、必要と認められる限度において、国、地方公共団体等（以下「国等」といいます。）が公開しているインターネット資料又は国等以外の者が公開しているオンライン資料（以下「インターネット資料等」といいます。詳細は国立国会図書館法25条の３第１項及び25条の４第１項参照。）を収集し、国立国会図書館が使用するサーバ等の記録媒体に記録することができます（43条）。

また、国立国会図書館に求められた場合、インターネット資料等を公開している者は、当該インターネット資料等を国立国会図書館に提供するために必要と認められる限度において、収集対象となったインターネット資料等に掲載等されている著作物を複製することができます。

第５節　引用・転載関係

1　引用・転載（32条）

公表された著作物は、引用して利用することができます。その引用は、公正な慣行に合致するものであり、報道、批評、研究その他の引用の目的上正当な範囲内で行なわれなければなりません（32条１項）。典型的には、論文の執筆の際、自説を裏付けるために他人の論文中から必要部分を引っ張ったり、文芸作品の評論文を書くにあたって、当該小説を部分的に取り入れたりすることがこれに当たります。

「引用」といえるためには、引用される著作物が「従」で自ら作成する表現が「主」であるという主従関係がなければなりません。さらに、かぎ括弧を付けるなどして引用されたものであることが明確になるように区分される必要があります。

「公正な慣行に合致する」ものであるかどうかに関しては、引用に当たって出所が明示されているかどうかが問題とされることが多いです。

「引用の目的上正当な範囲内で行われる」かどうかに関しては、そもそもその著作物を引用する必要があるのか（肖像写真で言えば、氏名などの情報に加えて肖像写真を用いる必要があるのかなど）、また、その量・その質で引用する必要があるのか（批評の中で言及されない文章まで引用していないか、写真などの画像について独立して鑑賞の対象となり得る程度の大きさで引用していないかなど）、が問題とされることが多いです。

白書や統計資料などのように、国又は地方公共団体の機関が広報等を目的として作成した著作物（国等の周知目的資料）は、転載を禁止する旨の表示がある場合を除いて、説明の材料として新聞、雑誌その他の刊行物に転載することができます（32条２項）。

２　時事問題に関する論説の転載等（39条）

新聞、雑誌等に掲載された政治上、経済上又は社会上の時事問題に関する論説（典型的には新聞の社説など、その報道機関の主義主張が展開されているものを指し、一般の記事は含まれません。）は、転載を禁止する旨の表示がない限り、他の新聞、雑誌等に転載し、放送・有線放送等を行うことができます（39条）。令和３年著作権法改正では、放送番組のインターネット同時配信等（同時配信、追っかけ配信、見逃し配信）に係る権利処理の円滑化に向けた所要の法令改正が行われており、令和４年１月１日からは、上記に関してインターネット同時配信等を行う場合も権利制限の対象となっています。

第６節　教育関係

１　教科書等への掲載（33条）

学校教育の目的上必要と認められる限度で、公表された著作物を教科書（高等学校以下で用いられる検定教科書及び文部科学省著作教科書）等に掲載することができます（33条１項及び４項）。掲載の際には、著作者にその旨を通知することと、著作権者に文化庁長官が定める算出方法により算出される補償金を支払うことが義務付けられています（33条２項）。

２　教科用図書代替教材への掲載（33条の２）

学校教育の目的上必要と認められる限度で、教科用図書に掲載された著作物を教科書用図書代替教材（学校教育法において教科用図書に変えて使用することができる旨が定められている教材。いわゆるデジタル教科書）に掲載することができます（33条の２第１項）。掲載の際には、あらかじめ当該教科用図書を発行する者にその旨を通知することと、著作権者に文化庁長官が定める算出方法により算出される補償金を支払うことが義務付けられています（33条の２第２項）。

３　拡大教科書等の作成のための複製（33条の３）

障害により既存の検定教科書が使用しにくい児童又は生徒の学習のために、検定教科書の文字や図形の拡大や、その他必要な方式により複製することができます（33条の３第１項）。教科書の全部又は相当部分を拡大・複製して教科用拡大図書等を作成する場合は、あらかじめ当該教科書を発行する者にその旨を通知すること、営利目的で頒布する場合は著作権者に文化庁長官が定める算出方法により算出される補償金を支払うことが義務付けられています（33条の３第２項）。

また、教科用拡大図書等の作成を円滑にするために、「障害のある児童及び生徒のための教科用特定図書等の普及の促進等に関する法律」により、検定教科書に掲載された著作物の電子データの提供に関する制度が導入されており、その提供のために必要と認められる限度において複製等の利用を行うことができます（同条４項）。

４　学校教育番組の放送等（34条）

学校教育の目的上必要と認められる限度で、公表された著作物を学校向けの放送番組又は有線放送番組で放送や有線放送等を行い、また、当該番組用の教材に掲載することができます（34条１項）。利用の際には、著作者にその旨を通知することと、著作権者に相当な額の補償金を支払うことが義務付けられています（34条２項）。

令和３年著作権法改正では、放送番組のインターネット同時配信等に係る権利処理の円滑化に向けた所要の法令改正が行われており、令和４年１月１日からは、放送や有線放送等のみならず、インターネット同時配信等を行う場合も権利制限の対象となっています。

５　学校その他の教育機関での利用（35条）

営利を目的としない学校等の教育機関において、授業を担任する先生やその授業を受ける者（生徒等）は、授業の過程で使用するために、公表された著作物の複製や公衆送信・公の伝達を行うことができます（同条１項）。例えば、テレビ番組を授業で生徒に見せるために録画することや、授業で使用する目的で、有名な小説の一部分をコピーして生徒に配ることがこれに該当します。また、学校等の授業や予習・復習用に、教師が他人の著作物を用いて作成した教材を生徒の端末に公衆送信する行為等も権利者の許諾なく行うことができます。

ただし、授業で使用する目的であっても、ドリルやワークブックのように、本来、生徒一人ひとりに一部ずつが購入され、使用される目的で作成された教材や一冊の書籍の全ページを複製するようなことは、著作権者の経済的な利益を不当に害することとなるため、認められません。また、複製を行うことができるのは、あくまで実際に授業を担任する先生やその授業を受ける者であることが求められます（事務職員が先生等の指示で作業を行うことを妨げるものではありません。）から、教育委員会等が一括して複製を行うような場合には、著作権者の許諾を要することになります。

また、上記の目的で公衆送信を行う場合には、リアルタイム（同時双方向型）のオンライン授業（遠隔授業）を実施する中で公衆送信する場合を除き、当該教育機関の設置者は一定の補償金（授業目的公衆送信補償金）を文化庁長官の指定する団体（指定管理団体）に支払うことが必要となります（同条２項・３項）。

授業目的公衆送信補償金の支払先となる指定管理団体としては、平成31年２月15日に「一般社団法人授業目的公衆送信補償金等管理協会」（略称：SARTRAS（サートラス））が文化庁長官により指定されています。

35条の解釈に関しては、著作物の教育利用に関する関係者フォーラム「改正著作権法第35条運用指針（令和２(2020)年度版)」（URL：https://sartras.or.jp/wp-content/uploads/unyoshishin2020.pdf）が実務上参考になると考えます。

6　試験問題としての複製等（36条）

公表された著作物を、学校の入学試験や会社の採用試験などの問題として複製すること、又は、インターネット等を利用して試験を行う際に公衆送信することは、著作権者の許諾なく行うことができます（36条1項)。36条1項が適用されるのは実際に試験・検定を行う際の利用に限られますので、既存の試験問題を再編集し、過去問集やホームページに掲載するような場合には、改めて著作権者の許諾が必要となります。

ただし、業者が有料で模擬試験を行う場合のように、営利目的でこの複製又は公衆送信を行うときは、通常の使用料に相当する額の補償金を著作権者に支払うことが義務付けられています（36条2項)。

第7節　福祉関係

1　視覚障害者等のための複製等（37条）

公表された著作物は、その用途の如何にかかわらず、点字により複製し（37条1項)、あるいは、点字データとしてコンピュータへ蓄積し、コンピュータ・ネットワークを通じて送信することができます（同条2項)。

また、視覚障害者や肢体不自由者など、視覚障害その他の障害により視覚による表現の認識が困難な者（以下「視覚障害者等」といいます。)の福祉に関する事業を行う者（著作権法施行令2条）においては、公表された著作物であって、①視覚によりその表現が認識される方式により公衆への提供等がされている著作物について、②専ら視覚障害者等の用に供するために必要と認められる限度において、③視覚障害者等の利用のため、「拡大図書」、「デジタル録音図書」等を作成すること、又は公衆送信することについて、著作権者の許諾なく行うことができます（37条３項本文)。著作権者又はその許諾を受けた者等により、同じ著作物について、視覚障害者等が利用するために必要な方式により提供等がされている場合は、37条３項は適用されません（同項ただし書)。

２　聴覚障害者等のための複製等（37条の２）

聴覚障害者その他聴覚による表現の認識に障害のある者（以下「聴覚障害者等」といいます。）の福祉に関する事業を行う者（著作権法施行令２条の２）においては、公表された著作物であって、①聴覚によりその表現が認識される方式により公衆への提供等がされている著作物について、②専ら聴覚障害者等の用に供するために必要と認められる限度において、③音声を文字にすることその他当該聴覚障害者等が利用するために必要な方式により、

・その著作物の音声を字幕等により複製し、又は自動公衆送信をすること（37条の２本文第１号）
・専ら聴覚障害者等向けの貸出しの用に供するために、字幕付きビデオ等を作成すること（同条本文２号）

について、著作権者の許諾なく行うことができます。著作権者又はその許諾を受けた者等により、同じ著作物について、聴覚障害者等が利用するために必要な方式による公衆への提供等がされている場合には、37条の２は適用されません（同条ただし書)。

第8節　非営利無料の上映等関係

営利を目的としない上演等（38条）

非営利目的で著作物を利用できる場合として、五つの場合が規定されています。

第一は、公表された著作物は、①営利を目的とせず、②聴衆や観衆から一切の対価（入場料等）を徴収せず、かつ、③出演する実演家等に出演料などの報酬が支払われない場合には、著作権者の許諾を得ることなく、公に上演、演奏、上映、口述することができます（38条1項）。学校の文化祭での劇の上演や吹奏楽の演奏がこれに当たります。非営利目的とは、利用行為が直接的にも間接的にも営利に結びつくものでないことをいうと解されており、営利事業に関して行われる行為は、基本的には間接的に営利に結び付くことから、非営利目的には当たらないと考えるべきでしょう。チャリティーショー等で、その収益のすべてが公益のために寄付されるような場合には、営利を目的としないものといえるでしょうが、聴衆又は観衆から料金を徴収してそれを寄付するのであれば、②の要件を満たしませんから、無許諾で著作物を利用することはできません。また、出演者に対して、昼食の弁当や車代としての実費相当額を渡す程度であれば「報酬」には当たらないといえるでしょうが、名目は車代等であっても、実際にはかなりの額が支払われているような場合には、「報酬」が支払われていると評価され、③の要件を満たさないと考えるべきでしょう。

第二に、①営利を目的とせず、かつ、②聴衆や観衆から一切の対価を徴収しない場合には、適法に権利者の許諾を得て放送される著作物については、そのまま有線放送することができます（38条2項）。「難視聴解消」や「共用アンテナからマンション内への配信」など、放送を受信して直ちに有線放送する場合が該当します。また、平成18年著作権法改正により、放送される著作物を受信していわゆるIPマルチキャスト技術を用いて公衆に送信する場合にも、前述の①及び②の要件を満たし、③専ら元の放送の放送対象地域で受信されることを目的として、④入力型送信可能化により同時再送信を行う場合（地域限定特定入力型自動公衆送信）には、そのまま自動公衆送信することができるようになりました。

第三に、①営利を目的とせず、かつ、②聴衆や観衆から一切の対価を徴収しない場合には、適法に放送又は有線放送される著作物については、受信装置（業務用の大型受像機を含みます。）を用いて公に見せ、又は聞かせることができます（ただし、この場合、テレビ放送に係る放送事業者、有線放送事業者の著作隣接権は制限されていないことに注意が必要です。）（38条３項前段）。また、通常の家庭用受信装置（家庭用のテレビやラジオ）を用いて行う場合には、営利・非営利を問わず、公に見せ、又は聞かせることができます（同項後段）。令和３年著作権法改正では、放送番組のインターネット同時配信等に係る権利処理の円滑化に向けた所要の法令改正が行われており、令和４年１月１日からは、放送又は有線放送される著作物のみならず、インターネット同時配信等（見逃し配信を除く。）が行われる著作物についても権利制限の対象となっています。

第四に、①営利を目的とせず、かつ、②その複製物の貸与を受ける者から料金を受けない場合には、公表された著作物（映画の著作物を除く）は、著作権者の許諾を得ることなく貸し出すことができます（38条４項）。図書館等におけるCDの貸出しがその一例です。

第五に、視聴覚教育施設（国及び地方公共団体が設置するものに限ります。)、公共図書館など政令で定める施設（著作権法施行令2条の3）及び聴覚障害者等の福祉に関する事業を行う者で政令で定めるもの（同施行令2条の2第1項2号）においては、①営利を目的とせず、かつ、②その複製物の貸与を受ける者から料金を受けない場合には、映画の著作物を著作権者の許諾を得ることなく貸し出すことができます。この場合には、著作権者に対して相当な額の補償金を支払うことが義務付けられています（38条5項）。

第9節　報道関係等

1　政治上の演説等の利用（40条）

公開して行われた政治上の演説、陳述及び裁判手続（行政庁の行う審判その他裁判に準ずる手続を含む。）における公開の陳述は、同じ人の行った演説等を編集して利用する場合を除き、いかなる利用方法でも自由に利用することができます（40条1項）。

また、国や地方公共団体の機関（国会、地方議会等）で行われた公開の演説又は陳述は、報道の目的上正当と認められる場合には、新聞、雑誌等に掲載し、また、放送、有線放送等を行うことができます（同条2項）。この際、その演説又は陳述を受信装置（業務用の大型受信機を含みます。）を用いて公の伝送を行う（公に見せ、又は聞かせる）ことができます（同条3項）。

令和3年著作権法改正では、放送番組のインターネット同時配信等に係る権利処理の円滑化に向けた所要の法令改正が行われており、令和4年1月1日からは、放送又は有線放送等のみならず、インターネット同時配信等を行う場合も権利制限の対象となっています。

2　時事の事件の報道のための利用（41条）

時事の事件を報道する際に、その事件を構成し、又は、その事件の過程で見聞きされる著作物については、報道の目的上正当な範囲内において、著作権者の許諾なく、当該報道に伴い利用することができます。「秘蔵の絵画が展覧会で展示されることになった」という時事の事件を報道する際に当該秘蔵の絵画を利用するといった例や「オリンピックの開会式が行われた」という時事の事件を報道する際に開会式の会場で演奏・上映された著作物を利用するといった例が挙げられます。

3　情報公開法等による開示のための利用（42条の２）

行政機関の長又は地方公共団体の機関は、情報公開法又は情報公開条例により著作物を閲覧又は写しの交付等により開示するために必要な限度で著作物を利用することができます。すなわち、情報公開法等による開示行為として通常想定される文書のコピー、録音・録画テープ等の複製物の作成、録音テープ・ビデオテープの再生などについては、権利者の許諾なく行うことができます。

一方、あらかじめ著作物を送信可能化（アップロード）することや著作物の貸与、翻訳・翻案は、情報公開法等による開示のために必要な限度を超えていると考えられるため認められません。また、この規定により認められているのは、国の行政機関等がコピー等を行うことのみですので、情報公開法により文書のコピーをもらった者が、さらにその文書のコピーをとって配布することは認められていません。

4　公文書管理法等による保存等のための利用（42条の３）

国立公文書館等の長又は地方公文書館等の長（以下「公文書館等の長

等」といいます。）は、公文書管理法等により歴史公文書等を保存するために必要な限度で著作物を複製することができます（42条の3第1項）。すなわち、公文書管理法等による保存行為として通常想定される歴史公文書等の電子化やマイクロフィルム化等については、歴史公文書等に含まれる著作物の著作権者の許諾なく行うことができます。

また、公文書館等の長等は、公文書管理法等により歴史公文書等を公衆に提供若しくは提示することを目的とする場合には、必要な限度で著作物を利用することができます（同条2項）。すなわち、公文書管理法等による利用として通常想定される、文書のコピー、録画物等の再生などについては、権利者の許諾なく行うことができます。

第10節　立法・司法・行政関係

裁判手続等における複製（42条）

著作物（公表されたものに限りません。）は、裁判手続（行政庁の行う審判その他裁判に準ずる手続を含む。）のために必要と認められる場合や立法目的のために必要と認められる場合、行政の目的のために内部資料として必要な場合には、その必要と認められる限度内で、著作権者の許諾なく複製することができます（42条1項）。行政目的の内部資料とは、行政の職務遂行上必要不可欠なものを指し、単に職員の執務参考資料は含みません。例えば、業務に関連する新聞記事や雑誌記事を官公庁内で共有するといった目的は、これに当たらず、著作権者の許諾を得て（いわゆるクリッピングサービスの契約をして）これを行う必要があります。

また、著作権者の利益を不当に害することとなる場合は除かれますから、例えば、行政の目的上必要であっても、１冊の本の全ページを複製することは認められません。

さらに、①行政庁の行う特許、意匠若しくは商標に関する審査、実用新案に関する技術的評価又は国際出願に関する国際調査若しくは国際予備調査に関する手続、②行政庁の行う種苗法関連の品種に関する審査又は登録品種に関する調査に関する手続、③行政庁の行う特定農林水産物等についての登録又は外国の特定農林水産物等についての指定に関する手続、④行政庁・独立行政法人の行う薬事に関する審査若しくは調査又は行政庁・独立行政法人に対する薬事に関する報告に関する手続、⑤これらに類するものとして政令で定める手続のために必要な複製についても、著作権者の利益を不当に害することとなる場合を除き、著作権者の許諾なく複製することができます（同条２項）。なお、⑤の政令で定める手続としては、今後、同様に権利制限の対象とすべき行政手続の存在が明らかとなった場合に柔軟に対応できるよう、政令で随時追加できるようにされていますが、本書執筆時点（2021年９月）では政令で追加されている行政手続はありません。

第11節　放送局・有線放送局関係

放送事業者による一時的固定（44条）

放送事業者又は有線放送事業者は、著作権者から放送又は有線放送の許諾を得た著作物について、放送のための技術的な手段として、著作物を一時的に録音・録画を行うことができます（44条１項、２項）。令和３年著作権法改正では、放送番組のインターネット同時配信等に係る権利処理の円滑化に向けた所要の法令改正が行われており、令和４年１月

1日からは、インターネット同時配信等を行う場面でも権利制限の対象となっています（同条1項～3項）。

ただし、この規定により作成された録音物又は録画物を、録音又は録画の後6カ月（この期間内に放送されれば、その放送後6カ月）を超えて保存する場合は、政令で定める公的な記録保存所に保存しなければなりません（同条4項）。

第12節　美術・写真・建築関係

1　美術の著作物等の原作品の所有者による展示（45条）

絵画や彫刻等の美術の著作物や写真の著作物の原作品の所有者は、それらの作品を自由に展示することができます。また、所有者から同意を得た者も同様に取り扱うことができます（45条1項）。この規定により、展示権は大幅に制限されています。

ただし、美術の著作物の原作品を、街路や公園などの屋外に恒常的に設置する場合には、所有者等であっても著作権者に許諾を得る必要があります（同条2項）。

2　公開の美術の著作物等の利用（46条）

街路や公園などの屋外に恒常的に設置された美術の著作物の原作品や建築の著作物は、原則として自由に利用することができます（46条）。例外として、①彫刻を彫刻として増製し、又はその増製物を譲渡により公衆に提供する場合、②建築の著作物を建築の著作物として複製し、又はその複製物を譲渡により公衆に提供する場合、③街路や公園などの屋外に恒常的に設置するために複製する場合、④専ら販売目的で美術の著作物を複製し、又はその複製物を販売する場合は、著作権者の許諾を得る必要があります。

3　美術の著作物等の展示に伴う複製（47条）

適法に美術の著作物や写真の著作物（展示作品）の原作品による公の展示を行う者（原作品展示者）は、その解説や紹介を目的として、小冊子に展示作品を掲載することができます（47条1項）。また、原作品展示者は、電子機器等に展示作品を上映又は自動公衆送信を行うことができ、そのために必要な複製を行うことができます（47条1項及び2項）。展示会場において貸与されるデジタルオーディオガイドやタブレット端末に展示作品の画像を複製し、展示作品の付近に設置したテレビに展示作品の画像を表示し、来場者の所有するスマートフォンなどに展示作品の画像を配信することなどが例として挙げられます。もっとも、美術品の画像を掲載した小冊子を作成する場合において、例えば観賞用の豪華なカタログや目録に名を借りた画集・写真集など、必要以上の大きさや画質をもって掲載することや、来館者の電子機器に画像データを送信する場合において、観覧後に観覧者が小冊子以上に高精細な画像データを持ち帰り、自宅等でも鑑賞・利用できるようにすることなどは、著作権者の許諾が必要です。

また、原作品展示者及びこれに準ずる者として政令で定めるもの（施行令7条の2）は、展示作品の所在に関する情報を公衆に提供するために必要と認められる限度において、展示作品の複製及び公衆送信を行うことができます（47条3項）。展示の開催案内を行うウェブサイトやメールマガジン等の中で展示作品のサムネイル画像を用いることなどが例として挙げられます。

4　美術の著作物等の譲渡等の申出に伴う複製等（47条の２）

美術の著作物又は写真の著作物の原作品あるいは複製物の所有者等の譲渡又は貸与の権原を有する者が、著作権者の譲渡権又は貸与権を害することなく、譲渡等の申出のため作品の画像を掲載等する場合には、これらの著作物の画像を一定の大きさや画素数以下にするなど政令（著作権法施行令７条の３）で定める措置を講じている場合に限って、美術の著作物等を複製し、又は公衆送信を行うことができます。美術品等のインターネットオークションや通信販売等の対面で行われない取引をする際に、販売ページに美術品の画像を掲載することが例として挙げられます。

第13節　コンピュータ関係

プログラムの著作物の所有者による複製等（47条の３）

プログラムの著作物の複製物の所有者は、自ら当該著作物を電子計算機において実行するために必要と認められる限度において、当該著作物を複製することができます（47条の３第１項）。例えば、その滅失や毀損に備えてバックアップコピーを作成することや、必要なバージョンアップのための複製や翻案（47条の６第１項６号）を行うことができます。ただし、複数のコンピュータで同時に使用するために複製するような場合には、この規定は適用されません。

滅失以外の理由で当該プログラムの著作物の所有権を失った場合（他人に譲渡した場合等）には、この規定の適用を受けて作成された複製物は、廃棄しなければなりません（同条２項）。

第14節　柔軟な権利制限規定関係

1　著作物に表現された思想又は感情の享受を目的としない利用（30条の４）

著作物は、①技術の開発又は実用化のための試験の用に供する場合、②情報解析の用に供する場合、③人の知覚による認識を伴うことなく著作物を利用に供する場合などの、著作物に表現された思想又は感情の享受を目的としない場合には、その必要と認められる限度において、著作権者の許諾なく利用することができます（30条の４）。

例えば、①テレビ番組の録画に関する技術開発の過程で、その技術を検証するためにテレビ番組を試験的に録画してみる場合（１号該当）や、②ウェブページや書籍等の中に含まれる単語や文字列を分析して統計処理を施すウェブ情報解析や言語解析を行ったり、著作物を学習用データとしてデータベースに収集・整理して人工知能の開発のために深層学習（ディープラーニング）を行ったりする場合（２号該当)、③コンピュータ内部での情報処理に際して行われる瞬間的・過渡的な複製で、利用者の目に触れることのない場合（３号該当)、④プログラムの調査・解析を目的としてプログラムの著作物を利用する場合（いわゆるリバース・エンジニアリング。柱書該当）などが例として挙げられます。

2　電子計算機における著作物の利用に付随する利用等（47条の４）

コンピュータ等の電子計算機における利用（情報通信の技術を利用する方法による利用を含む。）に供される著作物について、当該利用を円滑又は効率的に行うための付随的な利用に供することを目的とする場合は、その必要と認められる限度において、当該著作物を利用することができます（47条の４第１項)。①インターネット上のウェブページを視聴する際にブラウザで効率的に著作物を表示するために、利用者のコンピュータにおいてキャッシュを作成すること（１号該当)、②サーバへの送信リクエストが集中した場合の負荷を分散することを目的として別のサーバに同一のデータを複製すること（いわゆるミラーリング。２号該当)、③動画共有サイトにおける著作物の送信を効率的に行うために、ファイル形式を統一化するための複製や各種ファイルの圧縮をする行為（３号該当）などが例として挙げられます。

また、コンピュータ等の電子計算機における利用に供される著作物について、電子計算機における利用を行うことができる状態を維持し、又は当該状態に回復することを目的とする場合にも、その必要と認められる限度において、当該著作物を利用することができます（47条の４第２項)。①サーバの保守点検に際して、ハードディスクに記録されたプログラムなどの著作物を一時的に他の記録媒体に移す際に複製する行為や保守点検完了後にハードディスクに複製する行為（１号該当)、②著作物が記録されたメモリを内蔵するスマートフォンを新しいスマートフォンに機種変更する際に、古いスマートフォンのメモリから新しいスマートフォンのメモリにデータを移行させるために、古いスマートフォンのメモリからデータを削除しつつ新しいスマートフォンにデータを複製する行為（２号該当)、③サーバに記録された著作物が消えたり、毀損して使えなくなったりしてしまう事態に備えて、サーバのハードディスクのバックアップディスクを作成する行為（３号該当）が例として挙げられます。

3　電子計算機による情報処理及びその結果の提供に付随する軽微利用等（47条の5）

コンピュータ等の電子計算機を用いて、①サービス利用者の関心に合致する著作物等の書誌情報や所在情報等を検索し、その結果を提供するサービス（所在検索サービス）、②情報解析を行い、その結果を提供するサービス（情報解析サービス）、③上記①及び②のほか、電子計算機による情報処理を活用したサービスで政令で定めるもの、のいずれかを行う場合には、政令で定める基準に従い、その行為の目的上必要と認められる限度において、こうした情報処理及びその結果の提供に付随して、公表された著作物又は送信可能化された著作物を軽微な範囲で利用できます（47条の5第1項）。

例えば、特定のキーワードを含む書籍を検索し、その書誌情報や所在情報と併せて、書籍中の当該キーワードを含む文章の一部分を提供する行為（書籍検索サービス）や、大量の論文や書籍等をデジタル化して検索可能とした上で、検証したい論文について、他の論文等からの剽窃の有無や剽窃率といった情報の提供と併せて、剽窃箇所に対応するオリジナルの論文等の本文の一部分を表示する行為（論文剽窃検証サービス）などが対象になります。

上記の「政令で定める基準」としては、（ｉ）上記①のうちインターネット情報検索サービスを行う場合において、ID・パスワード等により受信制限がなされたウェブページや、情報収集禁止措置がとられたウェブページを無断で使用しないこと、（ii）サービスに使用するデータベース等の漏えい防止のための措置を講ずること、（iii）サービスが47条の5に定める要件に適合したものとなるよう、事前に研究者や弁護士等の学識経験者に対する相談を行う等の所要の取組、問合せを受けるための連絡先等の情報の明示を行うこと、が必要とされています（著作権法施行令７条の４並びに著作権法施行規則４条の４及び４条の５）。

なお、上記③の「政令で定める」サービスとしては、今後、同様に権利制限の対象とすべきサービスの存在が明らかとなった場合に柔軟に対応できるよう、政令で随時追加できるようにされていますが、本書執筆時点（2021年９月）では政令で追加されているサービスはありません。

また、これらのサービスの準備を行う者は、政令で定める基準に従って、公衆への提供又は提示（送信可能化を含む。）をされた著作物について、軽微な範囲での利用の準備のために必要と認められる限度において、複製、公衆送信、頒布を行うことができます（47条の５第２項）。

第15節　著作権の制限の関連規定

１　翻訳、翻案等による利用（47条の６）

次に掲げる規定により著作物を利用することができる場合には、当該著作物について、当該規定の例によって二次的著作物の創作に関する次の利用を行うことができます（47条の６第１項。下表は令和４年１月１日時点の内容）。

１号	30条１項（私的使用のための複製） 33条１項（教科用図書への掲載） 33条４項（通信教育用学習図書等への掲載） 34条１項（学校教育番組の放送等） 35条１項（学校その他の教育機関における複製等） 47条の５第２項（電子計算機による情報処理及びその結果の提供に付随する軽微利用の準備のための利用）	翻訳 編曲 変形 翻案
２号	31条１項１号（図書館等における複製） 31条３項後段（絶版等資料の複製） 32条１項（引用） 32条２項（国の機関等の広報資料等の転載） 36条１項（試験問題としての複製等） 37条１項（点字による複製） 37条２項（電子計算機を用いて点字を処理する方法による複製等） 39条１項（時事問題に関する論説の転載等） 40条２項（国の機関等における公開の演説等の掲載等） 41条（時事の事件の報道のための利用） 42条１項（裁判手続等における複製） 42条２項（行政手続等における複製）	翻訳
３号	33条の２第１項（教科用図書代替教材への掲載等） 33条の３第１項（拡大図書等の作成のための複製等） 47条１項（美術の著作物等の展示に伴う複製） 47条２項（展示著作物の解説又は紹介のための上映、自動公衆送信） 47条３項（展示著作物の所在情報の提供のための利用）	変形 翻案
４号	37条３項（視覚障害者等のための複製等）	翻訳 変形 翻案
５号	37条の２（聴覚障害者等のための複製等）	翻訳 翻案
６号	47条の３第１項（プログラムの著作物の複製物の所有者による複製）	翻案

そうして創作された二次的著作物についても、上記各号に掲げられた各規定による利用を行うことができます（47条の６第２項）

なお、47条の６には規定されていませんが、30条の２、30条の３、30条の４、40条１項、46条、47条の４及び47条の５第１項については、各条文において、いずれの方法によるかを問わず、利用することができる旨が定められていますので、各規定の要件に従って、二次的著作物の創作及び創作された二次的著作物の利用が可能です。

２　複製権の制限により作成された複製物の譲渡（47条の７）

次の規定により著作物の複製がなされた場合には、複製物の公衆への譲渡を行うことができます（47条の７。以下は令和４年１月１日時点の内容)。これらの規定が定める場面では、複製にとどまらず、複製物の公衆への譲渡が行うことも当然に想定されるためです。ただし、下線を引いた規定に基づいて作成された複製物については、当該規定に定める目的以外の目的（30条の４にあっては、著作物に表現された思想若しくは感情を自ら享受し若しくは他人に享受させる目的）で公衆に譲渡することはできません。

30条の２第２項（付随対象著作物の利用）

30条の３（検討の過程における利用）

30条の４（著作物に表現された思想又は感情の享受を目的としない利用）

31条１項１号（調査研究のための著作物の一部分の提供）

31条３項後段（絶版等資料の複製）

32条１項（引用）

32条2項（国の機関等の広報資料等の転載）

33条1項（教科用図書への掲載）

33条4項（通信教育用学習図書等への掲載）

33条の2第1項（教科用図書代替教材への掲載等）

33条の3第1項（拡大図書等の作成のための複製等）

33条の3第4項（教科用図書の電磁的記録を提供するための利用）

34条1項（学校教育番組の放送等）

35条1項（学校その他の教育機関における複製等）

36条1項（試験問題としての複製等）

37条1項（点字による複製）

37条2項（電子計算機を用いて点字を処理する方法による複製等）

37条3項（視覚障害者等のための複製等）

37条の2第1号（聴覚障害者等のための複製等）

39条1項（時事問題に関する論説の転載等）

40条1項（政治上の演説等の利用）

40条2項（国の機関等における公開の演説等の掲載等）

41条（時事の事件の報道のための利用）

42条1項（裁判手続等における複製）

42条2項（行政手続等における複製）

42条の2（行政機関情報公開法等による開示のための利用）

42条の3第2項（公文書管理法等による提供等のための利用）

46条（公開の美術の著作物等の利用）

47条1項（美術の著作物等の展示に伴う複製）

47条3項（展示著作物の所在情報の提供のための利用）

47条の2（美術の著作物等の譲渡等の申出に伴う複製等）

47条の4（電子計算機における著作物の利用に付随する利用等）
47条の5（電子計算機による情報処理及びその結果の提供に付随する軽微利用等）

＊31条1項1号及び3項後段、36条1項、42条については、映画の著作物の複製物（映画の著作物において複製されている著作物にあっては、当該映画の著作物の複製物を含む。）は対象となりません。

3　出所の明示（48条）

権利制限規定に基づいて著作物を利用する場合には、48条の定めに従って、著作物の出所を、その複製又は利用の態様に応じ合理的と認められる方法及び程度によって明示しなければなりません。各規定の性質に応じて、必ず出所を明示しなければならないか、出所を明示する慣行があるときに限って出所を明示しなければならないかが定められています（48条に定めのないものについては、出所明示義務はありません。）。この出所の明示義務に違反した場合には、50万円以下の罰金が科されます（122条）。

4　複製物の目的外使用等（49条）

権利制限規定の適用を受けて作成された著作物の複製物を当該権利制限規定に定める目的以外の目的で利用することについては、49条で複製等を行ったものとみなす旨を規定されており、これにより目的外使用等を行う場合には著作権者の許諾を得ることが必要とされています。

5　著作者人格権との関係（50条）

権利制限規定は、あくまでも著作財産権を制限するものですので、50条で「著作者人格権に影響を及ぼすものと解釈してはならない」と規定されています。著作財産権と著作者人格権とは、別個の異質な権利であるためこのような規定が設けられています。

第16節　出版権、著作隣接権への準用（86条、102条）

著作権の権利制限規定は、出版権にも必要な範囲で準用されています(86条)。

また、著作権と著作隣接権とは相互に独立して認められる権利ですから、例えばCDをコピーするという一つの行為であっても、作詞家・作曲家の著作権と歌手・演奏家などの実演家やその曲をレコーディングしたレコード製作者の著作隣接権とが同時に（重畳的に）働きます。そこで、著作権が制限されて著作権者の許諾を得る必要がないとする規定については、著作隣接権についても多くは準用されており、実演家等からの許諾を得ずに利用できることになっています（102条)。

第４章　保護期間

第１節　著作権の保護期間

著作権法は、著作者の権利を定め、その保護を図ることを一義的な目的としていますが、文化的所産たる著作物の公正な利用にも配慮することが必要です。したがって、著作者に対し、権利を認める一方、その権利は一定の期間を経過した後には消滅させることとし、社会全体の共有財産として自由な利用を可能ならしめています。換言すれば、著作物を一般に開放し、そこからまた新しい著作物が展開することを期待しています。著作権が消滅するまでの期間を著作物の保護期間又は著作権の存続期間といいます。

なお、保護期間の満了により消滅するのは財産権としての著作権です。著作者人格権は、著作者の一身に専属するため著作者の死亡によって消滅しますが、著作者の死後においても、著作者人格権の侵害となるべき行為は禁止されています（60条）。

以下、保護期間について、著作物の種類等の区分にしたがって解説します。なお、著作物の創作の時点で、何らかの手続きを要することなく、また公表の有無にもかかわらず、著作権が発生するものであるため、創作の時点から保護を受けることになります（51条１項）。

１　実名の著作物（原則的保護期間）（51条２項）

自然人が創作した著作物の著作権は、２以下に定める場合を除き、著作物の著作者の死後70年を経過するまでの間存続します。したがって、ある著作者が複数の著作物を創作した場合、著作権はその作品の創作ごとに発生し、その著作者の死後70年を経過したときに、当該著作者の創作に係るすべての著作物の著作権が消滅することになるわけです。

また、２人以上の著作者の創作による共同著作物については、著作者のうち、最後に死亡した者を基準として計算することになります。

2　無名又は変名で公表された著作物（52条）

自然人が創作した著作物であっても、それが匿名（無名）や本名と異なる氏名（変名）を付して公表された場合には、著作者が特定できないため、保護期間の計算においても、誰の死後から起算するかが確定できません。そこで、無名又は変名で公表された著作物の著作権は、当該著作物の公表後70年を経過するまでの間、存続することとしています。

ただし、公表後70年を経過していなくても、既にその著作物の著作者の死後70年が経過していることが認められる場合には、著作者の死後70年経過時点で著作権が消滅したとされます。

なお、変名を付して公表された著作物であっても、その変名がその著作者のものとして周知のもの、すなわち著名作家がペンネームで公表した著作物などの場合には、当該著名作家の死後70年を経過するまでの間、著作権が存続します。また、無名又は変名で公表された著作物につき、公表後70年が経過するまでの間に、実名の登録（75条１項）が行われたときや、無名又は変名で公表された著作物の著作者が、その著作物の公表後70年を経過するまでの間に、実名（本名）又は周知の変名を著作者名として表示して、改めて当該著作物を公表したときにも、著作者の死後70年後までの保護期間となります。

3　団体名義の著作物（53条）

法人が著作者の場合には、自然人のように著作者の死後より保護期間の計算をすることができないので、法人等団体の著作者名義で公表された著作物については、当該著作物の公表後70年を経過するまでの間、著作権が存続することとしています。

なお、創作後70年以内に公表されなかったときには、創作後70年となっています。

ところで、53条では、「法人その他の団体が著作の名義を有する」となっており、法人が著作者になる著作物のほか、個人の著作物であっても、その著作者名を社会的に実在しない団体名により表示した場合等については、公表後70年までとなります。保護期間は、当該著作物における著作者名の表示によって判断する必要があるので、著作者が個人であるのか法人であるのかにかかわらず、当該著作物の著作者名義によって決定することにしているわけです。

ただし、法人その他の団体が著作者名として表示された著作物について、その著作物の著作者である個人が、当該著作物の公表後70年を経過するまでの間に、実名又は周知の変名を著作者名として表示したときは、その者の死後70年まで保護期間が存続することになっています。

4　映画の著作物（54条）

映画の著作物の著作権についても、公表後70年を経過するまでの間、存続することになっています。また、創作後70年以内に公表されなかったものについては、創作後70年間です（54条1項）。

この規定は、平成15年著作権法改正（平成16年1月1日施行）により保護期間が延長されたことから、同規定が適用される映画の著作物の範囲については、昭和28年（1953年）に劇場公開された映画の著作物のDVD化をめぐって紛争となり、平成19年12月18日に最高裁判決により確定しました。この紛争では、1953年に公表された映画の著作物の著作権の存続期間については、平成15年著作権法改正前の規定に基づき公表後50年を経過した2003年12月31日までなのか、あるいは平成15年著作権法改正の規定（改正附則２条）の適用を受けて公表後70年後の2023年12月31日までとなるのか、すなわち改正法の附則２条の解釈について争われたものですが、判決では、「本件経過規定は、『この法律の施行の際現に改正前の著作権法による著作権が消滅している映画の著作物については、なお従前の例による』と定めているが、これは、本件改正法の施行日において既に保護期間の満了している映画の著作物については、本件改正前の著作権法の保護期間が適用され、本件改正後の著作権法の保護期間は適用されないことを念のため明記したものと解すべき」とし、公表後50年の経過により著作権は消滅したと判断しました。

なお、映画の著作物に係る著作権の保護期間に関しては、前述の紛争とは別の裁判も提起されています。この訴訟では、争点の１つとして、当該映画の著作物の著作者は誰かということが挙げられています。旧法では、映画の著作物で独創性のあるもの（劇映画など）の著作権の保護期間は、著作者が自然人であればその死後38年、団体の著作の名義で発行・興行されたものであれば発行・興行後33年とされていました。一方、現行法では著作者が自然人であるか否かにかかわらず公表後50年（平成15年著作権法改正により70年）となりましたが、現行法施行前に公表された著作物の著作権の保護期間については、旧法による場合と現行法による場合を比べて長いほうの規定によることとされました（附則７条）。このことから、紛争となった映画は1940年代に劇場公開されたものであるため、著作者が誰であるかによって保護期間の満了時が異なることになります。判決では、自然人たる監督が当該映画の著作者の一人であり、著作権は少なくとも監督の死後38年間存続すると判断しました（平成21年10月8日最高裁判決）。

ところで、映画の著作物については、その原著作物として脚本などが存在しますが、そのような原著作物の著作権のうち、映画の利用に関する権利については、当該映画の著作物の著作権が保護期間の満了により消滅するときに、同時に消滅するものとされています（54条2項）。したがって、例えば、ある映画の著作物の著作権が消滅し、一方、その原作となった脚本の著作権が存続している場合、その映画の利用については、原著作物の権利は働かないということになります。

なお、映画の著作物の中にも、著作者名が無名又は変名で公表されるものや、団体名義による著作物がありますが、前記2又は3にかかわらず、同条の規定により取り扱われます（同条3項）。

5　写真の著作物（旧55条）

写真の著作物については、従来は、55条の規定により、公表後50年をもって著作権が消滅し、また、創作後50年以内に公表されなかったときには、その創作後50年となっておりましたが、平成8年著作権法改正により、この条が削除され、写真の著作物についても、他の著作物と同様に、51条～53条の規定が適用されることとなり、原則的に著作者の死後70年までの保護期間に延長されました。

6　継続的刊行物等の公表の時（56条）

公表時が保護期間の起算点となる著作物のうち、新聞や雑誌など冊、号又は回を追って公表される継続的な刊行物等については、毎冊、毎号、毎回の公表時によってそれぞれ、その保護期間が計算されることになっています。

また、文学全集などのように逐次刊行される編集著作物や連載小説など、一部分ずつを逐次公表して完成する著作物については、最終部分の公表時が起算点となります。なお、この場合、継続して公表されるべき部分が、直近の公表時から３年を経過しても公表されないときには、既に公表された部分については、その最終部分の公表時を起算点にすることとしています。

7　保護期間の計算方法（57条）

保護期間の計算方法については、簡便なものとするため、死後70年、公表後70年又は創作70年の期間は、著作者が死亡した日、著作物が公表された日、著作物が創作された日の属する年の翌年の１月１日から起算することになっています。

例えば、2021年に死亡した著作者の実名の著作物の保護期間を計算すると、令和３年2022年の１月１日から起算して70年間ですから、2092年の12月31日まで保護されることになります。

8　旧法との関係

旧法の保護期間は、昭和37年に法改正作業が始まってから４回にわたり暫定的に延長されました（第３部１の２参照）。これは、改正作業が長期化したため、当初３年延長したものが、さらに２年、また２年、さらに１年と延長され、結局、旧法の原則的な保護期間は30年か38年になりました。

なお、附則２条１項の規定により、旧法の下で保護期間が満了し、消滅してしまった著作権は復活しないこととされています。

写真の著作物（旧法では発行後10年）及び団体名義の著作物（旧法では発行後30年）についても、昭和42年にそれぞれ２年間延長され、さらに昭和44年にはそれぞれ１年間延長する措置がとられました。

旧法には、著作者の死後に公表された著作物の著作権は、公表の時から30年間（暫定延長で38年間）存続するという規定がありました（旧法４条、52条）。そのため、ある物故作家について、ある作品のみは、死後何年かたって発見され発行されたため、その作品についてのみ著作権が存しているという事例も生じていました。こういう著作物についても、その著作権が昭和46年１月１日の著作権法施行の際、消滅していない限り、著作権法が適用されることになりますが、もし、旧法による著作権の存続期間のほうが、現行法による場合よりも長い時には、旧法によることになっています（附則７条）。

旧法では、演奏歌唱と録音物が著作権で保護されていましたが、これらは現行法上は著作隣接権で保護されることとなっています（附則２条３項）。この場合、保護期間については従来、旧法における著作権としての期間が適用されておりましたが（原則的に死後30年まで）、現行法上の保護期間（実演等の後70年間）を原則としつつ、それよりも旧法上の保護期間が長い場合には、その保護期間によるとされています。なお、保護期間の上限は、新法施行後70年、すなわち2040年末となっています（附則15条２項）。

保護期間一覧表

著作物の種類	現行法の保護期間	（参考）旧法の保護期間
実名の著作物 （原則的な保護期間）	死後70年	生前公表-死後38年 死後公表-公表後38年
無名・変名の 著作物	公表後70年（死後70年経過が明らかであれば、その時まで）	公表後38年
団体名義の 著作物	公表後70年（創作後70年以内に公表されなければ、創作後70年）	公表後33年
写真の著作物	死後70年	発行後13年（この間に発行されなければ創作後13年）
映画の著作物	公表後70年（創作後70年以内に公表されなければ、創作後70年）	独創性を欠くものは、写真と同じ。他は一般の著作物と同じ。

※実名の著作物、無名・変名の著作物、団体名義の著作物、写真の著作物については、保護期間が死後（公表後）50年から70年に延長された平成30年（2018年）12月30日以前に保護期間が満了しているものについては、死後50年

第2節　著作隣接権の保護期間

著作隣接権についても、著作権と同様の趣旨からその保護期間が定められています。

保護期間は、実演、放送、及び有線放送についてはそれぞれが行われた時、レコードについては音を最初に固定した時に始まり、放送及び有線放送については、それぞれの行為が行われた日の属する年の翌年から

起算して50年を経過した時、実演については実演が行われた日の属する年の翌年から、レコードについてはその発行が行われた日の属する年の翌年から起算して70年（その音が最初に固定された日の属する年の翌年から起算して70年を経過するときまでの間に発行されなかったときは、その音が最初に固定された日の属するその翌年から起算して70年）を経過した時をもって満了します（101条）。また、第1節で述べたように、旧法下において著作権による保護を受けていた実演、レコードに係る著作隣接権の保護期間についても、原則として実演等の後70年間となっており、それよりも旧法による著作権の保護期間が長ければ後者によることとなりますが、現行法下の実演及びレコードの保護期間との均衡を考慮して、現行法施行後70年（2040年末）を限度とすることとなります（附則15条2項）。

第3節　外国著作物等の保護期間

1　保護期間の相互主義

著作物の本国の保護期間が我が国の著作権法の保護期間より短い国がある場合は、その本国の保護期間しか保護されません（58条、万国著作権条約の実施に伴う著作権法の特例に関する法律3条）。例えば、ある国で著作権の保護期間が著作者の死後25年間であれば、我が国の著作物は当該国では25年間しか保護されませんが、我が国でも当該国の著作物は25年間保護すれば足りることとなります。逆に、我が国の著作物が、我が国の著作権法より長い保護期間を定めているメキシコなどで保護を受ける場合は、その本国である我が国の著作権法で定める70年間しか保護されないことになっています。これを保護期間の相互主義と呼んでいます。

死後70年という期間を原則的保護期間としていない国としては、例えば、次のような例があります。

著作者の死後 100年 ……… メキシコ

著作者の死後　80年 ……… コロンビア

著作者の死後　60年 ……… インド

2　翻訳権の10年留保

著作物が最初に発行された年から10年以内に著作権者がその翻訳物を発行しないときには、その翻訳権が消滅し、誰でも自由に翻訳することができる制度（翻訳権不行使による10年消滅制度）を条約上留保していることを「翻訳権の10年留保」と呼んでいます。

10年以内に翻訳された国語による翻訳権は、通常の保護期間保護されます。

我が国も旧法時代すなわち昭和45年までは、この制度を採用していましたが、現行法は、翻訳権を他の権利と同様に保護することとしたため、翻訳権についても通常の保護期間保護されることになりました。ただし、現行法施行前に発行された著作物については、この制度を適用することとしています（附則8条）。

現在、この留保をしている国としては、キプロス、スロベニア、セルビア、ボスニア・ヘルツェゴビナ、モンテネグロがあります。

10年留保国の著作物の翻訳権は、他のベルヌ同盟国では、一般の保護期間と同じ期間保護を受けることになっています（昭和42年のベルヌ条約ストックホルム改正会議で確認されています）。

［経緯］ 1886年（明治19年）にベルヌ条約が創設されたとき、翻訳権の保護期間は、原著作物の公表後10年でした。それが、1896年（明治29年）のベルヌ条約パリ追加規定では、翻訳権は普通の保護期間と同一の期間存続するが、そのためには、10年内に保護を受けようとする国語で翻訳しておくことが条件であると規定されました。

1899年（明治32年）我が国が旧著作権法を制定する際、翻訳権は原則として10年と規定し、例外的にこの期間内にある国語で翻訳し、または翻訳させておけば普通の著作権と同一期間保護されると規定し、パリ追加規定の内容をとりいれました。

1908年（明治41年）ベルヌ条約ベルリン改正会議で、翻訳権の期間は普通の著作権の期間と同一にすることとされましたが、同時に「このベルリン改正条約により難い場合には、旧条約の規定によることを宣言することを得」という趣旨の条項が盛り込まれました。我が国は、この条項を利用し、明治43年ベルリン改正条約批准書寄託の際に、翻訳権に関する規定及び音楽的著作物の演奏に関する規定の留保宣言を行い、昭和６年、ローマ改正条約批准書寄託の際、翻訳権に関する規定についてのみ、従前の留保の利益を引き続き保持する旨の宣言をいたしました。

さらに昭和49年のブラッセル改正条約への加入の際にも、また、昭和50年のパリ改正条約批准書寄託の際にも、翻訳権について留保の利益を維持する旨の宣言（いずれも昭和55年末までとの期限付き）をしていました。

3　翻訳権の７年強制許諾

著作物が発行されてから７年以内に翻訳物が発行されない場合において、翻訳権者から翻訳の許諾がとれないときに、文化庁長官の許可を受け、所定の補償金を支払って翻訳することができるという制度を「翻訳権の７年強制許諾」と呼んでいます（万国著作権条約の実施に伴う著作権法の特例に関する法律５条）。７年の強制許諾は、万国著作権条約で結ばれている国の著作物について適用されます。

この制度による許可申請はこれまで１件だけあり、昭和46年９月、東京のある出版社から提出され、文化庁では慎重にその経緯を検討した結果、前記特例法五条の事由に該当するものと認め、昭和47年１月、文化庁長官はその発行を許可し、補償額については、著作権審議会に諮問の上、申請に係る料率（７％）による額を妥当なものとして、同年２月、これを許可しました。

4　保護期間の戦時加算

保護期間の戦時加算は、平和条約で定められたもので、連合国民が第二次大戦前又は大戦中に取得した著作権については、通常の保護期間に戦争期間を加算して保護しなければなりません（連合国及び連合国民の著作権の特例に関する法律)。翻訳権の10年留保についての10年の期間についても、この加算が行われます。

連合国民が戦前有していた著作権については、太平洋戦争が起こった昭和16年12月８日から対日平和条約が発効した日の前日の昭和27年４月27日までの日数（約10年５カ月）を通常の保護期間に加算します。例えば戦前発行された英米人の著作物は、著作者の死後70年にこの10年余を加えた80年間余の保護を受けます。

また、連合国民が戦争中に得た著作権、例えば英国人が非連合国のスイス人から買った著作権については、この著作権を買った日から昭和27年４月27日までの日数を加算します。

なお、戦争期間は日数で計算します。

翻訳権の10年留保については、原著作物の発行後10年に右の戦時期間を加え、さらに６カ月プラスします（連合国及び連合国民の著作権の特例に関する法律第５条)。例えば戦前発行された英仏人の著書を翻訳する場合は、初版から20年余プラス６カ月の間に日本語訳が出ていなければ自由に日本語に訳して出版することができます。

なお、米国については、戦前日米両国は、相互に翻訳自由を約束していたので、米国人の著作物に限り翻訳権の戦時加算の問題はありません。

以上は、米・英・仏・カナダなどのように対日平和条約が初めて効力を生じた昭和27年４月28日までに同条約を批准した連合国の例ですが、その後批准した国については、批准が遅れた日数だけ加算期間が長くなります。

ちなみに、いくつかの国の戦時加算日数を例示すれば次のとおりです。

○オーストラリア、カナダ、フランス、
　スリランカ、イギリス、アメリカ ………………………… 3794日
○ブラジル　…………………………………………………… 3816日
○オランダ　…………………………………………………… 3844日
○ベルギー　…………………………………………………… 3910日
○ギリシャ　…………………………………………………… 4180日

第５章　権利の侵害

第１節　著作権等の侵害

１　権利の侵害とは

著作権等が侵害された場合、権利者は侵害者に対し民事上の救済を求めることができます。また、侵害者には刑事罰が科されることとなります。

著作権の侵害とは、著作権者の許諾を得ないで著作物を利用することをいいます。同様に、著作者人格権については著作者の意に反して著作物を改変等すること、著作隣接権については実演家等の許諾を得ないで実演等を利用すること、出版権については出版権者以外の者が出版行為を行うこと、実演家人格権については実演家の名誉・声望を害する実演の改変等することが権利侵害行為となります。なお、各権利に関する制限規定等により、一定の場合には、許諾を得なくても侵害とならないことが定められています。

また、次のような行為は権利を侵害する行為ではありませんが、権利者の利益の確保という観点から、権利侵害とみなすことが規定されています（113条）。

⑴　輸入の時に、国内で作成したならば著作権等の侵害となるべき行為により作成された物を、国内において頒布する目的をもって輸入する行為

権利者に無断で作成された物が日本国内で流通することを防ぐた

め、いわゆる海賊版を輸入する行為を権利侵害行為とみなすこととしています。

⑵　著作権等を侵害する行為によって作成された物であることを知りながら（「情を知って」）①頒布する行為、②頒布の目的をもって所持する行為、③頒布する旨の申出をする行為、④業として輸出する行為、⑤業としての輸出の目的をもって所持する行為

海賊版が広く頒布されると、それによって権利者の損害が拡大されます。海賊版を頒布する行為や輸出する行為等を権利侵害とみなし、権利保護の実効性を確保することとしています。

⑶　侵害コンテンツへのリンクを提供する行為

違法にアップロードされた著作物へのリンク情報を集約した、いわゆるリーチサイトやリーチアプリによって、海賊版被害が深刻化していることから、リーチサイト及びリーチアプリにおいて侵害コンテンツへのリンクを提供する行為、そしてリーチサイト運営行為、リーチアプリ提供行為を規制するものとして、これらの行為は侵害とみなされます。

⑷　プログラムの違法複製物を業務上電子計算機において使用する行為

プログラムはそれが使用されることに経済的価値があることから、違法複製物の業務上の使用を権利侵害行為とみなす旨を定めています。ただし、プログラムの複製物の譲渡、貸与を受けた時点など使用の権原を取得した時点で情を知っていた場合のみ、侵害とみなされます。なお、「業務」とは、社会上の地位に基づいて継続して行う事務や事業のことであり、営利を目的とする場合に限られません。

⑸　技術的利用制限手段を回避する行為

平成28年改正では、アクセスコントロールを「技術的利用制限手段」と定義するとともに、回避行為自体を「みなし侵害」として民事上の責任を追及できるようにしました。さらに、令和2年改正では、コンテンツの不正利用を防止する「技術的利用制限手段」に関して、著作物等の視聴に用いられるライセンス認証などの技術が保護対象に含まれることを明確化するとともに、ライセンス認証などを回避するための不正なシリアルコードの提供等に対する規制を行うことが規定されました。

⑹　著作物等の権利管理情報に故意に虚偽の情報を付加する行為又は故意に改変、除去する行為並びにこれらの行為が行われた著作物等の複製物を情を知って頒布、頒布目的で輸入、所持、公衆送信、送信可能化する行為

著作物等に付された権利者の情報や利用許諾の条件等の電磁的な権利管理情報（2条1項21号）に改変等が行われることによって、権利者が意図しない権利処理が行われたり、違法複製物の発見が困難になるなどのことがないように、著作権等の実効性を確保することを目的としています。

⑺　音楽レコードの輸入のうち、次に掲げる五つの条件をすべて満たす行為

①国内において先又は同時に発行されている国内頒布目的商業用レコード（国内において頒布することを目的とする商業用レコード）と同一の国外頒布目的商業用レコード（国外においてのみ頒布することを目的とする商業用レコード）であること

②①の事実を知りながら、輸入する行為等であること

③国内において頒布する目的での、輸入行為であること

④国外頒布目的商業用レコードが国内で頒布されることによって、それと同一の国内頒布目的商業用レコードの発行により権利者の得ることが見込まれる利益が不当に害されることとなる場合であること

⑤国内頒布目的商業用レコードが国内において最初に発行された日（国内において最初に発行された日が、改正法の施行日より前である場合にあっては、一律改正法の施行日）から起算して4年以内であること

なお、輸入のみならず、上記の国外頒布目的商業用レコードを国内において頒布する行為及び頒布目的で所持する行為についてもまた、著作権等の侵害とみなされます。

(8)　著作者の名誉又は声望を害する方法によってその著作物を利用する行為

著作者の創作意図を外れた利用を行うことによってその創作意図に疑いを抱かせたり、あるいは芸術的価値を非常に損なうような形で著作物を利用する行為を著作者人格権を侵害する行為とみなす旨を規定しています。

2　著作権侵害が成立するための要件

著作権の侵害とは、著作権者の許諾を得ないで著作物を利用することをいうと述べました。この「利用」というのは、著作権法が支分権として定めた行為に該当するか否か、という問題になります。とりわけ複製権（21条）、翻案権（27条）については、主として依拠と類似性という侵害要件が問題となります。これらの要件は著作権法の明文規定からは

明確ではないため、判例の理解が重要となります。

⑴　依拠

複製について、判例[1]は「著作物の複製とは、既存の著作物に依拠し、その内容及び形式を覚知させるに足りるものを再製することをいう。」と判示し、複製の要件として「依拠」が存在していることを明確にしています。

また、翻案についても、判例[2]は、「言語の著作物の翻案・・・とは、既存の著作物に依拠し、かつ、その表現上の本質的な特徴の同一性を維持しつつ、具体的表現に修正、増減、変更等を加えて、新たに思想又は感情を創作的に表現することにより、これに接する者が既存の著作物の表現上の本質的な特徴を直接感得することのできる別の著作物を創作する行為をいう。」と述べており、翻案の要件として、複製と同様に「依拠」が侵害要件として必要であることを明確にしています。

この「依拠」とは、他人の著作物を現実に知っていたか否かというものであり、偶然の一致により、結果として同様の著作物を創作した場合には「依拠」の要件を満たさず、侵害は否定されます。

⑵　類似性

類似性について、上述で述べた判例では、「その表現上の本質的な特徴の同一性を維持しつつ、具体的表現に修正、増減、変更等を加えて、新たに思想又は感情を創作的に表現することにより、これに接する者が既存の著作物の表現上の本質的な特徴を直接感得することのできる別の著作物を創作する行為」と述べています。この「表現上の本

1　最判昭和53年９月７日判時906号38頁［ワン・レイニー・ナイト・イン・トーキョー事件］。

2　最判平成13年６月28日判時1754号144頁［江差追分事件］

質的な特徴を直接感得すること」という侵害要件を「類似性」と講学上、表現しており、翻案権に限らず、複製権についても広く用いられています。

第2節　民事上の請求及び罰則

1　民事上の請求

1のような侵害に対し、権利者は、次のような請求をすることができます。なお、侵害者に対して請求できることはもちろん、権利者が裁判所に訴訟を提起すれば、裁判所はそのような行為を行わないよう侵害者に命ずることとなります。

(1)　差止請求

権利者は、権利が現に侵害されている場合、侵害者に対して侵害行為の停止を請求することができます。また、その権利が侵害されるおそれがある場合、侵害の予防措置を請求することができます。これらの請求を行う場合には、侵害行為に使用された物、侵害行為によって作成された物等の廃棄なども請求することができます（112条)。

⑵　損害賠償請求

故意又は過失により権利を侵害した者に対しては、権利者がこれによって生じた損害の賠償を請求することができます（民法709条等）。

なお、著作権等侵害や侵害による損害額の立証は容易ではないことから、著作権者等の立証負担を軽減するため、損害額の推定、損害額の認定にあたってのルール、侵害の立証や損害額の計算に必要な書類の提出、損害額についての侵害者の説明義務等に関する規定が設けられています（114条）。

⑶　不当利得返還請求

権利者は、権利侵害行為により損害を受けたときは、その行為により利益を得た侵害者に対し、利益の返還を請求することができます（民法703条等）。

⑷　名誉回復等の措置

著作者又は実演家は、故意又は過失により著作者人格権又は実演家人格権を侵害した者に対し、著作者又は実演家であることを確保する措置、又は著作者若しくは実演家の名誉・声望を回復するための措置を請求することができます（115条）。例えば、新聞紙上に謝罪広告を掲載させたり、訂正措置を講じさせたりすることが一般的だと思われます。

なお、著作者又は実演家の死後においては、その遺族が、名誉回復等の措置及び差止請求をすることができます（116条）。

2　罰則

権利侵害者に対しては、刑事罰が科されます。

侵害された権利の種類や侵害行為の態様によって次のような罰則が定

められており（119条)、平成16年著作権法改正により、平成17年１月１日から懲役と罰金の併科もできることとなりました。

①著作権、出版権又は著作隣接権を侵害した者（私的使用のための複製を行った者、著作権等の侵害とみなされる行為を行った者を除く）……10年以下の懲役又は1000万円以下の罰金

②著作者人格権又は実演家人格権を侵害した者（著作者人格権、実演家人格権の侵害とみなされる行為を行った者を除く）……５年以下の懲役又は500万円以下の罰金

③営利目的で私的使用目的のために自動複製機器を公衆に供与した者……５年以下の懲役又は500万円以下の罰金

④頒布目的で無断複製物を輸入した者……５年以下の懲役又は500万円以下の罰金

⑤権利侵害により作成された物を、情を知って頒布等した者……５年以下の懲役又は500万円以下の罰金

⑥違法リーチサイトの運営をした者、違法リーチアプリの提供をした者……５年以下の懲役又は500万円以下の罰金

⑦113条５項規定のみなし侵害行為を行った者……５年以下の懲役又は500万円以下の罰金

⑧個人的に利用する目的であっても、販売又は有料配信されている音楽や映像（「有償著作物等」）について、それが販売又は有料配信されていることと、違法配信されたものであることの双方を知りながらダウンロードした者……２年以下の懲役又は200万円以下の罰金

⑨個人的に利用する目的であっても、有償で公衆に提供等されている著作物の違法ダウンロードを違法であることを知りながら継続的に又は反復して行った者……２年以下の懲役又は200万円以下の罰金

また、次のような行為についても罰則が定められています（120条～122条の２）。

⑩著作者又は実演家の死後において著作者人格権又は実演家人格権の侵害となるべき行為を行った者……500万円以下の罰金

⑪技術的保護手段又は技術的利用制限手段の回避装置や回避プログラムの複製物を譲渡等した者……３年以下の懲役又は300万円以下の罰金

⑫業として技術的保護手段又は技術的利用制限手段の回避を行った者……３年以下の懲役又は300万円以下の罰金

⑬侵害コンテンツへのリンクを提供した者……３年以下の懲役又は300万円以下の罰金

⑭113条７項の規定により技術的保護手段又は技術的利用制限手段に係る著作権等を侵害する行為とみなされる行為を行った者……３年以下の懲役又は300万円以下の罰金

⑮営利を目的として、権利管理情報の改変等を行った者……３年以下の懲役又は300万円以下の罰金

⑯営利を目的として、国内頒布目的商業用レコードを国内頒布の目的で輸入した者……３年以下の懲役又は300万円以下の罰金

⑰著作者でない者の実名又は周知の変名を著作者名として表示した著作物の複製物を頒布した者……１年以下の懲役又は100万円以下の罰金

⑱条約締約国以外の国のレコード原盤の提供を受けて国内レコード製作者が製作した商業用レコード、又は外国レコード製作者が条約締約国のレコード製作者から原盤の提供を受けて製作した商業用レコードを商業用レコードとして複製等をした者……１年以下の懲役

又は100万円以下の罰金

⑲著作物又は実演の利用にあたり出所の明示義務があるにもかかわらず、明示しなかった者……50万円以下の罰金

⑳著作権等の侵害に係る訴訟において裁判所から営業秘密を保持する命令を受けた場合に、その命令に違反した者……５年以下の懲役又は500万円以下の罰金

これらの行為のうち、①から⑨、⑬から⑯、⑱、⑳は、権利者（被害者）の告訴がなければ公訴を提起することができません（親告罪）。もっとも、①の行為のうち、以下に記載する行為の対価として財産上の利益を受ける目的又は有償著作物等の提供・提示により著作権者等の得ることが見込まれる利益を害する目的で、以下のいずれかの行為を行った場合については、告訴がなくとも公訴を提起することができます（非親告罪）。

［１］　有償著作物等について、原作のまま複製された複製物を公衆に譲渡し、又は原作のまま公衆送信を行うこと（著作権者等の得ることが見込まれる利益が不当に害されることとなる場合に限る。）。

［２］　［１］を行うために複製すること（著作権者等の得ることが見込まれる利益が不当に害されることとなる場合に限る。）。

なお、法人等の従業者が、その業務に関し違反行為を行った場合は、行為者のほか、法人に対しても罰金刑が科されます。法人に対する罰金刑は、著作権、出版権、著作隣接権侵害については、119条の罪（一部を除く。）については３億円、その他については自然人と同額が上限とされています。

第６章　著作権等に関する契約

第１節　著作物の利用に関する契約

１　「契約」の必要性

既に述べたとおり、著作権者は、著作権（「出版、上演等により著作物を利用する権利」）を専有するため、著作物を利用する際には、「引用」などの例外に該当するものでない限り、許諾などの契約により、著作権者の同意を得る必要があります。

また、他人の著作物を利用して新たな著作物を創作する場合も、その利用に関して著作権者の同意を得る必要があります。この同意は、「契約」といいます。契約は、当事者間の合意によって成立し、書面の作成がなく口頭による合意であっても成立します（スーパーマーケットで、日常的に食料品を購入する場合に、契約書を作成する人はいないと思いますが、この場合も「売買契約」自体は成立しています。）。

このように、他人の著作物を利用する場合には、契約によって著作権者の同意を得ておく必要がありますが、重要なのは書面によって契約「書」を作成することです。契約するということは、言い換えれば、両当事者がその利用について合意するということであり、契約書を交わす場合もあれば、口頭での約束の場合もあります。また、利用の対価を支払う場合もあれば無償の場合もあります。その内容はさまざまですが、利用者も著作権者も、後々のトラブルを防ぐためにも、契約内容を明確にした上で文書として残しておくべきでしょう。

2　著作権者の許諾等を得ずに利用できる場合

著作物を利用する場合には、原則として著作権者と契約しなければなりませんが、次のような場合には著作権者と契約せずに利用することができます。

⑴　保護対象となる著作物でない場合

日本において著作権が付与され、保護対象（無断で利用できない）とされている著作物は、「日本国民の著作物」「日本で最初に発行された著作物」「条約によって保護の義務を負う外国の著作物」です。「実演」「レコード」「放送」「有線放送」についても、それぞれこうした規定があります。一般的には、ほとんどのものは保護対象だと思われますが、これらの条件に該当しない場合には契約する必要はありません。

⑵　保護期間が満了している場合

「著作物」「実演」「レコード」「放送」「有線放送」のそれぞれについて保護期間が決まっているため、保護対象となる著作物であっても、保護期間を過ぎているものについては、著作権者と契約しなくても利用することができます。ただし、保護期間についてはさまざまな例外がありますので、注意が必要です。

⑶　「権利制限規定」に該当する場合

保護対象となる著作物で、保護期間内のものであっても、授業で使うためにコピーするなど、「例外」の場合に該当すれば著作権者と契約せず無断で利用できます。ただし、これはあくまで「例外」のため、厳格に運用することが必要となります。（第3章参照）

3　契約にあたってのポイント

まず、著作物の利用にあたり、著作権法上の「著作物」「支分権」「権利制限規定」に沿って、①どの著作物を利用するのか、②どのように利用するのか、③無断で利用できる場合に該当するのか、の順に該当するものを抽出し契約が必要かどうか判断します。

その上で、次に、契約内容を決めます。当面は複製と譲渡のみを行うとしても、将来インターネット配信を行う計画がある場合、当初の契約にインターネット配信利用を含めておけば、改めて契約をしなくてもすぐに利用できるわけです。この場合、当初の契約時に相応の利用料の支払いを求められることもあります。つまり、実際にインターネット配信しなかった場合には、利用者はその分支払った利用料を損することになるため、契約内容として、どのような利用に対してどのような条件を盛り込むか、慎重に考える必要があります。

もう一つ注意すべき点は、必ずしも「著作者」＝「著作権者」ではない点です。先に述べたとおり、財産権である「著作権」は譲渡可能であり、かつ支分権ごとに譲渡されそれぞれ権利者が異なることもあるため、権利を有していない第三者と誤って契約してしまうおそれがあります。このため、契約しようとしている相手が本当にその権利の権利者なのかどうかを確認する必要があります。確認は口頭でも可能ですが、係争の際の証拠のため、契約書の中にその旨の確認あるいは第三者から権利主張されたときの保証といった形で規定しておくのが一般的です。

第2節　著作権者が判明している場合の著作物の利用

著作物等の利用に関する契約

(1)　利用許諾契約

他人の著作物を利用する場合に著作権者と結ぶ契約の形態はさまざまですが、著作物の利用方法や条件などを定めた「利用許諾契約」を結ぶのが一般的です。これら「ライセンス契約」などとも呼ばれます。利用許諾契約を結ぶことにより、利用者は一定範囲内で著作物を利用し得る債権的な地位を認められ、利用許諾契約に記載された利用方法や条件の範囲内で著作物を利用できることになります。

例えば、利用方法としては、印刷出版、録音、演奏、放送といった利用形態、利用部数、何回放送といった利用回数、一時間番組での放送といった利用時間、関東地域における上演といった利用場所などが挙げられます。また、利用条件としては、著作物利用対価の前払条件、利用後の報告義務などが挙げられます。

著作物の利用許諾契約は著作権者と交わすのが通常ですが、著作権者が第三者に著作権を委託している場合は、その委託を受けた者と交わすことになります。また、音楽等の分野では多数の者から委託を受けて著作権を管理している団体がありますが、その場合、その団体が委託を受けている著作物については一括して利用許諾契約を交わすことができます（本章第5節参照）。

なお、従前は、著作権者と利用許諾契約を締結して著作物を利用している者は、著作権が譲渡された場合、著作権の譲受人などに対し、著作物を利用する権利を対抗することができず、利用を継続することができない状況にありましたが、令和2年著作権法改正により、登録などの手続きを要せず、対抗することができるようになりました（著作権法第63条の２）。

⑵　著作権等の譲渡契約

既に述べたとおり、財産権である著作権は譲渡することが可能なため、著作物を利用する際には、著作権者と利用許諾契約を結ぶ方法のほか、著作権そのものを譲渡してもらう方法もあります。著作権を譲渡してもらった場合には、自分が著作権者となるため、安心して著作物を利用することができます。ただし、著作権の譲渡を受けるにはそれ相応の対価が要求されるでしょう。

著作権を譲渡してもらう場合には、必ずしも著作権の全部でなければいけないということはなく、その一部を譲渡してもらうことも可能です。例えば、著作物を複製する権利、インターネット上に送信する権利というように、権利を限定して譲渡してもらうことができます。

また、複製する権利を５年間譲渡するというように期間を付して譲渡してもらうこともできますし、日本における演奏権というように場所を限定して譲渡してもらうこともできます。

なお、著作権の譲渡契約を結ぶ際には、翻訳・翻案権（27条）又は二次的著作物の利用に関する原著作者の権利（28条）の譲渡が契約書等に特掲されていない場合、これらの権利は、譲渡されずに譲渡する者に留保されるものと推定されることとされているため、注意が必要です（61条２項）。

例えば、「小説Cの著作権はA社からB社に譲渡する」という譲渡契約がなされた場合には、B社は小説を複製することはできますが、翻案することについての権利は契約で何ら触れていないため、その権利はA社に留保されたものと推定され、その小説を映画化する場合、映画化する者はA社と映画化の契約をすることになります。

また、著作権の譲渡は、文化庁（プログラムの著作物の場合は指定登録機関（一般財団法人ソフトウェア情報センター））に登録しなければ、他の譲渡されたと主張する者などに対抗することができません（第7章参照）。

(3)　出版権の設定契約

著作物の出版について契約する場合に、他の出版社から同じものを別途出版されては困るという事情があるときは、著作権者と独占的な出版について契約することが必要です。ただ、このような契約をしている場合でも、著作権者が他の出版社と別途出版の契約をしてしまった場合には、著作権者に契約違反の責任を追及できるだけで、別途出版の契約をした出版社に対しては何ら責任を追及することはできません。

このように著作権者が複数の出版社と二重三重に独占出版の契約をすることを防止するためには、「出版権の設定契約」を結ぶ必要があります。

出版権の設定契約を結んだ場合、その出版者（出版権者）は、仮に著作権者が別の出版社と出版の契約をしたとしても、その別の出版社に対して、自分の出版権を侵害するものであるとして、出版をやめさせることができます。また、電子書籍の普及とともに紙の書籍のみならず、電子書籍にも出版権の設定契約を締結する必要性が高まったことを受け、平成26年著作権法改正により、電子書籍に対応した出版権（電子出版権）の整備もなされました。

この出版権の設定は、長期間にわたって独占的に著作物を出版しようとする場合に適しており、その存続期間は、出版権の設定契約で何ら定めがない限り、最初の出版後３年間となっています（著作権法第83条）。

他方、出版権の設定を受けた出版者（出版権者）は、原稿の引渡しを受けた後６カ月以内に著作物を出版する義務や著作物を継続して出版行為（電子出版権の場合には公衆送信行為）を行う義務を負います（著作権法第81条）。

出版権の設定契約については、別段の方式が定まっているわけではありませんが、出版権を設定するということやその条件を契約上明確にしておく必要があります。このためにも、出版権の設定契約は文書で交わすべきです。

なお、出版権は、文化庁に登録しなければ、別途著作権者と出版の契約をした者や著作権を譲り受けた者などに対して対抗することができないことになっているため、この点に注意する必要があります（88条）。

第３節　著作権者が不明な場合の著作物の利用（裁定制度）

著作物利用の契約をしたくても、著作権者あるいは著作隣接権者が誰であるか相当な努力を払ってもわからない場合、あるいは著作権者の名前はわかるがその居所が不明で利用の交渉をすることができない場合には、文化庁長官の裁定を受け、通常の使用料に相当する額の補償金を供託して著作物を利用することができます（67条）。

また、裁定の申請をした者は、文化庁長官の定める担保金を供託することによって、その申請中、暫定的な著作物の利用を行うことも可能となっています（67条の２）。

さらに、著作物の放送について著作権者と協議が整わない場合（68条）や音楽の著作物が録音されている商業用レコードが販売されてから３年経過後にその著作物を他の商業用レコードに録音する場合（69条）にも文化庁長官の裁定を受け、補償金を著作権者に支払うことによって著作物を利用することができることとされています。

第４節　著作物の利用場面ごとの契約のポイント

１　法人内で著作物の創作を行う場合

法人内で創作される著作物については、既に述べたとおり第１章第２節３に記載された職務著作（法人著作）の要件をすべて満たす場合には法人が著作者となりますが、一つでも満たさないものがあれば、実際にその著作物を創作した従事者（複数の場合もある）が著作者となります。

職務著作（法人著作）が成立する場合には、特段の契約は不要ですが、職務著作（法人著作）が成立しない場合で、従事者が著作者になる著作物の著作権を法人に帰属させたい場合は、法人と従事者との間で著作権の譲渡や利用許諾に関する契約を行う必要があります。この契約は、個別の著作物やプロジェクトごとに取り交わす方法と、包括的に取り交わす方法がありますが、いずれにしても、法人、従事者の両者が合意したものであることが必要です。また、著作者人格権は譲渡できないため、著作者人格権の行使方法についても、あらかじめ契約しておくことが著作物を円滑に利用するためには不可欠です。

２　法人等が外部の第三者に著作物の創作を委託する場合

ポスター、広報ビデオ、コンピュータ・プログラムなどの著作物は、外部に制作委託されることがよくありますが、その場合の著作者は、ポスターや広報ビデオを創作した者（受託者）であり、委託者や資金提供をした者ではありません。著作権は著作者に生じる権利であり、委託者やスポンサーであっても著作者に無断で著作物を利用することはできないため、委託時に著作権の帰属や著作物の利用について契約しておくことが必要です。

委託者が制作を委託した著作物を利用するためには、著作者である受託者から著作権の譲渡を受ける方法と、受託者に著作権を残したまま一定範囲の利用について許諾を得る方法があります。委託者が受託者から著作権の譲渡を受けた場合は、委託者が著作権者になるため、委託者は自ら著作物を利用することも他人に著作物の利用を許諾出来ることとなると同時に、受託者は他に類似の注文があったとしても、著作権を譲渡した著作物を加工して納品することができなくなります。

受託者に著作権を残す場合には、委託者は契約に基づいた著作物の再利用は自由に行えますが、委託者は当初の契約で定められた範囲の利用以外の利用を行う場合（例えば、当初複製して駅等への掲示だけを予定していたポスターを、後にホームページにも掲載する場合）は改めて受託者の了解が必要となります。そのため、当初委託契約を交わす際に、当事者間でどのような利用が考えられるかよく話し合い、「著作権は受託者に残すが、委託者は○○○の範囲で利用できる」とか、「著作権は委託者に譲渡するが、受託者も○○○の範囲で利用できる」といった条項を定めておくことが望まれます。これらの契約は、事後に交わすことも可能ですが、混乱を避けるためには、当初の委託契約に明記しておくとよいでしょう。

なお、著作権の譲渡にあたっては、翻案権等及び二次的著作物の利用に関する原著作者の権利は、譲渡の目的としてとくに掲げられていない限り譲渡されないこととされていますので（61条2項)、これらの権利も譲渡の対象とする場合は、譲渡の対象とする著作権の内容を単に「すべての著作権」とするのではなく、例えば「著作権法第27条及び第28条に規定する権利を含むすべての著作権」であるとか「著作権（著作権法第27条及び第28条に規定する権利を含む。)」というように明記する必要があります。

著作権と同様、著作者人格権の取り扱いについても契約で定めておくことが必要です。例えば「広報ビデオ」を、さらに短く編集して就職案内用のクリップとしてホームページに掲載することは、「広報ビデオ」を改変することになりますから、著作者の意に反して行うことはできません。また、「広報ビデオ」のエンドロールで制作した外部の事業者の名称を記載しないことも想定されます。そのような場合に備えて、あらかじめ著作者名の表示（氏名表示権)、著作物の改変（同一性保持権）について定めておく必要があります（この他、著作物の公表（公表権）がありますが、広報ビデオの制作委託では、公表することが前提となりますので、著作者が公表権に基づいて権利行使することは想定し難いですが、その他の事例では公表権も問題となり得る場合があることは留意しておきましょう。)。

これらの著作者人格権は譲渡できないため、仮に著作者人格権を譲渡するとの契約を交わしていても無効になります。そのため、実務上は、「著作者人格権については行使しない」旨の合意（著作者人格権不行使特約）をしておくことがあります。なお、著作権を譲渡した場合は、公表に同意したと推定されることとなっています（著作権法第18条第2項)。

なお、契約の際にとくに注意すべきことは、利用する著作物に含まれる第三者に帰属している著作権の取り扱いです。著作物の中にさまざまな著作物が利用されている場合があります。例えば広報ビデオの中にBGMとして音楽が使われている場合、広報ビデオを利用する（複製、ホームページへの掲載等をする）ことは、同時に広報ビデオの一部として使われている音楽も利用することになります。受託者が当該音楽の著作権を有している場合は、受託者と著作権の譲渡や利用の許諾の契約を交わせば問題はありませんが、受託者が著作権を有していない著作物が使われている場合は、当該著作物の著作権者と別途契約を交わす必要が生じます。このような契約は、受託者を通じて行っていただくことが通常ですが、利用方法によっては著作権者が拒否することもあり得るため、受託者が著作権を有していない著作物を使うことの可否や、使う場合は利用については誰がどの範囲まで許諾を得ておくか、などについても明確にしておく必要があります。

3　複数の者が共同で創作する共同著作物の場合

共同著作物は、既に述べたとおり、「複数の者が共同して創作した著作物」であって、その各人の寄与を分離して個別的に利用することができないものであることから、一つの著作物に複数の著作者がいることになります。この場合、著作者人格権や著作権は、全員の合意によらなければ行使することができないため（64条1項、65条2項）、あらかじめ権利行使の方法等について契約で定めておくことが必要です。また、共有著作物の著作者人格権や著作権については、代表して行使する者を定めることができることとされているため（64条3項、65条4項）、あらかじめ代表者を定めておくことも有効ですし、特定の者に著作権を譲渡しておくことも考えられます。

第5節　著作権等管理事業者

1　著作権の集中管理

著作物を利用する場合には、原則として著作権者と契約する必要がありますが、利用しようとする一つひとつの著作物について、それぞれの著作権者と契約することは、たいへん煩雑な作業となります。

一方、著作権者の側から見ても、日本国内に限らず世界のあらゆるところで広範囲に行われる利用行為について、自分の著作物が無断で利用されることのないよう個人で管理することは極めて困難です。まして、音楽のように、テレビや映画、カラオケ、店舗内でのBGMなど様々な分野で大量に利用される著作物にあっては、著作権者自身で著作権を管理することは事実上不可能です。

そのため、著作物の分野によっては、多数の著作権者の権利を一手に預かり、著作物の利用者からの申し出に応じて利用許諾契約を結び、使用料を徴収し、それを著作権者に分配するという、著作権の集中管理を行う事業者があり、著作物の円滑な利用において重要な役割を果たしています。

2　著作権等管理事業者の登録

著作権の集中管理を行う事業者のうち、「著作権等管理事業法」（平成12年11月29日公布。平成13年10月1日施行）に定める「管理委託契約」に基づき、著作物等の利用の許諾等の管理を業として行うものを「著作権等管理事業者」（以下「管理事業者」といいます。）といい、著作権等管理事業を行おうとする者は文化庁長官の登録を受けることが義務付けられています。

著作権等管理事業法に定める「管理委託契約」とは、以下のとおりです。

⑴　委託者が受託者に著作権等を移転し、著作物等の利用の許諾等の管理を行わせることを目的とする信託契約

⑵　委託者が受託者に著作物等の利用の許諾の取り次ぎ又は代理をさせ、管理を行わせることを目的とする委任契約

⑶　上記⑴⑵に掲げる契約のうち、著作物等の利用の許諾に際して受託者が使用料の額等契約条件を決定するもの

なお、著作権の集中管理事業のうち、使用料の額等契約条件を委託者自身が決定する場合（著作物の利用申込みの都度著作権者に利用許諾条件を問い合わせた上で利用者と契約を結ぶ方式や、あらかじめ個々の著作権者が決めた利用許諾条件に従って利用者と契約を結ぶ方式）は、契約手続きの窓口は集中されるものの、上記⑶の条件に当たらないため、著作権等管理事業には該当しないとされています。このことは、著作物等の利用の契約をするかどうか決めることは著作権者の自由（いわゆる「自己管理」）であるという、私権の基本的な状態と同視しうるという考えに基づいています。

著作権等管理事業を行おうとする者は、登録拒否の要件に該当しない限り誰でも登録を受け、著作権等管理事業を実施することができます。登録拒否の要件は次のとおりです（同法６条）。

⑴　法人でない者

⑵　他の「管理事業者」の名称と同一又は誤認されるおそれがある名称を用いようとする法人

⑶　登録取消しの日から５年を経過しない法人

⑷　著作権等管理事業法又は著作権法に違反して罰金刑を受けて、

まだ刑の執行の終了・免除の日から５年を経過していない法人
(5)　役員に所定の欠格事由がある法人
(6)　著作権等管理事業を遂行するために必要と認められる基準に適合する財産的基礎を有しない法人（債務超過、支払不能になっていない法人）

著作権等管理事業に該当する事業内容、登録の手続方法、現在登録されている管理事業者の情報等詳細については、文化庁ホームページ（https://www.bunka.go.jp/seisaku/chosakuken/seidokaisetsu/kanrijigyoho/toroku_jokyo/）に掲載されています。

3　著作権等管理事業者の義務

管理事業者に対しては、その業務の適正な運営を確保するため、様々な義務が課されています。とくに、「管理委託契約約款」（以下「約款」といいます。）及び「使用料規程」の届出をしない限り、登録を受けていても実質的には著作権等管理事業を行えないことになっています。

管理委託契約約款とは、多数の著作権者との契約を処理するため、管理委託契約の内容（管理委託契約の種別、契約期間、使用料の分配方法、管理事業者の報酬など）をあらかじめ統一的に定めたもので、管理事業者は約款の内容を著作権者に説明し、約款に基づいた管理委託契約を個々に締結することになっています。管理委託契約約款は、制定時及び変更の都度文化庁長官に届出なければいけません。また、ホームページ等を通じて一般に公示することとされています。

使用料規程とは、著作物の利用形態ごとの使用料を定めたいわば料金表のようなもので、管理事業者は使用料規程に記載されている額を超える額を使用料として請求することはできないことになっています。また、使用料規程も、約款と同様に制定時及び変更の都度文化庁長官に届出なければいけませんが、届出にあたっては、あらかじめ著作物の利用者または利用者団体から意見を聴取するように努め、届出後遅滞なく使用料規程の概要を公表（全体についてはその後公示）しなければなりません。また、著作物の利用者側の準備期間確保等のため、届出された使用料規程は30日間の実施禁止期間が設けられています。

その他、管理事業者には以下のような義務が課されています。

・著作物の利用の申し出に対する応諾義務（正当な理由がなければ管理している著作物の利用の申し出を拒否できない）
・著作物の利用者に対する管理している著作物の題号、名称、利用方法などの情報の提供（努力義務）
・登録内容に変更があった場合の届出
・「著作権等管理事業」を承継、廃業した場合の届出
・財務諸表等の事務所への備え付け等

4　指定著作権等管理事業者

ある管理事業者の使用料規定の利用形態について、使用料の徴収額のシェアが高い場合には、同種の著作物を同様に扱う他の管理事業者の使用料額の水準に対する影響が大きいため、文化庁長官は当該管理事業者を「指定著作権等管理事業者」として指定することができます。指定は、使用料規定の「利用区分」ごとに行います。

「指定著作権等管理事業者」は、当該利用形態の利用者代表（利用者の利益を代表すると認められる者）から「使用料規程」に関する協議を求められたときには、これに応じなければならないとされています。

利用者代表は、当該指定管理事業者が協議に応じなかったり、協議が

成立しなかった場合には、文化庁長官に対し協議開始（又は再開）命令を求めることができます。また、どうしても協議が成立しないときは、文化庁長官に裁定を求めることもできます。

第７章　著作権等に関する登録

我が国では、著作物の創作と同時に著作権が発生しますので、権利を得るための手続きというものはありません。著作権法の登録制度は、取引の安全を確保したり、事実関係を公示するなどのための制度です。

著作権に関する登録には次のようなものがあります。

⑴　実名の登録（75条）

無名又は変名で公表された著作物について、著作者の実名（本名）を登録する制度です。

この登録を受けると当該著作物の著作者と推定され、その結果、無名又は変名で公表された著作物の保護期間が、実名で公表したのと同様に著作者の死後70年間まで保護されることとなります。

なお、実名の登録は、官報で告示されます。

⑵　第一発行（公表）年月日の登録（76条）

著作物を最初に発行又は公表した日付を登録する制度です。反証がない限り、登録された日に当該著作物の最初の発行又は公表があったものと推定されます。保護期間の算定を公表時を基準とする著作物については、その保護期間の計算が登録された日の翌年から起算されることになります。

なお、発行とは、本を出版するように、その性質に応じ公衆の要求を満たすことができる相当程度の部数の複製物が頒布された場合をいいます（３条)。また、公表とは発行よりも意味が広く、著作物の発行のほかに、上演、演奏、公衆送信、展示などの方法で公衆に提示された場合をいいます（4条）。

⑶　創作年月日の登録（76条の2）

旧法では著作物全般について著作年月日を登録することができましたが、新法ではこれが廃止されました。その後、昭和60年の著作権法の一部改正により、プログラムの著作物を創作した年月日を登録する制度が新たに設けられ、プログラムについてのみ、創作後6カ月以内に限り、創作年月日を登録することができるようになりました。

なお、プログラムの登録については、著作権法のほか別に法律で定めることとされており、昭和61年5月「プログラムの著作物に係る登録の特例に関する法律」が制定されました。また、この法律により、財団法人ソフトウェア情報センター（現在は一般財団法人）が登録機関として指定され、昭和62年4月からプログラムの登録を実施しています。

⑷　著作権の登録（77条）

第三者対抗要件としての登録ともいわれますが、著作権の譲渡や質権の設定等を登録する制度です。

例えば著作権の譲渡を登録して権利の移転を明らかにすることにより、万一、二重譲渡などがなされた場合には、登録を受けている者に権利が認められることになります。

著作権についての権利の変動は、当事者間の契約により効力を生じるものですが、第三者に対抗するためには登録が必要となります。したがって、取引の安全を確保するための登録ということができます。出版権及び著作隣接権についても同様の制度があります（88条、104条）。

以上の登録のうち、プログラムの著作物以外の登録は、文化庁著作権課で行っています。また、プログラムの著作物の登録は、一般財団法人ソフトウェア情報センターが行っています。住所及び電話番号等は次のとおりです。

●文化庁著作権課

〒100-8959　東京都千代田区霞が関３-２-２

☎ 03・5253・4111（代表）

●一般財団法人ソフトウェア情報センター

〒105-0003　東京都港区西新橋３-16-11　愛宕イーストビル14階

☎ 03・3437・3071

なお、申請書の様式や添付資料等は著作権法施行令及び著作権法施行規則に定められています。

第８章　著作権等に関する国際的ルール等

第１節　著作権等に関する条約

１　著作権に関する条約

著作物は、国境を越えて利用されるため、世界各国は条約を結んでお互いに著作物を保護し合っています。このような国際的保護は、主として、ベルヌ条約と万国著作権条約によって行われており、日本は両条約を締結しています。現在、世界の大半の国（179カ国）がベルヌ条約又は万国著作権条約のいずれかを締結しており（2021年３月末現在）、日本はそれらの国と保護関係があります。

なお、1996年（平成８年）にWTOのTRIPS協定が発効しましたが、その内容は本節３で解説します。さらに、1996年（平成８年）にはベルヌ条約の保護水準を高めるためWIPO著作権条約が採択されました。その内容は本節４で解説します。

⑴　両条約に基づく保護の要点

①両条約によって保護を受ける著作物は、次のとおりです。

・ベルヌ同盟国の国民の著作物

・ベルヌ同盟国内で最初に発行された著作物

・万国著作権条約締約国の国民の著作物

・万国著作権条約締約国内で最初に発行された著作物

②両条約によって保護される著作物は各国の国内法（著作権法など）によって保護されることとなります。

例えば、ドイツ（ベルヌ同盟国）国民の著作物は、日本では日本の著作権法によって保護され、逆に日本国民の著作物は、ドイツではドイツの著作権法によって保護されます

③ベルヌ条約と万国著作権条約の両方が適用される場合にはベルヌ条約が優先適用されます。

⑵　ベルヌ条約（文学的及び美術的著作物の保護に関するベルヌ条約）

ベルヌ条約は、1886年（明治19年）にスイスのベルヌで著作権を国際的に保護し合うためにヨーロッパ諸国を中心として創設された条約で、著作権の発生に登録などの手続きを必要としない無方式主義を条約上の原則としています。我が国は、1899年（明治32年）にこの条約を締結しました。

ベルヌ条約に関する事務は、全世界にわたる知的所有権保護の促進及び改善を目的とした世界知的所有権機関（World Intellectual Property Organization：略称WIPO）が行っています。

①ベルヌ条約改正の経緯

ベルヌ条約は、創設以来ほぼ20年ごとに改正され現在のパリ改正条約に至っています。1908年（明治41年）のベルリンでの改正では録音権や映画化権が定められ、1928年（昭和３年）のローマでの改正では、放送権や著作者人格権が定められました。また、1948年（昭和23年）のブラッセルでの改正では放送権及び朗読権が定められたほか、録音物による音楽の演奏について少なくとも著作権者に報酬請求権を認めること、及び原則的な保護期間は著作者の生存間とその死後50年間を義務とすることが定められました。さらに、1967年（昭和42年）には、開発途上国に特例を認める議定書を含

んだストックホルム改正条約が成立しました。

しかし、この改正条約は、多くの国の満足するところとならなかったため、実体規定は発効することなく条約は閉鎖されてしまいました。そこで、1971年（昭和46年）７月パリにおいて、ベルヌ、万国の両条約の改正会議が開催され、両改正条約が成立しました。このベルヌ条約パリ改正条約は、開発途上国に対する一種の著作権援助とでもいうべき規定を設けようとするものであり、開発途上国の文化的経済的条件に即応した国際著作権保護法制の緩和を図ったものです。このパリ改正条約が最新の改正条約であり、我が国は1975年（昭和50年）にこれを締結しました。

●ベルヌ条約改正の経緯と我が国との関係

・ベルヌ創設条約（1886年）	我が国は1899年に締結
・パリ追加規定（1896年）	（同上）
・ベルリン改正条約（1908年）	〃　1910年に締結
・ベルヌ追加規定（1914年）	〃　1915年に締結
・ローマ改正条約（1928年）	〃　1931年に締結
・ブラッセル改正条約（1948年）	〃　1974年に締結
（ストックホルム改正条約（1967年）実体規定は発効することなく閉鎖された）	
・パリ改正条約（1971年）	我が国は1975年に締結

以上のとおり、ベルヌ条約は、ほぼ20年ごとに改正されてきましたが、1971年（昭和46年）のパリ改正以来20年以上改正されず、その間の技術進歩や社会状況の変化に即した、国際的な著作権保護の内容の見直しが必要とされました。しかし、ベルヌ条約は加盟国の全会一致でないと改正できないという特殊な条約であり、加盟国

が増加して改正が事実上不可能となっていたことから、WIPOの場において、著作権の国際的な制度の新たな規範となるベルヌ条約の付属条約を作成するための検討が1991年（平成３年）11月から進められていました。

その結果、1996年（平成８年）の外交会議において、ベルヌ条約加盟国間の「特別の取極」であるWIPO著作権条約が締結されました。この締結までの経緯及び内容は本節４で解説します。

②ベルヌ条約の原則

ベルヌ条約の主な原則は、次のとおりです。

ア　内国民待遇

同盟国が外国人の著作物を保護する場合に、自国の国民に与えている保護と同等以上の保護を与えなければならないという原則です（国内法に規定されている権利については条約に規定されていなくても内国民待遇を確保する義務があります。）。

イ　無方式主義

著作権の享有には登録、作品の納入、著作権の表示などのいかなる方式も必要としないという原則です。

ウ　遡及効

条約は、その発効前に創作された著作物であっても、すべての著作物（発効時にその本国又は保護義務を負う国において保護期間の満了により公有となったものを除く）に適用されるという原則です。

③締約国数

2021年（令和３年）３月末現在、179カ国がベルヌ条約を締結しています。

④世界知的所有権機関（WIPO）

ベルヌ条約パリ改正条約24条は、世界知的所有権機関（World Intellectual Property Organization WIPO）を国際事務局とすることを定めています。

WIPOは、全世界にわたって知的所有権（著作権、特許権、意匠権など人間の知的創作活動から生ずるすべての権利の総称）の保護を促進し、改善することを目的とし、併せて著作権を扱うベルヌ同盟及び工業所有権を扱うパリ同盟の管理・機構上の問題を統一的に処理するために設立された国連の専門機関です。

また、WIPOは、昭和45年に発効した世界知的所有権機関設立条約に基づき設立されたものです。

⑶　万国著作権条約

戦前から、無方式主義を原則とするベルヌ同盟国と、著作権の保護を受けるための条件として、著作権の表示などの方式を当時要求していた米州諸国とを結び、世界的な著作権条約を締結しようという運動がありました。万国著作権条約は、これらのベルヌ同盟国と方式主義の国々とを結ぶ架け橋の条約として、戦後、1952年（昭和27年）に国連の専門機関であるユネスコが中心となり制定されたものです。

架け橋というのは、この万国著作権条約によって、方式主義を採る締約国でも、著作物のすべての複製物に©マークの記号、著作権者名及び最初の発行年を一体として表示してあれば、無方式主義を採る締約国の国民の著作物を保護することになったからです。

我が国は1956年（昭和31年）にこの条約を締結しました。現在、万国著作権条約を締結している国は100カ国（2021年３月末現在）ですが、ベルヌ条約と万国著作権条約の両方の保護を受ける著作物はベルヌ条約だけで保護することになっていますので、ベルヌ条約締約国である99カ国を差し引くと、我が国はカンボジアの１カ国と万国著作権条約で著作物を相互に保護し合っていることになります。

先に述べましたように、万国著作権条約は、昭和46年パリにおいて、ベルヌ条約と同時に改正されましたが、この改正条約は開発途上国に対する著作権援助を意図する内容を含むものです。

各締約国は、万国著作権条約上保護を受ける著作物に対して、原則として各締約国が自国の国民に与えている保護と同様の保護を与えなければならないものとされていますが、条約上保護しなければならない権利の内容を詳細に定めていない点が、ベルヌ条約と違うところです。

ベルヌ条約と万国著作権条約との関係は、多少込み入っていますが、前に述べましたように、両条約の保護を受ける著作物についてはベルヌ条約が優先適用されますから、我が国とイギリス、フランスなど両条約に入っている国同士は、ベルヌ条約上の保護関係にあるわけです。

なお、万国著作権条約は、ユネスコが所管しています。ベルヌ条約、万国著作権条約締約国等の詳しい一覧表は、302頁以下に掲げてあります。

①万国著作権条約改正の経緯と我が国との関係

・1952年条約　　我が国は1956年に締結

・1971年条約　　我が国は1977年に締結

②万国著作権条約の原則

万国著作権条約の主な原則は、次のとおりです。

ア　内国民待遇

締約国が外国人の著作物を保護する場合、自国の国民に与えている保護と同様以上の保護を与えなければならないという原則。

イ　不遡及

条約は、その発効時に保護義務を負う国において保護期間の満了により公有となった著作物又は保護を受けたことのない著作物について適用されないという原則。

ウ　条約上保護すべき著作物

締約国が万国著作権条約上保護義務を負う著作物は次のとおりである。

(a)締約国の国民の著作物

(b)締約国で最初に発行された著作物

万国著作権条約及びベルヌ条約の双方により保護を受けることとなる著作物については、ベルヌ条約のみを適用し、万国著作権条約は適用しない。

エ　©表示

著作物のすべての複製物に(a)©の記号、(b)著作権者の氏名及び(c)最初の発行の年の3つの事項を表示しておけば、方式主義国でも自動的に著作権の保護を受ける。

③締約国数

2021年（令和3年）3月末現在、100カ国が万国著作権条約を締結しております。

2　著作隣接権に関する条約

(1)　実演家等保護条約（ローマ条約）

ラジオ、テレビ、録音・録画機器等著作物伝達手段の著しい発達、普及の結果、実演家（例えば歌手、俳優、演奏家等）の実演の機会の減少、無断複製の蔓延等によるレコード製作者及び放送事業者の経済的損失等の問題が強く認識されることとなってきました。そのため、ベルヌ同盟、ILO及びユネスコの三機関の共催によりローマで開催された外交会議において1961年10月26日において作成されたのがこの「実演家、レコード製作者及び放送機関の保護に関する国際条約」です。この条約は一般に「実演家等保護条約」、「隣接権条約」又は「ローマ条約」と呼ばれています。

この条約は、実演家等をその実演の固定（録音・録画）、レコードの複製等から保護するとともに、実演がレコードに収録され、また、そのレコードが放送に使用される等利用者・被利用者の関係にある実演家、レコード製作者及び放送事業者の三者の権利関係を合理的に調整して、著作物の伝達の円滑化を図る枠組みを設定することをその内容としています。実演家等の保護については、基本的に他の締約国における実演家等に対し、自国の領域内において自国民又は自国の機関に与えている保護と同等以上の保護を与えること（内国民待遇の付与。ただしベルヌ条約とは異なり、この条約に規定されている権利のみが対象）とし、同時に付与すべき保護を具体的に規定しています。付与すべき保護の概要は次のとおりです。

①実演家に対しては、その許諾を得ない実演の放送、録音・録画の防止等

②レコード製作者に対しては、レコードの複製権の付与

③実演家又はレコード製作者に対しては、商業用レコードの二次使用料請求権の付与（ただし、全面的又は部分的に適用しない旨の宣言を行うことができる。）

④放送事業者に対しては、放送の再放送権、録音・録画権等の付与

この条約は、2021年（令和3年）3月末現在、イギリス、スウェーデンなど96カ国が締結しています。我が国は1989年（平成元年）に33番目の締約国となりました。我が国については、平成元年10月26日に発効しています。

(2)　レコード保護条約

この条約は、1971年（昭和46年）10月、ユネスコ及びWIPO（世界知的所有権機関）の共同招集により、ジュネーブで開かれた「レコード保護に関する国際会議」で採択されたレコード海賊版の防止を目的とする条約です。レコード製作者の保護に関する条約としては、実演家等保護条約がありますが、この実演家等保護条約は、実演家及び放送事業者の保護も含んでおり、内容も高度で加入国も少なく、レコード海賊版の防止の実効性が期し難い状況であったため、実演家等保護条約とは別途の応急措置としてレコード保護条約が作成されたわけです。

正式には、「許諾を得ないレコードの複製からのレコード製作者の保護に関する条約」といいます。

この条約の骨子とするところは、条約締約国は、レコードの無断複製物の作成・輸入・頒布に対し、他の締約国の国民であるレコード製作者を保護するものとすることにあります。

この条約は、昭和48年4月18日に効力が発生しており、2021年（令和3年）3月末現在、我が国を含め、米国、フランス、イギリス等80カ国が締結しています。我が国は、1978年（昭和53年）に30番目の締約国としてこの条約を締結しました。我が国については、昭和53年10月14日に発効しています。

3　TRIPS（Trade-Related Aspects of Intellectual Property Rights）協定（知的所有権の貿易関連の側面に関する協定）

⑴　GATT・ウルグアイ・ラウンド交渉

WTO（World Trade Organization）協定（世界貿易機関を設立するマラケシュ協定）が、1986年（昭和61年）９月から開始されたGATT（関税及び貿易に関する一般協定）・ウルグアイ・ラウンド交渉の結果作成されました。

ウルグアイ・ラウンド交渉は、1986年９月から開始され、知的所有権やサービス等分野を含む15のグループで交渉が進められました。その後、農業、知的所有権及び繊維等の分野において交渉が難航し、1991年（平成３年）４月から７グループに絞られ交渉は続けられました。1991年（平成３年）12月にはダンケルGATT事務局長（当時）が最終合意案文を提示し、1993年（平成５年）12月15日にようやく交渉は実質的に妥結しました。

さらに、1994年（平成６年）４月12日から15日までモロッコのマラケシュで開催された閣僚会合においてWTO協定を添付した最終文書への署名が各国の代表により行われ、交渉は正式に終了しました。

⑵　WTO協定の概要

WTO協定の目的は、世界貿易機関を設立し、加盟国間の貿易関係を規律する共通の制度上の枠組みを提供すること、並びに関税そのほかの貿易障害を実質的に軽減し国際貿易関係における差別待遇を廃止すること等です。

WTO協定は、前文、本文、末文、附属書の一覧表及び４つの附属書から成っており、その附属書の１つとして、著作権を含む「知的所有権の貿易関連の側面（TRIPS：Trade-Related Aspects of Intellectual

Property Rights）に関する協定」があります。

WTO協定は1995年（平成７年）１月１日に発効しました。なお、日本は1994年（平成６年）12月27日にWTO協定を正式に受諾し、1996年（平成８年）１月１日から発効しています。

また、本協定には、開発途上国、後発途上国について、その適用に関し猶予期間が設けられており、2000年（平成12年）１月１日より、韓国、マレーシア等開発途上国において履行義務が発生しています（後発途上国については2006年（平成18年）１月１日より履行義務が発生。）。

TRIPS協定はWTO協定の附属書の１つ（附属書一C）であり、著作権、特許、商標等の知的所有権の国際的保護のための規範及び確保のための手段などが規定されています。

このうち、著作権については、コンピュータ・プログラム及びデータベースの保護並びに貸与権に関する規定など既存の条約にはなかった新たな規範が定められている反面、人格権については特段の規定が設けられておりません。また、関連する権利（著作隣接権）については、レコードの保護が大幅に強化されています。

TRIPS協定のうち、著作権及び関連する権利（著作隣接権）に係る規定の要点は次のとおりです。

①ベルヌ条約の規定する保護内容の遵守

②コンピュータ・プログラム及びデータベースの著作権による保護

③コンピュータ・プログラム、映画及びレコードの貸与に関する権利の付与

④実演家、レコード製作者及び放送事業者の保護

⑶　加盟国数

2021年（令和３年）３月末現在、164カ国・地域がWTO協定を締結しています。

4　WIPOインターネット条約

著作権・著作隣接権を国際的に保護するためにさまざまな条約が締結されていることは既に述べました。しかし、近年のインターネット等の情報技術の発展や社会状況の急速な変化に対応するため、国際的著作権保護の水準の一層の向上が必要となり、WIPOにおいて、ベルヌ条約の付属条約を作成するための検討が、1991年（平成３年）11月から進められてきました。

その結果、1996年（平成８年）12月の外交会議で採択されたのが、「著作権に関する世界知的所有権機関条約（WIPO著作権条約）」及び「実演及びレコードに関する世界知的所有権機関条約（WIPO実演・レコード条約）」という２つの条約です。我が国は、「WIPO著作権条約」について、2000年（平成12年）６月にこの条約を締結しました。また、「WIPO実演・レコード条約」については、2002年（平成14年）７月に締結しました。さらに、2012年（平成24年）に、「視聴覚的実演に関する北京条約」が採択されました。

⑴　著作権に関する世界知的所有権機関条約（WIPO著作権条約）

①採択の経緯

著作権保護の基本条約であるベルヌ条約は、技術・社会の変化に対応してほぼ20年ごとに改正され、最終の改正が1971年（昭和46年）に行われました（パリ改正条約）。しかし、ベルヌ条約改正のためには全会一致の原則が適用されることから、ベルヌ同盟国が増えるに従い改正は実質的に困難になってきました。そこで、デジタル化・ネットワーク化をはじめとする近年の情報技術の発展や社会状況の変化に対応してベルヌ条約を補完・強化するため、1991年（平成3年）に開始された改正作業で採られた方式が「議定書（プロトコル）」方式です。すなわち、ベルヌ条約20条の「特別の取極」として、ベルヌ条約の締約国のうちより高い水準の保護を与えることができる国のみが批准する付属条約としたのです。いわば、ベルヌ条約の二階部分を作成しようとしたといえましょう。その結果、1996年（平成8年）12月の外交会議で採択されたのが「WIPO著作権条約」です。この条約については、2002年（平成14年）3月に発効しました。

②WIPO著作権条約の内容

この条約は、以上に述べたとおり、ベルヌ条約の「特別の取極」であるという位置づけであることから、締約国はベルヌ条約が定める内国民待遇、無方式主義、遡及効といった基本原則や、ベルヌ条約上保護すべきとされている諸権利を当然に遵守する必要があります。その上で、インターネット等の情報技術の発展に対応するために新条約の中で新たに定められた諸規定を各締約国は遵守する必要があるのです。主な規定内容は次のとおりです。

(a)コンピュータ・プログラムの保護

(b)著作物以外のもので構成される編集物・データベースの保護

(c)譲渡権（この権利はすべての著作物がその対象範囲となります。なお、権利の消尽については、各国にまかされており、日本は国際消尽を採用しています。）

(d)コンピュータ・プログラム、映画の著作物、レコードに関する商業的貸与権

(e)公衆への伝達権（この権利は、有線・無線の方法でインターネット等を用いて「インタラクティブに送信する権利」と、その前段階としてサーバーへのアップロード等により「公衆が使用（アクセス）可能な状態にする権利」を主に対象としています。）

(f)写真の保護期間の延長（死後50年間以上）

(g)コピープロテクション等の技術的手段の解除等の禁止

(h)権利管理情報の改変等の禁止

③締約国数

2021年（令和３年）３月末現在、109カ国がWIPO著作権条約を締結しています。

(2)　実演及びレコードに関する世界知的所有権機関条約（WIPO実演・レコード条約）

①採択の経緯

ベルヌ条約議定書専門家委員会の検討が始まった時点では、ベルヌ条約の実質的改正のみが検討対象とされていました。しかし、米国はレコードを著作物として保護するという特殊な制度をとっているため、著作物の保護について定めるこの議定書にレコード製作者の保護規定を盛り込むことを要求しました。これに対し、他の多くの国はレコード製作者の保護は「著作隣接権」によって行うことが国際的な基本的枠組であり、ベルヌ条約の二階部分にレコード製作者の保護規定を盛り込むべきではないとして、意見が対立しました。

そこで、両者の妥協を図るために著作隣接権に関する条約が新たに策定されることになり、その結果採択されたのが「WIPO実演・レコード条約」です。

この条約は、ベルヌ条約（著作権の基本条約）の「特別の取極」である「WIPO著作権条約」がベルヌ条約の2階部分であるというのとは異なり、著作隣接権を保護していない米国が実演家等保護条約（著作隣接権の基本条約）を批准していないこと等から、実演家等保護条約からは全く独立した新しい条約となっています。なお、この条約は締約国に対して2002年（平成14年）5月に発効しました。

②WIPO実演・レコード条約の内容

この条約はローマ条約等とは無関係の新しい条約であることから、改めて条約の中に内国民待遇の原則（ローマ条約と同様にこの条約に規定されている権利のみが対象）、保護期間、実演家等の用語の定義が定められています。条約上遵守する必要がある主な規定は次のとおりですが、実演家の権利については基本的に音のみの実演が対象となり、視聴覚的実演については「視聴覚的実演に関する北京条約」において保護の対象となっています（本章第1節4⑶参照）。

⒜実演家の権利

・人格権（生の音の実演・レコードに録音された実演）

・生実演に係る固定権、放送権、公衆への伝達権

⒝レコードに係る実演家・レコード製作者の経済的権利

・複製権

・譲渡権

・商業的貸与権・公衆が利用可能な状態にする権利

・放送及び公衆への伝達に関する報酬請求権

⒞発行を起算点とするレコードの保護期間の設定

⒟コピープロテクション等の技術的手段の解除等の禁止

⒠権利管理情報の改変等の禁止

③締約国数

2021年（令和３年）３月末現在、108カ国がWIPO実演・レコード条約を締結しています。

(3)　視聴覚的実演に関する北京条約

①採択の経緯

視聴覚的実演に係る実演家の権利については、これを「WIPO実演・レコード条約」で対象とすることを主張していたEU等と、映画産業界の強い意向を受け本条約の対象外としたい米国の間で対立がありました。結局、「1998年（平成10年）末までに視聴覚的実演に関する新条約を採択する」旨の決議を外交会議が行うことにより、視聴覚的実演に係る実演家の権利はWIPO実演・レコード条約からは除外されることとなりました。上記新条約については、2000年（平成12年）12月、本条約採択のための外交会議が中国の北京において開催され、20条中19条項につき暫定合意がなされました。しかしながら、実演家の権利の行使方法に関してどのような国際的ルールを確立するかについて、とくに、米国とEUとの間で最後まで合意が得られず、結果として条約の採択は見送られました。

2012年（平成24年）６月、関係国間での協議の結果、視聴覚的実演の保護に関する外交会議が開催され、「視聴覚的実演に関する北京条約」として採択されました。なお、この条約は締約国に対して2020年（令和２年）４月に発効しました。

②北京条約の内容

本条約で与えられる保護のうち、主な規定内容は次のとおりです。

(a)視聴覚的実演家の人格権

・氏名表示権

・同一性保持権

(b)視聴覚的実演家の財産的権利の充実

・固定されていない実演に係る固定権、放送・公衆への伝達権

・複製権

・譲渡権

・商業的貸与権

・利用可能化権

・放送・公衆への伝達権

(c)技術的保護手段及び権利管理情報の除去又は改変を防ぐための法的救済

(d)実演家の権利行使に関する規定（任意規定）

③締約国数

2021年（令和3年）3月末現在、39カ国が視聴覚的実演に関する北京条約を締結しています。

5　視覚障害者等の著作物へのアクセスを促進するためのマラケシュ条約

(1)　採択の経緯

世界の視覚障害者及び読字障害者の著作物へのアクセスを改善することを目的として、2005年（平成17年）より議論が開始され、各国間で継続的に議論が行われてきました。その結果、2012年（平成24年）12月に開催されたWIPO総会において、条約採択のための外交会議が開催されることが決定され、2013年（平成25年）6月にモロッコのマラケシュにおいて外交会議が開催され、条約が採択されました。その後、2016年（平成28年）9月に締結国に対して発効し、日本は

2019年１月１日に同条約を締結するとともに、著作権法第37条を改正しました（著作権法の一部を改正する法律（平成30年法律第30号））。

⑵　マラケシュ条約の内容

マラケシュ条約においては、前記の目的を達成するため、締結国に対して同条約に定める「受益者」のための権利制限又は例外を規定する義務を負わせるともに、当該制限又は例外を適用することにより作成された著作物の複製物について、締約国間で相互利用（国境を超える交換や輸入）する体制を整備するものです。主要な内容は以下のとおりです。

①条約に定める「受益者」は、以下に掲げる者とする（マラケシュ条約第３条）。

・盲人である者

・視覚障害又は知覚若しくは読字に関する障害のある者であって、印刷された著作物をそのような障害のない者と実質的に同程度に読むことができない者

・上記のほか、身体的な障害により、書籍を持つこと若しくは取り扱うことができず、又は目の焦点を合わせること若しくは目を動かすことができない者のいずれかに該当する者

②締約国は、受益者のために著作物を利用しやすい様式の複製物の形態（点字、大きな文字の書籍、デジタル録音図書等）で利用可能とすることを促進するため、自国の著作権法において、複製、譲渡及び公衆の利用が可能となるような状態に置く権利の制限又は例外について定める（マラケシュ条約第４条）。

③締約国は、受益者に利用しやすい様式の複製物が作成される場合には、権限を与えられた機関が、当該複製物を他の締約国の受益

者若しくは権限を与えられた機関に譲渡し、又は他の締約国の受益者若しくは権限を与えられた機関の利用が可能となるような状態に置くことができることを定める（マラケシュ条約第5条）。

④締約国の法令は、受益者等又は権限を与えられた機関が著作物の利用しやすい様式の複製物を作成することを認める範囲において、権利者の許諾を得ることなく受益者のために当該複製物を輸入することを認めるものとする（マラケシュ条約第6条）。

③締約国数

2021年（令和3年）3月末現在、76カ国がマラケシュ条約を締結しています。

6　偽造品の取引の防止に関する協定（Anti-Counterfeiting Trade Agreement　ACTA）

近年のインターネットの普及、国際分業の進展等多様化・複雑化する模倣品・海賊版問題への対応のため、より強力な国際規律の策定が喫緊な課題となっています。

そこで、小泉総理（当時）が2005年（平成17年）のG8グレンイーグルズ・サミットにおいて、模倣品・海賊版の拡散防止に向けた法的枠組み策定の必要性を提唱しました。本構想では、知的財産権侵害全体を対象としつつも、特に問題が最も顕在化している商標・著作権分野に焦点をあてており、国際協力の推進、知的財産権の執行の強化、法的規律の形成について策定し、TRIPS協定よりも強力な国際規律を目指しています。

2007年（平成19年）10月に日米欧等から関係国との協議開始を発表し、2008年（平成20年）6月から条文案をベースとした交渉を開始しました。

そして、2010年（平成22年）に交渉が妥結し、2011年（平成23年）10月に東京において署名式が開催されました。また、我が国は2012年（平成24年）10月に最初の締約国としてACTAを締結しました。

7　環太平洋パートナーシップに関する包括的及び先進的な協定（Trans-Pacific Partnership　TPP）

⑴　交渉の経緯等

ブルネイ、チリ、ニュージーランド、シンガポールによる環太平洋戦略的経済連携協定を原型として、より広範な合意を行うため、2008年（平成20年）より、日本を含めた12か国において新たな経済連携協定の交渉が開始されました。この交渉の結果、環太平洋パートナーシップ協定（以下「旧TPP協定」といいます。）は2015年（平成27年）10月に大筋合意に至り、オーストラリア、ブルネイ、カナダ、チリ、日本、マレーシア、メキシコ、ニュージーランド、ペルー、シンガポール、米国及びベトナムによって、平成28年２月に署名されました。しかし、2017年（平成29年）１月、当時のドナルド・トランプ大統領がTPP離脱の大統領覚書を発出し、米国が旧TPP協定の離脱を表明しました。そのため、米国以外の11か国によって再度交渉が行われ、2018年（平成30年）３月８日に新たに「環太平洋パートナーシップに関する包括的及び先進的な協定」（以下「TPP協定」といいます。）として署名され、同年12月に発効ました。2021年（令和３年）３月末現在、署名国のうち締結国は７か国（メキシコ、日本、シンガポール、ニュージーランド、カナダ、オーストラリア、ベトナム）であり、また新たにイギリスがTPP協定への加入を申請しています。

TPP協定は、TRIPS協定やACTAと同様、国際協定の一つです。

アジア太平洋地域において、モノの関税だけでなく、サービス、投資の自由化を進め、さらには知的財産、金融サービス、電子商取引、国有企業の規律など、幅広い分野で21世紀型のルールを構築することを目的としています。TPP協定第十八章「知的財産」の各条項についても、当該目的に従って策定されており、権利の適切な保護と、民事上及び刑事上の権利行使手続並びに国境措置等について規定し、もって、知的財産権の保護と利用の推進を図る内容となっています。

⑵　著作権法に関する我が国の対応

TPP協定に含まれる著作権に関する規定については、我が国の国内法において既に対応済みの項目が多いものの、いくつかの項目については担保できていないと考えられるため、法改正が必要となりました。そこで、TPP協定を受け、著作権法等の改正のため、2018年（平成30年）６月29日「環太平洋パートナーシップ協定の締結に伴う関係法律の整備に関する法律の一部を改正する法律」が成立し、同年７月６日に平成30年法律第70号として公布されました。当該法改正において対応された項目は、①著作物等の保護期間の延長、②著作権等侵害罪の一部非親告罪化、③著作物等の利用を管理する効果的な技術的手段に関する制度整備、④配信音源の二次使用に対する使用料請求権の付与、⑤損害賠償に関する規定の見直しの５点になります。TPP協定の要求内容と、これらに対応する法改正の概要については、それぞれ以下のとおりです。

①著作権等の保護期間の延長

・要求内容（TPP協定第18・63条）

⒜自然人の生存期間に基づいて計算される場合には、保護期間は、著作者の生存期間及び著作者の死後少なくとも70年とすること。

(b)自然人の生存期間に基づいて計算されない場合には、保護期間は、次のいずれかの期間とすること。

(i) 当該著作物、実演又はレコードの権利者の許諾を得た最初の公表（固定）の年から少なくとも70年。

(ii) 当該著作物、実演又はレコードの創作の年の終わりから少なくとも70年。

・法改正

改正前の著作権法においては、映画の著作物を除く著作物、実演やレコードの保護期間については各起算点から50年を終期とされていましたが、TPP協定に伴う法改正により、いずれも起算点から70年を終期とすることになりました（著作権法第51条第２項、第52条第１項、第53条第１項、第101条第２項第１号及び第２号）。

②著作権等侵害罪の一部非親告罪化

・要求内容（TPP協定第18・77条）

著作権、実演家の権利又はレコードに関する権利を侵害する複製に係る罪のうち、故意により商業的規模で行われるもの(※)について、非親告罪とすること。

※「商業的規模で行われる」行為には、少なくとも次の行為を含む。

(a)商業上の利益又は金銭上の利得のために行われる行為

(b)商業上の利益又は金銭上の利得のために行われるものでない重大な行為であって、市場との関連において当該著作権又は関連する権利の権利者の利益に実質的かつ有害な影響を及ぼすもの

ただし、非親告罪とする範囲については、市場における著作物、実演又はレコードの利用のための権利者の能力に影響を与える場合に限定することができる。

・法改正

改正前の著作権法においては、著作権等侵害罪は親告罪とされていましたが、TPP協定に伴う法改正により、著作権等侵害罪のうち、①財産上の利益を得る目的又は有償著作物等の販売等により権利者の得ることが見込まれる利益を害する目的を有し、②有償著作物等を原作のまま譲渡若しくは公衆送信する侵害行為又はこのために有償著作物等を複製する侵害行為であり、かつ③有償著作物等の提供・提示により権利者の得ることが見込まれる利益が不当に害される場合に限り、非親告罪とすることとなりました（著作権法第123条第２項及び第３項）。

③著作物等の利用を管理する効果的な技術的手段に関する制度整備（アクセスコントロールの回避等に関する措置）

・要求内容（TPP協定第18・68条）

著作者、実演家及びレコード製作者が自己の権利の行使に関連して用い、並びにその著作物、実演及びレコードについて許諾されていない行為を抑制する効果的な技術的手段の回避に対する適当な法的保護等を与えるため、以下の行為を民事上の救済措置等及び刑事罰の対象とすること。

⒜著作物、実演及びレコードの利用を管理する効果的な技術的手段を権限なく回避する行為

⒝効果的な技術的手段を回避する装置等の製造、輸入、頒布若しくは公衆への販売若しくは貸与の申出をする行為、又は当該手段を回避するサービスを提供等する行為

上記について、知的財産権を侵害しない使用を可能とするため、例外及び制限を定めることができる。

・法改正

改正前の著作権法においては、前記保護技術については規制対象とされていませんでしたが、TPP協定に伴う法改正により、新たに「技術的利用制限手段」を定義した上で（著作権法第２条第１項第21号）、技術的利用制限手段を権原なく回避する行為についてみなし侵害規定を新設したほか（同第113条第６項）、技術的利用制限手段の回避を行う装置やプログラムの公衆への譲渡等の行為を刑事罰の対象としました（同第120条の２第１項第１号及び第２号）。

④配信音源の二次使用に対する使用料請求権の付与

・要求内容（TPP協定第18・62条第３項(a)）

各締約国は、実演家及びレコード製作者に対し、その実演又はレコードについて有線又は無線の方法により放送し、又は公衆への伝達を行うこと(※１※２)並びに公衆のそれぞれが選択する場所及び時期において使用が可能となるような状態に当該実演又はレコードを置くことを許諾し、又は禁止する排他的権利を与える。

※１　締約国は、放送及び公衆への伝達について、WIPO実演・レコード条約第15条(1)及び(4)の規定の適用によって義務を履行し、並びに同条(2)の規定を適用することができる。ただし、第18・８条（内国民待遇）の規定に基づく当該締約国の義務に適合する方法によって行われることを条件とする。

※２　この第３項の規定に基づく義務には、レコードに固定された音又は音を表すものであって、映画その他の視聴覚的な著作物に組み込まれたものの有線又は無線の方法による放送又は公衆への伝達を含まない。

・法改正

前記の注釈１については、WIPO実演・レコード条約第15条(1)

及び(4)の規定するところにより、実演家及びレコード製作者に報酬請求権を付与することでもTPP協定第18・62条第3項(a)に定める義務は履行することが可能であることを意味しています。そこで、改正前の著作権法においては、商業用レコード（CD等の音源）を用いて放送や有線放送が行われた場合の実演家及びレコード製作者の放送事業者等に対する二次使用料請求権は発生するとされていたものの、商業用レコードを介さずインターネット等から直接配信される配信音源を用いて放送や有線放送が行われた場合の二次使用料請求権は規定されていなかったため、TPP協定に伴う法改正により、実演家及びレコード製作者に対し、配信音源の二次使用についても、商業用レコードと同様に二次使用料請求権が付与されることとなりました（著作権法第95条第1項)。

⑤損害賠償に関する規定の見直し

・要求内容（第18・74条第6項)

著作権、実演家の権利又はレコード製作者の権利の侵害に関し、以下のいずれか又は双方の損害賠償について定める制度を採用し、又は維持する。

(a)権利者の選択に基づいて受けることができる法定の損害賠償(※1)

(b)追加的な損害賠償(※2)

※1　法定の損害賠償は、侵害によって引き起こされた損害について権利者を補償するために十分な額に定め、及び将来の侵害を抑止することを目的として定める。(第18・74条第8項)

※2　追加的な損害賠償には、懲罰的損害賠償を含めることができる。また、追加的な損害賠償の裁定を下すに当たり、司法当局は、全ての関連する事項（侵害行為の性質及び将来における同様の侵害の抑止の必要性を含む。）を考慮して適当と認める追加的な損害賠償の裁定を下す権限を有する。(第18・74条第6項(b)注及び同条第9項)

・法改正

損害賠償について塡補賠償原則を採る我が国の法体系においては、懲罰的損害賠償制度を採用することは困難です。そこで、TPP協定が要求する法定の損害賠償との関係において、既存の114条第３項をより具体化するべく、侵害された著作権等が著作権等管理事業者により管理されている場合には、その著作権者等は、当該著作権等管理事業者の使用料規程により算出した額を損害額として賠償を請求することができることとし、損害額に関する立証負担の軽減を行う法改正が行われました（著作権法第114条第４項）。

第２節　著作権等に関する国際的動向

１　著作権制度の国際的ハーモナイゼーションの動向

著作権は無体物に対する権利であり、保護の対象が国境を越えて容易に流通するため、以前から国際的な保護の枠組を確立する努力が行われてきました。なぜなら、ある国において適切な保護が図られる場合であっても、他の国で著作物の無断利用が広範に行われれば、結局、著作者の利益は侵害されてしまうからです。したがって、各国の法制度を調和させ、どの国においても適切な保護が確保される必要があります。

近年は、経済・社会・文化の国際化や情報化（とくに情報のデジタル化・ネットワーク化）の著しい進展に伴って、著作権の制度について一層の国際的な調和（ハーモナイゼーション）が求められており、さまざまな場で国際会議が開催され、種々の新しい課題も検討されています。

⑴　WIPO（世界知的所有権機関）において検討されつつある著作権関係条約検討の動向

①編集物・データベース（創作性のないものも含む）に係る投資の保護に関する条約

データベースは世界的な情報基盤の発展のために重要な要素ですが、データベースの製作には相当の人的、技術的及び経済的な資源の投資が必要です。しかしデータベースを複製したり、これにアクセスすることはデータベースを独自に構築する場合に比べて安い費用で行うことができます。そこでこの条約は、編集物・データベースに係る「投資」の保護を目的として検討されています（注：検討の場で議論されている「データベース」にはコンピューターで検索できる形になっているものだけでなく、紙に書かれた電話帳等も含まれます。）。

現在、多くの国の著作権法で創作性のあるデータベースは保護されていますが、「創作性」の範囲は国により異なるため、日本のように創作性を広くとらえていない国々では、データベースの保護範囲が狭くなっています。そこで、「創作性」ではなく「投資」に着目して、創作性のないデータベースも「特別の権利（sui generis権）」などで国際的に保護しようとしています。

なお、この条約は、1996年（平成8年）12月の外交会議では、当初、「WIPO著作権条約」、「WIPO実演・レコード条約」に続く「第3の条約」として提案されていましたが、審議時間の不足と加盟国間の合意が得られなかったことにより、採択が見送られました。

②放送機関の保護に関する条約

1996年（平成8年）12月に採択された「WIPO実演・レコード条約」では、実演家及びレコード製作者の権利は規定されていますが、同じ著作隣接権である「放送機関の権利」は規定されませんでした。

そこで、各国の放送機関やその団体の要望もあり、放送機関の権利の拡大を目指し、1998年（平成10年）以降WIPOにおいて検討が行われています。我が国は、2001年（平成13年）４月に本条約に関し、条文形式の提案をWIPOに提出しました。その後、本条約の議題や論点が散逸することを防止するため、2007年のWIPO一般総会においては、本条約における議論の対象を①伝統的放送機関に与える保護（ウェブキャスター等は対象外）、及び②放送信号の保護（放送される著作物等自体は対象外）に関する内容とすることについて、マンデートが出されています。

近年においては、特に放送機関によるインターネット上の利用との関係について活発な意見交換が行われています。まず、保護の対象となる行為について、(a)サイマル配信や(b)ニアサイマル配信を含むことについては明確に反対を表明する国はないものの、さらに(c)異時配信（見逃し配信等）にまで保護を及ぼすのかについては、意見が分かれています。日本においては、国内法で異時配信が保護対象とされていないため、これを条約上保護対象とすることを受け入れた場合は、法改正を必要とする可能性があります。また、放送機関に与えられる権利については、放送権や利用可能化権などと提案されていますが、議論の一致を見ません。例えば、ローマ条約に加盟していないアメリカ合衆国を含む複数の国からは、放送機関に与えられる権利について排他権とすることを明示せず、放送機関に対し「適当かつ効果的な保護を与える」とするなど、保護手段に柔軟性を持たせるべきとの提案が出されています。

このように、特にインターネット上の利用に関する議論を中心に、各国間の調整がつかず、引き続き議論を継続することとなっております。文化庁では、放送機関による放送番組のインターネット配信が一般化した今日の状況にも鑑み、放送機関の権利をインターネット時代に対応したものに改善することが重要な課題であるとの認識の下、今後とも放送機関等の関係者との情報交換を緊密に行いつつ、各国とも連携し、できる限り早期に本条約が成立するよう、WIPOにおける議論を推進する上で重要な役割を果たしていきたいとの姿勢を示しています。

③フォークロアの保護に関する条約

「フォークロア」とは民族に固有の民芸品や音楽・民話などの「民間伝承」のことであり、主に発展途上国がこの保護を要求しています。フォークロアの保護に関しては、フォークロアを著作権的な制度による保護をしようとする考え方もあれば、フォークロアの表現に特別な制度に基づく保護を与えようとする考え方もあり、定義、保護の在り方に関して検討が行われています。

1967年（昭和42年）のベルヌ条約のストックホルム改正条約の中でもフォークロアへの著作者推定原則の規定が盛り込まれるなど、フォークロアの保護に関する問題は以前より検討されていましたが、著作権の帰属や著作権の行使等の技術的問題等が存在したため、実効的な保護は行われませんでした。

しかし、実演家の実演の保護を通じてフォークロアの間接的な保護を図ろうと、1996年（平成８年）12月のWIPOの外交会議の場でもフォークロアの保護の問題について議論され、「WIPO実演・レコード条約」では「実演家」の定義規定の中にフォークロアの表現を実演する者も含められています。また、2001年（平成13年）４

月にWIPOにおいて初めての政府間委員会が開催されて以降、現在も検討が継続されています。

⑵　衛星送信信号保護条約

通信衛星の出現は、世界を小さくし、オリンピックをはじめ、諸種のニュースが同時に世界の国々で報道されるようになりました。

衛星送信に関する問題については、従来、ユネスコやWIPOにおいて別々に研究されておりましたが、1971年（昭和46年）４月、1972年（昭和47年）５月及び1973年（昭和48年）７月の３回にわたり、WIPOとユネスコの共同招集で政府専門家委員会が開催され、1974年（昭和49年）５月のブラッセルの外交会議で「衛星により送信される番組伝送信号の伝達に関する条約」が作成されました。

この条約は、各締約国は他の締約国の国民である送信機関の番組伝送信号で衛星を利用するものが自国内で又は自国から無断で伝達されることを阻止しなければならないことを規定しています。

この条約は1979年（昭和54年）８月25日に発効しましたが、我が国は締結していません。

⑶　視聴覚著作物国際登録条約

映画やビデオグラムなどの視聴覚著作物の取引上の安全を増進し、視聴覚著作物の創作及び国際流通を促進し、さらには、視聴覚著作物の海賊版の防止に寄与するため、「視聴覚著作物の国際登録に関する条約」が1989年（平成元年）４月、ジュネーブにおいて開かれたWIPO主催の外交会議において採択されました。

この条約は1991年（平成３年）２月27日に発効しましたが、我が国は締結していません。

⑷　著作物の複写複製

著作物の複写複製の著作権問題については、1968年（昭和43年）にユネスコとBIRPI（WIPOの前身）の共催で専門家委員会が開催され、図書館等における著作物の複写複製を認める範囲について国内法の指針ともなる勧告を採用しました。

この勧告の内容については、その後、万国著作権条約による著作権政府間委員会やベルヌ同盟の執行委員会において異論が唱えられ、さらに国際的な検討が重ねられましたが、1975年（昭和50年）６月にワシントンで開催された著作権政府間委員会とベルヌ同盟執行委員会の合同の小委員会で、「国際的規模での統一的解決策を見出すことは、当分の間不可能と思われるので、報酬請求権を管理、行使するための集団方式の設定を考慮することも含め、各国でそれぞれ適切な措置を講ずることとする」という趣旨の決議が採択されました。

この決議は、同12月の著作権政府間委員会とベルヌ同盟執行委員会の合同会議で承認され、一応この問題の国際的検討にピリオドが打たれたことになっています。

なお、我が国においては、文化庁の著作権審議会第４小委員会が昭和51年９月にこの問題に関する報告書を出し、これに基づき、文化庁は著作権の集中的処理に関する調査研究を行い、その結果を昭和59年４月に公表しました。その中でこの問題の有効な解決方法として、集中的権利処理機構の設立について具体的な提言を行っています。

また、平成２年には、複製権機構国際連盟（IFRRO)、国際出版連合（IPA）等から集中処理機構早期設立の要請もなされています。

このような内外からの提言・要請に応じるものとして、平成３年９月30日に、日本におけるコピーに関する著作権処理を一括して行う機関として日本複写権センター（現在は、公益社団法人日本複製権センター）が設立されました。なお、著作権の集中管理事業については、著作者及び利用者双方の利益を適切に確保し、円滑な著作物利用を図るため、平成12年に「著作権等管理事業法」が制定され、現在は複数の事業者が著作物の複写複製に関する管理事業を行っています。

⑸　コンピュータ・プログラムの保護

コンピュータ・プログラムの保護問題については、WIPOのパリ同盟（工業所有権関係）並びにWIPOのベルヌ同盟（著作権関係）及びユネスコにより検討が進められました。

WIPOのパリ同盟では、1971年（昭和46年）にこの問題に関する検討を開始し、1978年（昭和53年）には国内立法のためのガイドラインとして、「コンピュータ・プログラムの保護に関するモデル規定」を公表しました。このモデル規定をもとに「コンピュータ・プログラムの法的保護に関する協定」を起草すべく1979年（昭和54年）及び1983年（昭和58年）に専門家委員会が開催されましたが、プログラムは著作権法により保護することができるとする国が多数を占めたため、協定の締結についての検討は当分の間行わず、WIPOのベルヌ同盟及びユネスコの合同による国際的検討を待つことになりました。

このため、1985年（昭和60年）２月から３月にかけて、WIPO・ユネスコの合同専門家会議が開催されました。この合同会議においては、大多数の国がプログラムの著作権による保護を適当とし、世界の大勢がプログラムを著作権により保護する方向にあることが確認されました。

我が国においては、著作権審議会第２小委員会が昭和48年６月に、通商産業省（現経済産業省）のソフトウェア法的保護調査委員会が昭和47年６月に報告書を出しました。さらに著作権審議会第六小委員会が昭和59年1月に、通商産業省の産業構造審議会情報産業部会ソフトウェア基盤整備小委員会が昭和58年12月にこの問題に関する詳細な報告書を出していましたが、その後関係省庁間での調整が行われた結果、プログラムを著作権法で保護するという合意に達し、昭和60年6月、「著作権法の一部を改正する法律」が国会で可決されました。

また、TRIPS協定で、コンピュータ・プログラムを著作物として保護することが国際条約として初めて明文上規定され、WIPO著作権条約でも、コンピュータ・プログラムがベルヌ条約2条の著作物として既に同条約の保護対象となっているということが確認的に規定されております（WIPO著作権条約四条）。

2　各国等の動向

⑴　アメリカ合衆国

アメリカ合衆国では、1993年（平成5年）にNII（全米情報基盤）構想が提示され、その実現のために情報基盤タスクフォースが設置されました。同タスクフォースには、知的所有権ワーキング・グループが設けられ、NIIを推進する上での知的所有権、とくに著作権に係る課題について検討が行われてきました。知的所有権ワーキング・グループは、暫定報告書（グリーンペーパー）を1994年（平成6年）7月に公表し、著作権法の改正等を提案した上、関係者から広く意見を求めました。この意見をもとに検討を進めた結果、知的所有権ワーキング・グループは、1995年（平成7年）9月に最終報告書（ホワイトペーパー）を公表しました。

ホワイトペーパーにおける主な提案は次のとおりです。

①頒布権は、有体物の実際の頒布のみならず送信による頒布にも及

ぶものとすること

②著作物の利用の技術的制限を無断で解除する装置の製造又はサービスを規制すること

③不正な意図をもって虚偽の著作権管理情報を著作物にデジタル方式で付与する等の行為に対して、刑事罰を科すること

なお、アメリカ合衆国では1992年（平成４年）10月に家庭内録音法（『外国著作権法令集⒁｜アメリカ合衆国編｜』〔著作権情報センター刊、1994〕307頁参照）が成立し、1994年（平成６年）１月には著作権などの知的所有権の保護の強化を合意内容中に含む北米自由貿易協定（NAFTA）が発効しました。

1994年（平成６年）に行われたWTO協定締結に伴う米国著作権法の改正により、保護期間満了以外の理由により公有となっていた外国の著作物及びレコードが遡及的に保護されることとなりました。1995年（平成７年）には、録音物デジタル送信実演権法が成立し、録音物のデジタル送信についてのみ、かつ、大幅な制約付きで、実演家及びレコード製作者の公の実演権が認められました。また、EUに追随する形で、1998年（平成10年）に、ソニー・ボノ著作権保護延長法を制定し、保護期間を死後50年から70年に延長しました。

米国においては、1998年（平成10年）10月には、WIPO著作権条約及びWIPO実演・レコード条約締結のための法改正を主な内容とするデジタル・ミレニアム著作権法（DMCA）が成立し、1999年（平成11年）９月には両条約を締結しています。

デジタル・ミレニアム著作権法の主な内容は、以下のとおりです。

①アクセス・コントロールの回避行為及び回避装置などの禁止

②コピー・コントロールなどの回避装置などの禁止

③著作権管理情報の除去・改変などの禁止

④サービス・プロバイダの責任制限の明確化

上記のように、米国著作権法は様々な形でデジタル環境に対応してきましたが、2018年（平成30年）10月には、音楽近代化法（Music Modernization Act・MMA）が成立し、これは米国著作権法に関してはDMCA以来の大改正といわれています。MMAのポイントは、デジタル音楽配信における録音権の包括的な強制許諾制度の導入です。近年における米国の音楽ビジネス市場の大部分は音楽配信が占めていますが、音楽配信のうち、「ダウンロード配信」や「インタラクティブ型ストリーミング配信」（非インタラクティブ型と異なりリスナー側で視聴する楽曲を選択できる配信モデル）においては、米国著作権法上、対象楽曲や音源の録音権が及ぶこととされています。しかし、米国においては、強制許諾制度自体は存在するものの、録音権については歴史的に集中管理団体（Harry Fox Agency・HFA）ではなく各権利者において管理することが多いため、権利処理の対象となる者が多岐にわたり、個々の権利者の捜索・特定、通知や印税支払いにかかる手続きが煩雑でした。そこで、MMAにおいては①一元的な録音権管理団体の設立、②包括的強制許諾制度、③権利情報を集約した公開データベースの構築を内容とする法改正を行い、録音権の権利処理の円滑化を図っています。その結果、2021年（令和３年）１月より、同法に基づく録音権集中許諾機構・MLC（Mechanical Licensing Collective）が許諾業務開始し、莫大な録音権印税を徴収したことが報道されています。

⑵　欧州連合（EU）

EUでは、域内における著作物の円滑な利用と流通を図るため各国の著作権制度のハーモナイゼーションを進めることを目的として、各種の指令（ディレクティブ）を採択してきています。指令は、そのままで加盟国に対し法的効力を有するものではありませんが、加盟国に対し所要の国内法制の整備を義務付ける指令です。

1993年（平成5年）10月には保護期間に関する指令が採択され、EU加盟国はこの指令に沿って、1995年（平成7年）7月までに著作権の保護期間を70年とすることとなりました。

このほかにも、コンピュータ・プログラムに関する指令が1991年（平成3年）5月に、貸与権、著作隣接権に関する指令が1992年（平成4年）11月に採択されたほか、衛星放送及び有線再送信に関する指令が1993年（平成5年）に採択されました。このほかデータベースの法的保護に関する指令が1996年（平成8年）に採択されました。

また、EUでは、情報化社会に関するハイレベルグループが、知的所有権保護の枠組み形成の必要性を含む各種の課題を指摘する報告書（いわゆるバンゲマン・レポート）をまとめ、1994年（平成6年）5月に欧州理事会に提出しました。

欧州委員会では、この提言を受け、今後の情報化社会における著作権・著作隣接権保護の在り方に関するグリーンペーパーを1995年（平成7年）7月に公表しました。グリーンペーパーは、情報スーパーハイウェイが欧州連合へ与える著作権制度上の影響について、9つの問題点を検討し、提案や問題提起を行っています。欧州委員会は、このグリーンペーパーについて、関係者から意見を求め、それをもとにフォローアップペーパーを作成し1996年（平成8年）11月に公表しました。その内容は、グリーン・ペーパーに掲げられていた9つの問題点のうち、緊急に対応が必要なものとして、複製権・公衆への伝達権・技術的保護手段及び権利管理情報・頒布権（消尽）の４つの事項を挙げています。その後、これらについて、指令の作成に向け検討が進められ、2001年（平成13年）４月に「情報社会における著作権及び関連権の一定の側面のハーモナイゼーションに関する欧州議会及び理事会指令（EU著作権指令）」が採択されました。そして、著作権法関係では2001年（平成13年）の追及権指令、2004年（平成16年）の知的財産のエンフォースメントに関する指令、2011年（平成23年）の著作隣接権の保護期間に関する指令、2012年（平成24年）の孤児著作物に関する指令、2014年（平成26年）の著作権集中管理に関する指令等があります。

さらに、欧州連合理事会は2019年（平成31年）４月15日「デジタル単一市場における著作権指令」を採択しました。この指令はその名のとおり、EU域内における「デジタル単一市場」を形成するため、EU法の調和を進めることを目的として定められたものであり、2001年（平成13年）EU著作権指令以来の大改正といわれています。デジタル単一市場における著作権指令は、インターネット利用における著作権等の保護強化、デジタルコンテンツの流通促進や、デジタルプラットフォーマーへの対応など、今までの著作権法の概念を一新させる考え方が多く含まれており、注目されています。その内容は、大きく①デジタルにより国境を超える権利制限等の措置、②ライセンス実務の改善及びコンテンツへのアクセス保証のための措置、③著作権市場の十分な機能を確保するための措置に分類して整理されています。それぞれの概要は以下のとおりです。

①デジタルにより国境を超える権利制限等の措置

・テキスト及びデータマイニングに関する制限等を定める義務な

ど（第３条・第４条）

・教育目的におけるデジタル利用に関する制限等を定める義務など（第５条）

・文化遺産機関による著作物の保存に関する制限等を定める義務など（第６条）

②ライセンス実務の改善及びコンテンツへのアクセス保証のための措置

・文化遺産機関による入手困難資料等の利用など（第８条）

・拡大集中許諾制度（第12条）

・VODプラットフォーマーによる視聴覚著作物へのアクセス及び利用可能性（第13条）

・保護期間満了ビジュアルアート作品の公有（第14条）

③著作権市場の十分な機能を確保するための措置

・報道出版物発行者に対する著作隣接権を定める義務など（第15条・第16条）

・ユーザーの著作物利用行為との関係におけるデジタルプラットフォーマーの法的地位など（第17条）

・ライセンス契約等における著作者及び実演家の公正な報酬など（第18条～第22条）

デジタル単一市場における著作権指令は2019年６月６日に発効し、２年以内（2021年（令和３年）６月７日まで）に加盟国内へ移行することとされているため、今後の動向が注目されます。

⑶　その他の国々

①韓国

韓国では、著作権法の全面改正及びコンピュータ・プログラムの著作権保護のためのコンピュータ・プログラム保護法の制定が行われ、両法とも1987年（昭和62年）７月１日から施行されました。さらに、2006年には著作権法の全面改正が、2009年には、コンピュータ・プログラム保護法を著作権法に統合し、ネット上の著作権侵害対策を定めた改正著作権法が施行されました。

韓国は著作権関連条約を未締結でしたが、著作権法全面改正により条約加入の環境が整い、万国著作権条約及びレコード保護条約を締結（両条約とも1987年（昭和62年）10月発効）し、ベルヌ条約及びWIPO著作権条約も締結（ベルヌ条約1996年（平成８年）８月、WIPO著作権条約2004年（平成16年）６月発効）しました。そして、現在はローマ条約及びWIPO実演・レコード条約も締結（両条約とも2009年（平成21年）３月発効）しました。

また、韓国は米国及びEUとのFTA締結に伴い、2011年（平成23年）に著作権の保護期間延長、技術的保護手段の保護強化、法定損害賠償の導入等を定めた改正著作権法が施行されました。その後、2016年（平成28年）９月30日にマラケシュ条約、2020年（令和２年）７月22日には北京条約を締結しています。

さらに、韓国は、近年において様々なデジタル環境への対応に関連する著作権法改正を行ってきましたが、2020年（令和２年）２月４日、著作権行政に関する新たな政府方針「-著作権ビジョン2030-文化が経済となる著作権大国」を公表しました。同方針においては、⒜第四次産業革命時代の著作権基盤の造成、⒝公正かつ透明な利用・流通環境づくり、⒞著作権侵害への対応強化、⒟韓流の拡散に向けた海外での著作権保護に対する基盤強化を主要課題とし、韓国著作権法については14年ぶりの全面改正を行うこととしています。

②中国

中国は1989年（平成２年）に著作権法を制定、1993年（平成３年）６月から施行し、ベルヌ条約、万国著作権条約及びレコード保護条約を締結（ベルヌ条約及び万国著作権条約1992年（平成４年）10月、レコード保護条約1993年（平成５年）４月発効）しました。さらに、WTOに加盟（2001年（平成13年）10月11日）し、WIPO著作権条約及びWIPO実演・レコード条約を締結（両条約とも2007年（平成19年）６月発効）しました。また、2020年（令和２年）４月28日には北京条約を締結しています。

さらに中国においては、2020年（令和２年）11月11日に約10年ぶりの著作権法改正案が成立し、2021年（令和３年）６月１日より施行されます。同改正においては、懲罰的損害賠償制度の導入、法定賠償金の引き上げ、民事責任の追加（権利侵害複製品等の廃棄処分）など権利保護を強化したほか、権利侵害者に対する証拠提示命令などの手続きを新設し、著作権侵害行為に対する民事上の権利行使の拡充などが図られています。

③台湾

台湾は2002年（平成14年）１月１日、WTOに加盟しています。また、2021年（令和３年）３月末現在、デジタル環境に対応した支分権創設や権利制限規定、権利者不明等による強制許諾制度の拡充、インターネット上の著作権侵害対応等を内容とする、20年来の大規模な著作権法改正案が審議されています。

④ロシア

ロシアは万国著作権条約、ベルヌ条約、レコード保護条約及びローマ条約を締結（万国著作権条約1973年（昭和48年）５月発効、ベルヌ条約及びレコード保護条約1995年（平成７年）３月発効、ローマ条約2003年（平成15年）５月発効）しました。また、2012年（平成24年）８月にWTOに加盟しています。その後、2018年（平成30年）５月８日にマラケシュ条約、2020年（令和２年）４月28日には北京条約を締結しています。

3　海賊版対策

海外において、音楽やゲームソフト、アニメ等の我が国の著作物に対する関心はますます高まっていますが、同時にこれらの著作物の違法複製物である海賊版もまた多く発生しており、深刻な問題となっています。

近年の情報技術の発達により、海賊版はパソコン１台あれば、誰でも製作し、またインターネットを介して簡単に流通させることができるようになっています。

また最近では、海賊版に加え、インターネット上の海賊行為が深刻な問題となっています。インターネットは匿名性が高く、かつ一度違法にアップロードされると、侵害が急速に国内外に拡大するため、実効性の確保がより難しくなっています。

海賊版の流通やインターネット上の海賊行為は、良質のコンテンツの創作・流通を阻害し、正規に購入されれば得られたはずの著作権者等の利益が失われるため、事業展開しようとするコンテンツ産業にとっては脅威となります。また、質の高い文化的創作活動、健全な国際文化交流の推進の障害となります。

そのため、官民連携による海賊版・インターネット上の海賊行為の防止・撲滅のための対策を適切に講じることが大きな課題となっています。

平成14年（2002年）３月に政府内に設置された「知的財産戦略本部」において毎年策定している「知的財産推進計画」においても、「模倣品・海賊版対策の強化」が継続的に取り上げられ、政府全体で海賊版・インターネット上の海賊行為への対策の強化に積極的に取り組んでいます。

これらを踏まえ、文化庁では、以下のような取組みを進めています。

①二国間協議等の場を通じた侵害発生国・地域への取締り強化の要請

中国など侵害規模の大きい国の著作権担当行政機関との間で、二国間協議を定期的に行い、取締り強化を求めています。文化庁と中国国家版権局（中国の著作権担当部局）との間では平成15年以降、韓国文化体育観光部との間では平成18年以降、定期協議を開催しています。特に中国国家版権局との間では、協議の位置づけを明確にし、事務レベルでの著作権等に係る交流及び協力の枠組みを構築・強化するため、平成22年（2010年）３月に覚書を締結しました。

このほか、台湾に対しても著作権保護や、執行体制の強化を要請しています。

②グローバルな著作権侵害への対応

侵害発生国・地域の著作権に係る権利執行のための法的枠組み及び執行状況を調査するとともに、当該国・地域における法制面での権利執行の強化を支援するため、著作権法制担当者等を対象としたフォーラムやセミナーを開催しています。

③トレーニングセミナーの実施

日本コンテンツの海賊版・インターネット上の海賊行為の取り締まりの実効性を高めるため、侵害発生国・地域の取締機関職員を対象にトレーニングセミナーを開催しています。

④権利者向けのハンドブックの作成など、我が国企業に対する諸外国

での権利行使の支援

侵害発生国・地域において法制度等に関する調査を行い、日本の著作権者、コンテンツ企業等に対し、海外で権利行使するために必要な情報等を提供することで、当該国における日本の著作権者、著作隣接権者、コンテンツ企業等の権利行使を支援しています。

⑤官民連携の強化

「コンテンツ海外流通促進機構（CODA)」の活動の支援を行うほか、「国際知的財産保護フォーラム（IIPPF)」による官民合同ミッションに参加するなど、官民連携による海賊版・インターネット上の海賊行為への対策の強化に努めています。

⑥途上国対象の研修事業等の実施

WIPOとの協力によるアジア・太平洋諸国等における国内法の整備、取り締まりの強化及び著作権集中管理団体の育成を支援するための研修、セミナー、専門家派遣等を行っています。

⑦侵害発生国・地域における著作権普及啓発

平成25年度（2013年度）からの取り組みとして、侵害発生国・地域において著作権保護や違法コンテンツ流通防止に向けた普及啓発活動を促進する事業を実施します。具体的には、侵害発生国・地域を対象とした関係者間のネットワーク・プラットホームの形成支援や侵害発生国・地域において普及啓発イベント及びセミナーを実施します。

●コンテンツ海外流通促進機構（CODA）

文化庁と経済産業省の呼びかけにより、日本のコンテンツ産業が積極的に海外に事業展開を図るとともに、海外における海賊版対策を講じていくため、著作権関連団体、コンテンツ関連企業等が平成14年

(2002年）８月に発足させた民間組織。平成22年（2010年）２月現在、関係18団体、48企業が参加しています。

平成21年（2009年）４月１日に一般社団法人（非営利型）として設立されました。

第 2 部

著作権に関する一問一答

1　著作物関係

問1　標語、キャッチフレーズ、家具や実用品のデザイン、新しいスポーツのルールや料理のレシピ、タイプフェイスは著作物として保護されますか。

答1　(1)標語、キャッチフレーズ、(2)家具や実用品のデザイン、(3)新しいスポーツのルールや料理のレシピ、(4)タイプフェイスの著作物性については、それぞれ次のとおり考えられます。

(1)　**標語、キャッチフレーズ**

標語やキャッチフレーズが著作物であるかどうかは、ケース・バイ・ケースで判断されます。単に言葉を羅列して語呂よく組み合わせただけのもの、ありふれた表現などは、著作物性が認められません。ただし、言語の著作物として創作性が認められるような表現であれば、標語やキャッチフレーズであっても、著作物性が認められる場合があると考えられます。

標語については、５・７・５調を用いて作成された交通安全のための交通標語（「ボク安心　ママの膝より　チャイルドシート」）について、著作物性を認めた裁判例（東京地裁平成13年５月30日判決）があります。また、キャッチフレーズに関しては、英会話教材のキャッチフレーズ（「音楽を聞くように英語を聞き流すだけ　英語がどんどん好きになる」、「ある日突然、英語が口から飛び出した!」）について、著作物性を認めなかった裁判例（東京地裁平成27年３月20日判決）があります。

⑵　洋服や家具のデザイン

著作物であるための要件の一つに「文芸、学術、美術又は音楽の範囲に属するもの」とあることから、通常、実用品や工業製品のためのデザインは著作物ではないと考えられています。

しかし、著作権法では著作物を表現する媒体について何ら制限していませんから、純粋に鑑賞目的で創作された美術の著作物や写真の著作物が、Tシャツにプリントされたということであれば、それに関しては著作物として保護されることになります。

これに対し、産業上の利用を目的として家具のデザインなどは応用美術と呼ばれ、一般的には著作権法ではなく意匠法などの工業所有権法により保護されます。ただし、壷や刀剣などの一品製作の手工的美術作品に限っては美術工芸品として、応用美術でありながらも純粋美術と同様に美術の著作物としての保護を与えています。

応用美術の著作物性について代表的な考え方としては、純粋美術と同視し得る程度の美的鑑賞性を備えている場合に限って著作物と認めるというものがあり、多くの裁判例がこれに沿った判断を示しています。例えば、博多人形について、著作物性を認めた裁判例（長崎地裁佐世保支部昭和48年2月7日決定）や仏壇彫刻について著作物性を認めた裁判例（神戸地裁姫路支部昭和54年7月9日判決）、木目化粧紙の模様について著作物性を否定した裁判例（東京高裁平成3年12月17日判決）、椅子のデザインについて著作物性を否定した裁判例（大阪高裁平成2年2月14日判決、最高裁平成3年3月28日判決）、ファービー人形の形態について著作物性を否定した裁判例（仙台高裁平成14年7月9日判決）などがあります。この考え方によれば、洋服のデザインについては、オートクチュール作品など、凝ったものであれば著作物であると認められる可能性がある一方で、そうでない場合は、著作物性は否定されることが多いと思われますし、家具に関しても、よほど装飾的な場合はともかく、通常は著作物性は否定されるものと思われます。

他方、別の考え方として、応用美術についても、一般の著作物と同様に表現に創作性が認められるのであれば、純粋美術と同視し得る程度の美的鑑賞性を備えなくとも、著作物性は認められるとするものがあります。この考え方によれば、洋服のデザインや家具についても著作物性が認められやすくなり、裁判例においても、この考え方を採用し、幼児用椅子のデザインについて著作物性を認めたものがあります(知財高裁平成27年4月14日判決)。

⑶ 新しいスポーツのルールや料理のレシピ

スポーツのルールや料理のレシピ自体は著作物ではありませんが、ルールやレシピを解説した文章や料理の写真は著作物として保護され得ます。

著作権法においては、保護対象である著作物について「思想又は感情を創作的に表現したものであつて（……以下略……)」(2条1項1号）と定義していることからもわかるように、表現を保護するものであって、アイデアを保護するものではなく、このことは著作権制度の基本原則です。したがって、アイデアであるスポーツのルールや料理のレシピそれ自体は、著作権法により保護を受ける著作物には該当しないことになります。

ただし、それらを解説した文章や撮影した写真については、文章や写真の形で具体的に表現されたものですので、創作的であれば著作物としての保護を受けることになります。なお、料理の場合、デザートなど、彫刻と見紛うような凝った外観のものもあり得ますが、完成した料理自体が著作物と認められるかは、上記(2)の議論が妥当することになります。

(4)　タイプフェイス

タイプフェイスとは、活版、写真植字、電子プリンターなどの印刷技法を用いて文章を組み立てるために創作された文字の書体のセットのことをいい、フォントと呼ぶ場合もあります。

タイプフェイスの著作物性については、最高裁は、「それが従来の印刷用書体に比して顕著な特徴を有するといった独創性を備えることが必要であり、かつ、それ自体が美術鑑賞の対象となり得る美的特性を備えていなければならないと解するのが相当である」と述べた上で、ゴナU等の書体に関し、従来のゴシック体のデザインから大きく外れるものではないとして、著作物性を否定しています（最高裁平成12年９月７日判決）。この判決では、印刷用書体について独創性を緩和し、又は実用的機能の観点から見た目の美しさがあれば著作物性を認めることは、小説、論文等の著作物の出版などが大幅な制約を受けることになり、著作物の公正な利用を阻害し著作権法の目的に反すること、無方式主義のもとではわずかの差異しかない無数の印刷用書体に著作権が成立することになり、権利関係が複雑になり混乱するとして、これを否定しています。この最高裁の考え方によれば、タイプフェイスについて著作物性が認められるのは、極めて例外的な場合であることになります。

問2 現代美術作品は著作物として保護されますか。

答2 「現代美術（現代アート）」に明確な定義はありませんが、コンセプチュアル・アート、ミニマル・アートと呼ばれるジャンルの作品の中には、アイデアがそのままストレートに作品として表現されていると考えられるものが多く存在します。有名な作品ですと、男性用便器に架空の署名が落書きされたマルセル・デュシャンの『泉』が挙げられます。『泉』に関していえば、「便器に署名風の落書きをする」というアイデアがそのまま作品となっており、「アイデア＝表現」という関係にあると考えられます。こうした関係が認められる作品に著作物性を認めることは、アイデアそれ自体の保護を認めることになってしまい、おかしな結論になりかねません（例えば便器に落書きをすることが著作権侵害になりかねないことになってしまいます）。

このように考えると、現代美術作品にカテゴライズされる作品の中には、著作物性が認められるものも多く含まれる一方、その芸術性の高さや名声、経済的な価値とはうらはらに、著作物性が認められないものも相当程度含まれているものと考えられます。

なお、裁判例としては、電話ボックスを水槽に見立て、その中に金魚を泳がせたオブジェ作品に関し、大阪高裁令和３年１月14日判決は、著作物性を認めており、参考になります。

問３　AIが自動で作成した作品は著作物として保護されますか。猿が撮影した写真はどうでしょうか。

答３　著作物として保護されるためには、「思想又は感情」を「創作的に」表現したものである必要がありますが、ここでいう「思想又は感情」は、人間のそれを指すものと解されており、また、創作性に関してもあくまで人間による創作行為であると評価されることが必要であると解されています。

そのため、全く人間が関与することなく、完全にAIが一から作成した作品は、現在の著作権法の下では、著作物としての保護は受けないと考えられます。猿が撮影した写真も同様です。他方、AIが作成した作品に人間も何かしらの形で関与をしており、かつそれが創作行為であると評価できるのであれば、著作物性が認められる余地もあります（例えば、人間が具体的な粗筋やプロットを設定し、それに基づきAIが小説を書いた場合）。猿が撮影した写真も同様に、被写体の選択や配置、ライティング等を全て人間がお膳立てをし、猿はシャッターを押しただけ、というケースであれば、出来上がった写真は著作物であると考えても差し支えないように思われます。

ただ、理論上はこのように考えられるものの、作品を客観的に見ただけでは著作物性の判断をすることは極めて困難であるという問題があり、今後、議論が活発になることが期待されます。

問4 人気アニメのキャラクターを利用したいのですが、どうすればよいでしょうか。人気アニメのキャラクターのコスプレを無断でしても大丈夫でしょうか。

答4

(1) キャラクターの利用

漫画やアニメは著作物に当たるため、漫画やアニメに描かれている登場人物等のキャラクターのイラストを利用する場合は、それぞれ漫画やアニメの著作権者の許諾を得ることが原則となると考えられます。

ところで、いわゆる「キャラクター」と著作物との関係については、判例（最高裁平成9年7月17日判決）は、「『キャラクター』とは、『漫画の具体的表現から昇華した登場人物の人格ともいうべき抽象的概念』」とし、さらに、「一話完結式の連載漫画においては、当該登場人物が描かれた各回の漫画それぞれが著作物に当たり、具体的な漫画を離れ、右登場人物のいわゆるキャラクターをもって著作物ということはできない。」として、抽象的な概念としてのキャラクター自体の著作物性については、明確に否定しています。

つまり、漫画に描かれているキャラクターの「イラスト」を無断でコピーして利用すれば、漫画（ないしそこで描かれているイラスト）という著作物の「複製権侵害」に該当し得ることになりますが、抽象的な人格（人物像）としての概念は著作権法上自由に利用できるということです。

なお、イラストとしてのキャラクターの「著作権侵害」が問題となる場合において、侵害の立証には、どの画面の絵を複製したものであるかを特定する必要はないと考えられています。判例（最高裁平成９年７月17日判決）は、「著作物の複製とは、既存の著作物に依拠し、その内容及び形式を覚知させるに足りるものを再製することをいうところ、複製というためには、第三者の作品が漫画の特定の画面に描かれた登場人物の絵と細部まで一致することを要するものではなく、その特徴から当該登場人物を描いたものであることを知り得るものであれば足りるというべきである。」としています。

人気アニメのキャラクターを利用した、ぬいぐるみ、人形等の玩具、文房具、衣類等が製造、販売され、一定の経済的市場が形成されています。そのような商品にキャラクターを利用することに係る一種の財産的な権利のことを、実務上「商品化権（マーチャンダイジング・ライト）」と呼んでいます。もっとも、法律上は「商品化権」という権利はなく、その意味で権利の内容、権利の及ぶ範囲等については曖昧な概念ですが、著作権法、商標法、不正競争防止法等を根拠とするものと考えられます。

⑵　コスプレ

人気キャラクターの衣装やヘアメイクを忠実に再現したコスプレを行うに際し、何か許諾は必要でしょうか。コスプレはあくまで生身の人間が行うものですので、顔を始めとした体のパーツに関しては、イラストとしてのキャラクターを利用するものではありません。他方、衣装やヘアメイクに関しては、イラストとしてのキャラクターの一部であり、これらが著作物であると評価されるかが問題となります。この点、問１⑵で見た考え方に照らせば、よほど凝ったコスチュームやヘアメイクの場合を除き、著作物性は認められないように思われます。

他方、凝ったコスチュームやヘアメイクの場合、著作物性が認められる余地もあり、その場合、コスプレ用の衣装を作成したり、ヘアメイクを施したりすること自体は、私的使用複製として許諾は不要と考えられますが、他方でコスプレの様子を撮影し、ネット配信等することは厳密に考えれば許諾が必要という結論になりそうです。こうした現状を踏まえ、何らかの法的ルールが必要ではないかという議論も出ていますが、表現の自由を阻害する方向での議論にならないことが期待されます。

問5　百科事典や雑誌などの編集物を利用したいのですが、どうすればよいでしょうか。

答5　百科事典や雑誌などの編集物の利用にあたっては、利用する各項目や記事の著作権者の許諾を得ることが必要ですが、編集物を全体として利用する場合は、個々の著作権者の許諾に加え、百科事典や雑誌の編集者（編集著作物の著作権者）の許諾も必要となります。

著作権法12条1項は、「編集物でその素材の選択又は配列によって創作性を有するものは、著作物として保護する。」と規定し、編集物については、その素材の収集、分類、選択、配列が編集者の一定の方針あるいは目的のもとに行われ、そこに創作性を見いだすことができれば、全体を著作物として扱うこととしています。

また、編集物の保護は、「編集物の部分を構成する著作物の著作者の権利に影響を及ぼさない」（同条2項）こととなっているため、編集物を構成する素材が著作物の場合（百科事典の各項目、新聞や雑誌の各記事など）は、個々の著作物は、全体としての編集著作物の保護とは別に、著作物として保護されることになります。

そのため、編集著作物の利用にあたっては、百科事典を例にとれば、百科事典の大部分を複製する場合には、編集著作物の著作権者（百科事典全体の著作権者）と、個々の項目の著作権者双方の許諾を得ることが必要になります。勿論、編集著作物の著作権も個々の項目の著作権も出版社が持っているということも少なくないでしょう。

なお、この編集著作物の著作権が働くのは、編集著作物として利用される場合に限られますから、例えば雑誌に掲載されている一つの論文だけを取り出して使う場合には、編集著作物の著作権は働かないため、その論文の著作権者の許諾のみを得ればよいことになります。

　また、編集著作物は、その部分を構成する著作物とは別個に保護されますので、その保護期間は、その部分を構成する著作物の保護期間とは別に計算されることになります。

問6　国や地方公共団体などが作成した報告書や白書を利用したいのですが、どうすればよいでしょうか。

答6　官公庁が周知目的で作成したものを、説明の材料とする場合は、許諾を得ることなく刊行物に「転載」することができます。

著作物は、官公庁が作成したものであっても特別なものを除き著作権法による保護を受けますので、利用する場合には著作権者（官公庁）の許諾を得るのが原則です。

しかし、官公庁（国若しくは地方公共団体の機関、独立行政法人又は地方独立行政法人）が一般に周知させることを目的として作成し、その著作の名義の下に公表する広報資料、調査統計資料、報告書等については、いわゆる「禁転載」等の表示がある場合を除き、官公庁の許諾を得ることなく、説明の材料として新聞・雑誌等の刊行物に「転載」することが可能となっています（32条2項）。具体的には、国等の作成した報告書等について説明を加えた上で、その附属資料として掲載するような場合を指し、分量的にも説明文を上回って「転載」することも可能ですし、著作物全部を「転載」することも可能です。

なお、①憲法その他の法令、②国若しくは地方公共団体の機関、独立行政法人又は地方独立行政法人が発する告示、訓令、通達その他これらに類するもの、③裁判所の判決、決定、命令及び審判並びに行政庁の裁決及び決定で裁判に準ずる手続きにより行われるもの、④①～③に掲げるものの翻訳物及び編集物で、国若しくは地方公共団体の機関、独立行政法人又は地方独立行政法人が作成するものについては、国民に広く知らせ、かつ、自由に利用させるべき性質を有することから著作者の権利

（著作者人格権を含む）の目的とならない、つまり著作物であっても著作権や著作者人格権が働かないことになっており（13条）、自由に利用することができます。

問7　あるゲームソフトがとても面白いので、ホームページにファイルを置いてみんながダウンロードできるようにしたいのですが、無断でやってしまって大丈夫でしょうか。ゲームをプレイする様子（ゲームの映像）を動画として配信する場合はどうでしょうか。

答7　いずれの場合もゲームソフトの著作権者から許諾を得る必要があります。

ゲームソフトはプログラムの著作物ですので、みんながダウンロードできるようホームページにファイルを置く行為に対しては、複製権や公衆送信権が及びます。したがって、ゲームソフトの著作権者から許諾を得なければ著作権侵害に当たってしまいます。

また、ゲームソフトは、映像面に着目すれば、映画の著作物と評価される場合が多いと考えられます（裁判例としては、大阪高裁平成13年3月29日判決等があります）。このような場合、ゲームをプレイする様子（ゲーム映像）を動画として配信する行為は、プログラムの著作物を利用するものではありませんが、映画の著作物を利用するものといえ、やはり複製権や公衆送信権が及ぶことになります。ゲームの映像の著作権は、プログラムの著作権と同様に、ゲームを制作した会社が保有しているのが通常です。

なお、こうしたプレイ動画の配信（いわゆる実況中継動画）に関しては、ゲーム会社が一定のルールを守ることを条件に、広く一般に許諾をしているケースもあります。

2　著作者関係

問8　よく似た作品がたまたま複数ある場合、誰が著作権を持つのでしょうか。

答8　著作権は、創作的に表現されたものを保護するものであり、他人の著作物と偶然よく似たものができたとしても、それが他人の著作物とは無関係に独自に創作されたものであれば、別の著作物として権利が発生します。それぞれの作品が先に発表したか後に発表したかによって、相互の著作権が影響を受けることはありません。したがって、設問の場合、それぞれの作品の創作者に著作権が発生することになります。

なお、特許権は、独自の発明であっても、既に特許権が付与されている発明であれば、新たに権利が付与されることはなく、同一の発明には一つの特許権しか存在しないこととなります。

問9　著名人の依頼でゴーストライターが書いた作品を著名人の名前で出版した場合、著作者は誰になるのですか。

答9　実際に作品を書いたゴーストライターが著作者ですが、実際上は、その作品がゴーストライターによる代作であり、著名人が書いたものではないことが反証されない限り、著者として表示されている著名人が著作者として取り扱われることになります。

著作権法は、著作者とは「著作物を創作する者をいう。」(2条1項2号）と定義し、著作物を実際に創作した者が著作者であるとしていますが、現実には「自分がその著作物を創作した」ということを証明することは非常に困難なことです。そこで、著作権法では「著作物の原作品に、又は著作物の公衆への提供若しくは提示の際に、その氏名若しくは名称（実名）又はその雅号、筆名、略称その他実名に代えて用いられるもの（変名）として周知のものが著作者名として通常の方法により表示されている者は、その著作物の著作者と推定する。」(14条）と規定し、反証のない限り著作者として表示されている者を著作者として取り扱うことにしています。したがって、書籍に著者として表示されている者が著名人である場合、著名人が著作者として推定されることになるわけです。

なお、実務上、ゴーストライターが代作をする場合は、著名人（またはその所属事務所）との間で、著作者は著名人として取り扱い、著作権も著名人に帰属することが契約で合意されることが多いといえます。

なお、実際に書いていない著名人を著作者として出版すること自体は問題がないのでしょうか。この点、著作権法では、世人を欺く詐欺的な行為を防止するとともに著作名義人の人格的な利益を保護する見地から、著作者名を偽って著作物の複製物を頒布する行為を処罰することとしております（121条）。しかし、設問のようないわゆる「代作」の場合、世人を欺こうとする反社会的な意図は認めがたいでしょうし、何より著名人本人が納得しているわけですので、通常は違法性を問われないと思われます。

問10　**書籍を監修した人や校閲した人は著作者になるのでしょうか。また、編集者はどうでしょうか。**

答10　著作権法には監修や校閲について特別に規定したものはありません。

書籍の監修者や校閲者が著作者となるかどうかは、その書籍等の監修や校閲の過程において、著作物の創作と評価できる行為があったか否かによって左右されます。そのような行為があった場合には、その書籍は共同著作物となり、監修者や校閲者は共同著作者となりますし、そのような行為がない場合には、監修者や校閲者は著作者とはなりません。編集者についても同様です。

まず監修についてですが、書籍の内容を権威づけるために名目的に著名人の名前を監修者として掲げるような場合は、監修者が直接に著作物の内容までに立ち入って手を加えるわけではありませんので、創作行為は認められず、その著名人が著作者として保護されることはないと考えられます。また、単なる名目だけではなく、実際に原稿に目を通したとしても、気がついた点を指摘する程度では創作行為があったとはいえませんので、この場合も著作者にはならないと考えられます。ただし、このような場合であっても、著作権について契約を結ぶことにより、監修者が著作権者になることは可能です。

他方、監修者が自ら内容を検討し、相当部分について補正加筆するなど、著作物の創作に相当する行為があったと見られる場合は、監修者も共同著作者となり、原稿を書いた著作者とともに著作権を共有することとなります。

次に校閲者ですが、校閲は原稿内容に誤りがないかを確認する作業ですので、創作行為と評価されることは基本的にはなく、校閲者は著作者にはならないと考えられます。

最後に編集者ですが、とりわけ小説や漫画の編集者の中には、徹底的に著者と議論をし、アイディアを出し合い、一緒に作品を創り上げていく場合もあるところ、そのような場合、編集者の行為は創作行為と評価でき、編集者（ないし編集者が所属する出版社）も共同著作者になりうるように思われます。

なお、監修者や校閲者、編集者の氏名等が書籍等に著者として表示されておらず、原稿を書いた者だけが著者として表示されているのであれば、著者として表示された者が著作者として取り扱われることになり(14条)、著作者としての権利を主張するためには、自分が創作行為を行ったことを反証する必要があります（問９参照)。

いずれにせよ、「著作物の創作に相当する行為があった」かどうかに争いがある場合は、最終的には裁判所の判断を仰ぐ必要がありますが、費用と時間をかけて個々の案件ごとに裁判で決めるというのは望ましいことではありません。したがって、とりわけ出版社が外部の者に監修や校閲を依頼するような場合には、監修者及び校閲者の立場や著作権の取り決めを契約書により明確にしておくことが、後日のトラブルを防ぐことにも役立ちます。

次に、「編集○○」、「○○編」といった形で書籍に表示されている者(編集名義人）が著作者となるかどうかということですが、基本的には上記と同様です。ただし、「編集」については、「編集物（データベースに該当するものを除く。）で、その素材の選択又は配列によって創作性を有するものは、著作物として保護する。」(12条）と規定しておりますので、その書籍等が編集著作物（新聞、雑誌、辞典、年鑑、俳句集、法令集、英単語集など）であり、その編集名義人の編集行為によって作成されたものであれば、編集名義人が著作者ということになります。そして、その編集名義人は、この編集著作物に収録された個々の著作物等（記事、説明文、俳句、詩など）の著作者の著作権とは別個の著作権（編集著作権）を持つこととなります。なお、編集名義人は、編集著作者としての推定を受けますが（14条）、名義だけで実際に編集作業と評価できる行為を行っていないことが反証されれば、編集著作者とは認められないことになります。

問11　職務上作成したものは、すべて所属する会社や団体の著作物になるのでしょうか。また、派遣社員の場合はどうでしょうか。

答11　著作者とは「著作物を創作する者」（2条1項2号）であり、会社内で作成された著作物であっても作成に携わった従業員となるのが原則ですが、一定の要件を満たした場合は、会社が著作者になることがあります。

会社や団体などの法人等が著作者となるためには、①法人等の企画に基づく著作であること、②法人等の業務に従事する者の創作によること、③職務上作成されること、④公表するときに法人等の名義で公表されること、⑤契約や就業規則で従業員を著作者とする定めがないこと、の五つの条件をすべて満たす必要があります（15条1項）。

一般に、「職務上作成した」場合には、①～③の条件は満たされていることが多いと考えられますから、④の公表時の名義が法人等であるか否かによって、法人であれば会社や団体が著作者、従業員個人であれば従業員個人が著作者といった具合に、評価が分かれることになるでしょう。しかし、法人名義で公表された場合であっても、就業規則等に何らかの定めがあればそれに従うこととなります。

また、「労働者派遣事業の適正な運営の確保及び派遣労働者の保護等に関する法律」（いわゆる「労働者派遣法」）に基づく派遣労働者の場合は、派遣先の指揮命令を受けて派遣先の業務に従事していることから、派遣先の「法人等の業務に従事する者」に該当すると解されています。

なお、コンピュータ・プログラムの著作物については、法人等が著作者となる条件として、公表時の名義を問題としませんから（15条2項)、職務上作成されたものについては法人等の著作物となるケースが多いでしょう。

さらに、従業員が著作者となる場合であっても、著作権は譲渡することができる権利ですので、就業規則や契約に著作権は法人等に譲渡する旨定められている場合には、法人等が著作権者となります（なお、著作者人格権は譲渡できない権利ですので、従業員に残ったままとなります)。もっとも、この点、契約や就業規則で従業員を著作者とする旨を定めているケースは実務上稀だと思われます。

問12 他人に著作物の作成を依頼したり、著作物の作成のために資金を負担した人は、著作者になるのでしょうか。

答12 著作者とは「著作物を創作した者」のことであり（2条1項2号)、これは他人からの依頼によって創作した場合や他人から資金援助を受けて創作した場合も当然含まれます。

したがって、単に依頼者や資金提供者が企画、発注、資料提供などを行ったにすぎないのであれば、創作行為は行っていない以上、著作者になることはありません。

ただし、依頼者や資金提供者が作品の内容や表現に関し非常に詳細な点まで指示を発しているなど、創作行為を行っていたと評価される場合は、著作者や共同著作者になる場合もないとはいえません。

また、創作される著作物が映画の著作物である場合、資金提供者は映画製作者（映画の著作物の製作に発意と責任を有する者。2条1項10号）と評価される可能性があり、この場合、資金提供者は、映画の著作物の著作者にはなりませんが、著作権者になります（29条1項)。

いずれにせよ、著作物の創作を依頼したり、資金提供したりする場合において、著作権を持ちたいという場合などでは、著作権の帰属や取り扱いについてしっかり契約をしておくことがトラブルの防止という観点からは重要になってきます。

なお、会社などの上司が部下に命じて著作物をつくらせた場合には、いわゆる「法人著作」として、雇い主である会社などが著作者となり、著作権を取得します（15条1項)。

3　著作者の権利関係

問13　著作権という権利を取得するために必要な手続には、何がありますか。また、©（マルシー）表示というのは、どのような意味を持っているのでしょうか。

答13　著作権を取得するためにいかなる手続きも必要ありません。

著作権保護が進んだヨーロッパ諸国や我が国では、著作権の基本条約である「ベルヌ条約」に基づいて、著作権は、申請・審査・登録などの手続を一切必要とせず、著作物が創作された時点で自動的に付与される制度（「無方式主義」）が既に100年以上も前から確立されています。

これに対して、米国などのいくつかの国では、著作権を得るためには、政府機関への登録等の手続が必要であるという制度（「方式主義」）が、比較的最近まで維持されてきました。

このため、無方式主義を採っていたヨーロッパ諸国や我が国の著作物は、方式主義を採用している米国などでは（登録等の手続をしない限り）保護されないという事態が生じ、この問題を解決するために、1952年に「万国著作権条約」が制定されました。

この条約の規定により、著作物の複製物に、「©」（Cは、copyrightの頭文字）の記号、「著作権者の名」及び「著作物を最初に発行した年」の3つを表示することによって、「方式主義」を採る米国などにおいても、登録等されているものとみなされ、保護を受けることができるようになりました。

もちろん、我が国は自動的に権利が発生する無方式主義を採っていますので、日本国内での著作権の取得や保護を目的として、著作物に©表示をする必要はありません。また、ベルヌ条約と万国著作権条約の両方に加入している国との保護関係はベルヌ条約が優先適用されるため、実際に©表示の効果があるのは、万国著作権条約にのみ加入しており、かつ、方式主義を採っている国の場合に限られます。これらの国では、必ず©表示を付けておかないと著作物の保護の要求ができません。

しかし、米国は1989年にベルヌ条約を締結して無方式主義に移行しており、現在方式主義を採る国はほとんどなくなっています。このため、現在は、「©」を付す法律的な意味はほとんどなく、権利者が誰かを示すためのマークなどとして利用されているのが現状です。

問14　コンクールに出展した場合の作品の著作権は、どのようになるのでしょうか。

答14　契約（募集要項に書かれた条件等）の内容次第です。

著作者となるのは「著作物を創作した者」であって、募集したとか、賞金を出したとか、創作のための費用を負担したとかいったことは、一切関係ありません（問12参照）。また、「出展作品の返却はいたしません。」とある場合がありますが、これは作品の現物を返しませんということ、すなわち作品の所有権が主催者に移転するということであって、著作権が主催者に移転するということではありません。

このため、募集を行った主催者が、入賞作品の出版などを行いたい場合には、募集要項等に「主催者が予定している利用行為」「主催者への著作権（財産権）の譲渡」などについて具体的に明記しておく（契約しておく）ことが必要です。

なお、「著作権のすべてを移転する」という契約の場合には「二次的著作物の創作・利用に関する権利」（翻訳や映画化する権利）は移転しない（これらを移転させたい場合は、特記することが必要）ということに、注意する必要があります（61条2項）。

また、作品の著作権が主催者に移転した場合であっても、著作者人格権は移転しませんので、著作者に無断でその作品に手を加えたり、著作者名を変えたりすることはできないことに注意する必要があります（59条）。

他方、著作者の側に立ってみると、多額の賞金が出る優秀作品等であればともかく、応募作品全てについて著作権が主催者に移転するという内容は、落選作にもかかわらず、別のコンクールに出展したり、自分で利用したりすることが制限されることに繫がり、あまりに一方的なものであると思えますし、いわゆる「炎上」を招く恐れもありますので、留意が必要です。

問15　**写真をトレースしたり模写したりすることに対して写真の著作権は及びますか。**

答15　写真の著作権（複製権、翻案権）が及びますので、私的使用複製等、権利制限規定が適用される場合を除き、許諾を得ることが必要です。日常用語で「複製」といった場合、コピー機でコピーする場合のように、機械的に再現する場合を指すことが多いと思いますが、著作権法上、複製とは、「印刷、写真、複写、録音、録画その他の方法により有形的に再生すること」（２条１項15号）をいい、手書きでトレースしたり模写したりすることも複製に含まれます。

また、トレースや模写によって新たな創作性が付加されたと評価されれば、翻案権が及ぶことになります。

したがって、写真をトレースしたり模写したりすることに対しては、写真の著作権（複製権又は翻案権）が及ぶことになり、裁判例においても、祇園祭を撮影した写真を模写して作成された水彩画について翻案権侵害を認めたものがあります（東京地裁平成20年４月13日判決）。

他方、写真の著作物性は、被写体の組合せ・配置、構図・カメラアングル、光線・陰影、背景等に着目して認められるものであるところ、トレースや模写によって元の写真に関するこれらの表現が再現されるとは評価されない場合もあろうかと思われます。このような場合、写真の著作権は及ばないことになりますが、他方で、こうした場合であっても、元作品（写真）が容易に想起できるイラストであると、いわゆる「炎上」を招く恐れもあります。

問16 講演で他人の作成した資料などをスクリーンに映写しながら説明をする場合、著作権者の許諾が必要でしょうか。

答16 「引用」に該当する場合や「非営利・無料の上映」に当たる場合は、許諾は不要ですが、そうでない場合には許諾が必要です。

平成11年の著作権法改正によって、上映権が従来の映画の著作物だけではなく、すべての著作物に拡大されました（22条の２）。

したがって、講演で他人の作成した資料などをスクリーンに映写する行為に対しては、その資料などの著作権（上映権）が及ぶことになります。

他方、著作権法では、報道、批評、研究などの際、著作物を「引用」して利用することが認められています（32条１項）。「引用」については著作物の利用方法に限定はありませんので、講演などで、他人が作成した資料、図表や図面などを「引用」してスクリーンに上映しながら話を進めることも、要件を満たせば認められます。

また、「引用」の要件を満たさない場合であっても、複製を伴わなければ、非営利・無料の場合には、38条１項の規定により許諾を得ずに利用することができます。

問17　ある小説を原作とした漫画作品を電子書籍化する場合、誰から許諾を得ればよいでしょうか。

答17　漫画作品の著作権者と原作となった小説の著作権者の双方から許諾を得る必要があります。

漫画作品を電子書籍化して利用することに対しては、漫画作品の著作権（複製権、公衆送信権）が及びますので、漫画作品の著作権者から許諾を得る必要があります。

さらに、この漫画作品は、小説を原作としていることから、小説を原著作物とした二次的著作物であることになり、二次的著作物の原著作物の著作者は、二次的著作物の著作者が有するものと同一の種類の権利を持ちます（27条）。したがって、二次的著作物である漫画作品の電子書籍化に関しては、原著作物である小説の著作権者の著作権（複製権、公衆送信権）も及ぶことになり、漫画作品の著作権者からだけでなく、小説の著作権者からも許諾を得る必要があります。なお、実務上は、これらの権利は出版社が管理をしており、出版社を窓口として許諾を得ることが多いといえます。

問18 他人の著作物を利用する際、必ず著作者名を表示しなければならないのでしょうか。

答18 著作者人格権の一つとして氏名表示権があります。氏名表示権は、「著作物の原作品に、又はその著作物の公衆への提供若しくは提示に際し、その実名若しくは変名を著作者名として表示し、又は著作者名を表示しないこととする権利」です（19条1項）。

従って、著作物の公衆への提供や提示を伴わない利用であれば、著作者名を表示しなくとも氏名表示権侵害にはなりません。また、例外として「著作者名の表示は、著作物の利用の目的及び態様に照らし著作者が創作者であることを主張する利益を害するおそれがないと認められるときは、公正な慣行に反しない限り、省略することができる。」と規定されており（19条3項）、この規定によれば、例えば、ライブコンサートで楽曲を演奏する場合やテレビ番組で楽曲をBGMとして利用する場合に、一曲一曲作詞作曲者をアナウンス等する必要はないと考えられます。

問19　他人の文章の一部を切除等改変しても同一性保持権侵害にならないのは、どのような場合でしょうか。

答19　著作権法20条1項3号は、教科書等に掲載する場合、教科用拡大図書等の作成のために複製する場合、学校教育番組の放送等に使用する場合における用字・用語の変更等の改変で、学校教育の目的上やむを得ない場合の改変は同一性保持権侵害にならないと定めています。

これにより、まだ習っていない漢字を仮名表記にしたり、難しい英文法を簡単なものにしたり、差別的表現を削除したりといった改変が認められることになります。

また、同項4号は、「著作物の性質並びにその利用の目的及び態様に照らしやむを得ないと認められる改変」も同一性保持権侵害にならないと定めています。誤植の訂正や試験問題作成のための改変、歌唱の際の歌詞の歌い間違い等がこれに当たると考えられます。

4　著作隣接権・パブリシティ権関係

問20　市販のCDに収録されている人気バンドの楽曲データをインターネットで配信する場合、誰から許諾を得ればよいでしょうか。その曲をバンドでコピー演奏してYouTubeで配信する場合はどうでしょうか。

答20　①楽曲（歌詞、曲）の著作権者、②実演家の著作隣接権者、③レコード製作者の著作隣接権者から許諾を得る必要があります。

人気バンドの楽曲データをインターネット配信する場合、楽曲（歌詞、曲）の著作権者から複製権（21条）、公衆送信権（23条）に関し、許諾を得る必要があります。通常は、JASRACやNexToneといった著作権等管理事業者を通じて許諾を得ることができます。

また、その楽曲データは、人気バンドの歌唱や演奏といった実演が収録されているため、楽曲データのインターネット配信に関しては、実演家の著作隣接権（録音権、送信可能化権）も及ぶことになりますので、これらに関しても許諾を得る必要があります。

さらに、その楽曲データは、市販のCDに収録されているものであるため、レコード製作者の著作隣接権（複製権、送信可能化権）も及ぶことになります。

実演家の著作隣接権やレコード製作者の著作隣接権は、その市販CDを制作・販売するレコード会社が保有していることが多く、その場合、レコード会社からこれらの権利に関し許諾を得る必要があります。

次にバンドでコピー演奏してYouTubeで配信する場合は、既存の実演や音源を利用するものではありませんので、楽曲の著作権のことだけ考えれば大丈夫です。そしてYouTubeは、JASRACやNexToneと楽曲の包括利用許諾契約を締結しており、その結果、YouTubeのユーザー自身は特に手続をすることなく配信することが可能です。

問21 アイドル歌手の写真を広告に使うには、誰から許諾を得ればよいでしょうか。一般人の写真の場合はどうですか。

答21 アイドル歌手の写真の著作権者から許諾を得る必要があります。また、アイドルの肖像を広告に使う場合、そのアイドルの「パブリシティ権」が及びますので、アイドルや所属プロダクションから許諾を得る必要があります。一般人の場合も、無断で肖像写真を広告に利用すると肖像権侵害に当たりますので、注意が必要です。

写真には、風景写真、人物写真、報道写真、スナップ写真など、さまざまなものがありますが、裁判例では、素人がスマートフォンで撮影した写真を含め、写真は基本的に著作物として保護を受けるものとされていますので、アイドル歌手の写真も当然著作物であると考えられます。

著作権とは著作物を創作した者に与えられる権利ですから、アイドル歌手の写真は、その写真を創作した写真家が著作者であり、著作権を取得することになります。したがって、アイドル歌手の写真を利用する場合には、その写真家の許諾を得ることが必要となります。ただし、著作権は譲渡が可能ですから、そのアイドルが所属するプロダクションが著作権を有している場合もあり、その場合、プロダクションの許諾を得ることが必要となります。

また、著作権とは別に、アイドルのような著名人の場合、「パブリシティ権」という権利が問題となることがあります。パブリシティ権に関し、最高裁は、「肖像等は、商品の販売等を促進する顧客吸引力を有する場合があり、このような顧客吸引力を排他的に利用する権利（以下「パブリシティ権」という。）は、肖像等それ自体の商業的価値に基づくものである」と述べた上で、「肖像等を無断で使用する行為は、①肖像等それ自体を独立して鑑賞の対象となる商品等として使用し、②商品等の差別化を図る目的で肖像等を商品等に付し、③肖像等を商品等の広告として使用するなど、専ら肖像等の有する顧客吸引力の利用を目的とするといえる場合に、パブリシティ権を侵害する」としています（最高裁平成24年2月2日判決）。アイドル歌手の写真を広告に利用することは、③に該当しますので、パブリシティ権を保有するアイドル本人かこれを管理する所属プロダクションから許諾を得る必要があります。

他方、一般人の写真の場合は、写真の著作権について許諾を得なければならないことはアイドル歌手の場合と同様ですが、一般人の肖像等には顧客吸引力はありませんので、パブリシティ権の問題は生じません。しかしながら、人は、著名人であるか否かにかかわらず、その承諾なしにみだりにその容貌・姿態を撮影されたり利用されたりしない権利である「肖像権」を持ちますので、無断で広告に利用してしまうと、肖像権の侵害となります。したがって、一般人の写真であっても、これを広告に利用する場合は、本人から肖像の利用につき許諾を得なければなりません。

5　著作権等の制限関係

問22　個人で楽しむために音楽放送やテレビ番組を録音・録画することは自由にできますか。同様の目的で、通信環境がない場合（オフライン）でも再生できるよう、インターネット上の動画や音楽をダウンロードしておくことはどうですか。

答22　著作権法では、個人的に又は家庭内その他これに準ずる限られた範囲内において使用すること（以下「私的使用」といいます。）を目的とする場合には、原則として権利者の許諾を得ることなく著作物を複製することができることが定められています（30条1項)。自分自身で使うほか、家族で使用するなどの場合であれば、著作物の種類を問わず、複製することができます。

したがって、本問のように、個人で楽しむためであれば、原則として権利者の許諾なく自由に音楽放送やテレビ番組を録音・録画することができます。同様の目的で、インターネット上の動画や音楽を通信環境がない場合でも再生できるよう、あらかじめダウンロードすることも原則として自由にできます。

もっとも、私的使用を目的とする場合であっても、コピーガードを解除して複製したり、海賊版であることを知りながらダウンロードしたりする場合には、権利制限の適用を受けない場合があるため十分に留意することが必要です。

問23　個人で楽しむ目的でも、違法配信しているサイトから最新の漫画や音楽・映像をダウンロードすることは、刑罰の対象になると聞きましたが、どうなのでしょうか。

答23　平成21年著作権法改正により、平成22年1月1日から、私的使用目的であっても、違法配信であることを知りながら、音楽や映像を録音・録画（ダウンロード）する行為が違法となりました。また、平成24年著作権法改正により、平成24年10月1日から、音楽や映像の違法ダウンロードには刑罰が課せられることとなりました。

これにより、私的使用目的であっても、正規版が有償で提供されている音楽や映像の違法配信のダウンロードを、自らその事実を知りながら行う場合には、権利者が告訴すれば、刑罰として、2年以下の懲役または200万円以下の罰金（またはその両方）が科されることとなっています（119条3項1号）。

さらに、令和2年著作権法改正により、令和3年1月1日から、違法ダウンロードの対象は、音楽や映像の分野のみならず、著作物全般（漫画・書籍・論文・コンピュータープログラムなど）に拡大されることとなりました。

もっとも、拡大された部分については、違法となるダウンロード行為は、正当な情報収集等の萎縮を防止する観点から、違法配信であることを知りながらダウンロードする場合のみが対象になることに加えて、①漫画の1コマ～数コマなど作品のごく一部分の「軽微」なダウンロードの場合、②同人誌などの二次的著作物（翻訳物を除く）のダウンロードの場合、③権利者の利益を不当に害しない「特別な事情」がある場合には、例外的に違法とはならないことが定められています。

また、刑罰に関しては、特に悪質な行為に限定する観点から、正規版が有償で提供されている著作物の違法配信のダウンロードを、その事実を知りながら、反復・継続して行った場合には、権利者が告訴すれば、2年以下の懲役または200万円以下の罰金（またはその両方）が科せられることとなっています（119条3項2号）。

これらの法改正の内容については、一般の方々に幅広く知ってもらえるよう、施行前から政府・関係者が一体となり、以下をはじめとする政府広報や関係団体のキャンペーン活動等を通して、改正内容の趣旨が周知されていますので、ぜひご覧ください。

【音楽・映像について】

- ●文化庁ウェブサイト「平成24年10月1日施行　違法ダウンロードの刑事罰化について」（https://www.bunka.go.jp/seisaku/chosakuken/hokaisei/online.html）
- ●文化庁ウェブサイト「違法ダウンロードの刑事罰化についてのQ&A」（https://www.bunka.go.jp/seisaku/chosakuken/hokaisei/download_qa/）

【音楽・映像以外の著作物全般について】

- ●文化庁ウェブサイト「令和3年1月1日施行　侵害コンテンツのダウンロード違法化について」（https://www.bunka.go.jp/seisaku/chosakuken/hokaisei/92735201.html）
- ●文化庁ウェブサイト「侵害コンテンツのダウンロード違法化に関するQ&A（基本的な考え方）【改正法成立後版】」（https://www.bunka.go.jp/seisaku/chosakuken/hokaisei/pdf/92735201_02.pdf）

問24　インターネット配信用に撮影した動画で、背景に小さく有名画家の絵画が写り込んでいます。動画投稿サイトに投稿しても大丈夫ですか。

答24　著作権法では、写真撮影、録音・録画、放送等の方法により事物等の複製・伝達を行うにあたり、写真の撮影等の対象とする事物等に付随して又はその一部を構成するものとして対象となる著作物で、複製・伝達されるもののうち軽微な構成部分となるもの（付随対象著作物）は、正当な範囲において、当該複製・伝達行為に伴って利用することができます（30条の2第1項）。また、このように利用された付随対象著作物は、複製・伝達行為により作成・伝達されたものの利用に伴って利用することができます（同条2項）。

したがって、本問のように、動画撮影の際に、著作物である絵画が背景に写り込んだまま撮影をしたり、そうして作成された動画を動画投稿サイトに投稿したりすることは、原則として権利者の許諾なく自由に行うことができます。

もっとも、例えばネット配信の視聴者数を増大させて利益を得る目的で、有名キャラクターのフィギュアや有名画家の絵画などを意図的に配置して写し込むような場合には正当な範囲を超えるものとして権利制限の適用を受けられないと考えられるため、十分に留意することが必要です。

問25 誹謗中傷に当たりそうなSNSの書き込みを見つけたので、スクリーンショットで保存しておきました。書き込みをしたユーザーのアイコンが有名なキャラクターだったのですが、この書き込みのスクリーンショットをSNSに投稿しても問題ないでしょうか。

答25 著作権法では、写真撮影、録音・録画、放送等の方法により事物等の複製・伝達を行うにあたり、写真の撮影等の対象とする事物等に付随して又はその一部を構成するものとして対象となる著作物で、複製・伝達されるもののうち軽微な構成部分となるもの（付随対象著作物）は、正当な範囲において、当該複製・伝達行為に伴って利用することができます（30条の2第1項）。また、このように利用された付随対象著作物は、複製・伝達行為により作成・伝達されたものの利用に伴って利用することができます（同条2項）。

上記の「写真撮影、録音・録画、放送等の方法」としては、写真撮影や映像撮影のみならず、スマートフォンやタブレット端末の画面上でのスクリーンショットのほか、YouTube等の動画投稿・配信プラットフォームで配信したり、ドローンで撮影した映像をリアルタイムで遠隔地に配信したり、ゲーム制作に当たって風景等をCG化したりするなど、事物等の複製・伝達を行う行為が幅広く対象となります。

したがって、本問のように、著作物であるキャラクターが写り込んでしまったスクリーンショットの保存やそのキャラクターが写り込んだスクリーンショットをSNSに投稿するなどで利用することは、原則として権利者の許諾なく自由に行うことができます。

もっとも、これらの態様で複製・伝達を行う場合であっても、例えば、作成したスクリーンショットのうちキャラクターの占める割合や画質等の要素に照らして必ずしも軽微であるとはいえない場合などは、権利制限の適用を受けない可能性があるので十分に留意することが必要です。

なお、書き込みの文章自体が著作物に当たる場合には、書き込みの文章は軽微な構成部分とは考えにくく、30条の２の適用はないため、引用（32条１項）など他の権利制限規定に当たるかどうかが問題となります。

問26 会社であるキャラクターを商品化しようと考えていますが、権利者に事前に許諾を得なければ会社内で検討することもできないでしょうか。

答26 著作権法では、著作権者の許諾を得て、又は裁定を受けて著作物を利用しようとする場合に、これらの利用についての検討の過程における利用に供することを目的として著作物を利用することは、権利者の許諾なく自由に行うことができることが定められています（30条の３）。

したがって、本問のように、あるキャラクターの商品化を企画するにあたって、著作権者から許諾を得る前の時点で、社内の会議資料や企画書等にキャラクターを掲載する場合は、検討の過程における利用に供するという目的に照らして、必要と認められる限度において、原則として権利者の許諾なく利用することができます。

もっとも、当該キャラクターを利用した試作品を、社外の者に幅広く頒布する場合などは、必要と認められる限度を超えるものとして権利制限の適用を受けないと考えられるため、十分に留意することが必要です。

問27　会社で新しい録画機器を開発中ですが、画像がきれいに録画されるかどうか、他の映像を録画し確認したいと考えていますが、大丈夫ですか。

答27　著作権法では、技術の開発又は実用化のための試験の用に供する場合（1号）、情報解析の用に供する場合（2号）、人の知覚による認識を伴うことなく著作物を利用に供する場合（3号）などの、著作物に表現された思想又は感情の享受を目的としない場合（柱書）には、その必要と認められる限度において、権利者の許諾なく著作物を利用できることが定められています（30条の4）。

本問のように、会社が録画機器を開発するにあたって、実際に映画等の著作物を素材として試験的に録画することは、まさに30条の4第1号の「技術の開発・・・のための試験の用に供する場合」に当たるものであり、原則として権利者の許諾なく自由に行うことができます。

もっとも、録画機器の開発に関係するとしても、参考資料として読むために研究論文などをコピーする場合は、当該研究論文を「試験の用に供する場合」には当たらず、権利制限の適用を受けないこととなるため、十分に留意することが必要です。

問28 自社商品の改善に向けて、ユーザーがSNSやブログ記事に書き込んだ内容を機械的に収集・分析して、その結果を社内で共有したいと考えていますが、問題ないでしょうか。

答28 著作権法では、技術の開発又は実用化のための試験の用に供する場合、情報解析の用に供する場合、人の知覚による認識を伴うことなく著作物を利用に供する場合などの、著作物に表現された思想又は感情の享受を目的としない場合には、その必要と認められる限度において、権利者の許諾なく著作物を利用できることが定められています（30条の４）。

上記の「情報解析」としては、例えば、ウェブページや書籍等の中に含まれる単語や文字列を分析して統計処理を施すウェブ情報解析や言語解析を行ったり、著作物を学習用データとしてデータベースに収集・整理して人工知能の開発のために深層学習（ディープラーニング）を行ったりする場合などが幅広く対象となります。

したがって、本問のように、ユーザーがSNSやブログ記事に書き込んだ内容を機械的に収集・分析して、その結果を社内で共有することは、原則として権利者の許諾なく自由に行うことができます。

もっとも、上記のような場合に著作物を利用するものであっても、例えば、SNSやブログ記事に書き込まれた内容を収集・整理したデータを書き込まれた内容の原文そのものを読みたいと申し出た社員に共有するためにコピーする場合などは、情報解析の用に供するものとはいえず、権利制限の適用を受けないこととなるため、十分に留意することが必要です。

問29 図書館で図書館資料の全ページを複製してもらうことはできますか。また、図書館に行けない場合に、自宅に図書館資料をメールで送ってもらうことはできますか。

答29　著作権法では、図書館等は、営利を目的としない事業として、調査研究を行う利用者の求めに応じて、公表された著作物の一部分の複製物を一人につき一部提供する場合には、権利者の許諾なく図書館資料を複製することができることが定められています（31条1項1号）。

もっとも、図書館等が許諾なく複製できる図書館資料の範囲としては、著作物の「一部分」に限られるため、原則として全ページを複製してもらうことはできません。

例外として全部の複製を受けられる場合は、次のとおりです。

令和4年1月1日時点	発行後相当期間を経過した定期刊行物に掲載された個々の著作物の提供（31条1項1号）
令和3年改正 公布日である令和3年6月2日から2年以内で政令で定める日から施行	国等の周知目的資料（国若しくは地方公共団体の機関、独立行政法人又は地方独立行政法人が一般に周知させることを目的として作成し、その著作の名義の下に公表する広報資料、調査統計資料、報告書その他これらに類する著作物）その他の著作物の全部の複製物の提供が著作権者の利益を不当に害しないと認められる特別な事情があるものとして政令で定めるもの（改正後の31条1項1号）

また、図書館資料を「複製」できるのみであり、令和4年1月1日時点では、メール送信等の「公衆送信」ができることにはなっていません。

もっとも、令和３年著作権法改正により、次の場合には、メール送信等を受けることができます。

令和３年改正① 公布日である令和３年６月２日から１年以内で政令で定める日から施行	①国会図書館による特定絶版等資料の送信（改正後の31条４項１号）
令和３年改正② 公布日である令和３年６月２日から２年以内で政令で定める日から施行	①国会図書館による特定絶版等資料の送信（改正後の31条７項１号） ②特定図書館等による登録利用者に対する図書館資料の一部（国等の周知目的資料その他の著作物の全部の複製物の提供が著作権者の利益を不当に害しないと認められる特別な事情があるものとして政令で定めるものは全部）の送信（31条２項２号）

以上の例外に当たらない限りは、図書館で図書館資料の全ページを複製やメール送信してもらうためには、著作権の保護期間が満了している場合を除き、原則として著作権者の許諾が必要になります。

問30　読んだ本の感想をブログに書く際に、その本の書影を掲載することはできますか。

答30　本の書影（表紙画像）には、写真やイラスト等の著作物が掲載されるものも多くあります。そのため、その利用に当たっては、著作権者の許諾を得るべき行為となるかどうかが問題となる場面が多くあります。

著作権法では、公表された著作物は、引用して利用することができることが定められています。この場合において、その引用は、公正な慣行に合致するものであり、かつ、報道、批評、研究その他の引用の目的上正当な範囲内で行われるものでなければなりません（32条1項）。

本問のように、読んだ本の感想をブログに書く際に、その本の書影を掲載することは、主として本の感想が記載されたブログとなっていれば、権利者の許諾なく自由に行うことができる可能性が高いものと考えます。本の表紙は、書籍の本文とは別の著作物ではありますが、批評の対象である本文（書籍）を表象するものとしてと密接な関連性があることから、社会通念上、正当な範囲での引用と認められるものと考えます。

もっとも、感想を伝える上で行う必要な範疇を超えて、その書影自体が独立して鑑賞の対象となり得るほどの大きさや画質をもって掲載する場合などは、権利制限の適用を受けないこととなるため十分に留意することが必要です。

問31　禁転載という記載のあるウェブサイトの画像を引用することはできるでしょうか。同意した利用規約に禁転載と記載されていた場合はどうでしょうか。

答31　著作権法では、公表された著作物は、引用して利用することができることが定められています。この場合において、その引用は、公正な慣行に合致するものであり、かつ、報道、批評、研究その他の引用の目的上正当な範囲内で行われるものでなければなりません（32条1項）。

上記の引用の規定の適用により、禁転載や禁引用等の記載がされる著作物であっても、権利者の許諾なく利用することができるかどうかが問題となります。

ウェブサイト上に一方的に表示される禁転載や禁引用等の記載については、その記載のみをもって、著作権者と利用者との間で契約関係が生じることにはならないことに加え、引用の権利制限規定は表現の自由・学問の自由という観点から重要な意義を有することを踏まえれば、一方的表示により引用を禁止することはできない（引用の規定の適用がある）と考えられます。

ウェブサイトの利用にあたり、禁転載や禁引用等の旨を利用規約に同意していた場合でもこれは変わらず、利用規約などの契約があっても引用の規定の適用はあると考えられます。したがって、著作権侵害には当たりません。もっとも、利用規約に同意していた場合には、著作権者と利用者との間で契約関係が生じています。著作権法上の権利制限規定に該当する行為について契約で制限することが許されないとは言い難く、具体的な事情を踏まえて契約が公序良俗に反するものとして無効となるか（民法90条）について検討する必要がありますが、禁転載や禁引用などの契約が有効と判断される可能性が高いと考えます。契約が有効と判断された場合には、契約で禁止されている行為を行うことになりますので、債務不履行責任を負うことになります。

したがって、禁転載や禁引用等の記載について、本問前段のように、ウェブサイト上の一方的な表示にとどまる場合であれば、引用して利用しても特に問題はないと解されます。他方で本問後段のように、利用規約を通じて当事者間での合意がなされている場合については、著作権侵害にはならないものの債務不履行責任を負う可能性が高いので、注意が必要です。

問32 学校の先生がリアルタイム（同時双方向型）のオンライン授業を実施する際に、授業用のスライドにダウンロードしてきた画像を張り付けて、それをオンライン授業で使用することは自由にできますか。また、オンデマンド型の授業動画を配信する場合にはどうですか。

答32 著作権法では、学校・公民館等の教育機関において教師や生徒らは、授業で使用することを目的とする場合には、権利者の利益を不当に害さない限り、権利者の許諾なく著作物の複製や公衆送信・公の伝達を行うことができることが定められています（35条1項）。公衆送信を行う場合には、リアルタイム（同時双方向型）のオンライン授業（遠隔授業）を実施する中で公衆送信する場合を除き、当該教育機関の設置者は一定の補償金（授業目的公衆送信補償金）を文化庁長官の指定する団体（指定管理団体）に支払うことが必要となります（同条2項・3項）。

したがって、本問のように、ダウンロードしてきた画像（著作物）について、授業用スライドに張り付け（複製）、当該授業用スライドをリアルタイムのオンライン授業で使用（公衆送信）することは、原則として権利者の許諾なく、無償で行うことができます。

また、当該授業用スライドをオンデマンド型の授業動画で配信する（公衆送信）ことも、原則として権利者の許諾なく自由に行うことができます。この場合には、上記のとおり、その教育機関の設置者は授業目的公衆送信補償金を指定管理団体に支払うことが必要となるため、十分に留意することが必要です。

授業目的公衆送信補償金の支払先となる指定管理団体としては、平成

31年２月15日に「一般社団法人授業目的公衆送信補償金等管理協会」（略称：SARTRAS（サートラス））が文化庁長官により指定されています。具体的な授業目的公衆送信補償金の支払方法等については、以下の同団体のホームページ等からご確認ください。

●一般社団法人授業目的公衆送信補償金等管理協会ウェブサイト
（https://sartras.or.jp/）

問33 家庭用のディスプレイを使ってインターネット上の動画を飲食店でお客様に見せることができるでしょうか。学校の先生がインターネット上にアップロードされている動画を授業で生徒に見せることは自由にできるのでしょうか。

答33 著作権法では、放送され、又は有線放送される著作物（放送される著作物が自動公衆送信される場合の当該著作物を含む。）は、営利を目的とせず、かつ、聴衆又は観衆から料金を受けない場合には、受信装置を用いて公に伝達することができ、通常の家庭用受信装置を用いてする場合も、同様とされています（38条3項)。しかし、自動公衆送信される著作物については、上記のとおり放送される著作物以外は対象にはなっていません。そのため、家庭用のディスプレイを使っていたとしても、一般的なインターネット上の動画については、公に伝達することができません。

他方で、学校等の教育機関において教師や生徒らは、授業で使用することを目的とする場合には、権利者の利益を不当に害さない限り、権利者の許諾なく著作物の公の伝達を行うことができることが定められています（35条1項)。35条1項では、38条3項と異なり、自動公衆送信される著作物も対象とされています。

したがって、学校の先生が、例えばYouTubeにアップロードされている授業内容に関係する動画を生徒に見せるなど、インターネット上の動画を授業中に受信して、教室に設置されたディスプレイ等を用いて生徒に見せる（公の伝達）ことは、原則として権利者の許諾なく無償で行うことができます。

問34　学校の入試問題や校内試験に、詩や論文、小説などを利用する際には、どのような点に気を付ければよいのでしょうか。

答34　著作権法では、入学試験や入社試験などの選抜選考試験、英語検定試験などの人の学識技能に関する試験又は検定の問題として、公表された著作物を複製又は公衆送信（在宅試験やインターネット試験として）することは、権利者の許諾なく行うことができることが定められています（36条1項）。

したがって、学校の入学試験や校内試験などの問題に既存の文芸作品や論文を利用することは、原則として権利者の許諾なく行うことができます。

もっとも、その利用に当たっては、著作者人格権を侵害することにならないよう注意する必要があります。例えば、原作の文章をわざわざ改変して、「次の文の誤りを正せ」というような出題する場合には、著作者の意に反した改変が行われているものと捉えられれば、同一性保持権を侵害することとなる可能性があります（20条1項）。

そのため、試験問題として著作物を権利者の許諾なく利用する際には、原作のままで利用することを原則としつつ、改変を行うとしても試験問題としての利用目的及び利用態様に照らしてやむを得ないと認められる場合に限って行うよう留意すべきです。どのような改変が、やむを得ないと認められるかは、具体的にはその著作物の性質や利用の目的及び態様に応じながら判断することになりますが、例えば、児童・生徒の学力水準に応じて、漢字に仮名を振ること、一部の表現を空欄にして出題する、文章を正しい順序に並べ替えさせるなどの場合はやむを得ないものと認められると考えます。

また、出所を明示する慣行があるときには、その複製又は利用の態様に応じ合理的と認められる方法及び程度により明示する必要があるため、その点にも十分に留意することが必要です（48条1項3号）。

問35　公共図書館で視覚障害者のためにデイジー図書や録音物の作成・貸し出しを行うことは自由にできますか。また、来館できない方のために、これらをメールで送信することはどうですか。

答35　著作権法では、視覚障害者等の福祉に関する事業を行う者で政令で定めるものは、視覚により認識される方式で表現される著作物について、視覚障害者や肢体不自由者等の視覚による表現の認識が困難な者の利用に供する目的で必要と認められる限度において、デイジー図書や録音物等を製作（複製）したり、これらをインターネット送信・メール送信等（公衆送信）をしたりすることは、権利者の許諾なく行うことができることが定められています（37条3項）。

また、こうしたデイジー図書や録音物等を貸し出す（貸与する）ことは、①営利を目的とせず、かつ、②その貸与を受ける者から料金を受けない場合には、権利者の許諾なく行うことができることが定められています（38条4項）。

したがって、「視覚障害者等の福祉に関する事業を行う者で政令で定めるもの」に当たれば、本問のように、公共図書館で視覚障害者のためにデイジー図書や録音物の作成（複製）・貸出し（貸与）を行うことは、原則として権利者の許諾なく自由に行うことができます。また、来館できない方のために、これらをメール送信（公衆送信）することも、原則として権利者の許諾なく自由に行うことができます。

上記の「視覚障害者等の福祉に関する事業を行う者で政令で定めるもの」としては、従前は、①障害者入所施設や図書館等の公共施設の設置者、②文化庁長官が個別に指定する者、のみが対象となっていましたが、政省令の改正を経て、平成31年1月1日から、上記①及び②の者に加えて、適切な体制を有するボランティア団体等について、一般社団法人授業目的公衆送信補償金等管理協会（SARTRAS）のウェブサイトで団体情報を公開するなど、一定の要件を満たす場合には、文化庁長官の個別指定を受けずとも対象となることが可能になっています。具体的な要件や手続き等については、以下の文化庁ウェブサイトをご確認ください。

●文化庁ウェブサイト「視覚障害者等のための複製・公衆送信が認められる者について～文化庁の個別指定を受けずとも、ボランティア団体等が音訳等事業を行えるようになりました～」（https://www.bunka.go.jp/seisaku/chosakuken/seidokaisetsu/1412247.html）

問36　学園祭で好きな楽曲の弾き語りを披露するのに、著作権者の許諾は必要でしょうか。また、その際に編曲（アレンジ）を加えたり歌詞の一部を替えたりする場合にはどうですか。

答36　著作権法では、公表された著作物は、①営利を目的とせず、②聴衆や観衆から一切の対価（入場料等）を徴収せず、かつ、③出演する実演家等に出演料などの報酬が支払われない場合には、権利者の許諾なく、公に上演、演奏、上映、口述することができることが定められています(38条1項)。

したがって、本問前段のように、学園祭で好きな楽曲の弾き語りを行うこと（演奏）は、上記①から③までのとおり、非営利・無料・無報酬で行われる場合には、原則として権利者の許諾なく行うことができます。

もっとも、翻案権（著作物を翻訳し、編曲し、若しくは変形し、又は脚色し、映画化し、その他翻案する権利）は、上記の場合であっても権利制限されるものではありません。また、同一性保持権（著作者の意に反して著作物やその題号の改変を受けない権利）の問題もあります。

そのため、本問後段のように、学園祭で弾き語りを行う際に、編曲（アレンジ）を加えたり、歌詞の一部を替えたりする場合には、その楽曲や歌詞等の著作物に関する同一性保持権や翻案権について、原則として権利者の許諾を得る必要があるため十分に留意することが必要です。

問37 公民館で子どもたちを集めて絵本の読み聞かせをしたいと思いますが、どのような点に気を付ければよいのでしょうか。また、公民館に来ることのできない子どもたちに向けて、オンラインで読み聞かせの配信を行うことは自由にできるのでしょうか。

答37 著作権法では、公表された著作物は、①営利を目的とせず、②聴衆や観衆から一切の対価（入場料等）を徴収せず、かつ、③出演する実演家等に出演料などの報酬が支払われない場合には、権利者の許諾なく、公に上演、演奏、上映、口述することができることが定められています(38条1項)。

したがって、本問のように、公民館で絵本の読み聞かせを行うこと（口述）は、上記①から③までのとおり、非営利・無料・無報酬で行われる場合には、原則として権利者の許諾なく行うことができます。

もっとも、オンラインでの配信を行うこと（公衆送信）は、権利制限の適用を受ける行為（上演、演奏、上映、口述）に該当するものではありません。そのため、オンラインで絵本の読み聞かせを行う場合には、その絵本に関する公衆送信について、原則として権利者の許諾を得る必要があるため十分に留意することが必要です。

問38　著名な俳優が死亡したことをニュース番組で伝える際に、その俳優の代表作の映像の一部を放送することはできますか。

答38　著作権法では、時事の事件を報道する際に、その事件を構成し、又はその事件の過程で見聞きされる著作物は、報道の目的上正当な範囲内において、権利者の許諾なく複製し、及び当該事件の報道に伴い利用することができることが定められています（41条）。

例えば、ある著名な絵画の盗難事件を報道する際に、その絵画がどのようなものかを公衆に知らせるために、その絵画の影像をテレビ放送したり、その絵画の複製写真を新聞等に掲載したりする場面などが、上記の権利制限の適用を受ける典型例です。

一方で、本問のように、著名な俳優が死亡したことをニュース番組で伝える際に、その俳優の代表作の影像の一部を放送する場面を考えるに当たっては、その俳優の代表作自体をめぐってニュースが発生しているわけではないことから、上記の典型例とは異なり、その俳優の代表作が「その事件を構成」する著作物に該当するか否かを判断する必要があります。

この点に関しては、その俳優の代表作が「その事件を構成」する著作物に該当せず、「時事の事件の報道のための利用」に関する権利制限規定（41条）の適用を受けないとしても、「引用」に関する権利制限規定（32条1項）の適用を受けられる可能性があると考えます。

したがって、著名な俳優の訃報報道に際して、その俳優の代表作の影像の一部を放送することは、41条と32条1項のいずれの権利制限規定によるべきかは議論がありますが、結論においては、原則として権利者の許諾なく行うことができる可能性があると考えます。

もっとも、その俳優の代表作の影像の一部を放送するとしても、必要以上に長時間にわたって放送する場合などは、41条と32条1項のいずれの権利制限規定の適用も受けられないと考えられるため、十分に留意することが必要です。

問39　当社が発売した商品と似た形の商品を売っている業者に対する裁判をしているのですが、両製品が似ていると言っている消費者のSNSの書き込みを裁判所に証拠として提出しても問題ないでしょうか。

答39　著作権法では、著作物は、裁判手続のために必要と認められる場合や、立法、行政の目的のために内部資料として必要と認められる場合には、その必要と認められる限度内で、権利者の許諾なく複製することができることが定められています（42条1項）。

したがって、本問のように、裁判所に証拠資料として提出するためにSNSの書き込みを複製することは、原則として権利者の許諾なく行うことができます。

問40 商店街に設置されている子どもの銅像がかわいいので、写真を撮ってSNSにアップロードしたいのですが、問題ないでしょうか。また、季節ごとの写真を使ってカレンダーを作って販売してもよいでしょうか。

答40 著作権法では、美術の著作物でその原作品が街路や公園などの一般公衆の見やすい屋外の場所に恒常的に設置されているものや建築の著作物は、①彫刻を彫刻として増製し、又はその増製物を譲渡により公衆に提供する場合、②建築の著作物を建築の著作物として複製し、又はその複製物を譲渡により公衆に提供する場合、③街路や公園などの屋外に恒常的に設置するために複製する場合、④専ら販売目的で美術の著作物を複製し、又はその複製物を販売する場合、を除き、権利者の許諾なく自由に利用することができることが定められています（46条）。

したがって、本問のように、商店街に設置されている子どもの銅像について、写真撮影（複製）してSNSにアップロードすること（公衆送信）は、美術の著作物である子どもの銅像が屋外の場所に恒常的に設置されているものといえることから、原則として権利者の許諾なく行うことができます。

もっとも、カレンダーの販売については、上記④に該当するため、原則として権利者の許諾が必要となります。

問41　美術館で展示中の美術品を解説するため、美術品の画像を掲載した解説本を作成して来館者に配布したいと考えていますが、自由に行うことはできますか。また、来館者のスマートフォンやタブレット端末に美術品の３Ｄ画像データを送信して、様々な角度から美術品を楽しんでもらえるようにしたいと考えているのですが、これも自由に行うことはできますか。

答41　著作権法では、美術品や写真の原作品を展示する者は、その解説や紹介を目的として、小冊子や電子機器に展示作品を掲載、上映又は自動公衆送信を権利者の許諾なく行うことができることが定められています（47条1項・2項）。

したがって、美術品の画像を掲載した小冊子を作成して配付したり、来館者のスマートフォンやタブレット端末等の電子機器に美術品の３Ｄ画像データを送信したりすることは、原則として権利者の許諾なく行うことができます。

もっとも、美術品の画像を掲載した小冊子を作成するとしても、例えば鑑賞用の豪華なカタログや目録に名を借りた画集・写真集など、必要以上の大きさや画質をもって掲載する場合などは、権利制限の適用を受けないため、権利者の許諾が必要です。また、来館者の電子機器に画像データを送信するとしても、観覧後に観覧者が小冊子以上に高精細な画像データを持ち帰り、自宅等でも鑑賞・利用できるようにするなどの場合も、同様に必要な限度を超えていることから、権利制限の適用を受けないため、権利者の許諾が必要です。

問42 美術館で現在展示している美術品を紹介するために、ウェブサイトに美術品の画像を掲載したいと考えていますが、自由に行うことはできますか。

答42 著作権法では、美術の著作物又は写真の著作物の原作品を公に展示する者及びこれに準ずる者として政令で定めるものは、これらの展示する著作物の所在に関する情報を提供することを目的として、展示する著作物について権利者の許諾なく複製・公衆送信できることが定められています（47条3項）。

したがって、美術館等の原作品を展示する者等は、原則として著作権者の許諾なく、著作物の展示情報を提供するとともに、展示する著作物の画像をウェブサイトに掲載することができます。もっとも、ウェブサイトに掲載する画像が独立して鑑賞の対象となり得るほど、必要以上の大きさや画質をもって掲載する場合などは、権利制限の適用を受けないこととなるため十分に留意することが必要です。

なお、上記の「これに準ずる者として政令で定めるもの」としては、国・地方公共団体の機関又は営利を目的としない法人で、原作品展示者の同意を得て展示著作物の所在に関する情報を集約して公衆に提供する事業を行うもののうち、文化庁長官が指定するものが定められていますが、本書執筆時点では文化庁長官の指定を受けた団体は存在していません。

また、著作権法では、コンピューター等の電子計算機を用いて、サービス利用者の関心に合致する著作物等の書誌情報や所在情報等を検索し、その結果を提供するサービス（所在検索サービス）を行う場合には、政令で定める基準（詳細は87頁参照）に従い、その行為の目的上必要と認められる限度において、所在検索及びその結果の提供に付随して、権利者の許諾なく著作物を軽微な範囲で利用できることが定められています(47条の５第１項１号)。

したがって、美術館等の原作品を展示する者等以外の者であっても、コンピューター等の電子計算機を用いて検索を行った結果として、その検索を行った利用者の関心に合致する著作物等に関する展示場所等の情報を提供することに付随して、展示する著作物の画像を軽微な範囲でウェブサイト上に表示すること（サムネイル表示）は、原則として権利者の許諾なく行えます。もっとも、ウェブサイトに掲載する画像の大きさや画質等の要素に照らし軽微なものでなければならないため、十分に留意することが必要です。

問43 ネットオークションで読み終わった漫画を売りたいと思います。漫画の表紙も著作物に当たる場合があると聞いたことがあるのですが、出品に際して、表紙を撮影してアップロードすることは問題ないのでしょうか。

答43 著作権法では、美術又は写真の著作物の原作品又は複製物の所有者等が、これらを譲渡又は貸与しようとする場合には、その申出の用に供するため、権利者の許諾なく著作物を政令で定める措置を講じて複製・公衆送信できることが定められています（47条の2）。

したがって、本問のように、ネットオークションに漫画を出品するに際して、美術の著作物である漫画の表紙を撮影（複製）してアップロードすること（公衆送信）は、原則として権利者の許諾なく行うことができます。

もっとも、例えば、譲渡又は貸与の申出の目的が達成された場合やそもそも譲渡又は貸与の意思が認められない場合にもかかわらず画像掲載を継続したり、出品物の表紙等の商品紹介に必要なページ以外のページにまで広く及んで掲載したりする行為は、譲渡又は貸与しようとする場合の申出の用に供するものとはいえず、権利制限の適用を受けることはできないため、権利者の許諾を得る必要があることには十分に留意することが必要です。

問44　野球ファンのSNSやブログ記事に特化したWeb検索サービスを開発予定です。検索の結果、SNSアカウントやブログ記事のURLとともに、その書き込みや記事の一部分を確認できるような仕様にしたいと考えているのですが、問題ないでしょうか。

答44　著作権法では、コンピューター等の電子計算機を用いて、サービス利用者が自己の関心に合致する著作物等の書誌情報や所在に関する情報を提供するサービス（所在検索サービス）を行う場合には、政令で定める基準（詳細は87頁参照）に従い、その行為の目的上必要と認められる限度において、所在検索及びその結果の提供に付随して、権利者の許諾なく著作物を軽微な範囲で利用できることが定められています（47条の5第1項1号）。

したがって、本問のように、コンピューター等の電子計算機を用いて検索を行った結果として、その検索を行った利用者の関心に合致する野球ファンのSNSやブログ記事のURLを提供することに付随して、これらのSNS上の書き込みやブログ記事の内容を軽微な範囲で表示すること（スニペット表示）は、原則として権利者の許諾なく行えます。

もっとも、その表示される部分は、元となるSNS上の書き込みやブログ記事の内容のうちに占める割合や、具体的な文字数等の要素に照らし軽微なものでなければならないため、十分に留意することが必要です。

問45 放送番組を制作する際に、特定日時にテレビ放送することに関してはあらかじめ各出演者から同意を得ていたのですが、テレビ放送と併せて同時配信や見逃し配信を行う場合には、各出演者にその旨の同意を改めて事前に得る必要がありますか。

答45 放送事業者が実演家に対して実演の放送についての許諾を得た場合には、その実演を放送のために録音・録画する（93条）とともに、その録音物・録画物を用いて当該許諾に係る放送を行うことができます（94条1項本文）。

令和3年著作権法改正では、放送番組のインターネット同時配信等に係る権利処理の円滑化に向けた所要の法令改正が行われており、令和4年1月1日からは、次の改正事項が施行されています。

①実演家が、一定の条件を満たす放送事業者に対して、放送番組における実演の利用の許諾を行った場合には、当該許諾に際して別段の意思表示をした場合を除き、当該許諾にはインターネット同時配信等（放送の同時配信、追っかけ配信、一定期間の見逃し配信等）の許諾を含むものと推定されるようになること（63条5項・103条）、

②実演家が、実演の初回のインターネット同時配信等の許諾をした場合に、著作権等管理事業者による管理が行われている実演や、文化庁長官が定める方法により実演の権利者に関する情報を公表している場合を除き、契約に別段の定めがない限り、通常の使用料の額に相当する報酬を支払って、事前の許諾なくインターネット同時配信等することができるようになること（93条の3）、

③実演家が、実演の初回の放送は許諾したものの、インターネット同時配信等の許諾をしていない場合についても、契約に別段の定めがない限り、実演家と連絡するための一定の措置を講じても連絡がつかないときは、通常の使用料額に相当する補償金を文化庁長官の指定する著作権等管理事業者に支払って、事前の許諾なくインターネット同時配信等することができるようになること（94条）、

リピート放送については改正法の施行前に放送が許諾された場合にも適用されますので、③により一定の条件の下で事前の許諾なくインターネット同時配信等を行うことができます。

なお、①許諾推定規定に関しては、文化庁著作権課・総務省情報通信作品振興課「放送同時配信等の許諾の推定規定の解釈・運用に関するガイドライン」(URL：https://www.bunka.go.jp/seisaku/bunkashingikai/kondankaito/kyodaku/pdf/93341101_01.pdf）が公表されていますので、実務上参考になるものと考えます。

6　保護期間関係

問46　映画の著作物の保護期間に関する著作権法の改正の変遷について教えてください。

答46　旧法では、著作権の保護期間について「発行又は興行したる著作物の著作権」は著作者の生存間及びその死後38年間存続する旨を定めており（旧法第３条第１項、同第52条第１項)、他方で「官公衙学校社寺協会会社其の他団体に於て著作の名義を以て発行又は興行したる著作物の著作権」は発行又は興行の時から33年間存続する旨定めていました(旧法第６条、同第52条第２項)。

その後、昭和45年に成立した現行著作権法（施行日は翌年１月１日）は、映画の著作物の著作権の保護期間を公表後50年と定めつつ（昭和45年改正法第54条第１項)、旧法によって計算される存続期間が公表後50年よりも長い場合は、旧法による旨定められました（昭和45年改正法附則第７条)。

さらに、平成15年に成立した改正著作権法（施行日は翌年１月１日）は、映画の著作物の著作権の保護期間を公表後50年から70年に延長しつつ（平成15年改正法第54条第１項)、映画の著作物の著作権の保護期間を公表後70年と定める規定は、平成15年改正法の施行の際（＝平成16年１月１日）現に昭和45年改正法による著作権が存する映画の著作物について適用される旨定めるとともに（平成15年改正法附則第２条)、旧法下に創作された映画の著作物であって昭和45年改正法附則第７条の規定によってなお旧法によるとされるものの著作権の存続期間は、旧法による著作権の存続期間の満了する日が平成15年改正法第54条第1項の規定による期間の満了する日よりも後の日であるときは、同規定にかかわらず、旧法による著作権の存続期間の満了する日までの間とする旨定められました（平成15年改正法附則第3条）。

このように、映画の著作物の保護期間については、幾度の改正を経て、変遷しています。他方、映画の著作物は、ロングテールの息の長い作品もあるだけでなく、技術の進展により、過去作品をデジタル・リマスター版などによって再び脚光を浴びることもあります。

したがって、権利者ではない第三者が他人の映画の著作物を利用する場合には、映画の著作物の保護期間に関する規定の変遷にも留意する必要があるでしょう。

問47　映画の著作物に字幕を付した場合やデジタル・リマスター版についての保護期間については、どのように考えるべきでしょうか。

答47　映画内の台詞を翻訳したものではなく、そのまま翻訳した場合、本編の字幕は脚本の利用そのものと評価できると考えます。したがって、字幕自体の無断複製については、脚本の無断利用と同様に考えて、保護期間は、脚本と同様、映画の著作物の保護期間が満了した場合、映画の利用に関しては、字幕の著作権も消滅すると考えられます（著作権法第54条第２項）。

他方、本編の字幕として、映画内の台詞そのままではなく翻訳（例えば日本語）されたものを付した場合、翻訳字幕がそれ自体、創作的表現と評価されうる限り、字幕自体は一つの独立した著作物であると考えられます。したがって、翻訳字幕自体の著作権に関する保護期間については、映画の著作物の保護期間とは別に起算されると考えます。

次に、デジタル・リマスターした作品について、別途、著作権が発生し、保護期間についても新たに保護期間が算定されるのか問題となりますが、著作権法第２条第１項第15号は、「複製」を、「印刷、写真、複写、録音、録画その他の方法により有形的に再製すること」をいうと規定しているところ、過去の映画作品をリマスタリングして作られた商品は、まさにデジタル機器等の技術的手段を用いて映画の著作物を有形的に再製したものに該当するものと考えられます。

したがって、過去の映画作品をデジタル・リマスターした作品は、著作権法上は、オリジナルの映画作品の複製物に過ぎず、新たな創作的表現が加わったとはいえないため、これについて別途オリジナルの作品と独立した著作権が発生することはないと考えられます。

問48 旧法において、日本語に係る翻訳権が消滅している著作物の場合、許諾を得ることなく、当該著作物を日本語に翻訳し、紙の書籍のみならず電子書籍としても販売することはできますか。

答48 日本語に係る翻訳権が消滅している著作物の場合、第三者は、許諾を得ることなく、当該著作物を日本語に翻訳し、紙の書籍のみならず電子書籍としても販売することができるかについては、確定的な裁判例や解釈が存在していません。

そのため、紙の書籍と電子書籍は、単にフォーマットが異なるだけであって、当該著作物について翻訳権が消滅していれば、紙の書籍に限らず電子書籍として販売する場合にも翻訳権の消滅の効果は及ぶという見解も成り立たないわけではありません。

しかしながら、翻訳権の消滅を定めた旧著作権法第七条は、「翻訳物ヲ発行セサルトキ其の翻訳権は消滅ス」と規定しており、消滅の対象とされている翻訳権の範囲は、印刷して出版する場合の翻訳権に限定されています。

このことから、印刷して出版する場合ではない電子書籍については、翻訳権の消滅の効果は及ばないと解釈されると考えます。

したがって、日本語に係る翻訳権が消滅している場合であっても、消滅している翻訳権の範囲は、印刷して出版するという利用態様の翻訳物に限定され、電子書籍のように印刷して出版されていない利用態様に関しては、依然として、著作権者の翻訳権が及び、許諾を得る必要があると考えます。

7　権利の侵害関係

問49　著作権が侵害された場合の救済方法について教えてください。

答49　著作権の侵害に対しては、民事的な救済と刑事的な救済が定められています。民事的な救済とは、著作権者が侵害者に対して、民事訴訟を提起し、勝訴判決を得たうえで、当該判決に基づいて執行を行うことをいいます。他方、刑事的な救済とは、著作権者が侵害者に対して、著作権侵害に基づく刑事告訴を行い、刑事事件化することをいいます。

民事的な救済については、いきなり民事訴訟を提起して裁判とする場合もあり得ますが、まずは著作権者から侵害者に対して、警告書等の書面を送付し、侵害行為を中止し、損害賠償を支払うよう裁判外で求めることが一般的です。この場合、著作権法を専門とする弁護士に依頼し、書面の作成や証拠収集についても助言を受け、警告書等の書面を作成した方がよいと考えます。著作権侵害に基づく請求を行う場合、弁護士に相談せず自らの主張を記載した書面を送付してしまうと、不十分な内容で請求を行ってしまったばかりに、その後の裁判において不利な証拠として認定されてしまうおそれがあるためです。

刑事的な救済については、所轄の警察署等に相談を行うことから始まりますが、著作権侵害に基づく刑事告訴については、侵害者が警告書等の書面を送付したにもかかわらず、まったく応じない場合など民事的な救済を求めることが困難である場合に効果的な方法といえます。

問50 著作権が侵害された場合の具体的な対応方法について教えてください。また、侵害行為の立証方法について教えてください。

答50 著作権が侵害された場合、警告書等を送付し、侵害行為の中止を求めることになります。警告書等を送付しても十分な対応がなされず、権利者としての権利保護が十分に図れないと判断した場合には、民事訴訟を提起することも考えられます。

そこで、まずは警告書等を送付することを検討することになりますが、警告書等を送付するためには侵害行為者と侵害行為を特定する必要があります。侵害行為者とは、著作権法が定めている支分権に抵触する行為を行っている者であり、実際に複製や公衆送信を行っている者になります。例外的に侵害行為者の範囲を解釈上、拡大して、実際に複製や公衆送信を行っている者だけではなく、それらの行為を容易にしている者にも対象範囲を広げることができる場合もありますが、いずれにしても、侵害行為者が誰であるかを特定することが重要となります。

次に、具体的に、どのような侵害行為がなされているのかも特定する必要があります。コピーしてパンフレット等で利用されているのか、インターネット上に無断で配信されているのか、といったことについて、把握できる限りの情報を集める必要があります。この際に重要となるのは証拠として残しておくことです。例えば、パンフレット等に無断で自己の著作物が利用されている場合には、そのパンフレット等を入手し、入手した経路、日付を残しておきましょう。インターネット上に無断で配信されている場合には、そのウェブサイトが掲載されていた日付を残していくことは勿論のこと、ウェブサイトそのものをプリントアウトするなどして後々、ウェブサイトを削除されたとしても立証できるようにしておくことが肝要となります。

このように侵害行為の立証は、著作権侵害を主張する者が用意し、裁判になれば証拠として提出しなければならないものとなります。侵害行為を立証できるだけの証拠を残しておかずに警告書等を送付してしまうと、侵害者は、パンフレットを回収したり、インターネット上から削除したりしてしまう場合があり、このような場合には、著作権侵害の立証を行うことができなくなりますので注意が必要です。

著作権が侵害されていることが発覚した場合には、証拠の収集から、著作権法を専門とする弁護士の助言を受けながら証拠を収集することが大切です。すぐに著作権侵害であることを相手方に主張するのではなく、事後的に裁判になった場合にも、著作権侵害の立証を行うことができる程度の証拠を十分に収集できているかを検討してから警告書等は送付すべきであると考えます。

問51 著作権を侵害しているとの内容証明郵便を受け取りました。どのように対応すべきでしょうか。

答51 著作権侵害を行っていると突然、警告書を受領することがあります。この場合、弁護士が代理人となっている場合には、内容証明郵便によって送付されることが多く、受領した側も、突然のことに驚くことも少なくありません。

しかしながら、内容証明郵便で警告書を受領したとしても、慌てることなく冷静に内容を検討することが重要です。特に、権利行使することができる者からの警告書であるか否か、という点は初期的な検討において不可欠な検討となります。

著作権は、効力発生のための登録を用意していないことから、著作権を誰が保有しているのか、ということは一般的に調査する方法が存在していません。そのため、警告書の送付者が著作権者であるのか、ということを受領した側で調査し得る限り、まずは調査を行う必要があります。

よくあるのが著作権者ではなく単に非独占的な利用許諾を受けているにすぎない者による警告書の送付です。非独占的な利用許諾を受けているにすぎない者の場合、著作権侵害に基づく差止・損害賠償の請求は困難であると解されていますので、こうした者による警告書は、行為の中止を求めている程度のものと理解できます。もっとも、だからといって蔑ろにしたり、無視していると著作権者からの警告書が届くことになりますので、適切な対応を行うことは必要となりますが、少なくとも著作権者による権利行使の意思も相手方に確認するところから対応を始めてもよい事案となります。

次に、警告書の中に記載されていることが事実として存在しているのかを確認する必要があります。警告書を送付した者が、実際に侵害行為を行っている者を勘違いして警告書を送付してくるケースもないわけではありません。また、そもそも警告書の中に記載されている内容が不明確で、どのような侵害行為を主張しているのか明確ではない場合もあります。その場合には、不用意に回答をするのではなく、警告書に記載されている侵害行為が不明確であれば、明確にするように求めることも重要になりますので、拙速に回答する前に、十分に警告書の内容を検討するようにしましょう。

仮に、著作権侵害行為がなされていたことが確認できれば、ただちに侵害行為を中止し、著作権者と過去分の損害賠償などの要否を協議して解決を目指すことになります。最終的に、著作権者と協議が整い、和解が成立すれば、和解内容を記載した書面を作成して明確にしておくべきでしょう。

問52 著作権に関するトラブルが生じた場合に、著作権法上、あっせん制度があると聞きましたが、どのようなものでしょうか。

答52 著作権等に関する紛争が生じた際、第三者が関与して解決する制度としては、訴訟、民事調停法に基づく調停制度などがあります。

これらのほかに、著作権等に関する紛争の特殊性から、実情に即した簡易、迅速な解決を図るために、著作権法においては、「紛争解決あっせん制度」(以下「あっせん」とする) が設けられています (著作権法105条)。

あっせんは、著作権法に規定する、著作者人格権、著作者の権利、著作隣接権などに関する紛争であれば、文化庁に申請をすることができます (著作権法106条)。

申請は紛争当事者が共同で行うことが原則ですが、一方の当事者のみの申請であっても、他の当事者が同意すれば、あっせんを行うことができます (著作権法108条)。

あっせんは、あっせん委員により申請のあった内容について、当事者を交えて、実情に即した解決を目指して行われます。争点があまりにもかけ離れているなど解決の見込みがないときは、あっせんが打ち切られることがあります (著作権法109条2項)。

また、あっせん委員により得られたあっせん案を、受け入れるかどうかは当事者の自由意志に任されています。

なお、あっせん制度の詳細は、文化庁のホームページ[1]に掲載されており、具体的な手続きを記載した「あっせん申請の手引き」[2]が掲載されていますので参考にしてください。

1 https://www.bunka.go.jp/seisaku/chosakuken/seidokaisetsu/gaiyo/funsoshori.html

2 https://www.bunka.go.jp/seisaku/chosakuken/seidokaisetsu/gaiyo/pdf/assen_sinsei_tebiki.pdf

問53 神社仏閣や美術館などで「写真撮影禁止」の張り紙があったり、コンサートで「録音・録画禁止」(機器の持込禁止) とされていることがありますが、これに従わないと著作権侵害になるのでしょうか。

答53 基本的には、著作権とは無関係です。このようなことについては、写真撮影や録音・録画をされるものが「著作権によって保護されているものか」ということをまず考える必要があります。

例えば、お寺にある仏像は、多くの場合非常に古いもので、著作権の保護期間を過ぎています。美術館の絵や彫刻の場合は、古いものも新しいものもあるでしょうが、同じように保護期間が終わっている (著作権が消滅している) ものもあるでしょう。こうしたものについては、写真撮影をしても著作権侵害にはなりません。「写真撮影禁止」というのは、あくまでも「所有者の意思」又は「入場時の契約・合意」の問題です。

次に、コンサートの音楽・演奏や、美術館の新しい絵など、著作権があるものの場合ですが、こうしたものについての録音・録画や写真撮影 (コピーをつくること) については、基本的には権利者の了解を得ることが必要です。

しかし、自分自身が (仕事以外の目的で) 個人的に使うためのコピーは、テレビ番組の録画などと同様に、例外として自由にできることとされていますので、個人の趣味であれば、こうした録音・録画や写真撮影は、著作権侵害にはなりません。このような場合について一律に「録音・録画禁止」などとしているのも、「主催者の意思」又は「入場時の契約・合意」の問題です。

8　著作権等に関する契約関係

問54　著作物の利用において権利者と契約をしなくても利用できる場合はあるのですか。

答54　次のような場合には、権利者と契約をしなくても著作物を利用することができます。

⑴　著作権法で保護対象とならない著作物を利用する場合

⑵　保護期間の満了している著作物を利用する場合

⑶　例外的に無断で利用することができる場合

以上については、権利者に許諾を得る必要はありません。

また、⑶に該当する場合については、第1部第3章に記載されているとおりですが、これらは、あくまで例外的な場合の取り扱いですので、例外的な利用に当たらない場合には、権利者に許諾を得て利用する必要があるでしょう。許諾を得るということは、その利用について双方が合意するということですから、権利者と「契約」を結ぶ必要があります。しかし、我が国では、「契約」となるとなぜか身構えてしまう傾向にあり、仮に契約するとしても、その内容を書面に残さないことが多いため、後々のトラブルの原因となっているようです。

ですから、契約を結ぶ際には、自分がどのような利用をしたいのかということを明確にした上で、権利者と協議し、利用方法、利用条件などの範囲をしっかり確認した上で、契約書を作成する必要があります。契約書に署名押印をする際には、その事項が契約書に盛り込まれているかどうかを、もう一度確認するようにしましょう。

問55 著作物の利用に関する契約にはどのような種類のものがあるのですか。

答55 大きく分けて「利用許諾契約」「著作権譲渡契約」「出版権設定契約」の3種類が考えられます。

他人の著作物を利用する場合の最も多い契約と考えられるものに「利用許諾契約」があります。例えば、武道館の公演で楽曲を1回利用するというように、一定の利用方法及び条件の範囲内において許諾を得るというような場合です。許諾に係る利用方法というのは、印刷、出版、録音、演奏、放送などの利用形態、何千部といった利用部数、何回放送といった利用回数、1時間番組での放送といった利用時間などが考えられます。

また、利用条件というのは、利用した著作物の報告義務や使用料の支払方法などの条件が考えられます。なお、「利用許諾契約」を結んだ場合、著作物は、あくまで許諾を得た範囲内でしか利用できませんので、半年後に別の場所で公演を行う計画がある場合などは、再度、許諾を得る必要があります。

著作物の利用に関する契約としては、利用の許諾を得るのではなく、著作権者から著作権の譲渡を受けて、自ら著作権者となって著作物を利用するという方法もあります。この場合は著作権者と「著作権譲渡契約」を結ぶことになります。なお、著作権の譲渡を受けたとしても、著作者人格権については、一身専属の権利ですので譲渡することができません。したがって、著作物を利用する際には、著作者人格権を侵害しないよう注意する必要があります。なお、「著作権譲渡契約」を結ぶということは、他人から著作権という財産を譲り受けるわけですから、当然、それ相応の対価が要求されることでしょう。

このほか、出版界において見られる契約方式として、「出版権設定契約」という契約があります。これは、誰かの小説を一定期間独占的に出版したいという事情がある場合、他の出版社が出版を行うことができないよう、その小説を出版することについて、独占的な権利（出版権）を設定する契約を結ぶことができるというものです。この出版権設定契約は、これまでは主に紙の書籍にしか設定できませんでしたが、法改正により、電子書籍にも対象範囲が拡大され、現在では、電子書籍にも出版権設定契約が利用されています。

なお、「著作権譲渡契約」、「出版権設定契約」は、文化庁に登録を行うことによって第三者に対抗することができることとされています。

問56　著作物の利用に関しての契約は、著作者と結ぶのですか。

答56　原則としては著作者と契約することになりますが、著作権を譲渡している場合や権利の行使を他人に委託している場合は、譲受人又は受託者と契約することとなります。

著作権（著作物を無断で利用されない権利）は著作物を創作すると同時に著作者に付与されますが、この著作権は他人に譲渡することが可能です。著作物の利用の契約は、著作権を有する者（著作権者）と結ぶことになります。また、著作権者の中には、著作権の行使を他人に委託している場合がありますので、この場合は、権利者から権利行使の委託を受けた者と契約を結ぶことになります。

とくに、インターネット時代を迎え、さまざまな著作物が、多様かつ大量に利用されるようになり、権利者と利用者の間で個別に契約を結ぶことが困難な状況が生じています。そのため、多数の権利者から著作権を預かり、利用の許諾を行う集中管理事業者が増加しています。

この集中管理事業者のうち、使用料の額を事業者が決定するタイプの事業については、権利者・利用者双方に大きな影響を与えるため、「著作権等管理事業法」により、文化庁長官の登録を受けることとなっています（第1部第6章第5節参照）。著作権等管理事業に該当する事業内容、登録の手続方法、現在登録されている管理事業者の情報等詳細については、文化庁ホームページ[1]に掲載されています。

1　https://www.bunka.go.jp/seisaku/chosakuken/seidokaisetsu/kanrijigyoho/toroku_jokyo/

問57　著作権譲渡契約を締結する場合の留意点を教えてください。原稿の買い取りや写真、カットの買い取りに関する契約を結ぶと、著作権は譲渡されたことになるのでしょうか。

答57　一般に「買取契約」は、著作権の全部又は一部を譲り受ける契約と考えられているようですが、業界によってその解釈に差があるようです。例えば、出版業界では、「写真・イラスト・雑誌原稿・事典原稿等の委嘱料・使用料を、発行部数に応じて一定料率を支払う印税方式ではなく、一回払いの原稿料方式で支払うことが一般的に行われていて、これを実務上「買取」と呼ぶ場合があるが、必ずしも、著作権の移転を意味するものではない」(『新版著作権事典』出版ニュース社刊）と考えられているようです。

このように「買取」という用語はあいまいな概念であり、とくに口頭の契約で処理した場合は、後日、著作権を譲渡したかどうかについて紛争になる可能性が高いと考えられます。したがって、原稿執筆の際は、文書で契約を結ぶこととし、著作権の譲渡を前提としている場合は、「AはBに著作権を譲渡する」などの条項を定める必要があると思います。

また、すべての著作権を譲り受けたいときは、「すべての著作権を譲渡する」と規定するだけでは不十分です。著作権法では譲渡人の保護規定があり（著作権法61条2項)、後日のトラブルをさけるためには、「すべての著作権（著作権法27条及び28条に定める権利を含む。)」などのように、翻訳権・翻案権等の二次的著作物を創作する権利（著作権法27条）及び二次的著作物の利用に関する権利（著作権法28条）を譲渡する権利に含めることを明記して契約する必要があります。

問58　著作物利用許諾契約を締結する場合の留意点を教えてください。

答58　著作物利用許諾契約は、単に「ライセンス契約」などと実務上言われることがありますが、この著作物利用許諾契約は、他の契約と同様に書面で許諾内容を明確にしておくべきと考えます。

特に、著作物利用許諾契約は著作権譲渡契約と異なり、当事者間の継続的な関係を規定するものになりますので、将来のビジネスや利用を想定して記載内容を慎重に検討する必要があります。

具体的には、利用許諾の範囲をどの範囲と設定するのか、独占的な利用許諾であるのか、非独占的な利用許諾であるのか、といった内容は当事者間において明確にしておくべき事項となります。利用許諾の範囲や独占性の有無が対価の算定においても影響しますので、第三者の著作物を利用したいと考え、利用許諾契約を求める場合には、まずはどのような範囲で利用するのか、現在及び将来の利用範囲も含めて整理しておくべきでしょう。

利用範囲は、どのような媒体で利用するのか、といった利用態様の範囲のほかに日本国内であるのか、日本国外の全世界でも利用するのか、といった地域（エリア）の範囲についても整理しておくべきでしょう。

また、利用許諾を受けた場合に、自己だけ利用できるようにして第三者には利用させたくないということであれば独占的な利用許諾を獲得することを目指すことになりますが、その場合、非独占的な利用許諾よりも許諾の対価は高額になるのが一般的です。

これらの点に留意しながら、著作物利用許諾契約の内容を明確に記載した書面を作成して締結することになりますが、当事者間でしっかりとコミュニケーションをとり、契約書に記載した内容に認識の齟齬がないようにしておくことが、もっとも肝要であることは言うまでもありません。

問59 著作者人格権不行使特約は、法的に有効なのでしょうか。

答59 実務上、「甲は乙に対して、著作者人格権を行使しない。」といった文言を契約書に記載することがあると思います。こうした条項を著作者人格権不行使特約と呼び、著作権譲渡契約書等において見受けられます。他方で、著作者人格権不行使特約を明記すると、契約締結に至らないことから、文言の工夫がなされてもいます。

著作者人格権は一身専属権で譲渡することができないことから（著作権法第59条）、著作者人格権を行使させない策として実務上、定着した文言であると考えられます。

著作人格者不行使特約が契約書上、明記されている場合においても、契約締結の経緯等から、そもそも合意が存在しなかったと認めた事例はありますが、著作者人格権不行使の合意そのものが無効であるとする裁判例は見当たりません。

むしろ、明示的に契約書上に著作者人格権不行使の合意が存在しない場合においても、著作者人格権不行使の合意を認める裁判例が存在すること、訴訟上の和解においても著作者人格権を行使しないことを約する文言が記載される実務上の取扱いがなされていることなどに照らすと、裁判所は、著作者人格権不行使の合意そのものは有効に存在し得ることを前提にしていると考えられます。

したがって、著作者人格権不行使を当事者間で合意することは否定されませんし、包括的な不行使の合意を行うことも裁判所は否定していないように考えます。もっとも、個別の事情において、不行使の合意の成否や内容が制約され得ることには留意しなければなりません。

問60　著作物を利用する場合に、その権利者の居場所がわからないときは、どのようにしたらよいのでしょうか。

答60　著作物を利用する場合には、その著作権者に利用の許諾を求めることが原則です。したがって、著作権者から許諾が得られなければ、その著作物は利用できないこととなります。しかし、著作権者が不明等の理由により利用の許諾が得られない場合には、著作物を適法に利用できる方法があります（67条)。

いわゆる裁定制度といわれるもので、文化庁長官の裁定を受け、文化庁長官が定める通常の使用料の額に相当する補償金を供託することで、著作物が利用できるようになります。

なお、この制度は本来、著作権者が行使できる権利を強制的に制限するものですから、その取り扱いについては一定の対応が求められます。具体的には、裁定の申請にあたって申請者（利用希望者）は、「相当な努力」をしても著作権者が不明で連絡することができなかったことを疎明する資料を提出しなければなりませんから、著作権者の所在等について、申請に先立って法令（著作権法施行令７条の５）に規定されている調査を行う必要があります。

裁定制度の詳細については、文化庁に直接お問い合わせいただくか、文化庁が公表している「裁定の手引き」[2]をご覧ください。

2　https://www.bunka.go.jp/seisaku/chosakuken/seidokaisetsu/chosakukensha_fumei/pdf/saiteinotebiki.pdf

問61 著作物の使用料というものはどのように決まるものなのでしょうか。一般的な相場というものはあるのでしょうか。

答61 使用料の一般的な相場というものはありません。

著作権は「私権」ですから、著作物の利用について許諾を与えるか否か、許諾をするとすれば、使用料の額をいくらにするかは、権利者が自由に決定できます。ですから、仮に許諾が必要な場合であっても使用料が必要な場合もあれば、必要のない場合もあるのです。

例えば、ある作家の作品を禁煙の広告に利用する場合、たまたま作家が愛煙家であったために、作家の許諾が得られないケースもあるでしょうし、仮に許諾を得られたとしても、通常の使用料よりも高い額を設定されることもあるでしょう。逆に、嫌煙家の場合、無料で許諾が得られることがあるかもしれません。

なお、著作物の利用許諾については、権利者自らが行うのが基本ですが、音楽のように、さまざまな場所で多様かつ大量に利用される著作物については、個人で管理することが困難なことから、多くの権利者から権利を預かり、一括してその利用を許諾する集中管理事業が発達しています。この集中管理事業のうち、事業者が使用料を決定するタイプの事業を行うには、文化庁長官の登録を受けるとともに、使用料規程を定めることになっていますので、利用者は使用料がいくらになるか事前に知ることができます。

9　著作権等に関する登録関係

問62　著作権は登録しなくても発生するのに、著作権法では登録制度があると聞きましたが、何のために登録するのでしょうか。

答62　著作権は、著作物の創作と同時に自動的に発生することが著作権法で定められていますので（著作権法17条２項）、権利取得のための登録制度は存在しません。

しかし、一定の推定効果を付与したり、権利変動の状況等を公示するため、実名の登録（著作権法75条）、第一発行（公表）年月日の登録（著作権法76条）、創作年月日の登録（著作権法76条の２）、著作権の登録（著作権法77条）という四種類の登録制度が規定されています。

実名の登録は、無名、変名で公表した著作物の著作者の実名（本名）を登録するもので、この登録を受けると、登録された者が当該著作物の著作者と推定されます。その結果、無名又は変名で公表された著作物の保護期間が、実名で公表されたものと同様に、著作者の死後70年間保護されます。

第一発行（公表）年月日の登録は、著作物を最初に発行又は公表した日付を登録するもので、反証がない限り、登録された日に当該著作物の最初の発行又は公表があったものと推定されます。

創作年月日の登録は、プログラムの著作物を創作した年月日を登録するものです。反証がない限り、登録された日に当該プログラムが創作されたものと推定されます。なお、創作年月日の登録は、プログラムの著作物についてのみ行うことができるもので、申請期間は、プログラムの創作後６カ月以内に限られています。これは、プログラムの著作物は未公表・未発行のまま使用されることが比較的多いことなどから特別に設けられたものです。

著作権の登録は、著作権の譲渡や質権の設定等を登録するもので、第三者対抗要件としての登録ともいわれます。著作権は私権ですから、当事者間の契約により自由に譲渡等を行うことができますが、万一、二重譲渡などがなされた場合には、登録を受けていなければ第三者に対抗することができません。

問63　登録制度の手続きについて教えてください。

答63　著作権法が定める登録を受けるためには、著作権法施行規則8条に規定されている登録の申請書及び著作物の明細書その他必要な資料を添えて、文化庁著作権課に申請を行う必要があります。
なお、プログラムの著作物の登録については、一般財団法人ソフトウェア情報センターに申請を行います。申請書等の様式等登録手続きの詳細については、それぞれのホームページに解説されています。

●文化庁著作権課

〒100-8959　東京都千代田区霞が関3-2-2

☎03・5253・4111（代表）

●一般財団法人ソフトウェア情報センター

〒105-0003　東京都港区西新橋3-16-11　愛宕イーストビル14階

☎03・3437・3071

もし、上記以外の登録を民間業者が実施している著作権の登録があったとしても、著作権法上の効果はありません。著作権法に基づいて登録を実施している登録機関が行う場合のみ有効であり、法律に基づく登録機関は、文化庁と一般財団法人ソフトウェア情報センターのみです。したがって、このほかの民間業者が行う著作権の登録は、著作権法上の効果は生じませんので、十分注意する必要があるでしょう。

10　著作権等に関する国際的ルール等関係

問64　外国の著作物等を利用する場合に注意すべきことについて教えてください。

答64　著作物等は、国境を越えて利用されるため、世界各国は条約を結んでお互いに著作物等を保護しています。我が国は、著作権に関する国際条約として、ベルヌ条約、万国著作権条約及びWTO協定（TRIPS協定)、WIPO著作権条約に加入しており、それらの条約によって保護を受ける著作物は以下のとおりです。

⑴　ベルヌ同盟国（WIPO著作権条約締約国を含む）の国民の著作物及びベルヌ同盟国（WIPO著作権条約締約国を含む）で最初に発行された著作物

⑵　万国著作権条約締約国の国民の著作物及び万国著作権条約締約国で最初に発行された著作物

⑶　WTO協定（TRIPS協定）締約国の国民の著作物及びWTO協定（TRIPS協定）締約国で最初に発行された著作物

これらの条約によって保護される著作物は各国の国内法によって保護されるため、我が国において条約の保護を受ける外国の著作物は、我が国の著作権法に基づき保護されます。

ベルヌ条約はその発効前に創作された著作物であっても発効時にその本国又は保護義務を負う国において保護期間の満了により公有となったものを除き、すべての著作物に適用される遡及効の原則をとっております。一方、万国著作権条約は不遡及の原則をとっており、我が国が万国著作権条約によって保護すべき外国の著作物は、我が国が条約を締結した1956年（昭和31年）４月28日又はそれ以後に外国が条約を締結した日以降に当該国の国民が創作した著作物またはその国で最初に発行された著作物に限られます。なお、ベルヌ条約と万国著作権条約の双方が適用される場合（例えば、カンボジア人（万国著作権条約締約国国民）がイギリス（ベルヌ同盟国）で最初に発行した著作物）には、ベルヌ条約が優先適用されます。

これらの条約においては、締約国が外国人の著作物を保護する場合に自国の国民に与えている保護と同等以上の保護及び条約で定められている保護を与えなければならないとする内国民待遇の原則をとっておりますが、保護期間については内国民待遇原則の例外として、その著作物の本国の保護期間が我が国の著作権法の保護期間より短い場合は、その本国の保護期間しか保護しないという相互主義の規定を設けておりますので、外国の著作物の利用にあたっては各国の法制を個々にあたってみる必要があります。また、平和条約で定められた保護期間の戦時加算により、連合国・連合国民が第二次大戦前又は大戦中に取得した著作権については、通常の保護期間に各国との平和条約発効時までの期間を加算して保護しなければなりません。

なお、著作隣接権についても実演家等保護条約やレコード保護条約、WTO協定（TRIPS協定）、WIPO実演・レコード条約が制定されており、それらの条約に基づいて外国の「実演」「レコード」「放送」が保護されていますので、外国の著作物等については、その国がどの条約を締結しているかを確認の上、利用する必要があります。

また、一般社団法人日本音楽著作権協会や協同組合日本脚本家連盟等においては、海外のいくつかの国や地域の著作権管理団体との間で相互管理契約を結んでおりますので、外国の音楽著作物やテレビ番組の脚本等の利用にあたっては、これらの団体にご相談ください。

問65　日本国民の著作物等の外国での保護と、侵害が起こった場合の対応方策について教えてください。

答65　著作権に関する保護については、ベルヌ条約、万国著作権条約及びWTO協定（TRIPS協定）、WIPO著作権条約に基づいて行われており、著作隣接権については実演家等保護条約やレコード保護条約及びWTO協定（TRIPS協定）、WIPO実演・レコード条約に基づいて保護されています。

我が国はこれらの条約すべてを締結していますので、それぞれの条約の締約国においては日本国民の著作物や実演等がその保護を受けることができますが、これらの条約によって保護される著作物等は各国の国内法によって保護されるため、日本国民の著作物等はその国の著作権法によって保護を受けることとなります。著作権は私権であり、個別の侵害事件については、権利者自身が、侵害の起こった国の法令に規定される民事・刑事の救済システムを活用して侵害者に対する訴訟の提起等を行う必要があります。

しかし、権利者自身が自ら民事・刑事のシステムを活用するといっても、外国のシステムは必ずしも我が国と同じではなく、またそれぞれ異なっています。そこで、文化庁では、権利者が侵害発生国・地域で実際に権利執行を行う際に役立つ、より実用的で即戦力となる手引書として、侵害発生国・地域における著作権侵害対策ハンドブック[1]を作成し、インターネット上で公開しています。

1　https://www.bunka.go.jp/seisaku/chosakuken/kaizokuban/

なお、WTO協定（TRIPS協定）においては、締約国は「この協定が対象とする知的所有権の侵害行為に対し効果的な措置（侵害を防止するための迅速な救済措置及び追加の侵害を抑止するための救済措置を含む。）がとられることを可能にするため、当該行使手続を国内法において確保する。」（第41条）と規定しており、具体的には、知的財産権の行使に関し民事上及び行政上の手続き及び救済措置などを整備するよう加盟国に義務付けています。また、締約国がそれらの義務を満たしていない場合等の国家間の紛争処理については、TRIPS協定の関係規定に基づきWTOの場で、関係国家が係争することも可能です（いわゆる「WTO提訴」）。

> **問66**　外国人が著作権を有する著作物が、日本語で作成され、日本人向けに配信されているウェブサイトにおいて無断掲載されている場合、著作権侵害の有無は、日本法に基づいて判断されることになりますか。インターネット上で著作権が侵害されている場合の日本法の適用の有無について教えてください。

答66　インターネット上の著作権侵害行為について、どこの国の法律（準拠法）が適用されるのか問題となります。

著作権侵害の準拠法については、「法の適用に関する通則法」（通則法）上、個別の特別規定が設けられておらず、解釈に委ねられており、様々な議論があるところです。

裁判例[2]においては、①著作権侵害を理由とする差止請求については、ベルヌ条約（5条⑵）を根拠に、保護が要求される国の法律を準拠法とし、②著作権侵害を理由とする損害賠償請求については通則法17条を適用するという考え方がとられているといえます。すなわち、ベルヌ条約5条⑵は、「保護範囲及び著作者の権利を保全するため著作者に保障される救済方法は、この条約の規定によるほか、専ら保護が要求される同盟国の法令の定めるところによる」としていることから、著作権の保護が要求される国の法律が準拠法とされることとなります。②他方、著作権侵害という権利侵害に基づく損害賠償請求の法的性質は不法行為であ

2　東京地判平成24年7月11日判時2175号98頁、東京地判平成25年3月25日裁判所ウェブサイト、東京地判平成25年5月17日判タ1395号319頁等。

り、これについては通則法17条に準拠法の規定があることから、これが適用されると考えると、同条に基づき、原則として「加害行為の結果が発生した地」の法律が準拠法とされます。

裁判例としては、日本法人がウェブ上で、カナダに所在するサーバを介したＰ２Ｐファイル交換サービスを提供していたことについて著作権侵害が争われた事案において、当該サービスに係るサイト、ソフトウェア等が日本語で記述され、当該サービスによるファイルの送受信のほとんど大部分が日本国内で行われているとして、サーバがカナダにあるとしても、当該サービスに関するその稼働・停止等は、当該日本法人が決定できるものであるから、サーバの所在にかかわらず、著作権侵害行為は実質的に日本国内で行われたものといえ、被侵害権利も日本の著作権法に基づくものであるとして、差止請求権については条理により、不法行為については（現行法の通則法17条に相当する）旧法例11条１項により、日本法が適用されるとした事例[3]や、日本国内向けのサイトに、米国法人たる著作者の著作物である動画が無断でアップロードされたという事案において、サーバの所在地等を特段認定することなく、結果発生地を日本国内とした事例[4]などがあり、サーバの所在地よりも情報の送信地を基準に準拠法や管轄を解釈する傾向にあるといえます。

したがって、外国人が著作権を有する著作物が、日本語で作成され、日本人向けに配信されているウェブサイトにおいて掲載されている場合、情報の送信地は日本となりますので、著作権侵害の有無は、日本法に基づいて判断されることになると考えられます。

3　東京高判平成17年３月31日裁判所ウェブサイト。
4　東京高判平成17年３月３日判時1893号126頁。

第 3 部

資　料

1　著作権法の成立経緯

1　著作権法が成立するまでの改正作業の経過

昭和37年５月	著作権法改正及び隣接権制度創設に関し、著作権制度審議会に諮問
昭和38年11月	著作権制度審議会各小委員会の審議状況中間報告
昭和40年５月	同審議会各小委員会の審議結果報告
昭和41年４月	著作権法改正及び隣接権制度創設に関する審議会答申
昭和41年10月	著作権及び隣接権に関する法律草案（文部省文化局試案）公表
昭和42年７月	ベルヌ条約ストックホルム改正会議
昭和43年４月	著作権法案閣議決定（国会提出に至らず）
昭和44年４月	著作権法案等国会提出
昭和44年８月	著作権法案等審議未了
昭和45年２月	著作権法案国会再提出
昭和45年４月	著作権法成立
昭和45年５月	著作権法公布（昭和45年法律第48号）
昭和46年１月	著作権法施行

2　改正作業中に行われた保護期間の暫定延長

第１回〔３年間延長〕　生前公表著作物については著作者の死後33年、死後公表著作物及び無名・変名著作物については発行後33年間に、それぞれ延長した。（演奏歌唱の著作権及び録音物の著作権を除く。）〔昭和37年４月５日から施行〕

第2回〔2年間延長〕　前述の著作物の保護期間を、更にそれぞれ2年間延長した。〔昭和40年5月18日から施行〕

第3回〔2年間延長〕　前述の著作物の保護期間を更にそれぞれ2年間延長するとともに、従来暫定延長措置がとられていなかった団体名義の著作物（発行後30年間）及び写真（発行後10年間）の保護期間についても、それぞれ2年間延長することとした。〔昭和42年7月27日から施行〕

第4回〔1年間延長〕　前記の著作物の保護期間を、更にそれぞれ1年間延長することとした。〔昭和44年12月8日から施行〕

3　現行法と旧法とを比較して特に改正された点

第一に、著作者の権利が著作者人格権及び著作権の二つに分けて明定された。特に、懸案であったレコードによる音楽等の放送、演奏についても、原則として、生音楽と同様に著作者に権利が認められた。

第二に、著作権の保護期間について、旧法の著作者の生存間及びその死後38年間を国際的水準である死後50年までに延長した。写真の保護期間も公表後50年に延長された。

第三に、著作物の公正な利用を図るため、著作権の制限規定を整備した。私的使用のための複製や引用等旧法にもある規定を実情に合うように改めるとともに、新たに図書館等における複製、学校その他の教育機関における複製などについて規定を設けた。この場合、教科書に利用するときには著作者に通知し公正な補償金を支払わなければならないこととしたり、自由利用の条件を厳格に定めるなど、著作者の権利を不当に害しないように配慮した。

第四に、著作物の利用に関連を有する俳優、歌手等の実演家やレコード製作者及び放送事業者の権利を保護するため、いわゆる実演家等保護条約を参考として、著作隣接権制度を創設した。

4　国会の附帯決議

著作権法案が可決されるとき、衆、参両院の文教委員会で附帯決議（衆議院…昭和45年4月9日、参議院…昭和45年4月28日）が行われた。その内容は、両委員会とも同じような趣旨のもので、おおむね次のとおりである。

第一に、著作権法が著作者等の保護を第一義的な目的とすることにかんがみ、今後の法の運用に十分配慮し、その趣旨の徹底を図るとともに、著作物利用の公正な慣行が育成されるよう著作権思想の普及などに努力すること。

第二に、今回の制度改正に引き続き、新たな著作物利用手段の開発に対処しうる措置の検討を時宜を失することなく始めること。

第三に、写真の著作権及び著作隣接権の保護期間、映画の著作権の帰属、レコードによる音楽の演奏権の及ぶ範囲、応用美術の保護、実演家の人格権の保護等の問題についても積極的に検討を加えること。

第四に、新法の実施にあたっては、著作権者と利用者との間に十分な協議が行われ、円滑に運用されるよう配慮すべきこと。

2　著作権法の一部改正の概要

現行法成立後の一部改正の概要

法　律　名	改正の概要
著作権法の一部を改正する法律 （昭和53年法律第49号）	レコード保護条約締結に伴う改正
商業用レコードの公衆への貸与に関する著作者等の権利に関する暫定措置法（議員立法） （昭和58年法律第76号）	商業用レコードの公衆への貸与について権利者の許諾権の新設等
著作権法の一部を改正する法律 （昭和59年法律第46号）	貸与権の創設等
著作権法の一部を改正する法律 （昭和60年法律第62号）	プログラムの著作物の著作権法上の保護の明確化等
著作権法の一部を改正する法律 （昭和61年法律第64号）	データベースの著作権法上の保護の明確化、有線放送に関する規定の整備、有線放送事業者の保護等
プログラムの著作物に係る登録の特例に関する法律 （昭和61年法律第65号）	プログラムの著作物に係る登録の特例を規定
著作権法の一部を改正する法律 （昭和63年法律第87号）	海賊版を、情を知つて頒布目的で所持する行為を違法とし、著作隣接権の保護期間を20年から30年に延長する等
著作権法の一部を改正する法律 （平成元年法律第43号）	実演家等保護条約の締結に伴う改正
著作権法の一部を改正する法律 （平成3年法律第63号）	外国の実演家等への貸与に関する権利の付与、著作隣接権の保護期間を30年から50年に延長する等
著作権法の一部を改正する法律 （平成4年法律第106号）	私的録音録画に係る補償金制度の導入
著作権法及び万国著作権条約の実施に伴う著作権法の特例に関する法律の一部を改正する法律 （平成6年法律第112号）	世界貿易機関協定の締結に伴う改正

	成　立	公　布	施　行
	昭和53年５月11日 （第84回国会）	昭和53年５月18日	昭和53年10月14日
	昭和58年11月28日 （第100回国会）	昭和58年12月２日	昭和59年６月２日 （昭和60年１月１日廃止）
	昭和59年５月18日 （第101回国会）	昭和59年５月25日	昭和60年１月１日
	昭和60年６月７日 （第102回国会）	昭和60年６月14日	昭和61年１月１日
	昭和61年５月16日 （第104回国会）	昭和61年５月23日	昭和62年１月１日
	昭和61年５月16日 （第104回国会）	昭和61年５月23日	昭和62年４月１日
	昭和63年10月26日 （第113回国会）	昭和63年11月１日	昭和63年11月20日
	平成元年６月22日 （第114回国会）	平成元年６月28日	平成元年10月26日
	平成３年４月24日 （第120回国会）	平成３年５月２日	平成４年１月１日
	平成４年12月10日 （第125回国会）	平成４年12月16日	平成５年６月１日 （指定管理団体に係る部分は平成４年12月16日）
	平成６年12月８日 （第131回国会）	平成６年12月14日	平成８年１月１日

法　律　名	改正の概要
著作権法の一部を改正する法律 （平成8年法律第117号）	著作隣接権の保護対象の拡大、写真の著作物の保護期間の延長等
著作権法の一部を改正する法律 （平成9年法律第86号）	「インタラクティブ送信」に係る実演家・レコード製作者の権利の創設、「インタラクティブ送信」に係る著作者の権利の拡大、「同一構内」でのコンピュータ・プログラムの送信に係る権利の拡大等
行政機関の保有する情報の公開に関する法律の施行に伴う関係法律の整備等に関する法律 （平成11年法律第43号）	情報公開法に伴う著作者人格権、著作権の制限等
著作権法の一部を改正する法律 （平成11年法律第77号）	技術的保護手段の回避に係る規制、権利管理情報の改変等の規制、譲渡権の創設、上映権の対象の拡大、附則第14条の廃止等
著作権法及び万国著作権条約の実施に伴う著作権法の特例に関する法律の一部を改正する法律 （平成12年法律第56号）	視聴覚障害者のためのパソコン点訳・リアルタイム字幕に関する権利制限、民事上の救済規定、罰則の整備等
著作権法の一部を改正する法律 （平成14年法律第72号）	放送事業者及び有線放送事業者に対する送信可能化権の創設、実演家人格権の創設、レコード保護期間の起算点の変更等
著作権法の一部を改正する法律 （平成15年法律第85号）	映画の著作物の保護期間の延長、教育機関等での著作物活用の促進、司法救済の充実等
著作権法の一部を改正する法律 （平成16年法律第92号）	国外頒布目的商業用レコードに係る還流防止措置の導入、書籍又は雑誌の貸与に対する貸与権の稼働、罰則の強化等
不正競争防止法等の一部を改正する法律 （平成17年法律第75号）	秘密保持命令違反に係る罰則の強化
著作権法の一部を改正する法律 （平成18年法律第121号）	IPマルチキャスト放送による自動公衆送信、視覚障害者向けの自動公衆送信、行政手続のための複製、保守・修理時等における一時的複製等に係る権利制限、輸出の取締り、罰則の強化等

	成　立	公　布	施　行
	平成８年12月17日 （第139回国会）	平成８年12月26日	平成９年３月25日
	平成９年６月10日 （第140回国会）	平成９年６月18日	平成10年１月１日
	平成11年５月７日 （第145回国会）	平成11年５月14日	平成13年４月１日
	平成11年６月15日 （第145回国会）	平成11年６月23日	平成12年１月１日 （技術的保護手段の回避及び権利管理情報の改変等の規則に係る部分は平成11年10月１日）
	平成12年４月27日 （第147回国会）	平成12年５月８日	平成13年１月１日 （WIPO著作権条約に係る部分は平成14年３月６日）
	平成14年６月11日 （第154回国会）	平成14年６月19日	平成15年１月１日 （WIPO実演・レコード条約に係る規定の整備に関する部分は平成14年10月９日、実演家人格権の創設及びレコードの保護期間の起算点の変更に係る部分は平成14年10月９日）
	平成15年６月12日 （第156回国会）	平成15年６月18日	平成16年１月１日
	平成16年６月３日 （第159回国会）	平成16年６月９日	平成17年１月１日
	平成17年６月22日 （第162回国会）	平成17年６月29日	平成17年11月１日
	平成18年12月15日 （第165回国会）	平成18年12月22日	平成19年７月１日 （著作隣接権の制限に係る部分は平成19年１月１日）

法　律　名	改正の概要
障害のある児童及び生徒のための教科用特定図書等の普及の促進等に関する法律（平成20年法律第81号）	障害のある児童生徒のための教科用拡大図書等の作成に必要なデータ提供に係る権利制限
著作権法の一部を改正する法律（平成21年法律第53号）	①インターネット等を活用した著作物利用の円滑化を図るための権利制限・裁定 ②違法な著作物等の流通抑止のための措置 ③障害者の情報利用の機会の確保のための権利制限 ④登録原簿の電子化　等
国立国会図書館法の一部を改正する法律（平成21年法律第73号）	国立国会図書館におけるインターネット資料の収集のための複製に係る権利制限
放送法等の一部を改正する法律（平成22年法律第65号）	放送法改正に伴う改正
国立国会図書館法の一部を改正する法律（平成24年法律第32号）	国立国会図書館が行うインターネット資料収集に伴う複製に係る権利制限
著作権法の一部を改正する法律（平成24年法律第43号）	①いわゆる「写り込み」等に係る権利制限 ②国立国会図書館による図書館資料の自動公衆送信等に係る権利制限 ③公文書等の管理に関する法律等に基づく利用に係る権利制限 ④暗号方式による技術的保護手段の回避を可能とする装置等の譲渡等を行った場合の罰則整備 ⑤違法ダウンロードの刑事罰化
薬事法等の一部を改正する法律（平成25年法律第84号）	裁判手続等における複製の規定の整備
著作権法の一部を改正する法律（平成26年法律第35号）	①電子出版に対応した出版権の整備 ②視聴覚的実演条約の実施に伴う規定の整備
行政不服審査法の施行に伴う関係法律の整備等に関する法律（平成26年法律第69号）	補償金の額についての審査請求の制限の規定の整備
学校教育法等の一部を改正する法律（平成27年法律第46号）	教科用図書等への掲載の規定の整備

	成　立	公　布	施　行
	平成20年６月10日 (第169回国会)	平成20年６月18日	平成20年９月17日
	平成21年６月12日 (第171回国会)	平成21年６月19日	平成22年１月１日 (④については、平成23年６月１日)
	平成21年７月３日 (第171回国会)	平成21年７月10日	平成22年４月１日
	平成22年11月26日 (第176回国会)	平成22年12月３日	平成23年６月30日
	平成24年６月８日 (第180回国会)	平成24年６月22日	平成25年７月１日
	平成24年６月20日 (第180回国会)	平成24年６月27日	平成25年１月１日 (③・⑤については、平成24年10月１日、⑤のうち国民に対する啓発等について定めた附則の規定については、公布日（平成24年６月27日))
	平成25年11月20日 (第183回国会)	平成25年11月27日	平成26年１月25日
	平成26年４月25日 (第186回国会)	平成26年５月14日	平成27年１月１日 (②については、視聴覚的実演条約が効力を生じる日（令和２年４月28日))
	平成26年６月６日 (第186回国会)	平成25年６月13日	行政不服審査法の施行の日 (平成28年４月１日)
	平成27年６月17日 (第189回国会)	平成27年６月24日	平成28年４月１日

法　律　名	改正の概要
行政機関等の保有する個人情報の適正かつ効果的な活用による新たな産業の創出並びに活力ある経済社会及び豊かな国民生活の実現に資するための関係法律の整備に関する法律 （平成28年法律第51号）	登録手続等の規定の整備
環太平洋パートナーシップ協定の締結に伴う関係法律の整備に関する法律 （平成28年法律第108号）	①著作物等の保護期間の延長 ②著作権等侵害罪の一部非親告罪化 ③アクセスコントロールの回避等に関する措置 ④配信音源の二次使用に対する報酬請求権の付与 ⑤損害賠償に関する規定の見直し
民法の一部を改正する法律の施行に伴う関係法律の整備等に関する法律 （平成29年法律第45号）	補償金等の供託の規定の整備
著作権法の一部を改正する法律 （平成30年法律第30号）	①デジタル化・ネットワーク化の進展に対応した柔軟な権利制限規定の整備 ②教育の情報化に対応した権利制限規定等の整備 ③障害者の情報アクセス機会の充実に係る権利制限規定の整備 ④アーカイブの利活用促進に関する権利制限規定の整備等
学校教育法の一部を改正する法律 （平成30年法律第39号）	紙の教科書と同様に、著作物を権利者の許諾を得ずにデジタル教科書に掲載し、必要な利用を行うことを認めるとともに、当該著作物の利用に係る補償金等の規定を整備
環太平洋パートナーシップ協定の締結及び環太平洋パートナーシップに関する包括的及び先進的な協定の締結に伴う関係法律の整備に関する法律 （平成30年法律第70号）	①著作物等の保護期間の延長 ②著作権等侵害罪の一部非親告罪化 ③アクセスコントロールの回避等に関する措置 ④配信音源の二次使用に対する報酬請求権の付与 ⑤損害賠償に関する規定の見直し
民法及び家事事件手続法の一部を改正する法律 （平成30年法律第72号）	相続による法定相続分を超える部分についての著作権等の移転・一般承継による著作権等の移転は、登録しなければ第三者に対抗できないとした

	成　立	公　布	施　行
	平成28年５月20日 （第190回国会）	平成28年５月27日	公布日から１年６ヵ月を超えない範囲で政令で定める日 （平成29年５月30日）
	平成28年12月９日 （第192回国会）	平成28年12月16日	環太平洋パートナーシップ協定が日本国において効力を生ずる日
	平成29年５月26日 （第193回国会）	平成29年６月２日	民法の一部を改正する法律（平成29年法律第44号）の施行日 （平成32年４月１日）
	平成30年５月18日 （第196回国会）	平成30年５月25日	平成31年１月１日 （２については公布日から３年を超えない範囲で政令で定める日（令和２年４月28日））
	平成30年５月25日 （第196回国会）	平成30年６月１日	平成31年４月１日
	平成30年６月29日 （第196回国会）	平成30年７月６日	環太平洋パートナーシップに関する包括的及び先進的な協定が日本国において効力を生ずる日 （平成30年12月30日）
	平成30年７月６日 （第196回国会）	平成30年７月13日	公布日から１年を超えない範囲で政令で定める日 （令和元年７月１日）

法　律　名	改正の概要
著作権法及びプログラムの著作物に係る登録の特例に関する法律の一部を改正する法律 （令和2年法律第48号）	①リーチサイト対策 ②侵害コンテンツのダウンロード違法化 ③写り込みに係る権利制限規定の対象範囲の拡大 ④行政手続に係る権利制限規定の整備 ⑤著作物を利用する権利に関する対抗制度の導入 ⑥著作権侵害訴訟における証拠収集手続の強化 ⑦アクセスコントロールに関する保護の強化
デジタル社会の形成を図るための関係法律の整備に関する法律 （令和3年法律第37号）	個人情報の保護に関する法律改正に伴う改正
著作権法の一部を改正する法律 （令和3年法律第52号）	①国立国会図書館による絶版等資料のインターネット送信に係る権利制限規定の見直し ②各図書館等による図書館資料のメール送信等に係る権利制限規定の見直し ③放送番組のインターネット同時配信等に係る権利処理の円滑化

	成　立	公　布	施　行
	令和２年６月５日 （第201回国会）	令和２年６月12日	令和３年１月１日 （①③④⑤については、令和２年10月１日）
	令和３年５月12日 （第204回国会）	令和３年５月19日	令和３年９月１日 （著作権法の一部改正に関わる条項については、公布日から１年を超えない範囲内で政令で定める日）
	令和３年５月26日 （第204回国会）	令和３年６月２日	令和４年１月１日 （①については公布日から１年を超えない範囲内、②については公布日から２年を超えない範囲内で政令で定める日）

3　旧法と現行法における保護期間の取り扱い

旧著作権法（明治32年（1899年）制定、以下「旧法」）と現行著作権法（昭和46年（1971年）1月1日施行）では著作物の保護期間が異なっていますので、旧法の時代に公表又は創作された著作物の著作権が存続

著作物の種類	公表名義の別	旧法による保護期間
映画・写真以外の著作物（小説、美術、音楽、建築、コンピュータ・プログラムなど）	実名（生前公表）	死後38年間
	実名（死後公表）	公表後38年間
	無名・変名	公表後38年間 ※2
	団体名義	公表後33年間
写真の著作物	—	発行又は創作後13年間
映画の著作物（独創性のあるもの（劇場用映画など））	実名（生前公表）	死後38年間
	実名（死後公表）	公表後38年間
	無名・変名	公表後38年間
	団体名義	公表後33年間
映画の著作物（独創性のないもの（ニュース映画、記録映画など））	—	発行又は創作後13年間

※1　法改正により保護期間の長さが変更される場合は、それぞれの改正法の施行の際、現に著作権が消滅していないもののみが、変更された保護期間の適用を受けます（附則第2条、平成8年改正法附則2、平成15年改正法附則第2条）。なお、旧法の時代の著作物の保護期間については、変更後の保護期間と比べて、旧法に定められた保護期間の方が長い場合は、その長い保護期間が適用されます（附則第7条、平成8年改正法附則3、平成15年改正法附則第3条）。

※2　無名・変名により公表された後、昭和45年（1970年）12月31日までの間に実名登録を受けたものについては、保護期間は、著作者の死後38年間となります。

していることか否かを考える際には、旧法及び現行著作権法の保護期間の規定を調べる必要があります。

旧法及び現行著作権法における著作物の保護期間は、数次にわたる改正の結果、次の表のようになっています。

	昭和45年（1970年）著作権法制定後の保護期間(昭和46年(1971年)1月1日施行)	平成8年（1996年）著作権法改正後の保護期間(平成9年(1997年)3月25日施行)	平成15年（2003年）著作権法改正後の保護期間(平成16年(2004年)1月1日施行)	平成30年（2018年）TPP11整備法制定後の保護期間（平成30年(2018年)12月30日施行）
	死後50年間			死後70年
	死後50年間			死後70年
	公表後50年間 ※3			公表後70年
	公表後50年間 ※4			公表後70年
	公表後50年間	死後50年間		死後70年
	公表後50年間		公表後70年間	
	公表後50年間		公表後70年間	
	公表後50年間		公表後70年間	
	公表後50年間		公表後70年間	
	公表後50年間		公表後70年間	

※3　旧法の時代の著作物のうち、昭和46年（1971年）1月1日以降において、かつ、公表後50年が経過するまでの間に、実名登録を受けたもの又は実名・周知の変名により公表されたものについては、保護期間は、著作者の死後50年間となります。

※4　旧法の時代の著作物のうち、昭和46年（1971年）1月1日以降において、かつ、公表後50年が経過するまでの間に、実名・周知の変名により公表されたものについては、保護期間は、著作者の死後50年間となります。

4　著作権関係条約締結状況

区分	国・地域名	ベルヌ条約加盟国				WIPO加盟国	万国著作権条約締約国	
		ローマ改正条約	ブラッセル改正条約	ストックホルム改正条約（管理規定）	パリ改正条約		1952年条約	1971年条約
アジア	インド	○	○		○	○	○	○
	インドネシア共和国				○	○		
	韓　国				○	○	○	○
	カンボジア				○	○	1953年11月3日	
	北朝鮮				○	○		
	シンガポール				○	○		
	スリランカ	○			○	○	○	○
	タ　イ				○	○		
	台　湾							
	中華人民共和国				○	○	○	○
	日　本	○	○		○	○	○	○
	ネパール				○	○		
	パキスタン	○		○		○	○	
	バングラデシュ				○	○	1975年8月5日	1975年8月5日
	東ティモール					○		
	フィリピン		○		○	○	1955年11月29日	
	ブータン				○	○		
	ブルネイ・ダルサラーム				○	○		
	ベトナム				○	○		
	香　港				※			
	マカオ				※			
	マレーシア				○	○		
	ミャンマー					○		
	モルディヴ					○		
	モンゴル				○	○		
	ラオス				○	○	1954年11月19日	

（2022年３月９日現在）

実演家等保護条約締約国	レコード保護条約締約国	WTO設立協定受諾国・地域	著作権に関する世界知的所有権機関条約	実演及びレコードに関する世界知的所有権機関条約	備　　考
	○	○	○	○	（ベ）パリの附属書を適用、パリ第33条（１）に拘束されない
		○	○	○	（ベ）パリ第33条（１）に拘束されない
○	○	○	○	○	（万）例外規定を適用
		○			
					（ベ）パリの附属書を適用、パリ第33条（１）に拘束されない
		○	○	○	（ベ）パリの附属書を適用
		○			
		○			（ベ）パリ第33条（１）に拘束されない
		○			
	○	○	○	○	（万）例外規定を適用
○	○	○	○	○	
		○			
		○			
		○			（ベ）パリの附属書を適用（万）例外規定を適用
○		○	○	○	（ベ）パリの附属書を適用
		○	○	○	
○	○	○	○		
	※	○			※注７参照
		○			※注７参照
		○	○	○	
		○			
		○			
		○	○	○	（ベ）パリの附属書を適用、パリ第33条（１）に拘束されない
		○			

区分	国・地域名	ベルヌ条約加盟国				WIPO加盟国	万国著作権条約締約国	
		ローマ改正条約	ブラッセル改正条約	ストックホルム改正条約（管理規定）	パリ改正条約		1952年条約	1971年条約
中近東	アフガニスタン				○	○		
	アラブ首長国連邦				○	○		
	イエメン共和国				○	○		
	イスラエル	○	○	○	○	○	○	
	イ ラ ク					○		
	イ ラ ン					○		
	オマーン				○	○		
	カタール				○	○		
	クウェート				○	○		
	サウジアラビア				○	○	1994年7月13日	1994年7月13日
	シ リ ア				○	○		
	ト ル コ		○		○	○		
	バーレーン				○	○		
	ヨルダン				○	○		
	レバノン	○				○	○	
NIS諸国	アゼルバイジャン				○	○	1997年7月7日	
	アルメニア				○	○		
	ウクライナ				○	○	○	
	ウズベキスタン				○	○		
	カザフスタン				○	○	1992年2月6日	
	キルギス				○	○		
	ジョージア				○	○		
	タジキスタン				○	○	1992年11月28日	
	トルクメニスタン				○	○		
	ベラルーシ				○	○	○	
	モルドバ共和国				○	○	○	
	ロ シ ア				○	○	○	○

	実演家等保護条約締約国	レコード保護条約締約国	WTO設立協定受諾国・地域	著作権に関する世界知的所有権機関条約	実演及びレコードに関する世界知的所有権機関条約	備　　考
			○	○	○	
	○		○	○	○	
			○			
	○	○	○			
			○	○	○	（ベ）パリ第33条（1）に拘束されない
	○		○	○	○	
			○			
			○			
	○					
	○		○	○	○	
	○		○	○	○	（ベ）パリの附属書を適用
			○	○	○	（ベ）パリの附属書を適用、パリ第33条（1）に拘束されない
	○					
	○	○		○	○	
	○	○	○	○	○	
	○	○	○	○	○	
		○		○	○	
	○	○	○	○	○	
	○	○	○	○	○	
	○		○	○	○	
	○	○	○	○	○	
	○					
	○	○		○	○	
	○	○	○	○	○	
	○	○	○	○	○	

区分	国・地域名	ベルヌ条約加盟国				WIPO加盟国	万国著作権条約締約国	
		ローマ改正条約	ブラッセル改正条約	ストックホルム改正条約（管理規定）	パリ改正条約		1952年条約	1971年条約
EU	E　U							
EU加盟国	アイルランド	○	○	○	○	○	○	
	イタリア	○	○		○	○	○	○
	エストニア				○	○		
	オーストリア	○	○	○	○	○	○	○
	オランダ	○	○		○	○	○	○
	キプロス	○			○	○	○	○
	ギリシャ	○	○		○	○	○	
	クロアチア				○	○	○	○
	スウェーデン	○	○	○	○	○	○	○
	スペイン	○	○	○	○	○	○	○
	スロバキア				○	○	○	○
	スロベニア	○	○		○	○	○	○
	チ ェ コ				○	○	○	○
	デンマーク	○	○	○	○	○	○	○
	ド イ ツ	○	○	○	○	○	○	○
	ハンガリー	○			○	○	○	○
	フィンランド	○	○	○	○	○	○	○
	フランス	○	○		○	○	○	○
	ブルガリア	○			○	○	○	○
	ベルギー	○	○	○	○	○	○	
	ポーランド	○			○	○	○	○
	ポルトガル	○	○		○	○	○	○
	マ ル タ	○			管理	○	○	
	ラトビア				○	○		
	リトアニア				○	○		
	ルーマニア	○		○	○	○		
	ルクセンブルク	○	○		○	○	○	

	実演家等保護条約締約国	レコード保護条約締約国	WTO設立協定受諾国・地域	著作権に関する世界知的所有権機関条約	実演及びレコードに関する世界知的所有権機関条約	備　　考
			○	○	○	
	○		○	○	○	
	○	○	○	○	○	
	○	○	○	○	○	
	○	○	○	○	○	
	○	○	○	○	○	
	○	○	○	○	○	（ベ）翻訳権を留保
	○	○	○	○	○	
	○	○	○	○	○	
	○	○	○	○	○	
	○	○	○	○	○	
	○	○	○	○	○	
	○	○	○	○	○	（ベ）翻訳権を留保
	○	○	○	○	○	
	○	○	○	○	○	
	○	○	○	○	○	
	○	○	○	○	○	
	○	○	○	○	○	
	○	○	○	○	○	
	○	○	○	○	○	
	○		○	○	○	
	○		○	○	○	
	○		○	○	○	
			○	○	○	（ベ）パリ第33条（1）に拘束されない
	○	○	○	○	○	
	○	○	○	○	○	（ベ）パリ第33条（1）に拘束されない
	○	○	○	○	○	
	○	○	○	○	○	

区分	国・地域名	ベルヌ条約加盟国				WIPO加盟国	万国著作権条約締約国	
		ローマ改正条約	ブラッセル改正条約	ストックホルム改正条約（管理規定）	パリ改正条約		1952年条約	1971年条約
ヨーロッパ（EU加盟国以外）	アイスランド	○			○	○	○	
	アルバニア				○	○	○	○
	アンドラ				○	○	1953年3月31日	
	イギリス	○	○	○	○	○	○	○
	サンマリノ				○	○		
	スイス	○	○	○	○	○	○	○
	セルビア				○	○	○	○
	ノルウェー	○	○		○	○	○	○
	バチカン	○	○		○	○	○	○
	ボスニア・ヘルツェゴビナ				○	○	○	○
	マケドニア				○	○	○	○
	モナコ	○	○		○	○	○	○
	モンテネグロ				○	○	○	○
	リヒテンシュタイン	○	○	○	○	○	○	○
北米	アメリカ合衆国				○	○	○	○
	カナダ	○		○	○	○	○	
中米・カリブ	アンチグア・バーブーダ				○	○		
	エルサルバドル				○	○	○	○
	キューバ				○	○	○	
	グアテマラ				○	○	○	
	グレナダ				○	○		
	コスタリカ				○	○	○	○
	ジャマイカ				○	○		
	セントクリストファー・ネイビス				○	○		
	セントビンセント・グレナディーン				○	○	○	○

実演家等保護条約締約国	レコード保護条約締約国	WTO設立協定受諾国・地域	著作権に関する世界知的所有権機関条約	実演及びレコードに関する世界知的所有権機関条約	備　　考
○		○			
○	○	○	○	○	
○					
○	○	○	○	○	
			○	○	
○	○	○	○	○	
○	○		○	○	(ベ）翻訳権を留保
○	○	○			
	○				
○	○		○	○	(ベ）翻訳権を留保
○	○	○	○	○	
○	○				
○	○	○	○	○	(ベ）翻訳権を留保
○	○	○	○	○	
	○	○	○	○	
○		○	○	○	
		○			
○	○	○	○	○	
		○			(ベ）パリの附属書を適用、パリ第33条（1）に拘束されない
○	○	○	○	○	(ベ）パリ第33条（1）に拘束されない
		○			
○	○	○	○	○	
○	○	○	○	○	
		○			
		○		○	

区分	国・地域名	ベルヌ条約加盟国				WIPO加盟国	万国著作権条約締約国		
		ローマ改正条約	ブラッセル改正条約	ストックホルム改正条約（管理規定）	パリ改正条約		1952年条約	1971年条約	
中米・カリブ	セントルシア				○	○			
	ドミニカ共和国				○	○	○	○	
	ドミニカ国				○	○			
	トリニダード・トバゴ				○	○	○	○	
	ニカラグア				○	○	1961年8月16日		
	ハイチ				○	○	○		
	パナマ				○	○	○	○	
	バハマ		○		管理	○	○	○	
	バルバドス				○	○	○	○	
	ベリーズ				○	○	1983年3月1日		
	ホンジュラス				○	○			
	メキシコ		○		○	○	○	○	
南米	アルゼンチン		○		○	○	○		
	ウルグアイ		○		○	○	○	○	
	エクアドル				○	○	○	○	
	ガイアナ				○	○			
	コロンビア				○	○	○	○	
	スリナム				○	○			
	チリ		○		○	○	○		
	パラグアイ				○	○	○		
	ブラジル	○	○		○	○	○	○	
	ベネズエラ				○	○	○	○	
	ペルー				○	○	○	○	
	ボリビア				○	○	○	○	

	実演家等保護条約締約国	レコード保護条約締約国	WTO設立協定受諾国・地域	著作権に関する世界知的所有権機関条約	実演及びレコードに関する世界知的所有権機関条約	備　　考
	○	○	○	○	○	(ベ) パリ第33条（1）に拘束されない
	○		○	○	○	
	○		○			
	○	○	○	○	○	
	○	○	○	○	○	
			○			
	○	○	○	○	○	
						(ベ) パリ第33条（1）に拘束されない
	○	○	○	○	○	
	○		○	○	○	
	○	○	○	○	○	
	○	○	○	○	○	(万) 例外規定を適用
	○	○	○	○	○	
	○	○	○	○	○	
	○	○	○	○	○	
			○			
	○	○	○	○	○	
			○			
	○	○	○	○	○	
	○	○	○	○	○	
	○	○	○			
	○	○	○			(ベ) パリ第33条（1）に拘束されない
	○	○	○	○	○	
	○		○			(万) 例外規定を適用

区分	国・地域名	ベルヌ条約加盟国				WIPO加盟国	万国著作権条約締約国	
		ローマ改正条約	ブラッセル改正条約	ストックホルム改正条約（管理規定）	パリ改正条約		1952年条約	1971年条約
アフリカ	アルジェリア				○	○	○	○
	アンゴラ					○		
	ウガンダ					○		
	エジプト				○	○		
	エスワティニ				○	○		
	エチオピア					○		
	エリトリア					○		
	ガーナ				○	○	○	
	カーボベルデ				○	○		
	ガボン		○		○	○		
	カメルーン		○		○	○	○	○
	ガンビア				○	○		
	ギニア				○	○	○	○
	ギニアビサウ				○	○		
	ケニア				○	○	○	○
	コートジボワール		○		○	○		
	コモロ				○	○		
	コンゴ共和国		○		○	○		
	コンゴ民主共和国		○		○	○		
	サントメ・プリンシペ				○	○		
	ザンビア				○	○		
	シエラレオネ					○		
	ジブチ				○	○		
	ジンバブエ	○			管理	○		
	スーダン				○	○		
	セーシェル共和国					○		
	赤道ギニア				○	○		

	実演家等保護条約締約国	レコード保護条約締約国	WTO設立協定受諾国・地域	著作権に関する世界知的所有権機関条約	実演及びレコードに関する世界知的所有権機関条約	備　　考
	○			○	○	(ベ) パリの附属書を適用、パリ第33条（1）に拘束されない (万) 例外規定を適用
			○			
			○			
		○	○			(ベ) パリ第33条（1）に拘束されない
			○			
		○	○	○	○	
	○		○	○	○	
			○	○	○	
			○			
			○			
			○	○	○	
			○			
		○	○			
			○			
				○	○	
	○		○			
		○	○			
				○	○	
			○			
			○			
			○			
			○			
			○			

区分	国・地域名	ベルヌ条約加盟国				WIPO加盟国	万国著作権条約締約国	
		ローマ改正条約	ブラッセル改正条約	ストックホルム改正条約（管理規定）	パリ改正条約		1952年条約	1971年条約
アフリカ	セネガル		○	○	○	○	○	○
	ソマリア					○		
	タンザニア				○	○		
	チャド		○	○		○		
	中央アフリカ				○	○		
	チュニジア	○	○		○	○	○	○
	トーゴ				○	○	○	○
	ナイジェリア				○	○	○	
	ナミビア				○	○		
	ニジェール		○		○	○	○	○
	ブルキナファソ				○	○		
	ブルンジ				○	○		
	ベナン		○		○	○		
	ボツワナ				○	○		
	マダガスカル		○			○		
	マラウイ				○	○	○	
	マリ		○		○	○		
	南アフリカ	○	○		管理	○		
	モザンビーク				○	○		
	モーリシャス				○	○	○	
	モーリタニア			○	○	○		
	モロッコ	○	○	○	○	○	○	○
	リビア				○	○		
	リベリア				○	○	○	
	ルワンダ				○	○	○	○
	レソト				○	○		

	実演家等保護条約締約国	レコード保護条約締約国	WTO設立協定受諾国・地域	著作権に関する世界知的所有権機関条約	実演及びレコードに関する世界知的所有権機関条約	備　　考
			○	○	○	
			○			(ベ) パリ第33条（1）に拘束されない
			○			
			○			
			○			(ベ) パリ第33条（1）に拘束されない (万) 例外規定を適用
	○	○	○	○	○	
	○		○	○	○	
			○			
	○		○			
	○	○	○	○	○	
			○	○		
			○	○	○	
			○	○	○	
			○	○	○	
			○			
			○	○	○	
			○			(ベ) パリ第33条（1）に拘束されない
			○			
			○			(ベ) パリ第33条（1）に拘束されない
			○			
			○	○	○	
						(ベ) パリ第33条（1）に拘束されない
	○	○	○			(ベ) パリ第33条（1）に拘束されない
			○			
	○		○			(ベ) パリ第33条（1）に拘束されない

区分	国・地域名	ベルヌ条約加盟国				WIPO加盟国	万国著作権条約締約国	
		ローマ改正条約	ブラッセル改正条約	ストックホルム改正条約（管理規定）	パリ改正条約		1952年条約	1971年条約
大洋州	オーストラリア	○	○	○	○	○	○	○
	キリバス				○	○		
	クック諸島				○	○		
	サモア				○	○		
	ソロモン諸島				○	○		
	ツバル				○	○		
	トンガ				○	○		
	ナウル				○	○		
	ニウエ				○	○		
	ニュージーランド	○				○	○	
	バヌアツ				○	○		
	パプアニューギニア					○		
	フィジー		○	○		○	○	
	マーシャル諸島					○		
	ミクロネシア				○			
	加盟又は締約国・地域数	180				193	100	

	実演家等保護条約締約国	レコード保護条約締約国	WTO設立協定受諾国・地域	著作権に関する世界知的所有権機関条約	実演及びレコードに関する世界知的所有権機関条約	備　　考
	○	○	○	○	○	
				○	○	
				○	○	
			○			
			○			
			○			
				○		
		○	○	○	○	
			○	○	○	
			○			
	○	○	○			
	96	80	164	111	109	

（注）1　万国著作権条約は、締約国における条約の効力発生の日に保護を受けなくなっている著作物又は保護を受けたことのない著作物については適用しないことを規定している（不遡及原則）ため、ベルヌ条約・万国著作権条約のうち万国著作権条約のみで日本と保護関係にある国については万国著作権条約の効力発生年月日も記入している。

2　備考中、（ベ）はベルヌ条約に、（万）は万国著作権条約に関するものである。

3　ベルヌ条約パリ改正条約の欄において「管理」とあるのは、管理規定（第22条～第38条）のみについて締結しているものである。

4　国・地域の区分については独自に定め、地域については主なものだけを掲げた。

5　実演家等保護条約は不遡及を原則としている。したがって、日本の実演家等保護条約締約（1989年10月26日）後に実演家等保護条約を締約した国（レソト（1990年1月26日）、ホンジュラス（1990年2月16日）、スペイン（1991年11月14日）、アルゼンチン（1992年3月2日）、オーストラリア（1992年9月30日）、チェコ（1993年1月1日）、スロバキア（1993年1月1日）、ギリシャ（1993年1月6日）、スイス（1993年9月24日）、オランダ（1993年10月7日）、ナイジェリア（1993年10月29日）、ボリビア（1993年11月24日）、ジャマイカ（1994年1月27日）、アイスランド（1994年6月15日）、ハンガリー（1995年2月10日）、ブルガリア（1995年8月31日）、モルドバ（1995年12月5日）、ベネズエラ（1996年1月30日）、セントルシア（1996年8月17日）、スロベニア（1996年10月9日）、ポーランド（1997年6月13日）、カーボベルデ（1997年7月3日）、レバノン（1997年8月12日）、マケドニア（1998年3月2日）、カナダ（1998年6月4日）、ルーマニア（1998年10月22日）、リトアニア（1999年7月22日）、ドミニカ国（1999年8月7日）、ラトビア（1999年8月20日）、ベルギー（1999年10月2日）、リヒテンシュタイン（1999年10月12日）、クロアチア（2000年4月20日）、エストニア（2000年4月28日）、ニカラグア（2000年8月10日）、アルバニア（2000年9月1日）、ウクライナ（2002年6月12日）、ポルトガル（2002年7月17日）、イスラエル（2002年12月30日）、アルメニア（2003年1月31日）、ロシア（2003年5月26日）、ベラルーシ（2003年5月27日）、セルビア・モンテネグロ（2003年6月10日）、トーゴ（2003年6月10日）、キルギス（2003年8月13日）、トルコ（2004年4月8日）、アンドラ（2004年5月25日）、グルジア（2004年8月14日）、アラブ首長国連邦（2005年1月14日）、アゼルバイジャン（2005年10月5日）、リベリア（2005年12月

16日)、バーレーン（2006年1月18日)、シリア（2006年5月13日)、モンテネグロ（2006年6月3日)、ベトナム（2007年3月1日)、アルジェリア（2007年4月22日)、タジキスタン（2008年5月19日)、韓国（2009年3月18日)、ボスニア・ヘルツェゴビナ（2009年5月19日)、キプロス（2009年6月17日)、カザフスタン（2012年6月30日)、カタール（2017年9月23日)、トルクメニスタン（2020年11月30日)）に関しては、締約の日から保護を受ける。

6　レコード保護条約は不遡及を原則としている。したがって、日本のレコード保護条約締約（1978年10月14日）後にレコード保護条約を締約した国（エルサルバドル（1979年2月9日)、パラグアイ（1979年2月13日)、コスタリカ（1982年6月17日)、オーストリア（1982年8月21日)、ベネズエラ（1982年11月18日)、ウルグアイ（1983年1月18日)、バルバドス（1983年7月29日)、ペルー（1985年8月24日)、韓国（1987年10月10日)、ブルキナファソ（1988年1月30日)、トリニダード・トバゴ（1988年10月1日)、ホンジュラス（1990年3月6日)、チェコ（1993年1月1日)、スロバキア（1993年1月1日)、中国（1993年4月30日)、キプロス（1993年9月30日)、スイス（1993年9月30日)、オランダ（1993年10月12日)、ジャマイカ（1994年1月11日)、ギリシャ（1994年2月9日)、コロンビア（1994年5月16日)、ロシア（1995年3月13日)、ブルガリア（1995年9月6日)、スロベニア（1996年10月15日)、ラトビア（1997年11月23日)、マケドニア（1998年3月2日)、ルーマニア（1998年10月1日)、リヒテンシュタイン（1999年10月12日)、リトアニア（2000年1月27日)、ウクライナ（2000年2月18日)、クロアチア（2000年4月20日)、エストニア（2000年5月28日)、モルドバ共和国（2000年7月17日)、ニカラグア（2000年8月10日)、セントルシア（2001年4月2日)、アルバニア（2001年6月26日)、カザフスタン（2001年8月3日)、アゼルバイジャン（2001年9月1日)、キルギス（2002年10月12日)、アルメニア（2003年1月31日)、ベラルーシ（2003年4月17日)、セルビア・モンテネグロ（2003年6月10日)、トーゴ（2003年6月10日)、ベトナム（2005年7月6日)、リベリア（2005年12月16日)、モンテネグロ（2006年6月3日)、ボスニア・ヘルツェゴビナ（2009年5月25日)、タジキスタン（2013年2月26日)、ガーナ（2017年2月10日)、ウズベキスタン（2019年4月25日)）に関しては、締約の日から保護を受ける。

7　香港、マカオには中国が締結している著作権関係条約が適用されている。

第 4 部

著作権関係法令

各法令は、旧法を除き、2022年1月1日時点で施行されている条文を掲載しています。ただし著作権法については、同時点で未施行の条文を、施行されている条文の後に四角で囲って掲載しています。

1　著作権法

（昭和四十五年五月六日　法律第四十八号）

改正　昭和五十三年　五月　十八日　法律第四十九号
同　五十六年　五月　十九日　同　第四十五号
〔各種手数料等の改定に関する法律第四条による改正〕
同　五十八年十二月　　二日　同　第七十八号
〔国家行政組織法の一部を改正する法律の施行に伴う関係法律の整理等に関する法律第七十六条による改正〕
同　五十九年　五月　　一日　同　第二十三号
〔各種手数料等の額の改定及び規定の合理化に関する法律第五条による改正〕
同　五十九年　五月二十五日　同　第四十六号
同　　六十年　六月　十四日　同　第六十二号
同　六十一年　五月二十三日　同　第六十四号
同　六十一年　五月二十三日　同　第六十五号
〔プログラムの著作物に係る登録の特例に関する法律附則第三項による改正〕
同　六十三年十一月　　一日　同　第八十七号
平成　　元年　六月二十八日　同　第四十三号
同　　三年　五月　　二日　同　第六十三号
同　　四年十二月　十六日　同　第百六号
同　　五年十一月　十二日　同　第八十九号
〔行政手続法の施行に伴う関係法律の整備に関する法律第八十一条による改正〕
同　　六年十二月　十四日　同　第百十二号
同　　七年　五月　十二日　同　第九十一号
〔刑法の一部を改正する法律附則第八条第六号による改正〕
同　　八年十二月二十六日　同　第百十七号
同　　九年　六月　十八日　同　第八十六号
同　　十年　六月　十二日　同　第百一号
〔学校教育法等の一部を改正する法律附則第三十八条による改正〕
同　十一年　五月　十四日　同　第四十三号
〔行政機関の保有する情報の公開に関する法律の施行に伴う関係法律の整備等に関する法律第十一条による改正〕
同　十一年　六月二十三日　同　第七十七号

同　　十一年十二月二十二日　同　第百六十号
〔中央省庁等改革関係法施行法第五百六十三条による改正〕
同　　十一年十二月二十二日　同　第二百二十号
〔独立行政法人の業務実施の円滑化等のための関係法律の整備等に関する法律第十五条による改正〕
同　　十二年　五月　　八日　同　第五十六号
同　　十二年十一月二十九日　同　第百三十一号
〔著作権等管理事業法附則第八条による改正〕
同　　十三年十二月　　五日　同　第百四十号
〔独立行政法人等の保有する情報の公開に関する法律附則第六条による改正〕
同　　十四年　六月　十九日　同　第七十二号
同　　十五年　五月　三十日　同　第六十一号
〔行政機関の保有する個人情報の保護に関する法律等の施行に伴う関係法律の整備等に関する法律第十八条による改正〕
同　　十五年　六月　十八日　同　第八十五号
同　　十五年　七月　十六日　同　第百十九号
〔地方独立行政法人法の施行に伴う関係法律の整備等に関する法律第三十五条による改正〕
同　　十六年　六月　　九日　同　第八十四号
〔行政事件訴訟法の一部を改正する法律第八条による改正〕
同　　十六年　六月　　九日　同　第九十二号
同　　十六年　六月　十八日　同　第百二十号
〔裁判所法等の一部を改正する法律第九条による改正〕
同　　十六年十二月　　一日　同　第百四十七号
〔民法の一部を改正する法律附則第七十五条による改正〕
同　　十七年　六月二十九日　同　第七十五号
〔不正競争防止法等の一部を改正する法律第六条による改正〕
同　　十八年　六月　　二日　同　第五十号
〔一般社団法人及び一般財団法人に関する法律及び公益社団法人及び公益財団法人の認定等に関する法律の施行に伴う関係法律の整備等に関する法律第二百七十一条による改正〕
同　　十八年十二月二十二日　同　第百二十一号
同　　二十年　六月　十八日　同　第八十一号
〔障害のある児童及び生徒のための教科用特定図書等の普及の促進等に関する法律附則第四条による改正〕

同　二十一年　六月　十九日　同　第五十三号
同　二十一年　七月　　十日　同　第七十三号
〔国立国会図書館法の一部を改正する法律附則第三条による改正〕
同　二十二年十二月　　三日　同　第六十五号
〔放送法等の一部を改正する法律附則第三十条による改正〕
同　二十四年　六月二十二日　同　第三十二号
〔国立国会図書館法の一部を改正する法律附則第四条による改正〕
同　二十四年　六月二十七日　同　第四十三号
同　二十五年十一月二十七日　同　第八十四号
〔薬事法等の一部を改正する法律第八十一条による改正〕
同　二十六年　五月　十四日　同　第三十五号
同　二十六年　六月　十三日　同　第六十九号
〔行政不服審査法の施行に伴う関係法律の整備等に関する法律第百十二条による改正〕
同　二十七年　六月二十四日　同　第四十六号
〔学校教育法等の一部を改正する法律附則第四条による改正〕
同　二十八年　五月二十七日　同　第五十一号
〔行政機関等の保有する個人情報の適正かつ効果的な活用による新たな産業の創出並びに活力ある経済社会及び豊かな国民生活の実現に資するための関係法律の整備に関する法律附則第五条による改正〕
同　二十八年十二月　十六日　同　第百八号
〔環太平洋パートナーシップ協定の締結に伴う関係法律の整備に関する法律による改正〕
同　二十九年　六月　　二日　同　第四十五号
〔民法の一部を改正する法律の施行に伴う関係法律の整備等に関する法律による改正〕
同　　三十年　五月二十五日　同　第三十号
同　　三十年　六月　　一日　同　第三十九号
〔学校教育法等の一部を改正する法律による改正〕
同　　三十年　七月　　六日　同　第七十号
〔環太平洋パートナーシップ協定の締結及び環太平洋パートナーシップに関する包括的及び先進的な協定の締結に伴う関係法律の整備に関する法律による改正〕
同　　三十年　七月　十三日　同　第七十二号
〔民法及び家事事件手続法の一部を改正する法律附則第十九条による改正〕

令和　　二年　六月　十二日　同　第四十八号
同　　　三年　五月　十九日　同　第三十七号
〔デジタル社会の形成を図るための関係法律の整備に関する法律附則第二十一条による改正〕
同　　　三年　六月　　二日　同　第五十二号

目次

第一章　総則

第一節　通則

（目的）

第一条　この法律は、著作物並びに実演、レコード、放送及び有線放送に関し著作者の権利及びこれに隣接する権利を定め、これらの文化的所産の公正な利用に留意しつつ、著作者等の権利の保護を図り、もつて文化の発展に寄与することを目的とする。

（昭六一法六四・一部改正）

（定義）

第二条　この法律において、次の各号に掲げる用語の意義は、当該各号に定めるところによる。

一　著作物　思想又は感情を創作的に表現したものであつて、文芸、学術、美術又は音楽の範囲に属するものをいう。

二　著作者　著作物を創作する者をいう。

三　実演　著作物を、演劇的に演じ、舞い、演奏し、歌い、口演し、朗詠し、又はその他の方法により演ずること（これらに類する行為で、著作物を演じないが芸能的な性質を有するものを含む。）をいう。

四　実演家　俳優、舞踊家、演奏家、歌手その他実演を行う者及び実演を指揮し、又は演出する者をいう。

五　レコード　蓄音機用音盤、録音テープその他の物に音を固定したもの（音を専ら影像とともに再生することを目的とするものを除く。）をいう。

六　レコード製作者　レコードに固定されている音を最初に固定した者をいう。

七　商業用レコード　市販の目的をもつて製作されるレコードの複製物をいう。

七の二　公衆送信　公衆によつて直接受信されることを目的として無線通信又は有線電気通信の送信（電気通信設備で、その一の部分の設置の場所が他の部分の設置の場所と同一の構内（その構内が二以上の者の占有に属している場合には、同一の者の占有に属する区域内）にあるものによる送信（プログラムの著作物の送信を除く。）を除く。）を行うことをいう。

八　放送　公衆送信のうち、公衆によつて同一の内容の送信が同時に受信されることを目的として行う無線通信の送信をいう。

九　放送事業者　放送を業として行う者をいう。

九の二　有線放送　公衆送信のうち、公衆によつて同一の内容の送信が同時に受信されることを目的として行う有線電気通信の送信をいう。

九の三　有線放送事業者　有線放送を業として行う者をいう。

九の四　自動公衆送信　公衆送信のうち、公衆からの求めに応じ自動的に行うもの（放送又は有線放送に該当するものを除く。）をいう。

九の五　送信可能化　次のいずれかに掲げる行為により自動公衆送信し得るようにすることをいう。

イ　公衆の用に供されている電気通信回線に接続している自動公衆送信装置（公衆の用に供する電気通信回線に接続することにより、その記録媒体のうち自動公衆送信の用に供する部分（以下この号において「公衆送信用記録媒体」という。）に記録され、又は当該装置に入力される情報を自動公衆送信する機能を有する装置をいう。以下同じ。）の公衆送信用記録媒体に情報を記録し、情報が記録された記録媒体を当該自動公衆送信装置の公衆送信用記録媒体として加え、若しくは情報が記録された記録媒体を当該自動公衆送信装置の公衆送信用記録媒体に変換し、又は当該自動公衆送信装置に情報を入力すること。

ロ　その公衆送信用記録媒体に情報が記録され、又は当該自動公衆送信装置に情報が入力されている自動公衆送信装置について、公衆の用に供されている電気通信回線への接続（配線、自動公衆送信装置の始動、送受信用プログラムの起動その他の一連の行為により行われる場合には、当該一連の行為のうち最後のものをいう。）を行うこと。

九の六　特定入力型自動公衆送信　放送を受信して同時に、公衆の用に供されている電気通信回線に接続している自動公衆送信装置に情報を入力することにより行う自動公衆送信（当該自動公衆送信のために行う送信可能化を含む。）をいう。

九の七　放送同時配信等　放送番組又は有線放送番組の自動公衆送信（当該自動公衆送信のために行う送信可能化を含む。以下この号において同じ。）のうち、次のイからハまでに掲げる要件を備えるもの（著作権者、出版権者若しくは著作隣接権者（以下「著作権者等」という。）の利益を不当に害するおそれがあるもの又は広く国民が容易に視聴することが困難なものとして文化庁長官が総務大臣と協議して定めるもの及び特定入力型自動公衆送信を除く。）をいう。

イ　放送番組の放送又は有線放送番組の有線放送が行われた日から一週間以内（当該放送番組又は有線放送番組が同一の名称の下に一定の間隔で連続して放送され、又は有線放送されるものであつてその間隔が一週間を超えるものである場合には、一月以内でその間隔に応じて文化庁長官が定める期間内）に行われるもの（当該放送又は有線放送が行われるより前に行われるものを除く。）であること。

ロ　放送番組又は有線放送番組の内容を変更しないで行われるもの（著作権者等から当該自動公衆送信に係る許諾が得られていない部分を表示しないことその他のやむを得ない事情により変更されたものを除く。）であること。

ハ　当該自動公衆送信を受信して行う放送番組又は有線放送番組のデジタル方式の複製を防止し、又は抑止するための措置として文部科学省令で定めるものが講じられているものであること。

九の八　放送同時配信等事業者　人的関係又は資本関係において文化庁長官が定める密接な関係（以下単に「密接な関係」という。）を有する放送事業者又は有線放送事業者から放送番組又は有線放送番組の供給を受けて放送同時配信等を業として行う事業者をいう。

十　映画製作者　映画の著作物の製作に発意と責任を有する者をいう。

十の二　プログラム　電子計算機を機能させて一の結果を得ることができるようにこれに対する指令を組み合わせたものとして表現したものをいう。

十の三　データベース　論文、数値、図形その他の情報の集合物であつて、それらの情報を電子計算機を用いて検索することができるように体系的に構成したものをいう。

十一　二次的著作物　著作物を翻訳し、編曲し、若しくは変形し、又は脚色し、映画化し、その他翻案することにより創作した著作物をいう。

十二　共同著作物　二人以上の者が共同して創作した著作物であつて、その各人の寄与を分離して個別的に利用することができないものをいう。

十三　録音　音を物に固定し、又はその固定物を増製することをいう。

十四　録画　影像を連続して物に固定し、又はその固定物を増製することをいう。

十五　複製　印刷、写真、複写、録音、録画その他の方法により有形的に再製することをいい、次に掲げるものについては、それぞれ次に掲げる行為を含むものとする。

イ　脚本その他これに類する演劇用の著作物　当該著作物の上演、放送又は有線放送を録音し、又は録画すること。

ロ　建築の著作物　建築に関する図面に従つて建築物を完成すること。

十六　上演　演奏（歌唱を含む。以下同じ。）以外の方法により著作物を演ずることをいう。

十七　上映　著作物（公衆送信されるものを除く。）を映写幕その他の物に映写することをいい、これに伴つて映画の著作物において固定されている音を再生することを含むものとする。

十八　口述　朗読その他の方法により著作物を口頭で伝達すること（実演に該当するものを除く。）をいう。

十九　頒布　有償であるか又は無償であるかを問わず、複製物を公衆に譲渡し、又は貸与することをいい、映画の著作物又は映画の著作物において複製されている著作物にあつては、これらの著作物を公衆に提示することを目的として当該映画の著作物の複製物を譲渡し、又は貸与することを含むものとする。

二十　技術的保護手段　電子的方法、磁気的方法その他の人の知覚によつて認識することができない方法（次号及び第二十二号において「電磁的方法」という。）により、第十七条第一項に規定する著作者人格権若しくは著作権、出版権又は第八十九条第一項に規定する実演家人格権若しくは同条第六項に規定する著作隣接権（以下この号、第三十条第一項第二号、第百十三条第七項並びに第百二十条の二第一号及び第四号において「著作権等」という。）を侵害する行為の防止又は抑止（著作権等を侵害する行為の結果に著しい障害を生じさせることによる当該行為の抑止をいう。第三十条第一項第二号において同じ。）をする手段（著作権等を有する者の意思に基づくことなく用いられているものを除く。）であつて、著作物、実演、レコード、放送又は有線放送（以下「著作物等」という。）の利用（著作者又は実演家の同意を得ないで行つたとしたならば著作者人格権又は実演家人格権の侵害となるべき行為を含む。）に際し、これに用いられる機器が特定の反応をする信号を記録媒体に記録し、若しくは送信する方式又は当該機器が特定の変換を必要とするよう著作物、実演、レコード若しくは放送若しくは有線放送に係る音若しくは影像を変換して記録媒体に記録し、若しくは送信する方式によるものをいう。

二十一　技術的利用制限手段　電磁的方法により、著作物等の視聴（プログラムの著作物にあつては、当該著作物を電子計算機において実行する行為を含む。以下この号及び第百十三条第六項において同じ。）を制限する手段（著作権者等の意思に基づくことなく用いられているものを除く。）であつて、著作物等の視聴に際し、これに用いられる機器が特定の反応をする信号を記録媒体に記録し、若しくは送信する方式又は当該機器が特定の変換を必要とするよう著作物、実演、レコード若しくは放送若しくは有線放送に係る音若しくは影像を変換して記録媒体に記録し、若しくは送信する方式によるものをいう。

二十二　権利管理情報　第十七条第一項に規定する著作者人格権若しくは著作権、出版権又は第八十九条第一項から第四項までの権利（以下この号において「著作権等」という。）に関する情報であつて、イからハまでのいずれかに該当するもののうち、電磁的方法により著作物、実演、レコード又は放送若しくは有線放送に係る音若しくは影像とともに記録媒体に記録され、又は送信されるもの（著作物等の利用状況の把握、著作物等の利用の許諾に係る事務処理その他の著作権等の管理（電子計算機によるものに限る。）に用いられていないものを除く。）をいう。

イ　著作物等、著作権等を有する者その他政令で定める事項を特定する情報

ロ　著作物等の利用を許諾する場合の利用方法及び条件に関する情報

ハ　他の情報と照合することによりイ又はロに掲げる事項を特定することができることとなる情報

二十三　著作権等管理事業者　著作権等管理事業法（平成十二年法律第百三十一号）第二条第三項に規定する著作権等管理事業者をいう。

二十四　国内　この法律の施行地をいう。

二十五　国外　この法律の施行地外の地域をいう。

2　この法律にいう「美術の著作物」には、美術工芸品を含むものとする。

3　この法律にいう「映画の著作物」には、映画の効果に類似する視覚的又は視聴覚的効果を生じさせる方法で表現され、かつ、物に固定されている著作物を含むものとする。

4　この法律にいう「写真の著作物」には、写真の製作方法に類似する方法を用いて表現される著作物を含むものとする。

5　この法律にいう「公衆」には、特定かつ多数の者を含むものとする。

6　この法律にいう「法人」には、法人格を有しない社団又は財団で代表者又は管理人の定めがあるものを含むものとする。

7　この法律において、「上演」、「演奏」又は「口述」には、著作物の上演、演奏又は口述で録音され、又は録画されたものを再生すること（公衆送信又は上映に該当するものを除く。）及び著作物の上演、演奏又は口述を電気通信設備を用いて伝達すること（公衆送信に該当するものを除く。）を含むものとする。

8　この法律にいう「貸与」には、いずれの名義又は方法をもつてするかを問わず、これと同様の使用の権原を取得させる行為を含むものとする。

9　この法律において、第一項第七号の二、第八号、第九号の二、第九号の四、第九号の五、第九号の七若しくは第十三号から第十九号まで又は前二項に掲げる用語については、それぞれこれらを動詞の語幹として用いる場合を含むものとする。

（昭五九法四六・８項追加９項一部改正、昭六〇法六二・１項十号の二追加、昭六一法六四・１項九号の二、九号の三、十号の三追加１項十五号十七号７項９項一部改正、平九法八六・１項七号の二、九号の四、九号の五追加１項八号全改１項十七号削除１項九号の二７項９項一部改正、平十一法七七・１項十七号一部改正１項二十号二十一号追加７項一部改正、平十四法七二・１

項二十号一部改正、平十六法九二・1項二十三号追加、平十八法一二一・1項七の二号一部改正、平二一法五三・1項九号の五イ一部改正、平二四法四三・1項四号五号九号二十号一部改正、平二八法一〇八・1項二十号一部改正二十一号追加旧二十一号以下繰下、平三〇法三〇・1項九号の五イ一部改正二十一号一部改正、令二法四八・1項二十号二十一号二十二号一部改正、令三法五二・1項九号の六、九号の七、九号の八追加二十一号一部改正二十三号追加旧二十三号以下繰下9項一部改正）

（著作物の発行）

第三条　著作物は、その性質に応じ公衆の要求を満たすことができる相当程度の部数の複製物が、第二十一条に規定する権利を有する者又はその許諾（第六十三条第一項の規定による利用の許諾をいう。以下この項、次条第一項、第四条の二及び第六十三条を除き、以下この章及び次章において同じ。）を得た者若しくは第七十九条の出版権の設定を受けた者若しくはその複製許諾（第八十条第三項の規定による複製の許諾をいう。第三十七条第三項ただし書及び第三十七条の二ただし書において同じ。）を得た者によつて作成され、頒布された場合（第二十六条、第二十六条の二第一項又は第二十六条の三に規定する権利を有する者の権利を害しない場合に限る。）において、発行されたものとする。

> **第三条**　著作物は、その性質に応じ公衆の要求を満たすことができる相当程度の部数の複製物が、第二十一条に規定する権利を有する者若しくはその許諾（第六十三条第一項の規定による利用の許諾をいう。以下この項、次条第一項、第四条の二及び第六十三条を除き、以下この章及び次章において同じ。）を得た者又は第七十九条の出版権の設定を受けた者若しくはその複製許諾（第八十条第三項の規定による複製の許諾をいう。以下同じ。）を得た者によつて作成され、頒布された場合（第二十六条、第二十六条の二第一項又は第二十六条の三に規定する権利を有する者の権利を害しない場合に限る。）において、発行されたものとする。
>
> （令和三年六月二日から起算して一年を超えない範囲内において政令で定める日から施行）

2　二次的著作物である翻訳物の前項に規定する部数の複製物が第二十八条の規定により第二十一条に規定する権利と同一の権利を有する者又はその許諾を得た者によつて作成され、頒布された場合（第二十八条の規定により第二十六条、第二十六条の二第一項又は第二十六条の三に規定する権利と同一の権利を有する者の権利を害しない場合に限る。）には、その原著作物は、発行されたものとみなす。

3　著作物がこの法律による保護を受けるとしたならば前二項の権利を有すべき者又はその者からその著作物の利用の承諾を得た者は、それぞれ前二項の権利を有する者又はその許諾を得た者とみなして、前二項の規定を適用する。

（昭五九法四六・１項２項一部改正、平十一法七七・１項２項一部改正、平十四法七二・１項一部改正、平二六法三五・１項一部改正）

（著作物の公表）

第四条　著作物は、発行され、又は第二十二条から第二十五条までに規定する権利を有する者若しくはその許諾（第六十三条第一項の規定による利用の許諾をいう。）を得た者若しくは第七十九条の出版権の設定を受けた者若しくはその公衆送信許諾（第八十条第三項の規定による公衆送信の許諾をいう。次項、第三十七条第三項ただし書及び第三十七条の二ただし書において同じ。）を得た者によつて上演、演奏、上映、公衆送信、口述若しくは展示の方法で公衆に提示された場合（建築の著作物にあつては、第二十一条に規定する権利を有する者又はその許諾（第六十三条第一項の規定による利用の許諾をいう。）を得た者によつて建設された場合を含む。）において、公表されたものとする。

第四条　著作物は、発行され、又は第二十二条から第二十五条までに規定する権利を有する者若しくはその許諾（第六十三条第一項の規定による利用の許諾をいう。）を得た者若しくは第七十九条の出版権の設定を受けた者若しくはその公衆送信許諾（第八十条第三項の規定による公衆送信の許諾をいう。以下同じ。）を得た者によつて上演、演奏、上映、公衆送信、口述若しくは展示の方法で公衆に提示された場合（建築の著作物にあつては、第二十一条に規定する権利を有する者又はその許諾（第六十三条第一項の規定による利用の許諾をいう。）を得た者によつて建設された場合を含む。）において、公表されたものとする。

（令和三年六月二日から起算して一年を超えない範囲内において政令で定める日から施行）

２　著作物は、第二十三条第一項に規定する権利を有する者又はその許諾を得た者若しくは第七十九条の出版権の設定を受けた者若しくはその公衆送信許諾を得た者によつて送信可能化された場合には、公表されたものとみなす。

３　二次的著作物である翻訳物が、第二十八条の規定により第二十二条から第二十四条までに規定する権利と同一の権利を有する者若しくはその許諾を得た者によつて上演、演奏、上映、公衆送信若しくは口述の方法で公衆に提示され、又は第二十八条の規定により第二十三条第一項に規定する権利と同一の権利を有する者若しくはその許諾を得た者によつて送信可能化された場合には、その原著作物は、公表されたものとみなす。

４　美術の著作物又は写真の著作物は、第四十五条第一項に規定する者によつて同項の展示が行われた場合には、公表されたものとみなす。

5　著作物がこの法律による保護を受けるとしたならば第一項から第三項までの権利を有すべき者又はその者からその著作物の利用の承諾を得た者は、それぞれ第一項から第三項までの権利を有する者又はその許諾を得た者とみなして、これらの規定を適用する。

（昭六一法六四・1項2項5項一部改正4項追加、平九法八六・4項削除2項追加1項3項5項一部改正、平十一法七七・1項3項一部改正、平二六法三五・1項2項一部改正）

（レコードの発行）

第四条の二　レコードは、その性質に応じ公衆の要求を満たすことができる相当程度の部数の複製物が、第九十六条に規定する権利を有する者又はその許諾（第百三条において準用する第六十三条第一項の規定による利用の許諾をいう。第四章第二節及び第三節において同じ。）を得た者によつて作成され、頒布された場合（第九十七条の二第一項又は第九十七条の三第一項に規定する権利を有する者の権利を害しない場合に限る。）において、発行されたものとする。

（平十四法七二・追加）

（条約の効力）

第五条　著作者の権利及びこれに隣接する権利に関し条約に別段の定めがあるときは、その規定による。

（平元法四三・一部改正）

第二節　適用範囲

（保護を受ける著作物）

第六条　著作物は、次の各号のいずれかに該当するものに限り、この法律による保護を受ける。

一　日本国民（わが国の法令に基づいて設立された法人及び国内に主たる事務所を有する法人を含む。以下同じ。）の著作物

二　最初に国内において発行された著作物（最初に国外において発行されたが、その発行の日から三十日以内に国内において発行されたものを含む。）

三　前二号に掲げるもののほか、条約によりわが国が保護の義務を負う著作物

（平十六法九二・二号一部改正）

（保護を受ける実演）

第七条　実演は、次の各号のいずれかに該当するものに限り、この法律による保護を受ける。

一　国内において行われる実演

二　次条第一号又は第二号に掲げるレコードに固定された実演

三　第九条第一号又は第二号に掲げる放送において送信される実演（実演家の承諾を

得て送信前に録音され、又は録画されているものを除く。）

四　第九条の二各号に掲げる有線放送において送信される実演（実演家の承諾を得て送信前に録音され、又は録画されているものを除く。）

五　前各号に掲げるもののほか、次のいずれかに掲げる実演

イ　実演家、レコード製作者及び放送機関の保護に関する国際条約（以下「実演家等保護条約」という。）の締約国において行われる実演

ロ　次条第三号に掲げるレコードに固定された実演

ハ　第九条第三号に掲げる放送において送信される実演（実演家の承諾を得て送信前に録音され、又は録画されているものを除く。）

六　前各号に掲げるもののほか、次のいずれかに掲げる実演

イ　実演及びレコードに関する世界知的所有権機関条約（以下「実演・レコード条約」という。）の締約国において行われる実演

ロ　次条第四号に掲げるレコードに固定された実演

七　前各号に掲げるもののほか、次のいずれかに掲げる実演

イ　世界貿易機関の加盟国において行われる実演

ロ　次条第五号に掲げるレコードに固定された実演

ハ　第九条第四号に掲げる放送において送信される実演（実演家の承諾を得て送信前に録音され、又は録画されているものを除く。）

八　前各号に掲げるもののほか、視聴覚的実演に関する北京条約の締約国の国民又は当該締約国に常居所を有する者である実演家に係る実演

（昭五三法四九・二号一部改正、昭六一法六四・四号追加、平元法四三・三号一部改正五号追加、平六法一一二・六号追加、平十四法七二・六号追加七号一部改正、平二六法三五・一号一部改正八号追加）

（保護を受けるレコード）

第八条　レコードは、次の各号のいずれかに該当するものに限り、この法律による保護を受ける。

一　日本国民をレコード製作者とするレコード

二　レコードでこれに固定されている音が最初に国内において固定されたもの

三　前二号に掲げるもののほか、次のいずれかに掲げるレコード

イ　実演家等保護条約の締約国の国民（当該締約国の法令に基づいて設立された法人及び当該締約国に主たる事務所を有する法人を含む。以下同じ。）をレコード製作者とするレコード

ロ　レコードでこれに固定されている音が最初に実演家等保護条約の締約国において固定されたもの

四　前三号に掲げるもののほか、次のいずれかに掲げるレコード

イ　実演・レコード条約の締約国の国民（当該締約国の法令に基づいて設立された

法人及び当該締約国に主たる事務所を有する法人を含む。以下同じ。）をレコード製作者とするレコード

ロ　レコードでこれに固定されている音が最初に実演・レコード条約の締約国において固定されたもの

五　前各号に掲げるもののほか、次のいずれかに掲げるレコード

イ　世界貿易機関の加盟国の国民（当該加盟国の法令に基づいて設立された法人及び当該加盟国に主たる事務所を有する法人を含む。以下同じ。）をレコード製作者とするレコード

ロ　レコードでこれに固定されている音が最初に世界貿易機関の加盟国において固定されたもの

六　前各号に掲げるもののほか、許諾を得ないレコードの複製からのレコード製作者の保護に関する条約（第百二十一条の二第二号において「レコード保護条約」という。）により我が国が保護の義務を負うレコード

（昭五三法四九・三号追加、平元法四三・四号一部改正三号追加、平三法六三・四号追加、平六法一一二・四号追加五号一部改正、平十四法七二・四号追加五号一部改正）

（保護を受ける放送）

第九条　放送は、次の各号のいずれかに該当するものに限り、この法律による保護を受ける。

一　日本国民である放送事業者の放送

二　国内にある放送設備から行なわれる放送

三　前二号に掲げるもののほか、次のいずれかに掲げる放送

イ　実演家等保護条約の締約国の国民である放送事業者の放送

ロ　実演家等保護条約の締約国にある放送設備から行われる放送

四　前三号に掲げるもののほか、次のいずれかに掲げる放送

イ　世界貿易機関の加盟国の国民である放送事業者の放送

ロ　世界貿易機関の加盟国にある放送設備から行われる放送

（平元法四三・三号追加、平六法一一二・四号追加）

（保護を受ける有線放送）

第九条の二　有線放送は、次の各号のいずれかに該当するものに限り、この法律による保護を受ける。

一　日本国民である有線放送事業者の有線放送（放送を受信して行うものを除く。次号において同じ。）

二　国内にある有線放送設備から行われる有線放送

（昭六一法六四・追加）

第二章　著作者の権利

第一節　著作物

（著作物の例示）

第十条　この法律にいう著作物を例示すると、おおむね次のとおりである。

一　小説、脚本、論文、講演その他の言語の著作物
二　音楽の著作物
三　舞踊又は無言劇の著作物
四　絵画、版画、彫刻その他の美術の著作物
五　建築の著作物
六　地図又は学術的な性質を有する図面、図表、模型その他の図形の著作物
七　映画の著作物
八　写真の著作物
九　プログラムの著作物

2　事実の伝達にすぎない雑報及び時事の報道は、前項第一号に掲げる著作物に該当しない。

3　第一項第九号に掲げる著作物に対するこの法律による保護は、その著作物を作成するために用いるプログラム言語、規約及び解法に及ばない。この場合において、これらの用語の意義は、次の各号に定めるところによる。

一　プログラム言語　プログラムを表現する手段としての文字その他の記号及びその体系をいう。
二　規約　特定のプログラムにおける前号のプログラム言語の用法についての特別の約束をいう。
三　解法　プログラムにおける電子計算機に対する指令の組合せの方法をいう。

（昭六〇法六二・１項九号３項追加）

（二次的著作物）

第十一条　二次的著作物に対するこの法律による保護は、その原著作物の著作者の権利に影響を及ぼさない。

（編集著作物）

第十二条　編集物（データベースに該当するものを除く。以下同じ。）でその素材の選択又は配列によつて創作性を有するものは、著作物として保護する。

2　前項の規定は、同項の編集物の部分を構成する著作物の著作者の権利に影響を及ぼさない。

（昭六一法六四・１項一部改正）

（データベースの著作物）

第十二条の二　データベースでその情報の選択又は体系的な構成によつて創作性を有す

るものは、著作物として保護する。

2　前項の規定は、同項のデータベースの部分を構成する著作物の著作者の権利に影響を及ぼさない。

（昭六一法六四・追加）

（権利の目的とならない著作物）

第十三条　次の各号のいずれかに該当する著作物は、この章の規定による権利の目的となることができない。

一　憲法その他の法令

二　国若しくは地方公共団体の機関、独立行政法人（独立行政法人通則法（平成十一年法律第百三号）第二条第一項に規定する独立行政法人をいう。以下同じ。）又は地方独立行政法人（地方独立行政法人法（平成十五年法律第百十八号）第二条第一項に規定する地方独立行政法人をいう。以下同じ。）が発する告示、訓令、通達その他これらに類するもの

三　裁判所の判決、決定、命令及び審判並びに行政庁の裁決及び決定で裁判に準ずる手続により行われるもの

四　前三号に掲げるものの翻訳物及び編集物で、国若しくは地方公共団体の機関、独立行政法人又は地方独立行政法人が作成するもの

（平十一法二二〇・二号四号一部改正、平十五法一一九・二号四号一部改正）

第二節　著作者

（著作者の推定）

第十四条　著作物の原作品に、又は著作物の公衆への提供若しくは提示の際に、その氏名若しくは名称（以下「実名」という。）又はその雅号、筆名、略称その他実名に代えて用いられるもの（以下「変名」という。）として周知のものが著作者名として通常の方法により表示されている者は、その著作物の著作者と推定する。

（職務上作成する著作物の著作者）

第十五条　法人その他使用者（以下この条において「法人等」という。）の発意に基づきその法人等の業務に従事する者が職務上作成する著作物（プログラムの著作物を除く。）で、その法人等が自己の著作の名義の下に公表するものの著作者は、その作成の時における契約、勤務規則その他に別段の定めがない限り、その法人等とする。

2　法人等の発意に基づきその法人等の業務に従事する者が職務上作成するプログラムの著作物の著作者は、その作成の時における契約、勤務規則その他に別段の定めがない限り、その法人等とする。

（昭六〇法六二・見出し1項一部改正2項追加）

（映画の著作物の著作者）

第十六条　映画の著作物の著作者は、その映画の著作物において翻案され、又は複製された小説、脚本、音楽その他の著作物の著作者を除き、制作、監督、演出、撮影、美術等を担当してその映画の著作物の全体的形成に創作的に寄与した者とする。ただし、前条の規定の適用がある場合は、この限りでない。

第三節　権利の内容

第一款　総則

（著作者の権利）

第十七条　著作者は、次条第一項、第十九条第一項及び第二十条第一項に規定する権利（以下「著作者人格権」という。）並びに第二十一条から第二十八条までに規定する権利（以下「著作権」という。）を享有する。

2　著作者人格権及び著作権の享有には、いかなる方式の履行をも要しない。

第二款　著作者人格権

（公表権）

第十八条　著作者は、その著作物でまだ公表されていないもの（その同意を得ないで公表された著作物を含む。以下この条において同じ。）を公衆に提供し、又は提示する権利を有する。当該著作物を原著作物とする二次的著作物についても、同様とする。

2　著作者は、次の各号に掲げる場合には、当該各号に掲げる行為について同意したものと推定する。

一　その著作物でまだ公表されていないものの著作権を譲渡した場合　当該著作物をその著作権の行使により公衆に提供し、又は提示すること。

二　その美術の著作物又は写真の著作物でまだ公表されていないものの原作品を譲渡した場合　これらの著作物をその原作品による展示の方法で公衆に提示すること。

三　第二十九条の規定によりその映画の著作物の著作権が映画製作者に帰属した場合　当該著作物をその著作権の行使により公衆に提供し、又は提示すること。

3　著作者は、次の各号に掲げる場合には、当該各号に掲げる行為について同意したものとみなす。

一　その著作物でまだ公表されていないものを行政機関（行政機関の保有する情報の公開に関する法律（平成十一年法律第四十二号。以下「行政機関情報公開法」という。）第二条第一項に規定する行政機関をいう。以下同じ。）に提供した場合（行政機関情報公開法第九条第一項の規定による開示する旨の決定の時までに別段の意思表示をした場合を除く。）　行政機関情報公開法の規定により行政機関の長が当該著作物を公衆に提供し、又は提示すること（当該著作物に係る歴史公文書等（公文書等の管理に関する法律（平成二十一年法律第六十六号。以下「公文書管理法」という。）第二条第六項に規定する歴史公文書等をいう。以下同じ。）が行政機関の長から公文書管理法第八条第一項の規定により国立公文書館等（公文書管理法第二条第三項に規定する国立公文書館等をいう。以下同じ。）に移管された場合（公文書管理法第十六条第一項の規定による利用をさせる旨の決定の時までに当該著作物の著作者が別段の意思表示をした場合を除く。）にあつては、公文書管理法第十六条第一項の規定により国立公文書館等の長（公文書管理法第十五条第一項に規定する国立公文書館等の長をいう。以下同じ。）が当該著作物を公衆に提供し、又は提示することを含む。）。

二　その著作物でまだ公表されていないものを独立行政法人等（独立行政法人等の保有する情報の公開に関する法律（平成十三年法律第百四十号。以下「独立行政法人等情報公開法」という。）第二条第一項に規定する独立行政法人等をいう。以下同じ。）に提供した場合（独立行政法人等情報公開法第九条第一項の規定による開示する旨の決定の時までに別段の意思表示をした場合を除く。）　独立行政法人等情報公開法の規定により当該独立行政法人等が当該著作物を公衆に提供し、又は提示すること（当該著作物に係る歴史公文書等が当該独立行政法人等から公文書管理法第十一条第四項の規定により国立公文書館等に移管された場合（公文書管理法第十六条第一項の規定による利用をさせる旨の決定の時までに当該著作物の著作者が別段の意思表示をした場合を除く。）にあつては、公文書管理法第十六条第一項の規定により国立公文書館等の長が当該著作物を公衆に提供し、又は提示することを含む。）。

三　その著作物でまだ公表されていないものを地方公共団体又は地方独立行政法人に提供した場合（開示する旨の決定の時までに別段の意思表示をした場合を除く。）　情報公開条例（地方公共団体又は地方独立行政法人の保有する情報の公開を請求する住民等の権利について定める当該地方公共団体の条例をいう。以下同じ。）の規定により当該地方公共団体の機関又は地方独立行政法人が当該著作物を公衆に提供し、又は提示すること（当該著作物に係る歴史公文書等が当該地方公共団体又は地方独立行政法人から公文書管理条例（地方公共団体又は地方独立行政法人の保有する歴史公文書等の適切な保存及び利用について定める当該地方公共団体の条例をいう。以下同じ。）に基づき地方公文書館等（歴史公文書等の適切な保存及び利用を図る施設として公文書管理条例が定める施設をいう。以下同じ。）に移管された場合（公文書管理条例の規定（公文書管理法第十六条第一項の規定に相当する規定に限る。以下この条において同じ。）による利用をさせる旨の決定の時までに当該著作物の著作者が別段の意思表示をした場合を除く。）にあつては、公文書管理条例の規定により地方公文書館等の長（地方公文書館等が地方公共団体の施設である場合にあつてはその属する地方公共団体の長をいい、地方公文書館等が地方独立行政法人の施設である場合にあつてはその施設を設置した地方独立行政法人をいう。以下同じ。）が当該著作物を公衆に提供し、又は提示することを含む。）。

四　その著作物でまだ公表されていないものを国立公文書館等に提供した場合（公文書管理法第十六条第一項の規定による利用をさせる旨の決定の時までに別段の意思表示をした場合を除く。）　同項の規定により国立公文書館等の長が当該著作物を公衆に提供し、又は提示すること。

五　その著作物でまだ公表されていないものを地方公文書館等に提供した場合（公文書管理条例の規定による利用をさせる旨の決定の時までに別段の意思表示をした場合を除く。）　公文書管理条例の規定により地方公文書館等の長が当該著作物を公衆に提供し、又は提示すること。

4　第一項の規定は、次の各号のいずれかに該当するときは、適用しない。

一　行政機関情報公開法第五条の規定により行政機関の長が同条第一号ロ若しくはハ若しくは同条第二号ただし書に規定する情報が記録されている著作物でまだ公表されていないものを公衆に提供し、若しくは提示するとき、又は行政機関情報公開法第七条の規定により行政機関の長が著作物でまだ公表されていないものを公衆に提供し、若しくは提示するとき。

二　独立行政法人等情報公開法第五条の規定により独立行政法人等が同条第一号ロ若しくはハ若しくは同条第二号ただし書に規定する情報が記録されている著作物でまだ公表されていないものを公衆に提供し、若しくは提示するとき、又は独立行政法人等情報公開法第七条の規定により独立行政法人等が著作物でまだ公表されていないものを公衆に提供し、若しくは提示するとき。

三　情報公開条例（行政機関情報公開法第十三条第二項及び第三項の規定に相当する規定を設けているものに限る。第五号において同じ。）の規定により地方公共団体の機関又は地方独立行政法人が著作物でまだ公表されていないもの（行政機関情報公開法第五条第一号ロ又は同条第二号ただし書に規定する情報に相当する情報が記録されているものに限る。）を公衆に提供し、又は提示するとき。

四　情報公開条例の規定により地方公共団体の機関又は地方独立行政法人が著作物でまだ公表されていないもの（行政機関情報公開法第五条第一号ハに規定する情報に相当する情報が記録されているものに限る。）を公衆に提供し、又は提示するとき。

五　情報公開条例の規定で行政機関情報公開法第七条の規定に相当するものにより地方公共団体の機関又は地方独立行政法人が著作物でまだ公表されていないものを公衆に提供し、又は提示するとき。

六　公文書管理法第十六条第一項の規定により国立公文書館等の長が行政機関情報公開法第五条第一号ロ若しくはハ若しくは同条第二号ただし書に規定する情報又は独立行政法人等情報公開法第五条第一号ロ若しくはハ若しくは同条第二号ただし書に規定する情報が記録されている著作物でまだ公表されていないものを公衆に提供し、又は提示するとき。

七　公文書管理条例（公文書管理法第十八条第二項及び第四項の規定に相当する規定

を設けているものに限る。）の規定により地方公文書館等の長が著作物でまだ公表されていないもの（行政機関情報公開法第五条第一号ロ又は同条第二号ただし書に規定する情報に相当する情報が記録されているものに限る。）を公衆に提供し、又は提示するとき。

八　公文書管理条例の規定により地方公文書館等の長が著作物でまだ公表されていないもの（行政機関情報公開法第五条第一号ハに規定する情報に相当する情報が記録されているものに限る。）を公衆に提供し、又は提示するとき。

（平十一法四三・１項一部改正３項４項追加、平十三法一四〇・３項一号一部改正二号追加４項一号一部改正二号追加三号四号五号一部改正、平十五法一一九・３項三号４項三号四号五号一部改正、平二四法四三・３項一号二号三号４項三号一部改正３項四号五号４項六号七号八号追加）

（氏名表示権）

第十九条　著作者は、その著作物の原作品に、又はその著作物の公衆への提供若しくは提示に際し、その実名若しくは変名を著作者名として表示し、又は著作者名を表示しないこととする権利を有する。その著作物を原著作物とする二次的著作物の公衆への提供又は提示に際しての原著作物の著作者名の表示についても、同様とする。

２　著作物を利用する者は、その著作者の別段の意思表示がない限り、その著作物につきすでに著作者が表示しているところに従つて著作者名を表示することができる。

３　著作者名の表示は、著作物の利用の目的及び態様に照らし著作者が創作者であることを主張する利益を害するおそれがないと認められるときは、公正な慣行に反しない限り、省略することができる。

４　第一項の規定は、次の各号のいずれかに該当するときは、適用しない。

一　行政機関情報公開法、独立行政法人等情報公開法又は情報公開条例の規定により行政機関の長、独立行政法人等又は地方公共団体の機関若しくは地方独立行政法人が著作物を公衆に提供し、又は提示する場合において、当該著作物につき既にその著作者が表示しているところに従つて著作者名を表示するとき。

二　行政機関情報公開法第六条第二項の規定、独立行政法人等情報公開法第六条第二項の規定又は情報公開条例の規定で行政機関情報公開法第六条第二項の規定に相当するものにより行政機関の長、独立行政法人等又は地方公共団体の機関若しくは地方独立行政法人が著作物を公衆に提供し、又は提示する場合において、当該著作物の著作者名の表示を省略することとなるとき。

三　公文書管理法第十六条第一項の規定又は公文書管理条例の規定（同項の規定に相当する規定に限る。）により国立公文書館等の長又は地方公文書館等の長が著作物を公衆に提供し、又は提示する場合において、当該著作物につき既にその著作者が表示しているところに従つて著作者名を表示するとき。

（平十一法四三・４項追加、平十三法一四〇・４項一号二号一部改正、平十

五法一一九・４項一号二号一部改正、平二四法四三・４項三号追加）

（同一性保持権）

第二十条　著作者は、その著作物及びその題号の同一性を保持する権利を有し、その意に反してこれらの変更、切除その他の改変を受けないものとする。

２　前項の規定は、次の各号のいずれかに該当する改変については、適用しない。

一　第三十三条第一項（同条第四項において準用する場合を含む。）、第三十三条の二第一項、第三十三条の三第一項又は第三十四条第一項の規定により著作物を利用する場合における用字又は用語の変更その他の改変で、学校教育の目的上やむを得ないと認められるもの

二　建築物の増築、改築、修繕又は模様替えによる改変

三　特定の電子計算機においては実行し得ないプログラムの著作物を当該電子計算機において実行し得るようにするため、又はプログラムの著作物を電子計算機においてより効果的に実行し得るようにするために必要な改変

四　前三号に掲げるもののほか、著作物の性質並びにその利用の目的及び態様に照らしやむを得ないと認められる改変

（昭六〇法六二・２項三号追加四号一部改正、平十五法八五・２項一号一部改正、平三〇法三〇・２項三号一部改正、平三〇法三九・２項一号一部改正）

第三款　著作権に含まれる権利の種類

（複製権）

第二十一条　著作者は、その著作物を複製する権利を専有する。

（上演権及び演奏権）

第二十二条　著作者は、その著作物を、公衆に直接見せ又は聞かせることを目的として（以下「公に」という。）上演し、又は演奏する権利を専有する。

（上映権）

第二十二条の二　著作者は、その著作物を公に上映する権利を専有する。

（平十一法七七・追加）

（公衆送信権等）

第二十三条　著作者は、その著作物について、公衆送信（自動公衆送信の場合にあつては、送信可能化を含む。）を行う権利を専有する。

２　著作者は、公衆送信されるその著作物を受信装置を用いて公に伝達する権利を専有する。

（昭六一法六四・見出し１項２項一部改正、平九法八六・見出し全改１項２項一部改正）

（口述権）

第二十四条　著作者は、その言語の著作物を公に口述する権利を専有する。

（展示権）

第二十五条　著作者は、その美術の著作物又はまだ発行されていない写真の著作物をこれらの原作品により公に展示する権利を専有する。

（頒布権）

第二十六条　著作者は、その映画の著作物をその複製物により頒布する権利を専有する。

2　著作者は、映画の著作物において複製されているその著作物を当該映画の著作物の複製物により頒布する権利を専有する。

（平十一法七七・見出し1項2項一部改正）

（譲渡権）

第二十六条の二　著作者は、その著作物（映画の著作物を除く。以下この条において同じ。）をその原作品又は複製物（映画の著作物において複製されている著作物にあつては、当該映画の著作物の複製物を除く。以下この条において同じ。）の譲渡により公衆に提供する権利を専有する。

2　前項の規定は、著作物の原作品又は複製物で次の各号のいずれかに該当するものの譲渡による場合には、適用しない。

一　前項に規定する権利を有する者又はその許諾を得た者により公衆に譲渡された著作物の原作品又は複製物

二　第六十七条第一項若しくは第六十九条の規定による裁定又は万国著作権条約の実施に伴う著作権法の特例に関する法律（昭和三十一年法律第八十六号）第五条第一項の規定による許可を受けて公衆に譲渡された著作物の複製物

三　第六十七条の二第一項の規定の適用を受けて公衆に譲渡された著作物の複製物

四　前項に規定する権利を有する者又はその承諾を得た者により特定かつ少数の者に譲渡された著作物の原作品又は複製物

五　国外において、前項に規定する権利に相当する権利を害することなく、又は同項に規定する権利に相当する権利を有する者若しくはその承諾を得た者により譲渡された著作物の原作品又は複製物

（平十一法七七・追加、平十六法九二・2項四号一部改正、平二一法五三・2項三号追加旧三号以下繰下）

（貸与権）

第二十六条の三　著作者は、その著作物（映画の著作物を除く。）をその複製物（映画の著作物において複製されている著作物にあつては、当該映画の著作物の複製物を除く。）の貸与により公衆に提供する権利を専有する。

（昭五九法四六・追加、平十一法七七・旧第二十六条の二繰下）

（翻訳権、翻案権等）

第二十七条　著作者は、その著作物を翻訳し、編曲し、若しくは変形し、又は脚色し、映画化し、その他翻案する権利を専有する。

（二次的著作物の利用に関する原著作者の権利）

第二十八条　二次的著作物の原著作物の著作者は、当該二次的著作物の利用に関し、この款に規定する権利で当該二次的著作物の著作者が有するものと同一の種類の権利を専有する。

第四款　映画の著作物の著作権の帰属

第二十九条　映画の著作物（第十五条第一項、次項又は第三項の規定の適用を受けるものを除く。）の著作権は、その著作者が映画製作者に対し当該映画の著作物の製作に参加することを約束しているときは、当該映画製作者に帰属する。

2　専ら放送事業者が放送又は放送同時配信等のための技術的手段として製作する映画の著作物（第十五条第一項の規定の適用を受けるものを除く。）の著作権のうち次に掲げる権利は、映画製作者としての当該放送事業者に帰属する。

一　その著作物を放送する権利及び放送されるその著作物について、有線放送し、特定入力型自動公衆送信を行い、又は受信装置を用いて公に伝達する権利

二　その著作物を放送同時配信等する権利及び放送同時配信等されるその著作物を受信装置を用いて公に伝達する権利

三　その著作物を複製し、又はその複製物により放送事業者に頒布する権利

3　専ら有線放送事業者が有線放送又は放送同時配信等のための技術的手段として製作する映画の著作物（第十五条第一項の規定の適用を受けるものを除く。）の著作権のうち次に掲げる権利は、映画製作者としての当該有線放送事業者に帰属する。

一　その著作物を有線放送する権利及び有線放送されるその著作物を受信装置を用いて公に伝達する権利

二　その著作物を放送同時配信等する権利及び放送同時配信等されるその著作物を受信装置を用いて公に伝達する権利

三　その著作物を複製し、又はその複製物により有線放送事業者に頒布する権利

（昭六〇法六二・各項一部改正、昭六一法六四・１項一部改正３項追加、平十八法一二一・見出し削除２項一部改正、令三法五二・２項柱書一号一部改正二号追加旧二号繰下３項柱書一部改正二号追加旧二号繰下）

第五款　著作権の制限

（私的使用のための複製）

第三十条　著作権の目的となつている著作物（以下この款において単に「著作物」という。）は、個人的に又は家庭内その他これに準ずる限られた範囲内において使用すること（以下「私的使用」という。）を目的とするときは、次に掲げる場合を除き、その使用する者が複製することができる。

一　公衆の使用に供することを目的として設置されている自動複製機器（複製の機能を有し、これに関する装置の全部又は主要な部分が自動化されている機器をいう。）を用いて複製する場合

二　技術的保護手段の回避（第二条第一項第二十号に規定する信号の除去若しくは改変その他の当該信号の効果を妨げる行為（記録又は送信の方式の変換に伴う技術的な制約によるものを除く。）を行うこと又は同号に規定する特定の変換を必要とするよう変換された著作物、実演、レコード若しくは放送若しくは有線放送に係る音若しくは影像の復元を行うことにより、当該技術的保護手段によつて防止される行為を可能とし、又は当該技術的保護手段によつて抑止される行為の結果に障害を生じないようにすること（著作権等を有する者の意思に基づいて行われるものを除く。）をいう。第百十三条第七項並びに第百二十条の二第一号及び第二号において同じ。）により可能となり、又はその結果に障害が生じないようになつた複製を、その事実を知りながら行う場合

三　著作権を侵害する自動公衆送信（国外で行われる自動公衆送信であつて、国内で行われたとしたならば著作権の侵害となるべきものを含む。）を受信して行うデジタル方式の録音又は録画（以下この号及び次項において「特定侵害録音録画」という。）を、特定侵害録音録画であることを知りながら行う場合

四　著作権（第二十八条に規定する権利（翻訳以外の方法により創作された二次的著作物に係るものに限る。）を除く。以下この号において同じ。）を侵害する自動公衆送信（国外で行われる自動公衆送信であつて、国内で行われたとしたならば著作権の侵害となるべきものを含む。）を受信して行うデジタル方式の複製（録音及び録画を除く。以下この号において同じ。）（当該著作権に係る著作物のうち当該複製がされる部分の占める割合、当該部分が自動公衆送信される際の表示の精度その他の要素に照らし軽微なものを除く。以下この号及び次項において「特定侵害複製」という。）を、特定侵害複製であることを知りながら行う場合（当該著作物の種類及び用途並びに当該特定侵害複製の態様に照らし著作権者の利益を不当に害しないと認められる特別な事情がある場合を除く。）

2　前項第三号及び第四号の規定は、特定侵害録音録画又は特定侵害複製であることを重大な過失により知らないで行う場合を含むものと解釈してはならない。

3　私的使用を目的として、デジタル方式の録音又は録画の機能を有する機器（放送の業務のための特別の性能その他の私的使用に通常供されない特別の性能を有するもの及び録音機能付きの電話機その他の本来の機能に附属する機能として録音又は録画の機能を有するものを除く。）であつて政令で定めるものにより、当該機器によるデジタル方式の録音又は録画の用に供される記録媒体であつて政令で定めるものに録音又は録画を行う者は、相当な額の補償金を著作権者に支払わなければならない。

（昭五九法四六・一部改正、平四法一〇六・１項一部改正２項追加、平十一法七七・１項柱書一部改正一号二号追加、平二一法五三・１項三号追加、平二四法四三・１項二号一部改正、令二法四八・１項二号三号一部改正四号２項追加旧２項繰下）

（付随対象著作物の利用）

第三十条の二　写真の撮影、録音、録画、放送その他これらと同様に事物の影像又は音を複製し、又は複製を伴うことなく伝達する行為（以下この項において「複製伝達行為」という。）を行うに当たつて、その対象とする事物又は音（以下この項において「複製伝達対象事物等」という。）に付随して対象となる事物又は音（複製伝達対象事物等の一部を構成するものとして対象となる事物又は音を含む。以下この項において「付随対象事物等」という。）に係る著作物（当該複製伝達行為により作成され、又は伝達されるもの（以下この条において「作成伝達物」という。）のうち当該著作物の占める割合、当該作成伝達物における当該著作物の再製の精度その他の要素に照らし当該作成伝達物において当該著作物が軽微な構成部分となる場合における当該著作物に限る。以下この条において「付随対象著作物」という。）は、当該付随対象著作物の利用により利益を得る目的の有無、当該付随対象事物等の当該複製伝達対象事物等からの分離の困難性の程度、当該作成伝達物において当該付随対象著作物が果たす役割その他の要素に照らし正当な範囲内において、当該複製伝達行為に伴つて、いずれの方法によるかを問わず、利用することができる。ただし、当該付随対象著作物の種類及び用途並びに当該利用の態様に照らし著作権者の利益を不当に害することとなる場合は、この限りでない。

2　前項の規定により利用された付随対象著作物は、当該付随対象著作物に係る作成伝達物の利用に伴つて、いずれの方法によるかを問わず、利用することができる。ただし、当該付随対象著作物の種類及び用途並びに当該利用の態様に照らし著作権者の利益を不当に害することとなる場合は、この限りでない。

（平二四法四三・追加、平三〇法三〇・各項一部改正、令二法四八・各項一部改正）

（検討の過程における利用）

第三十条の三　著作権者の許諾を得て、又は第六十七条第一項、第六十八条第一項若しくは第六十九条の規定による裁定を受けて著作物を利用しようとする者は、これらの利用についての検討の過程（当該許諾を得、又は当該裁定を受ける過程を含む。）における利用に供することを目的とする場合には、その必要と認められる限度において、いずれの方法によるかを問わず、当該著作物を利用することができる。ただし、当該著作物の種類及び用途並びに当該利用の態様に照らし著作権者の利益を不当に害することとなる場合は、この限りでない。

（平二四法四三・追加、平三〇法三〇・一部改正）

（著作物に表現された思想又は感情の享受を目的としない利用）

第三十条の四　著作物は、次に掲げる場合その他の当該著作物に表現された思想又は感情を自ら享受し又は他人に享受させることを目的としない場合には、その必要と認められる限度において、いずれの方法によるかを問わず、利用することができる。ただし、当該著作物の種類及び用途並びに当該利用の態様に照らし著作権者の利益を不当に害することとなる場合は、この限りでない。

一　著作物の録音、録画その他の利用に係る技術の開発又は実用化のための試験の用に供する場合

二　情報解析（多数の著作物その他の大量の情報から、当該情報を構成する言語、音、影像その他の要素に係る情報を抽出し、比較、分類その他の解析を行うことをいう。第四十七条の五第一項第二号において同じ。）の用に供する場合

三　前二号に掲げる場合のほか、著作物の表現についての人の知覚による認識を伴うことなく当該著作物を電子計算機による情報処理の過程における利用その他の利用（プログラムの著作物にあつては、当該著作物の電子計算機における実行を除く。）に供する場合

（平二四法四三・追加、平三〇法三〇・見出し柱書全改二号三号追加）

（図書館等における複製等）

第三十一条　国立国会図書館及び図書、記録その他の資料を公衆の利用に供することを目的とする図書館その他の施設で政令で定めるもの（以下この項及び第三項において「図書館等」という。）においては、次に掲げる場合には、その営利を目的としない事業として、図書館等の図書、記録その他の資料（以下この条において「図書館資料」という。）を用いて著作物を複製することができる。

一　図書館等の利用者の求めに応じ、その調査研究の用に供するために、公表された著作物の一部分（発行後相当期間を経過した定期刊行物に掲載された個々の著作物にあつては、その全部。第三項において同じ。）の複製物を一人につき一部提供する場合

二　図書館資料の保存のため必要がある場合

三　他の図書館等の求めに応じ、絶版その他これに準ずる理由により一般に入手することが困難な図書館資料（以下この条において「絶版等資料」という。）の複製物を提供する場合

2　前項各号に掲げる場合のほか、国立国会図書館においては、図書館資料の原本を公衆の利用に供することによるその滅失、損傷若しくは汚損を避けるために、当該原本に代えて公衆の利用に供するため、又は絶版等資料に係る著作物を次項の規定により自動公衆送信（送信可能化を含む。同項において同じ。）に用いるため、電磁的記録（電子的方式、磁気的方式その他人の知覚によつては認識することができない方式で作られる記録であつて、電子計算機による情報処理の用に供されるものをいう。以下同じ。）を作成する場合には、必要と認められる限度において、当該図書館資料に係る著作物を記録媒体に記録することができる。

3　国立国会図書館は、絶版等資料に係る著作物について、図書館等又はこれに類する外国の施設で政令で定めるものにおいて公衆に提示することを目的とする場合には、

前項の規定により記録媒体に記録された当該著作物の複製物を用いて自動公衆送信を行うことができる。この場合において、当該図書館等においては、その営利を目的としない事業として、当該図書館等の利用者の求めに応じ、その調査研究の用に供するために、自動公衆送信される当該著作物の一部分の複製物を作成し、当該複製物を一人につき一部提供することができる。

（平二一法五三・1項一部改正2項追加、平二四法四三・見出し1項柱書一号2項一部改正3項追加、平二六法三五・2項一部改正、平三〇法三〇・3項一部改正）

第三十一条　国立国会図書館及び図書、記録その他の資料を公衆の利用に供することを目的とする図書館その他の施設で政令で定めるもの（以下この項及び第三項において「図書館等」という。）においては、次に掲げる場合には、その営利を目的としない事業として、図書館等の図書、記録その他の資料（次項において「図書館資料」という。）を用いて著作物を複製することができる。

一　図書館等の利用者の求めに応じ、その調査研究の用に供するために、公表された著作物の一部分（発行後相当期間を経過した定期刊行物に掲載された個々の著作物にあつては、その全部）の複製物を一人につき一部提供する場合

二・三（略）

2　前項各号に掲げる場合のほか、国立国会図書館においては、図書館資料の原本を公衆の利用に供することによるその滅失、損傷若しくは汚損を避けるために当該原本に代えて公衆の利用に供するため、又は絶版等資料に係る著作物を次項若しくは第四項の規定により自動公衆送信（送信可能化を含む。以下この条において同じ。）に用いるため、電磁的記録（電子的方式、磁気的方式その他人の知覚によつては認識することができない方式で作られる記録であつて、電子計算機による情報処理の用に供されるものをいう。以下同じ。）を作成する場合には、必要と認められる限度において、当該図書館資料に係る著作物を記録媒体に記録することができる。

3　国立国会図書館は、絶版等資料に係る著作物について、図書館等又はこれに類する外国の施設で政令で定めるものにおいて公衆に提示することを目的とする場合には、前項の規定により記録媒体に記録された当該著作物の複製物を用いて自動公衆送信を行うことができる。この場合において、当該図書館等においては、その営利を目的としない事業として、次に掲げる行為を行うことができる。

一　当該図書館等の利用者の求めに応じ、当該利用者が自ら利用するために必要と認められる限度において、自動公衆送信された当該著作物の複製物を作成し、当該複製物を提供すること。

二　自動公衆送信された当該著作物を受信装置を用いて公に伝達すること（当該著作物の伝達を受ける者から料金（いずれの名義をもつてするかを問わず、著作物の提

供又は提示につき受ける対価をいう。第五項第二号及び第三十八条において同じ。）を受けない場合に限る。）。

4　国立国会図書館は、次に掲げる要件を満たすときは、特定絶版等資料に係る著作物について、第二項の規定により記録媒体に記録された当該著作物の複製物を用いて、自動公衆送信（当該自動公衆送信を受信して行う当該著作物のデジタル方式の複製を防止し、又は抑止するための措置として文部科学省令で定める措置を講じて行うものに限る。以下この項及び次項において同じ。）を行うことができる。

一　当該自動公衆送信が、当該著作物をあらかじめ国立国会図書館にその氏名及び連絡先その他文部科学省令で定める情報を登録している者（次号において「事前登録者」という。）の用に供することを目的とするものであること。

二　当該自動公衆送信を受信しようとする者が当該自動公衆送信を受信する際に事前登録者であることを識別するための措置を講じていること。

5　前項の規定による自動公衆送信を受信した者は、次に掲げる行為を行うことができる。

一　自動公衆送信された当該著作物を自ら利用するために必要と認められる限度において複製すること。

二　次のイ又はロに掲げる場合の区分に応じ、当該イ又はロに定める要件に従つて、自動公衆送信された当該著作物を受信装置を用いて公に伝達すること。

イ　個人的に又は家庭内において当該著作物が閲覧される場合の表示の大きさと同等のものとして政令で定める大きさ以下の大きさで表示する場合　営利を目的とせず、かつ、当該著作物の伝達を受ける者から料金を受けずに行うこと。

ロ　イに掲げる場合以外の場合　公共の用に供される施設であつて、国、地方公共団体又は一般社団法人若しくは一般財団法人その他の営利を目的としない法人が設置するもののうち、自動公衆送信された著作物の公の伝達を適正に行うために必要な法に関する知識を有する職員が置かれているものにおいて、営利を目的とせず、かつ、当該著作物の伝達を受ける者から料金を受けずに行うこと。

6　第四項の特定絶版等資料とは、第二項の規定により記録媒体に記録された著作物に係る絶版等資料のうち、著作権者若しくはその許諾を得た者又は第七十九条の出版権の設定を受けた者若しくはその複製許諾若しくは公衆送信許諾を得た者の申出を受けて、国立国会図書館の館長が当該申出のあつた日から起算して三月以内に絶版等資料に該当しなくなる蓋然性が高いと認めた資料を除いたものをいう。

7　前項の申出は、国立国会図書館の館長に対し、当該申出に係る絶版等資料が当該申出のあつた日から起算して三月以内に絶版等資料に該当しなくなる蓋然性が高いことを疎明する資料を添えて行うものとする。

（令和三年六月二日から起算して一年を超えない範囲内において政令で定める日から施行）

第三十一条　国立国会図書館及び図書、記録その他の資料を公衆の利用に供することを目的とする図書館その他の施設で政令で定めるもの（以下この条及び第百四条の十の四第三項において「図書館等」という。）においては、次に掲げる場合には、その営利を目的としない事業として、図書館等の図書、記録その他の資料（次項及び第六項において「図書館資料」という。）を用いて著作物を複製することができる。

一　図書館等の利用者の求めに応じ、その調査研究の用に供するために、公表された著作物の一部分（国若しくは地方公共団体の機関、独立行政法人又は地方独立行政法人が一般に周知させることを目的として作成し、その著作の名義の下に公表する広報資料、調査統計資料、報告書その他これらに類する著作物（次項及び次条第二項において「国等の周知目的資料」という。）その他の著作物の全部の複製物の提供が著作権者の利益を不当に害しないと認められる特別な事情があるものとして政令で定めるものにあつては、その全部）の複製物を一人につき一部提供する場合

二・三（略）

2　特定図書館等においては、その営利を目的としない事業として、当該特定図書館等の利用者（あらかじめ当該特定図書館等にその氏名及び連絡先その他文部科学省令で定める情報（次項第三号及び第八項第一号において「利用者情報」という。）を登録している者に限る。第四項及び第百四条の十の四第四項において同じ。）の求めに応じ、その調査研究の用に供するために、公表された著作物の一部分（国等の周知目的資料その他の著作物の全部の公衆送信が著作権者の利益を不当に害しないと認められる特別な事情があるものとして政令で定めるものにあつては、その全部）について、次に掲げる行為を行うことができる。ただし、当該著作物の種類（著作権者若しくはその許諾を得た者又は第七十九条の出版権の設定を受けた者若しくはその公衆送信許諾を得た者による当該著作物の公衆送信（放送又は有線放送を除き、自動公衆送信の場合にあつては送信可能化を含む。以下この条において同じ。）の実施状況を含む。第百四条の十の四第四項において同じ。）及び用途並びに当該特定図書館等が行う公衆送信の態様に照らし著作権者の利益を不当に害することとなる場合は、この限りでない。

一　図書館資料を用いて次号の公衆送信のために必要な複製を行うこと。

二　図書館資料の原本又は複製物を用いて公衆送信を行うこと（当該公衆送信を受信して作成された電磁的記録（電子的方式、磁気的方式その他人の知覚によつては認識することができない方式で作られる記録であつて、電子計算機による情報処理の用に供されるものをいう。以下同じ。）による著作物の提供又は提示を防止し、又は抑止するための措置として文部科学省令で定める措置を講じて行うものに限る。）。

3　前項に規定する特定図書館等とは、図書館等であつて次に掲げる要件を備えるものをいう。

一　前項の規定による公衆送信に関する業務を適正に実施するための責任者が置かれ

ていること。

二　前項の規定による公衆送信に関する業務に従事する職員に対し、当該業務を適正に実施するための研修を行つていること。

三　利用者情報を適切に管理するために必要な措置を講じていること。

四　前項の規定による公衆送信のために作成された電磁的記録に係る情報が同項に定める目的以外の目的のために利用されることを防止し、又は抑止するために必要な措置として文部科学省令で定める措置を講じていること。

五　前各号に掲げるもののほか、前項の規定による公衆送信に関する業務を適正に実施するために必要な措置として文部科学省令で定める措置を講じていること。

4　第二項の規定により公衆送信された著作物を受信した特定図書館等の利用者は、その調査研究の用に供するために必要と認められる限度において、当該著作物を複製することができる。

5　第二項の規定により著作物の公衆送信を行う場合には、第三項に規定する特定図書館等を設置する者は、相当な額の補償金を当該著作物の著作権者に支払わなければならない。

6　第一項各号に掲げる場合のほか、国立国会図書館においては、図書館資料の原本を公衆の利用に供することによるその滅失、損傷若しくは汚損を避けるために当該原本に代えて公衆の利用に供するため、又は絶版等資料に係る著作物を次項若しくは第八項の規定により自動公衆送信（送信可能化を含む。以下この条において同じ。）に用いるため、電磁的記録を作成する場合には、必要と認められる限度において、当該図書館資料に係る著作物を記録媒体に記録することができる。

7　国立国会図書館は、絶版等資料に係る著作物について、図書館等又はこれに類する外国の施設で政令で定めるものにおいて公衆に提示することを目的とする場合には、前項の規定により記録媒体に記録された当該著作物の複製物を用いて自動公衆送信を行うことができる。この場合において、当該図書館等においては、その営利を目的としない事業として、次に掲げる行為を行うことができる。

一　（略）

二　自動公衆送信された当該著作物を受信装置を用いて公に伝達すること（当該著作物の伝達を受ける者から料金（いずれの名義をもつてするかを問わず、著作物の提供又は提示につき受ける対価をいう。第九項第二号及び第三十八条において同じ。）を受けない場合に限る。）

8　国立国会図書館は、次に掲げる要件を満たすときは、特定絶版等資料に係る著作物について、第六項の規定により記録媒体に記録された当該著作物の複製物を用いて、自動公衆送信（当該自動公衆送信を受信して行う当該著作物のデジタル方式の複製を防止し、又は抑止するための措置として文部科学省令で定める措置を講じて行うものに限る。以下この項及び次項において同じ。）を行うことができる。

一　当該自動公衆送信が、当該著作物をあらかじめ国立国会図書館に利用者情報を登録している者（次号において「事前登録者」という。）の用に供することを目的とするものであること。

二　（略）

9　（略）

10　第八項の特定絶版等資料とは、第六項の規定により記録媒体に記録された著作物に係る絶版等資料のうち、著作権者若しくはその許諾を得た者又は第七十九条の出版権の設定を受けた者若しくはその複製許諾若しくは公衆送信許諾を得た者の申出を受けて、国立国会図書館の館長が当該申出のあつた日から起算して三月以内に絶版等資料に該当しなくなる蓋然性が高いと認めた資料を除いたものをいう。

11　（略）

（令和三年六月二日から起算して二年を超えない範囲内において政令で定める日から施行）

（引用）

第三十二条　公表された著作物は、引用して利用することができる。この場合において、その引用は、公正な慣行に合致するものであり、かつ、報道、批評、研究その他の引用の目的上正当な範囲内で行なわれるものでなければならない。

2　国若しくは地方公共団体の機関、独立行政法人又は地方独立行政法人が一般に周知させることを目的として作成し、その著作の名義の下に公表する広報資料、調査統計資料、報告書その他これらに類する著作物は、説明の材料として新聞紙、雑誌その他の刊行物に転載することができる。ただし、これを禁止する旨の表示がある場合は、この限りでない。

（平十一法二二〇・２項一部改正、平十五法一一九・２項一部改正）

2　国等の周知目的資料は、説明の材料として新聞紙、雑誌その他の刊行物に転載することができる。ただし、これを禁止する旨の表示がある場合は、この限りでない。

（令和三年六月二日から起算して二年を超えない範囲内において政令で定める日から施行）

（教科用図書等への掲載）

第三十三条　公表された著作物は、学校教育の目的上必要と認められる限度において、教科用図書（学校教育法（昭和二十二年法律第二十六号）第三十四条第一項（同法第四十九条、第四十九条の八、第六十二条、第七十条第一項及び第八十二条において準用する場合を含む。）に規定する教科用図書をいう。以下同じ。）に掲載することができる。

2　前項の規定により著作物を教科用図書に掲載する者は、その旨を著作者に通知するとともに、同項の規定の趣旨、著作物の種類及び用途、通常の使用料の額その他の事情を考慮して文化庁長官が定める算出方法により算出した額の補償金を著作権者に支払わなければならない。

3　文化庁長官は、前項の算出方法を定めたときは、これをインターネットの利用その他の適切な方法により公表するものとする。

4　前三項の規定は、高等学校（中等教育学校の後期課程を含む。）の通信教育用学習図書及び教科用図書に係る教師用指導書（当該教科用図書を発行する者の発行に係るものに限る。）への著作物の掲載について準用する。

（平十法一〇一・1項4項一部改正、平十一法一六〇・1項一部改正、平十五法八五・1項一部改正、平二一法五三・1項4項一部改正、平二七法四六・1項一部改正、平三〇法三九・1項2項3項一部改正、令二法四八・3項一部改正）

（教科用図書代替教材への掲載等）

第三十三条の二　教科用図書に掲載された著作物は、学校教育の目的上必要と認められる限度において、教科用図書代替教材（学校教育法第三十四条第二項又は第三項（これらの規定を同法第四十九条、第四十九条の八、第六十二条、第七十条第一項及び第八十二条において準用する場合を含む。以下この項において同じ。）の規定により教科用図書に代えて使用することができる同法第三十四条第二項に規定する教材をいう。以下この項及び次項において同じ。）に掲載し、及び教科用図書代替教材の当該使用に伴つていずれの方法によるかを問わず利用することができる。

2　前項の規定により教科用図書に掲載された著作物を教科用図書代替教材に掲載しようとする者は、あらかじめ当該教科用図書を発行する者にその旨を通知するとともに、同項の規定の趣旨、同項の規定による著作物の利用の態様及び利用状況、前条第二項に規定する補償金の額その他の事情を考慮して文化庁長官が定める算出方法により算出した額の補償金を著作権者に支払わなければならない。

3　文化庁長官は、前項の算出方法を定めたときは、これをインターネットの利用その他の適切な方法により公表するものとする。

（平三〇法三九・追加、令二法四八・3項一部改正）

（教科用拡大図書等の作成のための複製等）

第三十三条の三　教科用図書に掲載された著作物は、視覚障害、発達障害その他の障害により教科用図書に掲載された著作物を使用することが困難な児童又は生徒の学習の用に供するため、当該教科用図書に用いられている文字、図形等の拡大その他の当該児童又は生徒が当該著作物を使用するために必要な方式により複製することができる。

2　前項の規定により複製する教科用の図書その他の複製物（点字により複製するものを除き、当該教科用図書に掲載された著作物の全部又は相当部分を複製するものに限る。以下この項において「教科用拡大図書等」という。）を作成しようとする者は、あらかじめ当該教科用図書を発行する者にその旨を通知するとともに、営利を目的として当該教科用拡大図書等を頒布する場合にあつては、第三十三条第二項に規定する補償金の額に準じて文化庁長官が定める算出方法により算出した額の補償金を当該著作物の著作権者に支払わなければならない。

3　文化庁長官は、前項の算出方法を定めたときは、これをインターネットの利用その他の適切な方法により公表するものとする。

4　障害のある児童及び生徒のための教科用特定図書等の普及の促進等に関する法律（平成二十年法律第八十一号）第五条第一項又は第二項の規定により教科用図書に掲載された著作物に係る電磁的記録の提供を行う者は、その提供のために必要と認められる限度において、当該著作物を利用することができる。

（平十五法八五・追加、平二〇法八一・見出し１項２項一部改正４項追加、平二一法五三・４項一部改正、平三〇法三九・旧第三十三条の二繰下、令二法四八・３項一部改正）

（学校教育番組の放送等）

第三十四条　公表された著作物は、学校教育の目的上必要と認められる限度において、学校教育に関する法令の定める教育課程の基準に準拠した学校向けの放送番組又は有線放送番組において放送し、有線放送し、地域限定特定入力型自動公衆送信（特定入力型自動公衆送信のうち、専ら当該放送に係る放送対象地域（放送法（昭和二十五年法律第百三十二号）第九十一条第二項第二号に規定する放送対象地域をいい、これが定められていない放送にあつては、電波法（昭和二十五年法律第百三十一号）第十四条第三項第二号に規定する放送区域をいう。）において受信されることを目的として行われるものをいう。以下同じ。）を行い、又は放送同時配信等（放送事業者、有線放送事業者又は放送同時配信等事業者が行うものに限る。第三十八条第三項、第三十九条並びに第四十条第二項及び第三項において同じ。）を行い、及び当該放送番組用又は有線放送番組用の教材に掲載することができる。

2　前項の規定により著作物を利用する者は、その旨を著作者に通知するとともに、相当な額の補償金を著作権者に支払わなければならない。

（昭六一法六四・見出し１項一部改正、平十八法一二一・１項一部改正、平二二法六五・１項一部改正、令三法五二・１項一部改正）

（学校その他の教育機関における複製等）

第三十五条　学校その他の教育機関（営利を目的として設置されているものを除く。）において教育を担任する者及び授業を受ける者は、その授業の過程における利用に供することを目的とする場合には、その必要と認められる限度において、公表された著作物を複製し、若しくは公衆送信（自動公衆送信の場合にあつては、送信可能化を含む。以下この条において同じ。）を行い、又は公表された著作物であつて公衆送信されるものを受信装置を用いて公に伝達することができる。ただし、当該著作物の種類及び用途並びに当該複製の部数及び当該複製、公衆送信又は伝達の態様に照らし著作権者の利益を不当に害することとなる場合は、この限りでない。

2　前項の規定により公衆送信を行う場合には、同項の教育機関を設置する者は、相当な額の補償金を著作権者に支払わなければならない。

3　前項の規定は、公表された著作物について、前項の教育機関における授業の過程において、当該授業を直接受ける者に対して当該著作物をその原作品若しくは複製物を提供し、若しくは提示して利用する場合又は当該著作物を第三十八条第一項の規定により上演し、演奏し、上映し、若しくは口述して利用する場合において、当該授業が行われる場所以外の場所において当該授業を同時に受ける者に対して公衆送信を行うときには、適用しない。

（平十五法八五・見出し１項一部改正２項追加、平三〇法三〇・１項一部改正旧２項繰下一部改正２項追加）

（試験問題としての複製等）

第三十六条　公表された著作物については、入学試験その他人の学識技能に関する試験又は検定の目的上必要と認められる限度において、当該試験又は検定の問題として複製し、又は公衆送信（放送又は有線放送を除き、自動公衆送信の場合にあつては送信可能化を含む。次項において同じ。）を行うことができる。ただし、当該著作物の種類及び用途並びに当該公衆送信の態様に照らし著作権者の利益を不当に害することとなる場合は、この限りでない。

2　営利を目的として前項の複製又は公衆送信を行う者は、通常の使用料の額に相当する額の補償金を著作権者に支払わなければならない。

（平十五法八五・見出し１項２項一部改正）

（視覚障害者等のための複製等）

第三十七条　公表された著作物は、点字により複製することができる。

2　公表された著作物については、電子計算機を用いて点字を処理する方式により、記録媒体に記録し、又は公衆送信（放送又は有線放送を除き、自動公衆送信の場合にあつては送信可能化を含む。次項において同じ。）を行うことができる。

3　視覚障害その他の障害により視覚による表現の認識が困難な者（以下この項及び第百二条第四項において「視覚障害者等」という。）の福祉に関する事業を行う者で政令で定めるものは、公表された著作物であつて、視覚によりその表現が認識される方式（視覚及び他の知覚により認識される方式を含む。）により公衆に提供され、又は提示されているもの（当該著作物以外の著作物で、当該著作物において複製されているものその他当該著作物と一体として公衆に提供され、又は提示されているものを含む。以下この項及び同条第四項において「視覚著作物」という。）について、専ら視覚障害者等で当該方式によつては当該視覚著作物を利用することが困難な者の用に供するために必要と認められる限度において、当該視覚著作物に係る文字を音声にすることその他当該視覚障害者等が利用するために必要な方式により、複製し、又は公衆送信を行うことができる。ただし、当該視覚著作物について、著作権者又はその許諾を得た者若しくは第七十九条の出版権の設定を受けた者若しくはその複製許諾若しくは公衆送信許諾を得た者により、当該方式による公衆への提供又は提示が行われている場合は、この限りでない。

（平十二法五六・１項一部改正２項追加３項一部改正、平十八法一二一・３項一部改正、平二一法五三・見出し一部改正３項全改、平二六法三五・３項一部改正、平三〇法三〇・２項３項一部改正）

（聴覚障害者等のための複製等）

第三十七条の二　聴覚障害者その他聴覚による表現の認識に障害のある者（以下この条及び次条第五項において「聴覚障害者等」という。）の福祉に関する事業を行う者で次の各号に掲げる利用の区分に応じて政令で定めるものは、公表された著作物であつて、聴覚によりその表現が認識される方式（聴覚及び他の知覚により認識される方式を含む。）により公衆に提供され、又は提示されているもの（当該著作物以外の著作物で、当該著作物において複製されているものその他当該著作物と一体として公衆に提供され、又は提示されているものを含む。以下この条において「聴覚著作物」という。）について、専ら聴覚障害者等で当該方式によつては当該聴覚著作物を利用することが困難な者の用に供するために必要と認められる限度において、それぞれ当該各号に掲げる利用を行うことができる。ただし、当該聴覚著作物について、著作権者又はその許諾を得た者若しくは第七十九条の出版権の設定を受けた者若しくはその複製許諾若しくは公衆送信許諾を得た者により、当該聴覚障害者等が利用するために必要な方式による公衆への提供又は提示が行われている場合は、この限りでない。

一　当該聴覚著作物に係る音声について、これを文字にすることその他当該聴覚障害者等が利用するために必要な方式により、複製し、又は自動公衆送信（送信可能化を含む。）を行うこと。

二　専ら当該聴覚障害者等向けの貸出しの用に供するため、複製すること（当該聴覚著作物に係る音声を文字にすることその他当該聴覚障害者等が利用するために必要な方式による当該音声の複製と併せて行うものに限る。）。

（平十二法五六・追加、平十八法一二一・柱書一部改正、平二十一法五三・全改、平二六法三五・柱書一部改正）

（営利を目的としない上演等）

第三十八条　公表された著作物は、営利を目的とせず、かつ、聴衆又は観衆から料金（いずれの名義をもつてするかを問わず、著作物の提供又は提示につき受ける対価をいう。以下この条において同じ。）を受けない場合には、公に上演し、演奏し、上映し、又は口述することができる。ただし、当該上演、演奏、上映又は口述について実演家又は口述を行う者に対し報酬が支払われる場合は、この限りでない。

第三十八条　公表された著作物は、営利を目的とせず、かつ、聴衆又は観衆から料金を受けない場合には、公に上演し、演奏し、上映し、又は口述することができる。ただし、当該上演、演奏、上映又は口述について実演家又は口述を行う者に対し報酬が支払われる場合は、この限りでない。

（令和三年六月二日から起算して一年を超えない範囲内において政令で定める日から施行）

2　放送される著作物は、営利を目的とせず、かつ、聴衆又は観衆から料金を受けない場合には、有線放送し、又は地域限定特定入力型自動公衆送信を行うことができる。

3　放送され、有線放送され、特定入力型自動公衆送信が行われ、又は放送同時配信等（放送又は有線放送が終了した後に開始されるものを除く。）が行われる著作物は、営利を目的とせず、かつ、聴衆又は観衆から料金を受けない場合には、受信装置を用いて公に伝達することができる。通常の家庭用受信装置を用いてする場合も、同様とする。

4　公表された著作物（映画の著作物を除く。）は、営利を目的とせず、かつ、その複製物の貸与を受ける者から料金を受けない場合には、その複製物（映画の著作物において複製されている著作物にあつては、当該映画の著作物の複製物を除く。）の貸与により公衆に提供することができる。

5　映画フィルムその他の視聴覚資料を公衆の利用に供することを目的とする視聴覚教育施設その他の施設（営利を目的として設置されているものを除く。）で政令で定めるもの及び聴覚障害者等の福祉に関する事業を行う者で前条の政令で定めるもの（同条第二号に係るものに限り、営利を目的として当該事業を行うものを除く。）は、公表された映画の著作物を、その複製物の貸与を受ける者から料金を受けない場合には、その複製物の貸与により頒布することができる。この場合において、当該頒布を行う者は、当該映画の著作物又は当該映画の著作物において複製されている著作物につき第二十六条に規定する権利を有する者（第二十八条の規定により第二十六条に規定する権利と同一の権利を有する者を含む。）に相当な額の補償金を支払わなければならない。

（昭五九法四六・１項一部改正４項５項追加、昭六一法六四・１項一部改正２項追加、平十一法七七・１項一部改正、平十八法一二一・２項３項一部改正、平二一法五三・５項一部改正、令三法五二・２項３項一部改正）

（時事問題に関する論説の転載等）

第三十九条　新聞紙又は雑誌に掲載して発行された政治上、経済上又は社会上の時事問題に関する論説（学術的な性質を有するものを除く。）は、他の新聞紙若しくは雑誌に転載し、又は放送し、有線放送し、地域限定特定入力型自動公衆送信を行い、若しくは放送同時配信等を行うことができる。ただし、これらの利用を禁止する旨の表示がある場合は、この限りでない。

2　前項の規定により放送され、有線放送され、地域限定特定入力型自動公衆送信が行われ、又は放送同時配信等が行われる論説は、受信装置を用いて公に伝達することができる。

（平十八法一二一・１項２項一部改正、令三法五二・１項２項一部改正）

（政治上の演説等の利用）

第四十条　公開して行われた政治上の演説又は陳述及び裁判手続（行政庁の行う審判その他裁判に準ずる手続を含む。第四十二条第一項において同じ。）における公開の陳述は、同一の著作者のものを編集して利用する場合を除き、いずれの方法によるかを問わず、利用することができる。

2　国若しくは地方公共団体の機関、独立行政法人又は地方独立行政法人において行われた公開の演説又は陳述は、前項の規定によるものを除き、報道の目的上正当と認められる場合には、新聞紙若しくは雑誌に掲載し、又は放送し、有線放送し、地域限定特定入力型自動公衆送信を行い、若しくは放送同時配信等を行うことができる。

3　前項の規定により放送され、有線放送され、地域限定特定入力型自動公衆送信が行われ、又は放送同時配信等が行われる演説又は陳述は、受信装置を用いて公に伝達することができる。

（平十一法二二〇・２項一部改正、平十五法一一九・２項一部改正、平十八法一二一・各項一部改正、令三法五二・２項３項一部改正）

（時事の事件の報道のための利用）

第四十一条　写真、映画、放送その他の方法によつて時事の事件を報道する場合には、当該事件を構成し、又は当該事件の過程において見られ、若しくは聞かれる著作物は、報道の目的上正当な範囲内において、複製し、及び当該事件の報道に伴つて利用することができる。

（裁判手続等における複製）

第四十二条　著作物は、裁判手続のために必要と認められる場合及び立法又は行政の目的のために内部資料として必要と認められる場合には、その必要と認められる限度において、複製することができる。ただし、当該著作物の種類及び用途並びにその複製の部数及び態様に照らし著作権者の利益を不当に害することとなる場合は、この限りでない。

2　次に掲げる手続のために必要と認められる場合についても、前項と同様とする。

一　行政庁の行う特許、意匠若しくは商標に関する審査、実用新案に関する技術的な評価又は国際出願（特許協力条約に基づく国際出願等に関する法律（昭和五十三年法律第三十号）第二条に規定する国際出願をいう。）に関する国際調査若しくは国

際予備審査に関する手続

二　行政庁の行う品種（種苗法（平成十年法律第八十三号）第二条第二項に規定する品種をいう。）に関する審査又は登録品種（同法第二十条第一項に規定する登録品種をいう。）に関する調査に関する手続

三　行政庁の行う特定農林水産物等（特定農林水産物等の名称の保護に関する法律（平成二十六年法律第八十四号）第二条第二項に規定する特定農林水産物等をいう。以下この号において同じ。）についての同法第六条の登録又は外国の特定農林水産物等についての同法第二十三条第一項の指定に関する手続

四　行政庁若しくは独立行政法人の行う薬事（医療機器（医薬品、医療機器等の品質、有効性及び安全性の確保等に関する法律（昭和三十五年法律第百四十五号）第二条第四項に規定する医療機器をいう。）及び再生医療等製品（同条第九項に規定する再生医療等製品をいう。）に関する事項を含む。以下この号において同じ。）に関する審査若しくは調査又は行政庁若しくは独立行政法人に対する薬事に関する報告に関する手続

五　前各号に掲げるもののほか、これらに類するものとして政令で定める手続

（平十八法一二一・２項追加、平二五法八四・２項二号一部改正、令二法四八・２項二号三号五号追加旧二号繰下）

（行政機関情報公開法等による開示のための利用）

第四十二条の二　行政機関の長、独立行政法人等又は地方公共団体の機関若しくは地方独立行政法人は、行政機関情報公開法、独立行政法人等情報公開法又は情報公開条例の規定により著作物を公衆に提供し、又は提示することを目的とする場合には、それぞれ行政機関情報公開法第十四条第一項（同項の規定に基づく政令の規定を含む。）に規定する方法、独立行政法人等情報公開法第十五条第一項に規定する方法（同項の規定に基づき当該独立行政法人等が定める方法（行政機関情報公開法第十四条第一項の規定に基づく政令で定める方法以外のものを除く。）を含む。）又は情報公開条例で定める方法（行政機関情報公開法第十四条第一項（同項の規定に基づく政令の規定を含む。）に規定する方法以外のものを除く。）により開示するために必要と認められる限度において、当該著作物を利用することができる。

（平十一法四三・追加、平十三法一四〇・見出し本文一部改正、平十五法一一九・一部改正）

（公文書管理法等による保存等のための利用）

第四十二条の三　国立公文書館等の長又は地方公文書館等の長は、公文書管理法第十五条第一項の規定又は公文書管理条例の規定（同項の規定に相当する規定に限る。）により歴史公文書等を保存することを目的とする場合には、必要と認められる限度において、当該歴史公文書等に係る著作物を複製することができる。

２　国立公文書館等の長又は地方公文書館等の長は、公文書管理法第十六条第一項の

規定又は公文書管理条例の規定（同項の規定に相当する規定に限る。）により著作物を公衆に提供し、又は提示することを目的とする場合には、それぞれ公文書管理法第十九条（同条の規定に基づく政令の規定を含む。以下この項において同じ。）に規定する方法又は公文書管理条例で定める方法（同条に規定する方法以外のものを除く。）により利用をさせるために必要と認められる限度において、当該著作物を利用することができる。

（平二四法四三・追加）

（国立国会図書館法によるインターネット資料及びオンライン資料の収集のための複製）

第四十三条 国立国会図書館の館長は、国立国会図書館法（昭和二十三年法律第五号）第二十五条の三第一項の規定により同項に規定するインターネット資料（以下この条において「インターネット資料」という。）又は同法第二十五条の四第三項の規定により同項に規定するオンライン資料を収集するために必要と認められる限度において、当該インターネット資料又は当該オンライン資料に係る著作物を国立国会図書館の使用に係る記録媒体に記録することができる。

2 次の各号に掲げる者は、当該各号に掲げる資料を提供するために必要と認められる限度において、当該各号に掲げる資料に係る著作物を複製することができる。

一 国立国会図書館法第二十四条及び第二十四の二に規定する者 同法第二十五条の三第三項の求めに応じ提供するインターネット資料

二 国立国会図書館法第二十四条及び第二十四条の二に規定する者以外の者 同法第二十五条の四第一項の規定により提供する同項に規定するオンライン資料

（平二一法七三・追加、平二四法四三・旧四十二条の三繰下、平二四法三二・見出し１項一部改正２項全改、平三〇法三〇・条番号改正、旧四十三条削除）

（放送事業者等による一時的固定）

第四十四条 放送事業者は、第二十三条第一項に規定する権利を害することなく放送し、又は放送同時配信等することができる著作物を、自己の放送又は放送同時配信等（当該放送事業者と密接な関係を有する放送同時配信等事業者が放送番組の供給を受けて行うものを含む。）のために、自己の手段又は当該著作物を同じく放送し、若しくは放送同時配信等することができる他の放送事業者の手段により、一時的に録音し、又は録画することができる。

2 有線放送事業者は、第二十三条第一項に規定する権利を害することなく有線放送し、又は放送同時配信等することができる著作物を、自己の有線放送（放送を受信して行うものを除く。）又は放送同時配信等（当該有線放送事業者と密接な関係を有する放送同時配信等事業者が有線放送番組の供給を受けて行うものを含む。）のために、自己の手段により、一時的に録音し、又は録画することができる。

3 放送同時配信等事業者は、第二十三条第一項に規定する権利を害することなく放送同時配信等することができる著作物を、自己の放送同時配信等のために、自己の手段又は自己と密接な関係を有する放送事業者若しくは有線放送事業者の手段により、一時的に録音し、又は録画することができる。

４　前三項の規定により作成された録音物又は録画物は、録音又は録画の後六月（その期間内に当該録音物又は録画物を用いてする放送、有線放送又は放送同時配信等があつたときは、その放送、有線放送又は放送同時配信等の後六月）を超えて保存することができない。ただし、政令で定めるところにより公的な記録保存所において保存する場合は、この限りでない。

（昭六一法六四・見出し２項一部改正３項追加、令三法五二・１項２項一部改正３項追加旧３項繰下一部改正）

（美術の著作物等の原作品の所有者による展示）

第四十五条　美術の著作物若しくは写真の著作物の原作品の所有者又はその同意を得た者は、これらの著作物をその原作品により公に展示することができる。

２　前項の規定は、美術の著作物の原作品を街路、公園その他一般公衆に開放されている屋外の場所又は建造物の外壁その他一般公衆の見やすい屋外の場所に恒常的に設置する場合には、適用しない。

（公開の美術の著作物等の利用）

第四十六条　美術の著作物でその原作品が前条第二項に規定する屋外の場所に恒常的に設置されているもの又は建築の著作物は、次に掲げる場合を除き、いずれの方法によるかを問わず、利用することができる。

一　彫刻を増製し、又はその増製物の譲渡により公衆に提供する場合

二　建築の著作物を建築により複製し、又はその複製物の譲渡により公衆に提供する場合

三　前条第二項に規定する屋外の場所に恒常的に設置するために複製する場合

四　専ら美術の著作物の複製物の販売を目的として複製し、又はその複製物を販売する場合

（平十一法七七・一号二号四号一部改正）

（美術の著作物等の展示に伴う複製等）

第四十七条　美術の著作物又は写真の著作物の原作品により、第二十五条に規定する権利を害することなく、これらの著作物を公に展示する者（以下この条において「原作品展示者」という。）は、観覧者のためにこれらの展示する著作物（以下この条及び第四十七条の六第二項第一号において「展示著作物」という。）の解説若しくは紹介をすることを目的とする小冊子に当該展示著作物を掲載し、又は次項の規定により当該展示著作物を上映し、若しくは当該展示著作物について自動公衆送信（送信可能化を含む。同項及び同号において同じ。）を行うために必要と認められる限度において、当該展示著作物を複製することができる。ただし、当該展示著作物の種類及び用途並

びに当該複製の部数及び態様に照らし著作権者の利益を不当に害することとなる場合は、この限りでない。

2　原作品展示者は、観覧者のために展示著作物の解説又は紹介をすることを目的とする場合には、その必要と認められる限度において、当該展示著作物を上映し、又は当該展示著作物について自動公衆送信を行うことができる。ただし、当該展示著作物の種類及び用途並びに当該上映又は自動公衆送信の態様に照らし著作権者の利益を不当に害することとなる場合は、この限りでない。

3　原作品展示者及びこれに準ずる者として政令で定めるものは、展示著作物の所在に関する情報を公衆に提供するために必要と認められる限度において、当該展示著作物について複製し、又は公衆送信（自動公衆送信の場合にあつては、送信可能化を含む。）を行うことができる。ただし、当該展示著作物の種類及び用途並びに当該複製又は公衆送信の態様に照らし著作権者の利益を不当に害することとなる場合は、この限りでない。

（平三〇法三〇・1項一部改正2項3項追加）

（美術の著作物等の譲渡等の申出に伴う複製等）

第四十七条の二　美術の著作物又は写真の著作物の原作品又は複製物の所有者その他のこれらの譲渡又は貸与の権原を有する者が、第二十六条の二第一項又は第二十六条の三に規定する権利を害することなく、その原作品又は複製物を譲渡し、又は貸与しようとする場合には、当該権原を有する者又はその委託を受けた者は、その申出の用に供するため、これらの著作物について、複製又は公衆送信（自動公衆送信の場合にあつては、送信可能化を含む。）（当該複製により作成される複製物を用いて行うこれらの著作物の複製又は当該公衆送信を受信して行うこれらの著作物の複製を防止し、又は抑止するための措置その他の著作権者の利益を不当に害しないための措置として政令で定める措置を講じて行うものに限る。）を行うことができる。

（平二一法五三・追加）

（プログラムの著作物の複製物の所有者による複製等）

第四十七条の三　プログラムの著作物の複製物の所有者は、自ら当該著作物を電子計算機において実行するために必要と認められる限度において、当該著作物を複製することができる。ただし、当該実行に係る複製物の使用につき、第百十三条第五項の規定が適用される場合は、この限りでない。

2　前項の複製物の所有者が当該複製物（同項の規定により作成された複製物を含む。）のいずれかについて滅失以外の事由により所有権を有しなくなつた後には、その者は、当該著作権者の別段の意思表示がない限り、その他の複製物を保存してはならない。

（昭六〇法六二・追加、平二一法五三・旧四十七条の二繰下、平三〇法三〇・1項一部改正、令二法四八・1項一部改正）

（電子計算機における著作物の利用に付随する利用等）

第四十七条の四　電子計算機における利用（情報通信の技術を利用する方法による利用を含む。以下この条において同じ。）に供される著作物は、次に掲げる場合その他これらと同様に当該著作物の電子計算機における利用を円滑又は効率的に行うために当該電子計算機における利用に付随する利用に供することを目的とする場合には、その必要と認められる限度において、いずれの方法によるかを問わず、利用することができる。ただし、当該著作物の種類及び用途並びに当該利用の態様に照らし著作権者の利益を不当に害することとなる場合は、この限りでない。

一　電子計算機において、著作物を当該著作物の複製物を用いて利用する場合又は無線通信若しくは有線電気通信の送信がされる著作物を当該送信を受信して利用する場合において、これらの利用のための当該電子計算機による情報処理の過程において、当該情報処理を円滑又は効率的に行うために当該著作物を当該電子計算機の記録媒体に記録するとき。

二　自動公衆送信装置を他人の自動公衆送信の用に供することを業として行う者が、当該他人の自動公衆送信の遅滞若しくは障害を防止し、又は送信可能化された著作物の自動公衆送信を中継するための送信を効率的に行うために、これらの自動公衆送信のために送信可能化された著作物を記録媒体に記録する場合

三　情報通信の技術を利用する方法により情報を提供する場合において、当該提供を円滑又は効率的に行うための準備に必要な電子計算機による情報処理を行うことを目的として記録媒体への記録又は翻案を行うとき。

２　電子計算機における利用に供される著作物は、次に掲げる場合その他これらと同様に当該著作物の電子計算機における利用を行うことができる状態を維持し、又は当該状態に回復することを目的とする場合には、その必要と認められる限度において、いずれの方法によるかを問わず、利用することができる。ただし、当該著作物の種類及び用途並びに当該利用の態様に照らし著作権者の利益を不当に害することとなる場合は、この限りでない。

一　記録媒体を内蔵する機器の保守又は修理を行うために当該機器に内蔵する記録媒体（以下この号及び次号において「内蔵記録媒体」という。）に記録されている著作物を当該内蔵記録媒体以外の記録媒体に一時的に記録し、及び当該保守又は修理の後に、当該内蔵記録媒体に記録する場合

二　記録媒体を内蔵する機器をこれと同様の機能を有する機器と交換するためにその内蔵記録媒体に記録されている著作物を当該内蔵記録媒体以外の記録媒体に一時的に記録し、及び当該同様の機能を有する機器の内蔵記録媒体に記録する場合

三　自動公衆送信装置を他人の自動公衆送信の用に供することを業として行う者が、当該自動公衆送信装置により送信可能化された著作物の複製物が滅失し、又は毀損した場合の復旧の用に供するために当該著作物を記録媒体に記録するとき。

（平十八法一二一・追加、平二一法五三・旧四十七条の三繰下、平三〇法三〇・全改）

（電子計算機による情報処理及びその結果の提供に付随する軽微利用等）

第四十七条の五　電子計算機を用いた情報処理により新たな知見又は情報を創出することによつて著作物の利用の促進に資する次の各号に掲げる行為を行う者（当該行為の一部を行う者を含み、当該行為を政令で定める基準に従つて行う者に限る。）は、公衆への提供等（公衆への提供又は提示をいい、送信可能化を含む。以下同じ。）が行われた著作物（以下この条及び次条第二項第二号において「公衆提供等著作物」という。）（公表された著作物又は送信可能化された著作物に限る。）について、当該各号に掲げる行為の目的上必要と認められる限度において、当該行為に付随して、いずれの方法によるかを問わず、利用（当該公衆提供等著作物のうちその利用に供される部分の占める割合、その利用に供される部分の量、その利用に供される際の表示の精度その他の要素に照らし軽微なものに限る。以下この条において「軽微利用」という。）を行うことができる。ただし、当該公衆提供等著作物に係る公衆への提供等が著作権を侵害するものであること（国外で行われた公衆への提供等にあつては、国内で行われたとしたならば著作権の侵害となるべきものであること）を知りながら当該軽微利用を行う場合その他当該公衆提供等著作物の種類及び用途並びに当該軽微利用の態様に照らし著作権者の利益を不当に害することとなる場合は、この限りでない。

一　電子計算機を用いて、検索により求める情報（以下この号において「検索情報」という。）が記録された著作物の題号又は著作者名、送信可能化された検索情報に係る送信元識別符号（自動公衆送信の送信元を識別するための文字、番号、記号その他の符号をいう。第百十三条第二項及び第四項において同じ。）その他の検索情報の特定又は所在に関する情報を検索し、及びその結果を提供すること。

二　電子計算機による情報解析を行い、及びその結果を提供すること。

三　前二号に掲げるもののほか、電子計算機による情報処理により、新たな知見又は情報を創出し、及びその結果を提供する行為であつて、国民生活の利便性の向上に寄与するものとして政令で定めるもの

2　前項各号に掲げる行為の準備を行う者（当該行為の準備のための情報の収集、整理及び提供を政令で定める基準に従つて行う者に限る。）は、公衆提供等著作物について、同項の規定による軽微利用の準備のために必要と認められる限度において、複製若しくは公衆送信（自動公衆送信の場合にあつては、送信可能化を含む。以下この項及び次条第二項第二号において同じ。）を行い、又はその複製物による頒布を行うことができる。ただし、当該公衆提供等著作物の種類及び用途並びに当該複製又は頒布の部数及び当該複製、公衆送信又は頒布の態様に照らし著作権者の利益を不当に害することとなる場合は、この限りでない。

（平二一法五三・追加、平三〇法三〇・全改、令二法四八・１項柱書一号２

項一部改正）

（翻訳、翻案等による利用）

第四十七条の六　次の各号に掲げる規定により著作物を利用することができる場合には、当該著作物について、当該規定の例により当該各号に定める方法による利用を行うことができる。

一　第三十条第一項、第三十三条第一項（同条第四項において準用する場合を含む。）、第三十四条第一項、第三十五条第一項又は前条第二項　翻訳、編曲、変形又は翻案

二　第三十一条第一項第一号若しくは第三項後段、第三十二条、第三十六条第一項、第三十七条第一項若しくは第二項、第三十九条第一項、第四十条第二項、第四十一条又は第四十二条　翻訳

> 二　第三十一条第一項（第一号に係る部分に限る。）、第三項（第一号に係る部分に限る。）若しくは第五項（第一号に係る部分に限る。）、第三十二条、第三十六条第一項、第三十七条第一項若しくは第二項、第三十九条第一項、第四十条第二項、第四十一条又は第四十二条　翻訳
>
> （令和三年六月二日から起算して一年を超えない範囲内において政令で定める日から施行）

> 二　第三十一条第一項（第一号に係る部分に限る。）、第二項、第四項、第七項（第一号に係る部分に限る。）若しくは第九項（第一号に係る部分に限る。）、第三十二条、第三十六条第一項、第三十七条第一項若しくは第二項、第三十九条第一項、第四十条第二項、第四十一条又は第四十二条　翻訳
>
> （令和三年六月二日から起算して二年を超えない範囲内において政令で定める日から施行）

三　第三十三条の二第一項、第三十三条の三第一項又は第四十七条　変形又は翻案

四　第三十七条第三項　翻訳、変形又は翻案

五　第三十七条の二　翻訳又は翻案

六　第四十七条の三第一項　翻案

2　前項の規定により創作された二次的著作物は、当該二次的著作物の原著作物を同項各号に掲げる規定（次の各号に掲げる二次的著作物にあつては、当該各号に定める規定を含む。以下この項及び第四十八条第三項第二号において同じ。）により利用することができる場合には、原著作物の著作者その他の当該二次的著作物の利用に関して第二十八条に規定する権利を有する者との関係においては、当該二次的著作物を前項各号に掲げる規定に規定する著作物に該当するものとみなして、当該各号に掲げる規

定による利用を行うことができる。

一　第四十七条第一項の規定により同条第二項の規定による展示著作物の上映又は自動公衆送信を行うために当該展示著作物を複製することができる場合に、前項の規定により創作された二次的著作物　同条第二項

二　前条第二項の規定により公衆提供等著作物について複製、公衆送信又はその複製物による頒布を行うことができる場合に、前項の規定により創作された二次的著作物　同条第一項

（平二一法五三・追加、平三〇法三〇・全改、平三〇法三九・１項四号一部改正、令二法四八・１項二号削除旧三号以下繰上六号２項二号追加）

（複製権の制限により作成された複製物の譲渡）

第四十七条の七　第三十条の二第二項、第三十条の三、第三十条の四、第三十一条第一項（第一号に係る部分に限る。以下この条において同じ。）若しくは第三項後段、第三十二条、第三十三条第一項（同条第四項において準用する場合を含む。）、第三十三条の二第一項、第三十三条の三第一項若しくは第四項、第三十四条第一項、第三十五条第一項、第三十六条第一項、第三十七条、第三十七条の二（第二号を除く。以下この条において同じ。）、第三十九条第一項、第四十条第一項若しくは第二項、第四十一条から第四十二条の二まで、第四十二条の三第二項、第四十六条、第四十七条第一項若しくは第三項、第四十七条の二、第四十七条の四又は第四十七条の五の規定により複製することができる著作物は、これらの規定の適用を受けて作成された複製物（第三十一条第一項若しくは第三項後段、第三十六条第一項又は第四十二条の規定に係る場合にあつては、映画の著作物の複製物（映画の著作物において複製されている著作物にあつては、当該映画の著作物の複製物を含む。以下この条において同じ。）を除く。）の譲渡により公衆に提供することができる。ただし、第三十条の三、第三十一条第一項若しくは第三項後段、第三十三条の二第一項、第三十三条の三第一項若しくは第四項、第三十五条第一項、第三十七条第三項、第三十七条の二、第四十一条から第四十二条の二まで、第四十二条の三第二項、第四十七条第一項若しくは第三項、第四十七条の二、第四十七条の四若しくは第四十七条の五の規定の適用を受けて作成された著作物の複製物（第三十一条第一項若しくは第三項後段、又は第四十二条の規定に係る場合にあつては、映画の著作物の複製物を除く。）を、第三十条の三、第三十一条第一項若しくは第三項後段、第三十三条の二第一項、第三十三条の三第一項若しくは第四項、第三十五条第一項、第三十七条第三項、第三十七条の二、第四十一条から第四十二条の二まで、第四十二条の三第二項、第四十七条第一項若しくは第三項、第四十七条の二、第四十七条の四若しくは第四十七条の五に定める目的以外の目的のために公衆に譲渡する場合又は第三十条の四の規定の適用を受けて作成された著作物の複製物を当該著作物に表現された思想若しくは感情を自ら享受し若しくは他人に享受させる目的のために公衆に譲渡する場合は、この限りでない。

（平十一法七七・追加、平十二法五六・一部改正、平十五法八五・一部改正、平十八法一二一・旧四十七条の三繰下、平二十法八一・一部改正、平二一法五三・旧四十七条の四繰下一部改正、平二四法四三・旧四十七条の九繰下一部改正、平三〇法三〇・旧四十七条の七から九削除旧四十七条の十繰上一部改正、平三〇法三九・一部改正）

第四十七条の七　第三十条の二第二項、第三十条の三、第三十条の四、第三十一条第一項（第一号に係る部分に限る。以下この条において同じ。）若しくは第三項（第一号に係る部分に限る。以下この条において同じ。）、第三十二条、第三十三条第一項（同条第四項において準用する場合を含む。）、第三十三条の二第一項、第三十三条の三第一項若しくは第四項、第三十四条第一項、第三十五条第一項、第三十六条第一項、第三十七条、第三十七条の二（第二号を除く。以下この条において同じ。）、第三十九条第一項、第四十条第一項若しくは第二項、第四十一条から第四十二条の二まで、第四十二条の三第二項、第四十六条、第四十七条第一項若しくは第三項、第四十七条の二、第四十七条の四又は第四十七条の五の規定により複製することができる著作物は、これらの規定の適用を受けて作成された複製物（第三十一条第一項若しくは第三項、第三十六条第一項又は第四十二条の規定に係る場合にあつては、映画の著作物の複製物（映画の著作物において複製されている著作物にあつては、当該映画の著作物の複製物を含む。以下この条において同じ。）を除く。）の譲渡により公衆に提供することができる。ただし、第三十条の三、第三十一条第一項若しくは第三項、第三十三条の二第一項、第三十三条の三第一項若しくは第四項、第三十五条第一項、第三十七条第三項、第三十七条の二、第四十一条から第四十二条の二まで、第四十二条の三第二項、第四十七条第一項若しくは第三項、第四十七条の二、第四十七条の四若しくは第四十七条の五の規定の適用を受けて作成された著作物の複製物（第三十一条第一項若しくは第三項又は第四十二条の規定に係る場合にあつては、映画の著作物の複製物を除く。）を第三十条の三、第三十一条第一項若しくは第三項、第三十三条の二第一項、第三十三条の三第一項若しくは第四項、第三十五条第一項、第三十七条第三項、第三十七条の二、第四十一条から第四十二条の二まで、第四十二条の三第二項、第四十七条第一項若しくは第三項、第四十七条の二、第四十七条の四若しくは第四十七条の五に定める目的以外の目的のために公衆に譲渡する場合又は第三十条の四の規定の適用を受けて作成された著作物の複製物を当該著作物に表現された思想若しくは感情を自ら享受し若しくは他人に享受させる目的のために公衆に譲渡する場合は、この限りでない。

（令和三年六月二日から起算して一年を超えない範囲内において政令で定める日から施行）

第四十七条の七　第三十条の二第二項、第三十条の三、第三十条の四、第三十一条第一項（第一号に係る部分に限る。以下この条において同じ。）若しくは第七項（第一号に係る部分に限る。以下この条において同じ。）、第三十二条、第三十三条第一項（同条第四項において準用する場合を含む。）、第三十三条の二第一項、第三十三条の三第一項若しくは第四項、第三十四条第一項、第三十五条第一項、第三十六条第一項、第三十七条、第三十七条の二（第二号を除く。以下この条において同じ。）、第三十九条第一項、第四十条第一項若しくは第二項、第四十一条から第四十二条の二まで、第四十二条の三第二項、第四十六条、第四十七条第一項若しくは第三項、第四十七条の二、第四十七条の四又は第四十七条の五の規定により複製することができる著作物は、これらの規定の適用を受けて作成された複製物（第三十一条第一項若しくは第七項、第三十六条第一項又は第四十二条の規定に係る場合にあつては、映画の著作物の複製物（映画の著作物において複製されている著作物にあつては、当該映画の著作物の複製物を含む。以下この条において同じ。）を除く。）の譲渡により公衆に提供することができる。ただし、第三十条の三、第三十一条第一項若しくは第七項、第三十三条の二第一項、第三十三条の三第一項若しくは第四項、第三十五条第一項、第三十七条第三項、第三十七条の二、第四十一条から第四十二条の二まで、第四十二条の三第二項、第四十七条第一項若しくは第三項、第四十七条の二、第四十七条の四若しくは第四十七条の五の規定の適用を受けて作成された著作物の複製物（第三十一条第一項若しくは第七項又は第四十二条の規定に係る場合にあつては、映画の著作物の複製物を除く。）を第三十条の三、第三十一条第一項若しくは第七項、第三十三条の二第一項、第三十三条の三第一項若しくは第四項、第三十五条第一項、第三十七条第三項、第三十七条の二、第四十一条から第四十二条の二まで、第四十二条の三第二項、第四十七条第一項若しくは第三項、第四十七条の二、第四十七条の四若しくは第四十七条の五に定める目的以外の目的のために公衆に譲渡する場合又は第三十条の四の規定の適用を受けて作成された著作物の複製物を当該著作物に表現された思想若しくは感情を自ら享受し若しくは他人に享受させる目的のために公衆に譲渡する場合は、この限りでない。

（令和三年六月二日から起算して二年を超えない範囲内において政令で定める日から施行）

（出所の明示）

第四十八条　次の各号に掲げる場合には、当該各号に規定する著作物の出所を、その複製又は利用の態様に応じ合理的と認められる方法及び程度により、明示しなければならない。

一　第三十二条、第三十三条第一項（同条第四項において準用する場合を含む。）、第三十三条の二第一項、第三十三条の三第一項、第三十七条第一項、第四十二条又は

第四十七条第一項の規定により著作物を複製する場合
二　第三十四条第一項、第三十七条第三項、第三十七条の二、第三十九条第一項、第四十条第一項若しくは第二項、第四十七条第二項若しくは第三項又は第四十七条の二の規定により著作物を利用する場合
三　第三十二条の規定により著作物を複製以外の方法により利用する場合又は第三十五条第一項、第三十六条第一項、第三十八条第一項、第四十一条、第四十六条若しくは第四十七条の五第一項の規定により著作物を利用する場合において、その出所を明示する慣行があるとき。

2　前項の出所の明示に当たつては、これに伴い著作者名が明らかになる場合及び当該著作物が無名のものである場合を除き、当該著作物につき表示されている著作者名を示さなければならない。

3　次の号に掲げる場合には、前二項の規定の例により、当該各号に規定する二次的著作物の原著作物の出所を明示しなければならない。
一　第四十条第一項、第四十六条又は第四十七条の五第一項の規定により創作された二次的著作物をこれらの規定により利用する場合
二　第四十七条の六第一項の規定により創作された二次的著作物を同条第二項の規定の適用を受けて同条第一項各号に掲げる規定により利用する場合

（昭六〇法六二・１項一号一部改正、平十二法五六・１項一号二号一部改正、平十五法八五・１項一号一部改正、平十八法一二一・１項一号二号一部改正、平二一法五三・１項二号一部改正、平三〇法三〇・１項二号三号３項柱書一部改正３項一号二号追加、平三〇法三九・１項一号一部改正、平三〇法三〇・１項三号一部改正）

（複製物の目的外使用等）

第四十九条　次に掲げる者は、第二十一条の複製を行つたものとみなす。
一　第三十条第一項、第三十条の三、第三十一条第一項第一号若しくは第三項後段、第三十三条の二第一項、第三十三条の三第一項若しくは第四項、第三十五条第一項、第三十七条第三項、第三十七条の二本文（同条第二号に係る場合にあつては、同号。次項第一号において同じ。）、第四十一条から第四十二条の三まで、第四十三条第二項、第四十四条第一項から第三項まで、第四十七条第一項若しくは第三項、第四十七条の二又は第四十七条の五第一項に定める目的以外の目的のために、これらの規定の適用を受けて作成された著作物の複製物（次項第一号又は第二号の複製物に該当するものを除く。）を頒布し、又は当該複製物によつて当該著作物の公衆への提示（送信可能化を含む。以下同じ。）を行つた者

一　第三十条第一項、第三十条の三、第三十一条第一項第一号、第三項第一号若しくは第五項第一号、第三十三条の二第一項、第三十三条の三第一項若しくは第四項、第三十五条第一項、第三十七条第三項、第三十七条の二本文（同条第二号に係る場合にあつては、同号。次項第一号において同じ。）、第四十一条から第四十二条の三まで、第四十三条第二項、第四十四条第一項から第三項まで、第四十七条第一項若しくは第三項、第四十七条の二又は第四十七条の五第一項に定める目的以外の目的のために、これらの規定の適用を受けて作成された著作物の複製物（次項第一号又は第二号の複製物に該当するものを除く。）を頒布し、又は当該複製物によつて当該著作物の公衆への提示（送信可能化を含む。以下同じ。）を行つた者

（令和三年六月二日から起算して一年を超えない範囲内において政令で定める日から施行）

一　第三十条第一項、第三十条の三、第三十一条第一項第一号、第二項第一号、第四項、第七項第一号若しくは第九項第一号、第三十三条の二第一項、第三十三条の三第一項若しくは第四項、第三十五条第一項、第三十七条第三項、第三十七条の二本文（同条第二号に係る場合にあつては、同号。次項第一号において同じ。）、第四十一条から第四十二条の三まで、第四十三条第二項、第四十四条第一項から第三項まで、第四十七条第一項若しくは第三項、第四十七条の二又は第四十七条の五第一項に定める目的以外の目的のために、これらの規定の適用を受けて作成された著作物の複製物（次項第一号又は第二号の複製物に該当するものを除く。）を頒布し、又は当該複製物によつて当該著作物の公衆への提示（送信可能化を含む。以下同じ。）を行つた者

（令和三年六月二日から起算して二年を超えない範囲内において政令で定める日から施行）

二　第三十条の四の規定の適用を受けて作成された著作物の複製物（次項第三号の複製物に該当するものを除く。）を用いて、当該著作物に表現された思想又は感情を自ら享受し又は他人に享受させる目的のために、いずれの方法によるかを問わず、当該著作物を利用した者

三　第四十四条第四項の規定に違反して同項の録音物又は録画物を保存した放送事業者、有線放送事業者又は放送同時配信事業者

四　第四十七条の三第一項の規定の適用を受けて作成された著作物の複製物（次項第四号の複製物に該当するものを除く。）を頒布し、又は当該複製物によつて当該著作物の公衆への提示を行つた者

五　第四十七条の三第二項の規定に違反して同項の複製物（次項第四号の複製物に該当するものを除く。）を保存した者

六　第四十七条の四又は第四十七条の五第二項に定める目的以外の目的のために、これらの規定の適用を受けて作成された著作物の複製物（次項第六号又は第七号の複製物に該当するものを除く。）を用いて、いずれの方法によるかを問わず、当該著作物を利用した者

2　次に掲げる者は、当該二次的著作物の原著作物につき第二十七条の翻訳、編曲、変形又は翻案を、当該二次的著作物につき第二十一条の複製を、それぞれ行つたものとみなす。

一　第三十条第一項、第三十一条第一項第一号若しくは第三項後段、第三十三条の二第一項、第三十三条の三第一項、第三十五条第一項、第三十七条第三項、第三十七条の二本文、第四十一条、第四十二条又は第四十七条第一項若しくは第三項に定める目的以外の目的のために、第四十七条の六第二項の規定の適用を受けて同条第一項各号に掲げるこれらの規定により作成された二次的著作物の複製物を頒布し、又は当該複製物によつて当該二次的著作物の公衆への提示を行つた者

一　第三十条第一項、第三十一条第一項第一号、第三項第一号若しくは第五項第一号、第三十三条の二第一項、第三十三条の三第一項、第三十五条第一項、第三十七条第三項、第三十七条の二本文、第四十一条、第四十二条又は第四十七条第一項若しくは第三項に定める目的以外の目的のために、第四十七条の六第二項の規定の適用を受けて同条第一項各号に掲げるこれらの規定により作成された二次的著作物の複製物を頒布し、又は当該複製物によつて当該二次的著作物の公衆への提示を行つた者

（令和三年六月二日から起算して一年を超えない範囲内において政令で定める日から施行）

一　第三十条第一項、第三十一条第一項第一号、第二項第一号、第四項、第七項第一号若しくは第九項第一号、第三十三条の二第一項、第三十三条の三第一項、第三十五条第一項、第三十七条第三項、第三十七条の二本文、第四十一条、第四十二条又は第四十七条第一項若しくは第三項に定める目的以外の目的のために、第四十七条の六第二項の規定の適用を受けて同条第一項各号に掲げるこれらの規定により作成された二次的著作物の複製物を頒布し、又は当該複製物によつて当該二次的著作物の公衆への提示を行つた者

（令和三年六月二日から起算して二年を超えない範囲内において政令で定める日から施行）

二　第三十条の三又は第四十七条の五第一項に定める目的以外の目的のために、これらの規定の適用を受けて作成された二次的著作物の複製物を頒布し、又は当該複製物によつて当該二次的著作物の公衆への提示を行つた者
三　第三十条の四の規定の適用を受けて作成された二次的著作物の複製物を用いて、当該二次的著作物に表現された思想又は感情を自ら享受し又は他人に享受させる目的のために、いずれの方法によるかを問わず、当該二次的著作物を利用した者
四　第四十七条の六第二項の規定の適用を受けて第四十七条の三第一項の規定により作成された二次的著作物の複製物を頒布し、又は当該複製物によつて当該二次的著作物の公衆への提示を行つた者
五　第四十七条の三第二項の規定に違反して前号の複製物を保存した者
六　第四十七条の四に定める目的以外の目的のために、同条の規定の適用を受けて作成された二次的著作物の複製物を用いて、いずれの方法によるかを問わず当該二次的著作物を利用した者
七　第四十七条の五第二項に定める目的以外の目的のために、第四十七条の六第二項の規定の適用を受けて第四十七条の五第二項の規定により作成された二次的著作物の複製物を用いて、いずれの方法によるかを問わず、当該二次的著作物を利用した者

（昭六〇法六二・１項柱書一部改正三号四号追加２項全改、昭六一法六四・１項一号二号一部改正、平四法一〇六・１項一号２項一号一部改正、平十一法四三・１項一号一部改正、平十二法五六・１項一号２項一号一部改正、平十五法八五・１項一号一部改正、平十八法一二一・１項三号四号一部改正、平二〇法八一・１項一号一部改正、平二一法五三・１項一号三号四号一部改正五号六号七号追加２項一号二号三号一部改正四号五号六号追加、平二一法七三・１項一号一部改正、平二四法四三・１項一号五号２項一号四号六号一部改正、平三〇法三〇・１項二号２項二号三号七号追加１項旧二号以下２項旧二号以下繰下１項旧六号七号２項旧四号五号削除２項柱書一号四号一部改正、平三〇法三九・１項一号２項一号一部改正、令三法五二・１項一号三号一部改正）

（著作者人格権との関係）
第五十条　この款の規定は、著作者人格権に影響を及ぼすものと解釈してはならない。

第四節　保護期間

（保護期間の原則）
第五十一条　著作権の存続期間は、著作物の創作の時に始まる。
２　著作権は、この節に別段の定めがある場合を除き、著作者の死後（共同著作物にあつては、最終に死亡した著作者の死後。次条第一項において同じ。）七十年を経過す

るまでの間、存続する。

（平二八法一〇八・２項一部改正）

（無名又は変名の著作物の保護期間）

第五十二条　無名又は変名の著作物の著作権は、その著作物の公表後七十年を経過するまでの間、存続する。ただし、その存続期間の満了前にその著作者の死後七十年を経過していると認められる無名又は変名の著作物の著作権は、その著作者の死後七十年を経過したと認められる時において、消滅したものとする。

２　前項の規定は、次の各号のいずれかに該当するときは、適用しない。

一　変名の著作物における著作者の変名がその者のものとして周知のものであるとき。

二　前項の期間内に第七十五条第一項の実名の登録があつたとき。

三　著作者が前項の期間内にその実名又は周知の変名を著作者名として表示してその著作物を公表したとき。

（平二八法一〇八・１項一部改正）

（団体名義の著作物の保護期間）

第五十三条　法人その他の団体が著作の名義を有する著作物の著作権は、その著作物の公表後七十年（その著作物がその創作後七十年以内に公表されなかつたときは、その創作後七十年）を経過するまでの間、存続する。

２　前項の規定は、法人その他の団体が著作の名義を有する著作物の著作者である個人が同項の期間内にその実名又は周知の変名を著作者名として表示してその著作物を公表したときは、適用しない。

３　第十五条第二項の規定により法人その他の団体が著作者である著作物の著作権の存続期間に関しては、第一項の著作物に該当する著作物以外の著作物についても、当該団体が著作の名義を有するものとみなして同項の規定を適用する。

（昭六〇法六二・３項追加、平二八法一〇八・１項一部改正）

（映画の著作物の保護期間）

第五十四条　映画の著作物の著作権は、その著作物の公表後七十年（その著作物がその創作後七十年以内に公表されなかつたときは、その創作後七十年）を経過するまでの間、存続する。

２　映画の著作物の著作権がその存続期間の満了により消滅したときは、当該映画の著作物の利用に関するその原著作物の著作権は、当該映画の著作物の著作権とともに消滅したものとする。

３　前二条の規定は、映画の著作物の著作権については、適用しない。

（平十五法八五・１項一部改正）

第五十五条　削除

（平八法一一七・削除）

（継続的刊行物等の公表の時）

第五十六条　第五十二条第一項、第五十三条第一項及び第五十四条第一項の公表の時は、冊、号又は回を追つて公表する著作物については、毎冊、毎号又は毎回の公表の時によるものとし、一部分ずつを逐次公表して完成する著作物については、最終部分の公表の時によるものとする。

2　一部分ずつを逐次公表して完成する著作物については、継続すべき部分が直近の公表の時から三年を経過しても公表されないときは、すでに公表されたもののうちの最終の部分をもつて前項の最終部分とみなす。

（平八法一一七・１項一部改正）

（保護期間の計算方法）

第五十七条　第五十一条第二項、第五十二条第一項、第五十三条第一項又は第五十四条第一項の場合において、著作者の死後七十年、著作物の公表後七十年若しくは創作後七十年又は著作物の公表後七十年若しくは創作後七十年の期間の終期を計算するときは、著作者が死亡した日又は著作物が公表され若しくは創作された日のそれぞれ属する年の翌年から起算する。

（平八法一一七・一部改正、平十五法八五・一部改正、平二八法一〇八・一部改正）

（保護期間の特例）

第五十八条　文学的及び美術的著作物の保護に関するベルヌ条約により創設された国際同盟の加盟国、著作権に関する世界知的所有権機関条約の締約国又は世界貿易機関の加盟国である外国をそれぞれ文学的及び美術的著作物の保護に関するベルヌ条約、著作権に関する世界知的所有権機関条約又は世界貿易機関を設立するマラケシュ協定の規定に基づいて本国とする著作物（第六条第一号に該当するものを除く。）で、その本国において定められる著作権の存続期間が第五十一条から第五十四条までに定める著作権の存続期間より短いものについては、その本国において定められる著作権の存続期間による。

（平六法一一二・一部改正、平八法一一七・一部改正、平十二法五六・一部改正）

第五節　著作者人格権の一身専属性等

（著作者人格権の一身専属性）

第五十九条　著作者人格権は、著作者の一身に専属し、譲渡することができない。

（著作者が存しなくなつた後における人格的利益の保護）

第六十条　著作物を公衆に提供し、又は提示する者は、その著作物の著作者が存しなくなつた後においても、著作者が存しているとしたならばその著作者人格権の侵害となるべき行為をしてはならない。ただし、その行為の性質及び程度、社会的事情の変動その他によりその行為が当該著作者の意を害しないと認められる場合は、この限りでない。

第六節　著作権の譲渡及び消滅

（著作権の譲渡）

第六十一条　著作権は、その全部又は一部を譲渡することができる。

2　著作権を譲渡する契約において、第二十七条又は第二十八条に規定する権利が譲渡の目的として特掲されていないときは、これらの権利は、譲渡した者に留保されたものと推定する。

（相続人の不存在の場合等における著作権の消滅）

第六十二条　著作権は、次に掲げる場合には、消滅する。

一　著作権者が死亡した場合において、その著作権が民法（明治二十九年法律第八十九号）第九百五十九条（残余財産の国庫への帰属）の規定により国庫に帰属すべきこととなるとき。

二　著作権者である法人が解散した場合において、その著作権が一般社団法人及び一般財団法人に関する法律（平成十八年法律第四十八号）第二百三十九条第三項（残余財産の国庫への帰属）その他これに準ずる法律の規定により国庫に帰属すべきこととなるとき。

2　第五十四条第二項の規定は、映画の著作物の著作権が前項の規定により消滅した場合について準用する。

（平十六法一四七・1項一号二号一部改正、平十八法五〇・1項二号一部改正）

第七節　権利の行使

（著作物の利用の許諾）

第六十三条　著作権者は、他人に対し、その著作物の利用を許諾することができる。

2　前項の許諾を得た者は、その許諾に係る利用方法及び条件の範囲内において、その許諾に係る著作物を利用することができる。

3　利用権（第一項の許諾に係る著作物を前項の規定により利用することができる権利をいう。次条において同じ。）は、著作権者の承諾を得ない限り、譲渡することができない。

4　著作物の放送又は有線放送についての第一項の許諾は、契約に別段の定めがない限り、当該著作物の録音又は録画の許諾を含まないものとする。

5　著作物の放送又は有線放送及び放送同時配信等について許諾（第一項の許諾をいう。以下この項において同じ。）を行うことができる者が、特定放送事業者等（放送事業者又は有線放送事業者のうち、放送同時配信等を業として行い、又はその者と密接な関係を有する放送同時配信等事業者が業として行う放送同時配信等のために放送番組若しくは有線放送番組を供給しており、かつ、その事実を周知するための措置として、文化庁長官が定める方法により、放送同時配信等が行われている放送番組又は有線放送番組の名称、その放送又は有線放送の時間帯その他の放送同時配信等の実施状況に関する情報として文化庁長官が定める情報を公表しているものをいう。以下この項において同じ。）に対し、当該特定放送事業者等の放送番組又は有線放送番組における著作物の利用の許諾を行つた場合には、当該許諾に際して別段の意思表示をした場合を除き、当該許諾には当該著作物の放送同時配信等（当該特定放送事業者等と密接な関係を有する放送同時配信等事業者が当該放送番組又は有線放送番組の供給を受けて行うものを含む。）の許諾を含むものと推定する。

6　著作物の送信可能化について第一項の許諾を得た者が、その許諾に係る利用方法及び条件（送信可能化の回数又は送信可能化に用いる自動公衆送信装置に係るものを除く。）の範囲内において反復して又は他の自動公衆送信装置を用いて行う当該著作物の送信可能化については、第二十三条第一項の規定は、適用しない。

（昭六一法六四・４項一部改正、平九法八六・５項追加、令二法四八・３項一部改正、令三法五二・５項追加旧５項繰下）

（利用権の対抗力）

第六十三条の二　利用権は、当該利用権に係る著作物の著作権を取得した者その他の第三者に対抗することができる。

（令二法四八・追加）

（共同著作物の著作者人格権の行使）

第六十四条　共同著作物の著作者人格権は、著作者全員の合意によらなければ、行使することができない。

2　共同著作物の各著作者は、信義に反して前項の合意の成立を妨げることができない。

3　共同著作物の著作者は、そのうちからその著作者人格権を代表して行使する者を定めることができる。

4　前項の権利を代表して行使する者の代表権に加えられた制限は、善意の第三者に対抗することができない。

（共有著作権の行使）

第六十五条　共同著作物の著作権その他共有に係る著作権（以下この条において「共有著作権」という。）については、各共有者は、他の共有者の同意を得なければ、その持分を譲渡し、又は質権の目的とすることができない。

2　共有著作権は、その共有者全員の合意によらなければ、行使することができない。

3　前二項の場合において、各共有者は、正当な理由がない限り、第一項の同意を拒み、又は前項の合意の成立を妨げることができない。

4　前条第三項及び第四項の規定は、共有著作権の行使について準用する。

（質権の目的となつた著作権）

第六十六条　著作権は、これを目的として質権を設定した場合においても、設定行為に別段の定めがない限り、著作権者が行使するものとする。

２　著作権を目的とする質権は、当該著作権の譲渡又は当該著作権に係る著作物の利用につき著作権者が受けるべき金銭その他の物（出版権の設定の対価を含む。）に対しても、行なうことができる。ただし、これらの支払又は引渡し前に、これらを受ける権利を差し押えることを必要とする。

第八節　裁定による著作物の利用

（著作権者不明等の場合における著作物の利用）

第六十七条　公表された著作物又は相当期間にわたり公衆に提供され、若しくは提示されている事実が明らかである著作物は、著作権者の不明その他の理由により相当な努力を払つてもその著作権者と連絡することができない場合として政令で定める場合は、文化庁長官の裁定を受け、かつ、通常の使用料の額に相当するものとして文化庁長官が定める額の補償金を著作権者のために供託して、その裁定に係る利用方法により利用することができる。

２　国、地方公共団体その他これらに準ずるものとして政令で定める法人（以下この項及び次条において「国等」という。）が前項の規定により著作物を利用しようとするときは、同項の規定にかかわらず、同項の規定による供託を要しない。この場合において、国等が著作権者と連絡をすることができるに至つたときは、同項の規定により文化庁長官が定める額の補償金を著作権者に支払わなければならない。

３　第一項の裁定を受けようとする者は、著作物の利用方法その他政令で定める事項を記載した申請書に、著作権者と連絡することができないことを疎明する資料その他政令で定める資料を添えて、これを文化庁長官に提出しなければならない。

４　第一項の規定により作成した著作物の複製物には、同項の裁定に係る複製物である旨及びその裁定のあつた年月日を表示しなければならない。

（平二一法五三・１項３項一部改正２項追加旧２項繰下、平三〇法三〇・２項追加旧２項以下繰下３項一部改正）

（裁定申請中の著作物の利用）

第六十七条の二　前条第一項の裁定（以下この条において単に「裁定」という。）の申請をした者は、当該申請に係る著作物の利用方法を勘案して文化庁長官が定める額の担保金を供託した場合には、裁定又は裁定をしない処分を受けるまでの間（裁定又は裁定をしない処分を受けるまでの間に著作権者と連絡をすることができるに至つたときは、当該連絡をすることができるに至つた時までの間）、当該申請に係る利用方法と同一の方法により、当該申請に係る著作物を利用することができる。ただし、当該著作物の著作者が当該著作物の出版その他の利用を廃絶しようとしていることが明らかであるときは、この限りでない。

2　国等が前項の規定により著作物を利用しようとするときは、同項の規定にかかわらず、同項の規定による供託を要しない。

3　第一項の規定により作成した著作物の複製物には、同項の規定の適用を受けて作成された複製物である旨及び裁定の申請をした年月日を表示しなければならない。

4　第一項の規定により著作物を利用する者（以下「申請中利用者」という。）（国等を除く。次項において同じ。）が裁定を受けたときは、前条第一項の規定にかかわらず、同項の補償金のうち第一項の規定により供託された担保金の額に相当する額（当該担保金の額が当該補償金の額を超えるときは、当該額）については、同条第一項の規定による供託を要しない。

5　申請中利用者は、裁定をしない処分を受けたとき（当該処分を受けるまでの間に著作権者と連絡をすることができるに至つた場合を除く。）は、当該処分を受けた時までの間における第一項の規定による著作物の利用に係る使用料の額に相当するものとして文化庁長官が定める額の補償金を著作権者のために供託しなければならない。この場合において、同項の規定により供託された担保金の額のうち当該補償金の額に相当する額（当該補償金の額が当該担保金の額を超えるときは、当該額）については、当該補償金を供託したものとみなす。

6　申請中利用者（国等に限る。）は、裁定をしない処分を受けた後に著作権者と連絡をすることができるに至つたときは、当該処分を受けた時までの間における第一項の規定による著作物の利用に係る使用料の額に相当するものとして文化庁長官が定める額の補償金を著作権者に支払わなければならない。

7　申請中利用者は、裁定又は裁定をしない処分を受けるまでの間に著作権者と連絡をすることができるに至つたときは、当該連絡をすることができるに至つた時までの間における第一項の規定による著作物の利用に係る使用料の額に相当する額の補償金を著作権者に支払わなければならない。

8　第四項、第五項又は前項の場合において、著作権者は、前条第一項又はこの条第五項若しくは前項の補償金を受ける権利に関し、第一項の規定により供託された担保金から弁済を受けることができる。

9　第一項の規定により担保金を供託した者は、当該担保金の額が前項の規定により著作権者が弁済を受けることができる額を超えることとなつたときは、政令で定めるところにより、その全部又は一部を取り戻すことができる。

（平二一法五三・追加、平三〇法三〇・２項６項追加旧２項以下繰下３項４項８項一部改正）

（著作物の放送等）

第六十八条　公表された著作物を放送し、又は放送同時配信等しようとする放送事業者又は放送同時配信等事業者は、その著作権者に対し放送若しくは放送同時配信等の許諾につき協議を求めたがその協議が成立せず、又はその協議をすることができないときは、文化庁長官の裁定を受け、かつ、通常の使用料の額に相当するものとして文化庁長官が定める額の補償金を著作権者に支払つて、その著作物を放送し、又は放送同時配信等することができる。

2　前項の規定により放送され、又は放送同時配信等される著作物は、有線放送し、地域限定特定入力型自動公衆送信を行い、又は受信装置を用いて公に伝達することができる。この場合において、当該有線放送、地域限定特定入力型自動公衆送信又は伝達を行う者は、第三十八条第二項及び第三項の規定の適用がある場合を除き、通常の使用料の額に相当する額の補償金を著作権者に支払わなければならない。

（昭五九法四六・２項一部改正、昭六一法六四・２項一部改正、平十八法一二一・２項一部改正、令三法五二・見出し１項２項一部改正）

（商業用レコードへの録音等）

第六十九条　商業用レコードが最初に国内において販売され、かつ、その最初の販売の日から三年を経過した場合において、当該商業用レコードに著作権者の許諾を得て録音されている音楽の著作物を録音して他の商業用レコードを製作しようとする者は、その著作権者に対し録音又は譲渡による公衆への提供の許諾につき協議を求めたが、その協議が成立せず、又はその協議をすることができないときは、文化庁長官の裁定を受け、かつ、通常の使用料の額に相当するものとして文化庁長官が定める額の補償金を著作権者に支払つて、当該録音又は譲渡による公衆への提供をすることができる。

（平十一法七七・見出し本文一部改正）

（裁定に関する手続及び基準）

第七十条　第六十七条第一項、第六十八条第一項又は前条の裁定の申請をする者は、実費を勘案して政令で定める額の手数料を納付しなければならない。

2　前項の規定は、同項の規定により手数料を納付すべき者が国であるときは、適用しない。

3　文化庁長官は、第六十八条第一項又は前条の裁定の申請があつたときは、その旨を当該申請に係る著作権者に通知し、相当の期間を指定して、意見を述べる機会を与えなければならない。

4　文化庁長官は、第六十七条第一項、第六十八条第一項又は前条の裁定の申請があつた場合において、次の各号のいずれかに該当すると認めるときは、これらの裁定をしてはならない。

一　著作者がその著作物の出版その他の利用を廃絶しようとしていることが明らかであるとき。

二　第六十八条第一項の裁定の申請に係る著作権者がその著作物の放送又は放送同時配信等の許諾を与えないことについてやむを得ない事情があるとき。

5　文化庁長官は、前項の裁定をしない処分をしようとするとき（第七項の規定により裁定をしない処分をする場合を除く。）は、あらかじめ申請者にその理由を通知し、弁明及び有利な証拠の提出の機会を与えなければならないものとし、当該裁定をしない処分をしたときは、理由を付した書面をもつて申請者にその旨を通知しなければならない。

6　文化庁長官は、第六十七条第一項の裁定をしたときは、その旨を官報で告示するとともに申請者に通知し、第六十八条第一項又は前条の裁定をしたときは、その旨を当事者に通知しなければならない。

7　文化庁長官は、申請中利用者から第六十七条第一項の裁定の申請を取り下げる旨の申出があつたときは、当該裁定をしない処分をするものとする。

8　前各項に規定するもののほか、この節に定める裁定に関し必要な事項は、政令で定める。

（昭五六法四五・1項一部改正、昭五九法二三・1項一部改正、平十一法二二〇・2項追加5項一部改正、平二一法五三・5項一部改正7項追加旧7項繰下、令二法四八・2項一部改正、令三法五二・4項二号一部改正）

第九節　補償金等

（平二十一法五三・一部変更）

（文化審議会への諮問）

第七十一条　文化庁長官は、次に掲げる事項を定める場合には、文化審議会に諮問しなければならない。

一　第三十三条第二項（同条第四項において準用する場合を含む。）、第三十三条の二第二項又は第三十三条の三第二項の算出方法

二　第六十七条第一項、第六十七条の二第五項若しくは第六項、第六十八条第一項又は第六十九条の補償金の額

（昭五八法七八・見出し本文一部改正、平十一法一六〇・見出し本文一部改正、平十五法八五・一部改正、平二一法五三・一部改正、平三〇法三〇・一部改正、平三〇法三九・全改）

（補償金の額についての訴え）

第七十二条　第六十七条第一項、第六十七条の二第五項若しくは第六項、第六十八条第一項又は第六十九条の規定に基づき定められた補償金の額について不服がある当事者は、これらの規定による裁定（第六十七条の二第五項又は第六項に係る場合にあつては、第六十七条第一項の裁定をしない処分）があつたことを知つた日から六月以内に、訴えを提起してその額の増減を求めることができる。

2　前項の訴えにおいては、訴えを提起する者が著作物を利用する者であるときは著作権者を、著作権者であるときは著作物を利用する者を、それぞれ被告としなければならない。

（平十六法八四・１項一部改正、平二一法五三・１項一部改正、平三〇法三〇・１項一部改正）

（補償金の額についての審査請求の制限）

第七十三条　第六十七条第一項、第六十八条第一項又は第六十九条の裁定又は裁定をしない処分についての審査請求においては、その裁定又は裁定をしない処分に係る補償金の額についての不服をその裁定又は裁定をしない処分についての不服の理由とすることができない。ただし、第六十七条第一項の裁定又は裁定をしない処分を受けた者が著作権者の不明その他これに準ずる理由により前条第一項の訴えを提起することができない場合は、この限りでない。

（平二一法五三・一部改正、平二六法六九・見出し本文一部改正）

（補償金等の供託）

第七十四条　第三十三条第二項（同条第四項において準用する場合を含む。）、第三十三条の二第二項、第三十三条の三第二項、第六十八条第一項又は第六十九条の補償金を支払うべき者は、次に掲げる場合には、その補償金の支払に代えてその補償金を供託しなければならない。

一　補償金の供託をした場合において、著作権者がその受領を拒んだとき。

二　著作権者が補償金を受領することができないとき。

三　その者が著作権者を確知することができないとき（その者に過失があるときを除く。）。

四　その者がその補償金の額について第七十二条第一項の訴えを提起したとき。

五　当該著作権を目的とする質権が設定されているとき（当該質権を有する者の承諾を得た場合を除く。）。

２　前項第四号の場合において、著作権者の請求があるときは、当該補償金を支払うべき者は、自己の見積金額を支払い、裁定に係る補償金の額との差額を供託しなければならない。

３　第六十七条第一項、第六十七条の二第五項若しくは前二項の規定による補償金の供託又は同条第一項の規定による担保金の供託は、著作権者が国内に住所又は居所で知れているものを有する場合にあつては当該住所又は居所の最寄りの供託所に、その他の場合にあつては供託をする者の住所又は居所の最寄りの供託所に、それぞれするものとする。

４　前項の供託をした者は、すみやかにその旨を著作権者に通知しなければならない。ただし、著作権者の不明その他の理由により著作権者に通知することができない場合は、この限りでない。

（平十五法八五・１項柱書一部改正、平二一法五三・見出し３項一部改正、平二九法四五・１項一号全改二号追加旧二号以下繰下三号全改四号五号２項一部改正、平三〇法三〇・３項一部改正、平三〇法三九・１項一部改正）

第十節　登録

（実名の登録）

第七十五条　無名又は変名で公表された著作物の著作者は、現にその著作権を有するかどうかにかかわらず、その著作物についてその実名の登録を受けることができる。

2　著作者は、その遺言で指定する者により、死後において前項の登録を受けることができる。

3　実名の登録がされている者は、当該登録に係る著作物の著作者と推定する。

（第一発行年月日等の登録）

第七十六条　著作権者又は無名若しくは変名の著作物の発行者は、その著作物について第一発行年月日の登録又は第一公表年月日の登録を受けることができる。

2　第一発行年月日の登録又は第一公表年月日の登録がされている著作物については、これらの登録に係る年月日において最初の発行又は最初の公表があつたものと推定する。

（創作年月日の登録）

第七十六条の二　プログラムの著作物の著作者は、その著作物について創作年月日の登録を受けることができる。ただし、その著作物の創作後六月を経過した場合は、この限りでない。

2　前項の登録がされている著作物については、その登録に係る年月日において創作があつたものと推定する。

（昭六〇法六二・追加）

（著作権の登録）

第七十七条　次に掲げる事項は、登録しなければ、第三者に対抗することができない。

一　著作権の移転若しくは信託による変更又は処分の制限

二　著作権を目的とする質権の設定、移転、変更若しくは消滅（混同又は著作権若しくは担保する債権の消滅によるものを除く。）又は処分の制限

（平二一法五三・一号一部改正、平三〇法七二・一号一部改正）

（登録手続等）

第七十八条　第七十五条第一項、第七十六条第一項、第七十六条の二第一項又は前条の登録は、文化庁長官が著作権登録原簿に記載し、又は記録して行う。

2　著作権登録原簿は、政令で定めるところにより、その全部又は一部を磁気ディスク（これに準ずる方法により一定の事項を確実に記録しておくことができる物を含む。第四項において同じ。）をもつて調製することができる。

3　文化庁長官は、第七十五条第一項の登録を行つたときは、その旨をインターネットの利用その他の適切な方法により公表するものとする。

4　何人も、文化庁長官に対し、著作権登録原簿の謄本若しくは抄本若しくはその附属書類の写しの交付、著作権登録原簿若しくはその附属書類の閲覧又は著作権登録原簿

のうち磁気ディスクをもつて調製した部分に記録されている事項を記載した書類の交付を請求することができる。

5　前項の請求をする者は、実費を勘案して政令で定める額の手数料を納付しなければならない。

6　前項の規定は、同項の規定により手数料を納付すべき者が国であるときは、適用しない。

7　第一項に規定する登録に関する処分については、行政手続法（平成五年法律第八十八号）第二章及び第三章の規定は、適用しない。

8　著作権登録原簿及びその附属書類については、行政機関情報公開法の規定は、適用しない。

9　著作権登録原簿及びその附属書類に記録されている保有個人情報（行政機関の保有する個人情報の保護に関する法律（平成十五年法律第五十八号）第二条第五項に規定する保有個人情報をいう。）については、同法第四章の規定は、適用しない。

> 9　著作権登録原簿及びその附属書類に記録されている保有個人情報（個人情報の保護に関する法律（平成十五年法律第五十七号）第六十条第一項に規定する保有個人情報をいう。）については、同法第五章第四節の規定は、適用しない。
>
> （令和三年五月十九日から起算して一年を超えない範囲内において政令で定める日から施行）

10　この節に規定するもののほか、第一項に規定する登録に関し必要な事項は、政令で定める。

（昭五九法二三・４項一部改正、昭六〇法六二・１項一部改正、平五法八九・５項追加、平十一法四三・３項一部改正６項追加、平十一法二二〇・５項追加、平十三法一四〇・７項一部改正、平十五法六一・８項追加旧８項繰下、平二一法五三・１項２項３項一部改正２項追加旧２項以下繰下、平二八法五一・９項一部改正、令二法四八・３項６項一部改正）

（プログラムの著作物の登録に関する特例）

第七十八条の二　プログラムの著作物に係る登録については、この節の規定によるほか、別に法律で定めるところによる。

（昭六〇法六二・追加）

第三章　出版権

（出版権の設定）

第七十九条　第二十一条又は第二十三条第一項に規定する権利を有する者（以下この章において「複製権等保有者」という。）は、その著作物について、文書若しくは図画として出版すること（電子計算機を用いてその映像面に文書又は図画として表示されるようにする方式により記録媒体に記録し、当該記録媒体に記録された当該著作物の複製物により頒布することを含む。次条第二項及び第八十一条第一号において「出版行為」という。）又は当該方式により記録媒体に記録された当該著作物の複製物を用いて公衆送信（放送又は有線放送を除き、自動公衆送信の場合にあつては送信可能化を含む。以下この章において同じ。）を行うこと（次条第二項及び第八十一条第二号において「公衆送信行為」という。）を引き受ける者に対し、出版権を設定することができる。

2　複製権等保有者は、その複製権又は公衆送信権を目的とする質権が設定されているときは、当該質権を有する者の承諾を得た場合に限り、出版権を設定することができるものとする。

（平二六法三五・1項2項一部改正）

（出版権の内容）

第八十条　出版権者は、設定行為で定めるところにより、その出版権の目的である著作物について、次に掲げる権利の全部又は一部を専有する。

一　頒布の目的をもつて、原作のまま印刷その他の機械的又は化学的方法により文書又は図画として複製する権利（原作のまま前条第一項に規定する方式により記録媒体に記録された電磁的記録として複製する権利を含む。）

二　原作のまま前条第一項に規定する方式により記録媒体に記録された当該著作物の複製物を用いて公衆送信を行う権利

2　出版権の存続期間中に当該著作物の著作者が死亡したとき、又は、設定行為に別段の定めがある場合を除き、出版権の設定後最初の出版行為又は公衆送信行為（第八十三条第二項及び第八十四条第三項において「出版行為等」という。）があつた日から三年を経過したときは、複製権等保有者は、前項の規定にかかわらず、当該著作物について、全集その他の編集物（その著作者の著作物のみを編集したものに限る。）に収録して複製し、又は公衆送信を行うことができる。

3　出版権者は、複製権等保有者の承諾を得た場合に限り、他人に対し、その出版権の目的である著作物の複製又は公衆送信を許諾することができる。

4　第六十三条第二項、第三項及び第六項並びに第六十三条の二の規定は、前項の場合について準用する。この場合において、第六十三条第三項中「著作権者」とあるのは「第七十九条第一項の複製権等保有者及び出版権者」と、同条第六項中「第二十三条第一項」とあるのは「第八十条第一項（第二号に係る部分に限る。）」と読み替えるものとする。

（平二六法三五・１項柱書２項３項一部改正１項一号二号４項追加、令二法四八・４項一部改正、令三法五二・４項一部改正）

（出版の義務）

第八十一条　出版権者は、次の各号に掲げる区分に応じ、その出版権の目的である著作物につき当該各号に定める義務を負う。ただし、設定行為に別段の定めがある場合は、この限りでない。

一　前条第一項第一号に掲げる権利に係る出版権者（次条において「第一号出版権者」という。）　次に掲げる義務

イ　複製権等保有者からその著作物を複製するために必要な原稿その他の原品若しくはこれに相当する物の引渡し又はその著作物に係る電磁的記録の提供を受けた日から六月以内に当該著作物について出版行為を行う義務

ロ　当該著作物について慣行に従い継続して出版行為を行う義務

二　前条第一項第二号に掲げる権利に係る出版権者（次条第一項第二号において「第二号出版権者」という。）　次に掲げる義務

> 二　前条第一項第二号に掲げる権利に係る出版権者（次条第一項第二号及び第百四条の十の三第二号ロにおいて「第二号出版権者」という。）　次に掲げる義務
>
> （令和三年六月二日から起算して二年を超えない範囲内において政令で定める日から施行）

イ　複製権等保有者からその著作物について公衆送信を行うために必要な原稿その他の原品若しくはこれに相当する物の引渡し又はその著作物に係る電磁的記録の提供を受けた日から六月以内に当該著作物について公衆送信行為を行う義務

ロ　当該著作物について慣行に従い継続して公衆送信行為を行う義務

（平二六法三五・柱書一号二号一部改正）

（著作物の修正増減）

第八十二条　著作者は、次に掲げる場合には、正当な範囲内において、その著作物に修正又は増減を加えることができる。

一　その著作物を第一号出版権者が改めて複製する場合

二　その著作物について第二号出版権者が公衆送信を行う場合

２　第一号出版権者は、その出版権の目的である著作物を改めて複製しようとするときは、その都度、あらかじめ著作者にその旨を通知しなければならない。

（平二六法三五・１項柱書２項一部改正１項一号二号追加）

（出版権の存続期間）

第八十三条　出版権の存続期間は、設定行為で定めるところによる。

2　出版権は、その存続期間につき設定行為に定めがないときは、その設定後最初の出版行為等があつた日から三年を経過した日において消滅する。

（平二六法三五・２項一部改正）

（出版権の消滅の請求）

第八十四条　出版権者が第八十一条第一号（イに係る部分に限る。）又は第二号（イに係る部分に限る。）の義務に違反したときは、複製権等保有者は、出版権者に通知してそれぞれ第八十条第一項第一号又は第二号に掲げる権利に係る出版権を消滅させることができる。

2　出版権者が第八十一条第一号（ロに係る部分に限る。）又は第二号（ロに係る部分に限る。）の義務に違反した場合において、複製権等保有者が三月以上の期間を定めてその履行を催告したにもかかわらず、その期間内にその履行がされないときは、複製権等保有者は、出版権者に通知してそれぞれ第八十条第一項第一号又は第二号に掲げる権利に係る出版権を消滅させることができる。

3　複製権等保有者である著作者は、その著作物の内容が自己の確信に適合しなくなつたときは、その著作物の出版行為等を廃絶するために、出版権者に通知してその出版権を消滅させることができる。ただし、当該廃絶により出版権者に通常生ずべき損害をあらかじめ賠償しない場合は、この限りでない。

（平二六法三五・１項２項３項一部改正）

（出版権の消滅後における複製物の頒布）

第八十五条　削除

（平十一法七七・削除）

（出版権の制限）

第八十六条　第三十条の二から第三十条の四まで、第三十一条第一項及び第三項後段、第三十二条、第三十三条第一項（同条第四項において準用する場合を含む。）、第三十三条の二第一項、第三十三条の三第一項及び第四項、第三十四条第一項、第三十五条第一項、第三十六条第一項、第三十七条、第三十七条の二、第三十九条第一項、第四十条第一項及び第二項、第四十一条から第四十二条の二まで、第四十二条の三第二項、第四十六条、第四十七条第一項及び第三項、第四十七条の二、第四十七条の四並びに第四十七条の五の規定は、出版権の目的となつている著作物の複製について準用する。この場合において、第三十条の二第一項ただし書及び第二項ただし書、第三十条の三、第三十条の四ただし書、第三十五条第一項ただし書、第四十二条第一項ただし書、第四十七条第一項ただし書及び第三項ただし書、第四十七条の二、第四十七条の四第一項ただし書及び第二項ただし書並びに第四十七条の五第一項ただし書及び第二項ただし書中「著作権者」とあるのは「出版権者」と、同条第一項ただし書中「著作権を」

とあるのは「出版権を」と、「著作権の」とあるのは「出版権の」と読み替えるものとする。

2　次に掲げる者は、第八十条第一項第一号の複製を行つたものとみなす。

一　第三十条第一項に定める私的使用の目的以外の目的のために、同項の規定の適用を受けて原作のまま印刷その他の機械的若しくは化学的方法により文書若しくは図画として複製することにより作成された著作物の複製物（原作のまま第七十九条第一項に規定する方式により記録媒体に記録された電磁的記録として複製することにより作成されたものを含む。）を頒布し、又は当該複製物によつて当該著作物の公衆への提示を行つた者

二　前項において準用する第三十条の三、第三十一条第一項第一号若しくは第三項後段、第三十三条の二第一項、第三十三条の三第一項若しくは第四項、第三十五条第一項、第三十七条第三項、第三十七条の二本文（同条第二号に係る場合にあつては、同号）、第四十一条から第四十二条の二まで、第四十二条の三第二項、第四十七条第一項若しくは第三項、第四十七条の二又は第四十七条の五第一項に定める目的以外の目的のために、これらの規定の適用を受けて作成された著作物の複製物を頒布し、又は当該複製物によつて当該著作物の公衆への提示を行つた者

三　前項において準用する第三十条の四の規定の適用を受けて作成された著作物の複製物を用いて、当該著作物に表現された思想又は感情を自ら享受し又は他人に享受させる目的のために、いずれの方法によるかを問わず、当該著作物を利用した者

四　前項において準用する第四十七条の四又は第四十七条の五第二項に定める目的以外の目的のために、これらの規定の適用を受けて作成された著作物の複製物を用いて、いずれの方法によるかを問わず、当該著作物を利用した者

3　第三十条の二から第三十条の四まで、第三十一条第三項前段、第三十二条第一項、第三十三条の二第一項、第三十三条の三第四項、第三十五条第一項、第三十六条第一項、第三十七条第二項及び第三項、第三十七条の二（第二号を除く。）、第四十条第一項、第四十一条、第四十二条の二、第四十二条の三第二項、第四十六条、第四十七条第二項及び第三項、第四十七条の二、第四十七条の四並びに第四十七条の五の規定は、出版権の目的となつている著作物の公衆送信について準用する。この場合において、第三十条の二第一項ただし書及び第二項ただし書、第三十条の三、第三十四条の四ただし書、第三十五条第一項ただし書、第三十六条第一項ただし書、第四十七条第二項ただし書及び第三項ただし書、第四十七条の二、第四十七条の四第一項ただし書及び第二項ただし書並びに第四十七条の五第一項ただし書及び第二項ただし書中「著作権者」とあるのは「出版権者」と、同条第一項ただし書中「著作権を」とあるのは「出版権を」と、「著作権の」とあるのは「出版権の」と読み替えるものとする。

（平四法一〇六・各項一部改正、平十一法四三・1項2項一部改正、平十五法八五・1項2項一部改正、平十八法一二一・1項一部改正、平二一法五

三・1項2項一部改正、平二四法四三・1項2項一部改正、平二六法三五・1項2項一部改正3項追加、平三〇法三〇・1項3号一部改正2項全改、平三〇法三九・1項2項3項一部改正、令二法四八・1項一部改正2項一号追加旧一号以下繰下2項二号3項一部改正）

第八十六条　第三十条の二から第三十条の四まで、第三十一条第一項及び第三項（第一号に係る部分に限る。）、第三十二条、第三十三条第一項（同条第四項において準用する場合を含む。）、第三十三条の二第一項、第三十三条の三第一項及び第四項、第三十四条第一項、第三十五条第一項、第三十六条第一項、第三十七条、第三十七条の二、第三十九条第一項、第四十条第一項及び第二項、第四十一条から第四十二条の二まで、第四十二条の三第二項、第四十六条、第四十七条第一項及び第三項、第四十七条の二、第四十七条の四並びに第四十七条の五の規定は、出版権の目的となつている著作物の複製について準用する。この場合において、第三十条の二第一項ただし書及び第二項ただし書、第三十条の三、第三十条の四ただし書、第三十五条第一項ただし書、第四十二条第一項ただし書、第四十七条第一項ただし書及び第三項ただし書、第四十七条の二、第四十七条の四第一項ただし書及び第二項ただし書並びに第四十七条の五第一項ただし書及び第二項ただし書中「著作権者」とあるのは「出版権者」と、同条第一項ただし書中「著作権を」とあるのは「出版権を」と、「著作権の」とあるのは「出版権の」と読み替えるものとする。

2　次に掲げる者は、第八十条第一項第一号の複製を行つたものとみなす。

一　第三十条第一項に定める私的使用の目的又は第三十一条第五項第一号に定める目的以外の目的のために、これらの規定の適用を受けて原作のまま印刷その他の機械的若しくは化学的方法により文書若しくは図画として複製することにより作成された著作物の複製物（原作のまま第七十九条第一項に規定する方式により記録媒体に記録された電磁的記録として複製することにより作成されたものを含む。）を頒布し、又は当該複製物によつて当該著作物の公衆への提示を行つた者

二　前項において準用する第三十条の三、第三十一条第一項第一号若しくは第三項第一号、第三十三条の二第一項、第三十三条の三第一項若しくは第四項、第三十五条第一項、第三十七条第三項、第三十七条の二本文（同条第二号に係る場合にあつては、同号）、第四十一条から第四十二条の二まで、第四十二条の三第二項、第四十七条第一項若しくは第三項、第四十七条の二又は第四十七条の五第一項に定める目的以外の目的のために、これらの規定の適用を受けて作成された著作物の複製物を頒布し、又は当該複製物によつて当該著作物の公衆への提示を行つた者

三・四（略）

3　第三十条の二から第三十条の四まで、第三十一条第三項前段及び第四項、第三十二条第一項、第三十三条の二第一項、第三十三条の三第四項、第三十五条第一項、第三

十六条第一項、第三十七条第二項及び第三項、第三十七条の二（第二号を除く。）、第四十条第一項、第四十一条、第四十二条の二、第四十二条の三第二項、第四十六条、第四十七条第二項及び第三項、第四十七条の二、第四十七条の四並びに第四十七条の五の規定は、出版権の目的となつている著作物の公衆送信について準用する。この場合において、第三十条の二第一項ただし書及び第二項ただし書、第三十条の三、第三十条の四ただし書、第三十五条第一項ただし書、第三十六条第一項ただし書、第四十七条第二項ただし書及び第三項ただし書、第四十七条の二、第四十七条の四第一項ただし書及び第二項ただし書並びに第四十七条の五第一項ただし書及び第二項ただし書中「著作権者」とあるのは「出版権者」と、同条第一項ただし書中「著作権を」とあるのは「出版権を」と、「著作権の」とあるのは「出版権の」と読み替えるものとする。

（令和三年六月二日から起算して一年を超えない範囲内において政令で定める日から施行）

第八十六条　第三十条の二から第三十条の四まで、第三十一条第一項及び第七項（第一号に係る部分に限る。）、第三十二条、第三十三条第一項（同条第四項において準用する場合を含む。）、第三十三条の二第一項、第三十三条の三第一項及び第四項、第三十四条第一項、第三十五条第一項、第三十六条第一項、第三十七条、第三十七条の二、第三十九条第一項、第四十条第一項及び第二項、第四十一条から第四十二条の二まで、第四十二条の三第二項、第四十六条、第四十七条第一項及び第三項、第四十七条の二、第四十七条の四並びに第四十七条の五の規定は、出版権の目的となつている著作物の複製について準用する。この場合において、第三十条の二第一項ただし書及び第二項ただし書、第三十条の三、第三十条の四ただし書、第三十一条第一項第一号、第三十五条第一項ただし書、第四十二条第一項ただし書、第四十七条第一項ただし書及び第三項ただし書、第四十七条の二、第四十七条の四第一項ただし書及び第二項ただし書並びに第四十七条の五第一項ただし書及び第二項ただし書中「著作権者」とあるのは「出版権者」と、同条第一項ただし書中「著作権を」とあるのは「出版権を」と、「著作権の」とあるのは「出版権の」と読み替えるものとする。

2　次に掲げる者は、第八十条第一項第一号の複製を行つたものとみなす。

一　第三十条第一項に定める私的使用の目的又は第三十一条第四項若しくは第九項第一号に定める目的以外の目的のために、これらの規定の適用を受けて原作のまま印刷その他の機械的若しくは化学的方法により文書若しくは図画として複製することにより作成された著作物の複製物（原作のまま第七十九条第一項に規定する方式により記録媒体に記録された電磁的記録として複製することにより作成されたものを含む。）を頒布し、又は当該複製物によつて当該著作物の公衆への提示を行つた者

二　前項において準用する第三十条の三、第三十一条第一項第一号若しくは第七項第

一号、第三十三条の二第一項、第三十三条の三第一項若しくは第四項、第三十五条第一項、第三十七条第三項、第三十七条の二本文（同条第二号に係る場合にあつては、同号）、第四十一条から第四十二条の二まで、第四十二条の三第二項、第四十七条第一項若しくは第三項、第四十七条の二又は第四十七条の五第一項に定める目的以外の目的のために、これらの規定の適用を受けて作成された著作物の複製物を頒布し、又は当該複製物によつて当該著作物の公衆への提示を行つた者

三・四（略）

3　第三十条の二から第三十条の四まで、第三十一条第二項（第二号に係る部分に限る。）、第五項、第七項前段及び第八項、第三十二条第一項、第三十三条の二第一項、第三十三条の三第四項、第三十五条第一項、第三十六条第一項、第三十七条第二項及び第三項、第三十七条の二（第二号を除く。）、第四十条第一項、第四十一条、第四十二条の二、第四十二条の三第二項、第四十六条、第四十七条第二項及び第三項、第四十七条の二、第四十七条の四並びに第四十七条の五の規定は、出版権の目的となつている著作物の公衆送信について準用する。この場合において、第三十条の二第一項ただし書及び第二項ただし書、第三十条の三、第三十条の四ただし書、第三十一条第五項、第三十五条第一項ただし書、第三十六条第一項ただし書、第四十七条第二項ただし書及び第三項ただし書、第四十七条の二、第四十七条の四第一項ただし書及び第二項ただし書並びに第四十七条の五第一項ただし書及び第二項ただし書中「著作権者」とあるのは「出版権者」と、第三十一条第二項中「著作権者の」とあるのは「出版権者の」と、「著作権者若しくはその許諾を得た者又は第七十九条の出版権の設定を受けた者若しくは」とあるのは「第七十九条の出版権の設定を受けた者又は」と、第四十七条の五第一項ただし書中「著作権を」とあるのは「出版権を」と、「著作権の」とあるのは「出版権の」と読み替えるものとする。

（令和三年六月二日から起算して二年を超えない範囲内において政令で定める日から施行）

（出版権の譲渡等）

第八十七条　出版権は、複製権等保有者の承諾を得た場合に限り、その全部又は一部を譲渡し、又は質権の目的とすることができる。

（平二六法三五・一部改正）

（出版権の登録）

第八十八条　次に掲げる事項は、登録しなければ、第三者に対抗することができない。

一　出版権の設定、移転、変更若しくは消滅（混同又は複製権若しくは公衆送信権の消滅によるものを除く。）又は処分の制限

二　出版権を目的とする質権の設定、移転、変更若しくは消滅（混同又は出版権若しくは担保する債権の消滅によるものを除く。）又は処分の制限

２　第七十八条（第三項を除く。）の規定は、前項の登録について準用する。この場合において、同条第一項、第二項、第四項、第八項及び第九項中「著作権登録原簿」とあるのは、「出版権登録原簿」と読み替えるものとする。

（平十一法四三・２項一部改正、平十二法一三一・２項一部改正、平十五法六一・２項一部改正、平二一法五三・２項一部改正、平二六法三五・１項一号一部改正、平三〇法七二・一項一号一部改正）

第四章　著作隣接権

第一節　総則

（著作隣接権）

第八十九条　実演家は、第九十条の二第一項及び第九十条の三第一項に規定する権利（以下「実演家人格権」という。）並びに第九十一条第一項、第九十二条第一項、第九十二条の二第一項、第九十五条の二第一項及び第九十五条の三第一項に規定する権利並びに第九十四条の二及び第九十五条の三第三項に規定する報酬並びに第九十五条第一項に規定する二次使用料を受ける権利を享有する。

２　レコード製作者は、第九十六条、第九十六条の二、第九十七条の二第一項及び第九十七条の三第一項に規定する権利並びに第九十七条第一項に規定する二次使用料及び第九十七条の三第三項に規定する報酬を受ける権利を享有する。

３　放送事業者は、第九十八条から第百条までに規定する権利を享有する。

４　有線放送事業者は、第百条の二から第百条の五までに規定する権利を享有する。

５　前各項の権利の享有には、いかなる方式の履行をも要しない。

６　第一項から第四項までの権利（実演家人格権並びに第一項及び第二項の報酬及び二次使用料を受ける権利を除く。）は、著作隣接権という。

（昭五九法四六・１項２項６項一部改正、昭六一法六四・５項６項一部改正４項追加、平四法一〇六・２項一部改正、平九法八六・１項２項一部改正、平十一法七七・１項２項一部改正、平十四法七二・１項４項６項一部改正、平十八法一二一・１項６項一部改正）

（著作者の権利と著作隣接権との関係）

第九十条　この章の規定は、著作者の権利に影響を及ぼすものと解釈してはならない。

第二節　実演家の権利

（氏名表示権）

第九十条の二　実演家は、その実演の公衆への提供又は提示に際し、その氏名若しくはその芸名その他氏名に代えて用いられるものを実演家名として表示し、又は実演家名を表示しないこととする権利を有する。

2　実演を利用する者は、その実演家の別段の意思表示がない限り、その実演につき既に実演家が表示しているところに従つて実演家名を表示することができる。
3　実演家名の表示は、実演の利用の目的及び態様に照らし実演家がその実演の実演家であることを主張する利益を害するおそれがないと認められるとき又は公正な慣行に反しないと認められるときは、省略することができる。
4　第一項の規定は、次の各号のいずれかに該当するときは、適用しない。
一　行政機関情報公開法、独立行政法人等情報公開法又は情報公開条例の規定により行政機関の長、独立行政法人等又は地方公共団体の機関若しくは地方独立行政法人が実演を公衆に提供し、又は提示する場合において、当該実演につき既にその実演家が表示しているところに従つて実演家名を表示するとき。
二　行政機関情報公開法第六条第二項の規定、独立行政法人等情報公開法第六条第二項の規定又は情報公開条例の規定で行政機関情報公開法第六条第二項の規定に相当するものにより行政機関の長、独立行政法人等又は地方公共団体の機関若しくは地方独立行政法人が実演を公衆に提供し、又は提示する場合において、当該実演の実演家名の表示を省略することとなるとき。
三　公文書管理法第十六条第一項の規定又は公文書管理条例の規定（同項の規定に相当する規定に限る。）により国立公文書館等の長又は地方公文書館等の長が実演を公衆に提供し、又は提示する場合において、当該実演につき既にその実演家が表示しているところに従つて実演家名を表示するとき。
（平十四法七二・追加、平十五法一一九・４項一号二号一部改正、平二四法四三・４項三号追加）

（同一性保持権）

第九十条の三　実演家は、その実演の同一性を保持する権利を有し、自己の名誉又は声望を害するその実演の変更、切除その他の改変を受けないものとする。
2　前項の規定は、実演の性質並びにその利用の目的及び態様に照らしやむを得ないと認められる改変又は公正な慣行に反しないと認められる改変については、適用しない。
（平十四法七二・追加）

（録音権及び録画権）

第九十一条　実演家は、その実演を録音し、又は録画する権利を専有する。
2　前項の規定は、同項に規定する権利を有する者の許諾を得て映画の著作物において録音され、又は録画された実演については、これを録音物（音を専ら影像とともに再生することを目的とするものを除く。）に録音する場合を除き、適用しない。
（昭五九法四六・２項一部改正、平十四法七二・２項一部改正）

（放送権及び有線放送権）

第九十二条　実演家は、その実演を放送し、又は有線放送する権利を専有する。
2　前項の規定は、次に掲げる場合には、適用しない。

一　放送される実演を有線放送する場合
二　次に掲げる実演を放送し、又は有線放送する場合
イ　前条第一項に規定する権利を有する者の許諾を得て録音され、又は録画されている実演
ロ　前条第二項の実演で同項の録音物以外の物に録音され、又は録画されているもの

（昭六一法六四・1項2項二号一部改正、平九法八六・見出し1項2項二号柱書一部改正）

（送信可能化権）

第九十二条の二　実演家は、その実演を送信可能化する権利を専有する。

2　前項の規定は、次に掲げる実演については、適用しない。
一　第九十一条第一項に規定する権利を有する者の許諾を得て録画されている実演
二　第九十一条第二項の実演で同項の録音物以外の物に録音され、又は録画されているもの

（平九法八六・追加）

（放送等のための固定）

第九十三条　実演の放送について第九十二条第一項に規定する権利を有する者の許諾を得た放送事業者は、その実演を放送及び放送同時配信等のために録音し、又は録画することができる。ただし、契約に別段の定めがある場合及び当該許諾に係る放送番組と異なる内容の放送番組に使用する目的で録音し、又は録画する場合は、この限りでない。

2　次に掲げる者は、第九十一条第一項の録音又は録画を行つたものとみなす。
一　前項の規定により作成された録音物又は録画物を放送若しくは放送同時配信等の目的以外の目的又は同項ただし書に規定する目的のために使用し、又は提供した者
二　前項の規定により作成された録音物又は録画物の提供を受けた放送事業者又は放送同時配信等事業者で、これらを更に他の放送事業者又は放送同時配信等事業者の放送又は放送同時配信等のために提供したもの

（平九法八六・1項一部改正、令三法五二・見出し1項2項柱書一号二号一部改正）

（放送のための固定物等による放送）

第九十三条の二　第九十二条第一項に規定する権利を有する者がその実演の放送を許諾したときは、契約に別段の定めがない限り、当該実演は、当該許諾に係る放送のほか、次に掲げる放送において放送することができる。
一　当該許諾を得た放送事業者が前条第一項の規定により作成した録音物又は録画物を用いてする放送
二　当該許諾を得た放送事業者からその者が前条第一項の規定により作成した録音物

又は録画物の提供を受けてする放送
三　当該許諾を得た放送事業者から当該許諾に係る放送番組の供給を受けてする放送（前号の放送を除く。）
2　前項の場合において、同項各号に掲げる放送において実演が放送されたときは、当該各号に規定する放送事業者は、相当な額の報酬を当該実演に係る第九十二条第一項に規定する権利を有する者に支払わなければならない。
（令三法五二・旧九四条繰上）

（放送等のための固定物等による放送同時配信等）

第九十三条の三　第九十二条の二第一項に規定する権利（放送同時配信等に係るものに限る。以下この項及び第九十四条の三第一項において同じ。）を有する者（以下「特定実演家」という。）が放送事業者に対し、その実演の放送同時配信等（当該放送事業者と密接な関係を有する放送同時配信等事業者が放送番組の供給を受けて行うものを含む。）の許諾を行つたときは、契約に別段の定めがない限り、当該許諾を得た実演（当該実演に係る第九十二条の二第一項に規定する権利について著作権等管理事業者による管理が行われているもの又は文化庁長官が定める方法により当該実演に係る特定実演家の氏名若しくは名称、放送同時配信等の許諾の申込みを受け付けるための連絡先その他の円滑な許諾のために必要な情報であつて文化庁長官が定めるものの公表がされているものを除く。）について、当該許諾に係る放送同時配信等のほか、次に掲げる放送同時配信等を行うことができる。
一　当該許諾を得た放送事業者が当該実演について第九十三条第一項の規定により作成した録音物又は録画物を用いてする放送同時配信等
二　当該許諾を得た放送事業者と密接な関係を有する放送同時配信等事業者が当該放送事業者から当該許諾に係る放送番組の供給を受けてする放送同時配信等
2　前項の場合において、同項各号に掲げる放送同時配信等が行われたときは、当該放送事業者又は放送同時配信等事業者は、通常の使用料の額に相当する額の報酬を当該実演に係る特定実演家に支払わなければならない。
3　前項の報酬を受ける権利は、著作権等管理事業者であつて全国を通じて一個に限りその同意を得て文化庁長官が指定するものがあるときは、当該指定を受けた著作権等管理事業者（以下この条において「指定報酬管理事業者」という。）によつてのみ行使することができる。
4　文化庁長官は、次に掲げる要件を備える著作権等管理事業者でなければ、前項の規定による指定をしてはならない。
一　営利を目的としないこと。
二　その構成員が任意に加入し、又は脱退することができること。
三　その構成員の議決権及び選挙権が平等であること。
四　第二項の報酬を受ける権利を有する者（次項及び第七項において「権利者」とい

う。）のためにその権利を行使する義務を自ら的確に遂行するに足りる能力を有すること。

5　指定報酬管理事業者は、権利者のために自己の名をもつてその権利に関する裁判上又は裁判外の行為を行う権限を有する。

6　文化庁長官は、指定報酬管理事業者に対し、政令で定めるところにより、第二項の報酬に係る業務に関して報告をさせ、若しくは帳簿、書類その他の資料の提出を求め、又はその義務の執行方法の改善のため必要な勧告をすることができる。

7　指定報酬管理事業者が第三項の規定により権利者のために請求することができる報酬の額は、毎年、指定報酬管理事業者と放送事業者若しくは放送同時配信等事業者又はその団体との間において協議して定めるものとする。

8　前項の協議が成立しないときは、その当事者は、政令で定めるところにより、同項の報酬の額について文化庁長官の裁定を求めることができる。

9　第七十条第三項、第六項及び第八項、第七十一条（第二号に係る部分に限る。）、第七十二条第一項、第七十三条本文並びに第七十四条第一項（第四号及び第五号に係る部分に限る。第十一項において同じ。）及び第二項の規定は、第二項の報酬及び前項の裁定について準用する。この場合において、第七十条第三項中「著作権者」とあり、及び同条第六項中「申請者に通知し、第六十八条第一項又は前条の裁定をしたときは、その旨を当事者」とあるのは「当事者」と、第七十四条第二項中「著作権者」とあるのは「第九十三条の三第三項に規定する指定報酬管理事業者」と読み替えるものとする。

10　前項において準用する第七十二条第一項の訴えにおいては、訴えを提起する者が放送事業者若しくは放送同時配信等事業者又はその団体であるときは指定報酬管理事業者を、指定報酬管理事業者であるときは放送事業者若しくは放送同時配信等事業者又はその団体を、それぞれ被告としなければならない。

11　第九項において準用する第七十四条第一項及び第二項の規定による報酬の供託は、指定報酬管理事業者の所在地の最寄りの供託所にするものとする。この場合において、供託をした者は、速やかにその旨を指定報酬管理事業者に通知しなければならない。

12　私的独占の禁止及び公正取引の確保に関する法律（昭和二十二年法律第五十四号）の規定は、第七項の協議による定め及びこれに基づいてする行為については、適用しない。ただし、不公正な取引方法を用いる場合及び関連事業者の利益を不当に害することとなる場合は、この限りでない。

13　第二項から前項までに定めるもののほか、第二項の報酬の支払及び指定報酬管理事業者に関し必要な事項は、政令で定める。

（令三法五二・追加）

（特定実演家と連絡することができない場合の放送同時配信等）

第九十四条　第九十三条の二第一項の規定により同項第一号に掲げる放送において実

演が放送される場合において、当該放送を行う放送事業者又は当該放送事業者と密接な関係を有する放送同時配信等事業者は、次に掲げる措置の全てを講じてもなお当該実演に係る特定実演家と連絡することができないときは、契約に別段の定めがない限り、その事情につき、著作権等管理事業者であつて全国を通じて一個に限りその同意を得て文化庁長官が指定したもの（以下この条において「指定補償金管理事業者」という。）の確認を受け、かつ、通常の使用料の額に相当する額の補償金であつて特定実演家に支払うべきものを指定補償金管理事業者に支払うことにより、放送事業者にあつては当該放送に用いる録音物又は録画物を用いて、放送同時配信等事業者にあつては当該放送に係る放送番組の供給を受けて、当該実演の放送同時配信等を行うことができる。

一　当該特定実演家の連絡先を保有している場合には、当該連絡先に宛てて連絡を行うこと。

二　著作権等管理事業者であつて実演について管理を行つているものに対し照会すること。

三　前条第一項に規定する公表がされているかどうかを確認すること。

四　放送同時配信等することを予定している放送番組の名称、当該特定実演家の氏名その他の文化庁長官が定める情報を文化庁長官が定める方法により公表すること。

2　前項の確認を受けようとする放送事業者又は放送同時配信等事業者は、同項各号に掲げる措置の全てを適切に講じてもなお放送同時配信等しようとする実演に係る特定実演家と連絡することができないことを疎明する資料を指定補償金管理事業者に提出しなければならない。

3　第一項の規定により補償金を受領した指定補償金管理事業者は、同項の規定により放送同時配信等された実演に係る特定実演家から請求があつた場合には、当該特定実演家に当該補償金を支払わなければならない。

4　前条第四項の規定は第一項の規定による指定について、同条第五項から第十三項までの規定は第一項の補償金及び指定補償金管理事業者について、それぞれ準用する。この場合において、同条第四項第四号中「第二項の報酬を受ける権利を有する者（次項及び第七項において「権利者」という。）のためにその権利を行使する」とあるのは「次条第一項の確認及び同項の補償金に係る」と、同条第五項中「権利者」とあるのは「特定実演家」と、同条第六項中「第二項の報酬」とあるのは「次条第一項の確認及び同項の補償金」と、同条第七項中「第三項の規定により権利者のために請求することができる報酬」とあるのは「次条第一項の規定により受領する補償金」と読み替えるものとする。

（令三法五二・追加）

（放送される実演の有線放送）

第九十四条の二　有線放送事業者は、放送される実演を有線放送した場合（営利を目的とせず、かつ、聴衆又は観衆から料金（いずれの名義をもつてするかを問わず、実演の提示につき受ける対価をいう。第九十五条第一項において同じ。）を受けない場合を除く。）には、当該実演（著作隣接権の存続期間内のものに限り、第九十二条第二項第二号に掲げるものを除く。）に係る実演家に相当な額の報酬を支払わなければならない。

（平十八法一二一・追加、令三法五二・一部改正）

（商業用レコードに録音されている実演の放送同時配信等）

第九十四条の三　放送事業者、有線放送事業者又は放送同時配信等事業者は、第九十一条第一項に規定する権利を有する者の許諾を得て商業用レコード（送信可能化されたレコードを含む。次項、次条第一項、第九十六条の三第一項及び第二項並びに第九十七条第一項及び第三項において同じ。）に録音されている実演（当該実演に係る第九十二条の二第一項に規定する権利について著作権等管理事業者による管理が行われているもの又は文化庁長官が定める方法により当該実演に係る特定実演家の氏名若しくは名称、放送同時配信等の許諾の申込みを受け付けるための連絡先その他の円滑な許諾のために必要な情報であつて文化庁長官が定めるものの公表がされているものを除く。）について放送同時配信等を行うことができる。

２　前項の場合において、商業用レコードを用いて同項の実演の放送同時配信等を行つたときは、放送事業者、有線放送事業者又は放送同時配信等事業者は、通常の使用料の額に相当する額の補償金を当該実演に係る特定実演家に支払わなければならない。

３　前項の補償金を受ける権利は、著作権等管理事業者であつて全国を通じて一個に限りその同意を得て文化庁長官が指定するものがあるときは、当該著作権等管理事業者によつてのみ行使することができる。

４　第九十三条の三第四項の規定は前項の規定による指定について、同条第五項から第十三項までの規定は第二項の補償金及び前項の規定による指定を受けた著作権等管理事業者について、それぞれ準用する。この場合において、同条第四項第四号中「第二項の報酬」とあるのは「第九十四条の三第二項の補償金」と、同条第七項及び第十項中「放送事業者」とあるのは「放送事業者、有線放送事業者」と読み替えるものとする。

（令三法五二・追加）

（商業用レコードの二次使用）

第九十五条　放送事業者及び有線放送事業者（以下この条及び第九十七条第一項において「放送事業者等」という。）は、第九十一条第一項に規定する権利を有する者の許諾を得て実演が録音されている商業用レコードを用いた放送又は有線放送を行つた場合（営利を目的とせず、かつ、聴衆又は観衆から料金を受けずに、当該放送を受信して同時に有線放送を行つた場合を除く。）には、当該実演（第七条第一号から第六号までに掲げる実演で著作隣接権の存続期間内のものに限る。次項から第四項までにおいて同じ。）に係る実演家に二次使用料を支払わなければならない。

2　前項の規定は、実演家等保護条約の締約国については、当該締約国であつて、実演家等保護条約第十六条１(a)(i)の規定に基づき実演家等保護条約第十二条の規定を適用しないこととしている国以外の国の国民をレコード製作者とするレコードに固定されている実演に係る実演家について、適用する。

3 第八条第一号に掲げるレコードについて実演家等保護条約の締約国により与えられる実演家等保護条約第十二条の規定による保護の期間が第一項の規定により実演家が保護を受ける期間より短いときは、当該締約国の国民をレコード製作者とするレコードに固定されている実演に係る実演家が同項の規定により保護を受ける期間は、第八条第一号に掲げるレコードについて当該締約国により与えられる実演家等保護条約第十二条の規定による保護の期間による。

4　第一項の規定は、実演・レコード条約の締約国（実演家等保護条約の締約国を除く。）であつて、実演・レコード条約第十五条(3)の規定により留保を付している国の国民をレコード製作者とするレコードに固定されている実演に係る実演家については、当該留保の範囲に制限して適用する。

5　第一項の二次使用料を受ける権利は、国内において実演を業とする者の相当数を構成員とする団体（その連合体を含む。）でその同意を得て文化庁長官が指定するものがあるときは、当該団体によつてのみ行使することができる。

6　文化庁長官は、次に掲げる要件を備える団体でなければ、前項の指定をしてはならない。

一　営利を目的としないこと。

二　その構成員が任意に加入し、又は脱退することができること。

三　その構成員の議決権及び選挙権が平等であること。

四　第一項の二次使用料を受ける権利を有する者（以下この条において「権利者」という。）のためにその権利を行使する業務をみずから的確に遂行するに足りる能力を有すること。

7　第五項の団体は、権利者から申込みがあつたときは、その者のためにその権利を行使することを拒んではならない。

8　第五項の団体は、前項の申込みがあつたときは、権利者のために自己の名をもつてその権利に関する裁判上又は裁判外の行為を行う権限を有する。

9　文化庁長官は、第五項の団体に対し、政令で定めるところにより、第一項の二次使用料に係る業務に関して報告をさせ、若しくは帳簿、書類その他の資料の提出を求め、又はその業務の執行方法の改善のため必要な勧告をすることができる。

10　第五項の団体が同項の規定により権利者のために請求することができる二次使用料の額は、毎年、当該団体と放送事業者等又はその団体との間において協議して定めるものとする。

11　前項の協議が成立しないときは、その当事者は、政令で定めるところにより、同項の二次使用料の額について文化庁長官の裁定を求めることができる。

12　第七十条第三項、第六項及び第八項、第七十一条（第二号に係る部分に限る。）並びに第七十二条から第七十四条までの規定は、前項の裁定及び二次使用料について準用する。この場合において、第七十条第三項中「著作権者」とあるのは「当事者」と、第七十二条第二項中「著作物を利用する者」とあるのは「第九十五条第一項の放送事業者等」と、「著作権者」とあるのは「同条第五項の団体」と、第七十四条中「著作権者」とあるのは「第九十五条第五項の団体」と読み替えるものとする。

13　私的独占の禁止及び公正取引の確保に関する法律の規定は、第十項の協議による定め及びこれに基づいてする行為については、適用しない。ただし、不公正な取引方法を用いる場合及び関連事業者の利益を不当に害することとなる場合は、この限りでない。

14　第五項から前項までに定めるもののほか、第一項の二次使用料の支払及び第五項の団体に関し必要な事項は、政令で定める。

（昭六一法六四・１項一部改正、平元法四三・２項３項追加４項６項７項８項９項11項12項13項一部改正、平六法一一二・１項一部改正、平十一法二二〇・11項一部改正、平十四法七二・１項２項一部改正４項追加７項８項９項10項12項13項14項一部改正、平十八法一二一・１項一部改正、平二一法五三・12項一部改正、平二八法一〇八・１項一部改正、平三〇法三九・12項一部改正、令三法五二・１項13項一部改正）

（譲渡権）

第九十五条の二　実演家は、その実演をその録音物又は録画物の譲渡により公衆に提供する権利を専有する。

２　前項の規定は、次に掲げる実演については、適用しない。

一　第九十一条第一項に規定する権利を有する者の許諾を得て録画されている実演

二　第九十一条第二項の実演で同項の録音物以外の物に録音され、又は録画されているもの

３　第一項の規定は、実演（前項各号に掲げるものを除く。以下この条において同じ。）の録音物又は録画物で次の各号のいずれかに該当するものの譲渡による場合には、適用しない。

一　第一項に規定する権利を有する者又はその許諾を得た者により公衆に譲渡された実演の録音物又は録画物

二　第百三条において準用する第六十七条第一項の規定による裁定を受けて公衆に譲渡された実演の録音物又は録画物

三　第百三条において準用する第六十七条の二第一項の規定の適用を受けて公衆に譲渡された実演の録音物又は録画物

四 第一項に規定する権利を有する者又はその承諾を得た者により特定かつ少数の者に譲渡された実演の録音物又は録画物

五 国外において、第一項に規定する権利に相当する権利を害することなく、又は同項に規定する権利に相当する権利を有する者若しくはその承諾を得た者により譲渡された実演の録音物又は録画物

（平十一法七七・追加、平十六法九二・３項三号一部改正、平二一法五三・３項二号三号追加旧二号以下繰下）

（貸与権等）

第九十五条の三 実演家は、その実演をそれが録音されている商業用レコードの貸与により公衆に提供する権利を専有する。

2 前項の規定は、最初に販売された日から起算して一月以上十二月を超えない範囲内において政令で定める期間を経過した商業用レコード（複製されているレコードのすべてが当該商業用レコードと同一であるものを含む。以下「期間経過商業用レコード」という。）の貸与による場合には、適用しない。

3 商業用レコードの公衆への貸与を営業として行う者（以下「貸レコード業者」という。）は、期間経過商業用レコードの貸与により実演を公衆に提供した場合には、当該実演（著作隣接権の存続期間内のものに限る。）に係る実演家に相当な額の報酬を支払わなければならない。

4 第九十五条第五項から第十四項までの規定は、前項の報酬を受ける権利について準用する。この場合において、同条第十項中「放送事業者等」とあり、及び同条第十二項中「第九十五条第一項の放送事業者等」とあるのは、「第九十五条の三第三項の貸レコード業者」と読み替えるものとする。

5 第一項に規定する権利を有する者の許諾に係る使用料を受ける権利は、前項において準用する第九十五条第五項の団体によつて行使することができる。

6 第九十五条第七項から第十四項までの規定は、前項の場合について準用する。この場合においては、第四項後段の規定を準用する。

（昭五九法四六・追加、平元法四三・１項３項４項５項６項一部改正、平三法六三・１項２項３項一部削除、平十一法七七・旧第九十五条の二繰下４項５項６項一部改正、平十四法七二・４項５項６項一部改正）

第三節 レコード製作者の権利

（複製権）

第九十六条 レコード製作者は、そのレコードを複製する権利を専有する。

（昭五三法四九・２項追加、平元法四三・２項一部改正、平四法一〇六・２項削除）

（送信可能化権）

第九十六条の二　レコード製作者は、そのレコードを送信可能化する権利を専有する。

（平九法八六・追加）

（商業用レコードの放送同時配信等）

第九十六条の三　放送事業者、有線放送事業者又は放送同時配信等事業者は、商業用レコード（当該商業用レコードに係る前条に規定する権利（放送同時配信等に係るものに限る。以下この項及び次項において同じ。）について著作権等管理事業者による管理が行われているもの又は文化庁長官が定める方法により当該商業用レコードに係る同条に規定する権利を有する者の氏名若しくは名称、放送同時配信等の許諾の申込みを受け付けるための連絡先その他の円滑な許諾のために必要な情報であつて文化庁長官が定めるものの公表がされているものを除く。次項において同じ。）を用いて放送同時配信等を行うことができる。

２　前項の場合において、商業用レコードを用いて放送同時配信等を行つたときは、放送事業者、有線放送事業者又は放送同時配信等事業者は、通常の使用料の額に相当する額の補償金を当該商業用レコードに係る前条に規定する権利を有する者に支払わなければならない。

３　前項の補償金を受ける権利は、著作権等管理事業者であつて全国を通じて一個に限りその同意を得て文化庁長官が指定するものがあるときは、当該著作権等管理事業者によつてのみ行使することができる。

４　第九十三条の三第四項の規定は前項の規定による指定について、同条第五項から第十三項までの規定は第二項の補償金及び前項の規定による指定を受けた著作権等管理事業者について、それぞれ準用する。この場合において、同条第四項第四号中「第二項の報酬」とあるのは「第九十六条の三第二項の補償金」と、同条第七項及び第十項中「放送事業者」とあるのは「放送事業者、有線放送事業者」と読み替えるものとする。

（令三法五二・追加）

（商業用レコードの二次使用）

第九十七条　放送事業者等は、商業用レコードを用いた放送又は有線放送を行つた場合（営利を目的とせず、かつ、聴衆又は観衆から料金（いずれの名義をもつてするかを問わず、レコードに係る音の提示につき受ける対価をいう。）を受けずに、当該放送を受信して同時に有線放送を行つた場合を除く。）には、そのレコード（第八条第一号から第四号までに掲げるレコードで著作隣接権の存続期間内のものに限る。）に係るレコード製作者に二次使用料を支払わなければならない。

２　第九十五条第二項及び第四項の規定は、前項に規定するレコード製作者について準用し、同条第三項の規定は、前項の規定により保護を受ける期間について準用する。この場合において、同条第二項から第四項までの規定中「国民をレコード製作者とするレコードに固定されている実演に係る実演家」とあるのは「国民であるレコード製作者」と、同条第三項中「実演家が保護を受ける期間」とあるのは「レコード製作者が保護を受ける期間」と読み替えるものとする。

3　第一項の二次使用料を受ける権利は、国内において商業用レコードの製作を業とする者の相当数を構成員とする団体（その連合体を含む。）でその同意を得て文化庁長官が指定するものがあるときは、当該団体によつてのみ行使することができる。

4　第九十五条第六項から第十四項までの規定は、第一項の二次使用料及び前項の団体について準用する。

（昭五三法四九・１項一部改正、昭六一法六四・１項一部改正、平元法四三・１項３項４項一部改正２項追加、平十四法七二・１項２項４項一部改正、平十八法一二一・１項一部改正）

（譲渡権）

第九十七条の二　レコード製作者は、そのレコードをその複製物の譲渡により公衆に提供する権利を専有する。

2　前項の規定は、レコードの複製物で次の各号のいずれかに該当するものの譲渡による場合には、適用しない。

一　前項に規定する権利を有する者又はその許諾を得た者により公衆に譲渡されたレコードの複製物

二　第百三条において準用する第六十七条第一項の規定による裁定を受けて公衆に譲渡されたレコードの複製物

三　第百三条において準用する第六十七条の二第一項の規定の適用を受けて公衆に譲渡されたレコードの複製物

四　前項に規定する権利を有する者又はその承諾を得た者により特定かつ少数の者に譲渡されたレコードの複製物

五　国外において、前項に規定する権利に相当する権利を害することなく、又は同項に規定する権利に相当する権利を有する者若しくはその承諾を得た者により譲渡されたレコードの複製物

（平十一法七七・追加、平十六法九二・２項三号一部改正、平二一法五三・２項二号三号追加旧二号以下繰下）

（貸与権等）

第九十七条の三　レコード製作者は、そのレコードをそれが複製されている商業用レコードの貸与により公衆に提供する権利を専有する。

2　前項の規定は、期間経過商業用レコードの貸与による場合には、適用しない。

3　貸レコード業者は、期間経過商業用レコードの貸与によりレコードを公衆に提供した場合には、当該レコード（著作隣接権の存続期間内のものに限る。）に係るレコード製作者に相当な額の報酬を支払わなければならない。

4　第九十七条第三項の規定は、前項の報酬を受ける権利の行使について準用する。
5　第九十五条第六項から第十四項までの規定は、第三項の報酬及び前項において準用する第九十七条第三項に規定する団体について準用する。この場合においては、第九十五条の三第四項後段の規定を準用する。
6　第一項に規定する権利を有する者の許諾に係る使用料を受ける権利は、第四項において準用する第九十七条第三項の団体によつて行使することができる。
7　第五項の規定は、前項の場合について準用する。この場合において、第五項中「第九十五条第六項」とあるのは、「第九十五条第七項」と読み替えるものとする。

（昭五九法四六・追加、平元法四三・1項4項5項6項7項一部改正、平三法六三・1項3項一部削除、平十一法七七・旧九十七条の二繰下4項5項6項一部改正、平十四法七二・5項7項一部改正）

第四節　放送事業者の権利

（複製権）

第九十八条　放送事業者は、その放送又はこれを受信して行なう有線放送を受信して、その放送に係る音又は影像を録音し、録画し、又は写真その他これに類似する方法により複製する権利を専有する。

（再放送権及び有線放送権）

第九十九条　放送事業者は、その放送を受信してこれを再放送し、又は有線放送する権利を専有する。
2　前項の規定は、放送を受信して有線放送を行なう者が法令の規定により行なわなければならない有線放送については、適用しない。

（送信可能化権）

第九十九条の二　放送事業者は、その放送又はこれを受信して行う有線放送を受信して、その放送を送信可能化する権利を専有する。
2　前項の規定は、放送を受信して自動公衆送信を行う者が法令の規定により行わなければならない自動公衆送信に係る送信可能化については、適用しない。

（平十四法七二・追加、平二二法六五・2項追加）

（テレビジョン放送の伝達権）

第百条　放送事業者は、そのテレビジョン放送又はこれを受信して行なう有線放送を受信して、影像を拡大する特別の装置を用いてその放送を公に伝達する権利を専有する。

第五節　有線放送事業者の権利

（昭六一法六四・追加）

（複製権）

第百条の二　有線放送事業者は、その有線放送を受信して、その有線放送に係る音又は影像を録音し、録画し、又は写真その他これに類似する方法により複製する権利を専有する。

（昭六一法六四・追加）

（放送権及び再有線放送権）

第百条の三　有線放送事業者は、その有線放送を受信してこれを放送し、又は再有線放送する権利を専有する。

（昭六一法六四・追加）

（送信可能化権）

第百条の四　有線放送事業者は、その有線放送を受信してこれを送信可能化する権利を専有する。

（平十四法七二・追加）

（有線テレビジョン放送の伝達権）

第百条の五　有線放送事業者は、その有線テレビジョン放送を受信して、影像を拡大する特別の装置を用いてその有線放送を公に伝達する権利を専有する。

（昭六一法六四・追加、平十四法七二・旧百条の四繰下）

第六節　保護期間

（昭六一法六四・旧第五節繰下）

（実演、レコード、放送又は有線放送の保護期間）

第百一条　著作隣接権の存続期間は、次に掲げる時に始まる。

一　実演に関しては、その実演を行つた時

二　レコードに関しては、その音を最初に固定した時

三　放送に関しては、その放送を行つた時

四　有線放送に関しては、その有線放送を行つた時

2　著作隣接権の存続期間は、次に掲げる時をもつて満了する。

一　実演に関しては、その実演が行われた日の属する年の翌年から起算して七十年を経過した時

二　レコードに関しては、その発行が行われた日の属する年の翌年から起算して七十年（その音が最初に固定された日の属する年の翌年から起算して七十年を経過する時までの間に発行されなかつたときは、その音が最初に固定された日の属する年の翌年から起算して七十年）を経過した時

三　放送に関しては、その放送が行われた日の属する年の翌年から起算して五十年を経過した時

四　有線放送に関しては、その有線放送が行われた日の属する年の翌年から起算して五十年を経過した時

（昭六一法六四・見出し柱書一部改正四号追加、昭六三法八七・一部改正、

平三法六三・柱書一部改正、平十四法七二・１項一号三号一部改正２項追加、平二八法一〇八・２項一号二号一部改正）

第七節　実演家人格権の一身専属性等

（平十四法七二・追加）

（実演家人格権の一身専属性）

第百一条の二　実演家人格権は、実演家の一身に専属し、譲渡することができない。

（平十四法七二・追加）

（実演家の死後における人格的利益の保護）

第百一条の三　実演を公衆に提供し、又は提示する者は、その実演の実演家の死後においても、実演家が生存しているとしたならばその実演家人格権の侵害となるべき行為をしてはならない。ただし、その行為の性質及び程度、社会的事情の変動その他によりその行為が当該実演家の意を害しないと認められる場合は、この限りでない。

（平十四法七二・追加）

第八節　権利の制限、譲渡及び行使等並びに登録

（昭六一法六四・旧第六節繰下・平十四法七二・旧第七節繰下）

（著作隣接権の制限）

第百二条　第三十条第一項（第四号を除く。第九項第一号において同じ。）、第三十条の二から第三十二条まで、第三十五条、第三十六条、第三十七条第三項、第三十七条の二（第一号を除く。次項において同じ。）、第三十八条第二項及び第四項、第四十一条から第四十三条まで、第四十四条（第二項を除く。）、第四十六条から第四十七条の二まで、第四十七条の四並びに第四十七条の五の規定は、著作隣接権の目的となつている実演、レコード、放送又は有線放送の利用について準用し、第三十条第三項及び第四十七条の七の規定は、著作隣接権の目的となつている実演又はレコードの利用について準用し、第三十三条から第三十三条の三までの規定は、著作隣接権の目的となつている放送又は有線放送の利用について準用し、第四十四条第二項の規定は、著作隣接権の目的となつている実演、レコード又は有線放送の利用について準用する。この場合において、第三十条第一項第三号中「自動公衆送信（国外で行われる自動公衆送信」とあるのは「送信可能化（国外で行われる送信可能化」と、「含む。）」とあるのは「含む。）に係る自動公衆送信」と、第四十四条第一項中「第二十三条第一項」とあるのは「第九十二条第一項、第九十二条の二第一項、第九十六条の二、第九十九条第一項又は第百条の三」と、同条第二項中「第二十三条第一項」とあるのは「第九十二条第一項、第九十二条の二第一項、第九十六条の二又は第百条の三」と、同条第三項中「第二十三条第一項」とあるのは「第九十二条の二第一項又は第九十六条の二」と読み替えるものとする。

2　前項において準用する第三十二条、第三十三条第一項（同条第四項において準用する場合を含む。）、第三十三条の二第一項、第三十三条の三第一項、第三十七条第三項、第三十七条の二、第四十二条若しくは第四十七条の規定又は次項若しくは第四項の規定により実演若しくはレコード又は放送若しくは有線放送に係る音若しくは影像（以下「実演等」と総称する。）を複製する場合において、その出所を明示する慣行があるときは、これらの複製の態様に応じ合理的と認められる方法及び程度により、その出所を明示しなければならない。

3　第三十三条の三第一項の規定により教科用図書に掲載された著作物を複製することができる場合には、同項の規定の適用を受けて作成された録音物において録音されている実演又は当該録音物に係るレコードを複製し、又は同項に定める目的のためにその複製物の譲渡により公衆に提供することができる。

4　視覚障害者等の福祉に関する事業を行う者で第三十七条第三項の政令で定めるものは、同項の規定により視覚著作物を複製することができる場合には、同項の規定の適用を受けて作成された録音物において録音されている実演又は当該録音物に係るレコードについて、複製し、又は同項に定める目的のために、送信可能化を行い、若しくはその複製物の譲渡により公衆に提供することができる。

5　著作隣接権の目的となつている実演であつて放送されるものは、地域限定特定入力型自動公衆送信を行うことができる。ただし、当該放送に係る第九十九条の二第一項に規定する権利を有する者の権利を害することとなる場合は、この限りでない。

6　前項の規定により実演の送信可能化を行う者は、第一項において準用する第三十八条第二項の規定の適用がある場合を除き、当該実演に係る第九十二条の二第一項に規定する権利を有する者に相当な額の補償金を支払わなければならない。

7　前二項の規定は、著作隣接権の目的となつているレコードの利用について準用する。この場合において、前項中「第九十二条の二第一項」とあるのは、「第九十六条の二」と読み替えるものとする。

8　第三十九条第一項又は第四十条第一項若しくは第二項の規定により著作物を放送し、又は有線放送することができる場合には、その著作物の放送若しくは有線放送について、これを受信して有線放送し、若しくは影像を拡大する特別の装置を用いて公に伝達し、又はその著作物の放送について、地域限定特定入力型自動公衆送信を行うことができる。

9　次に掲げる者は、第九十一条第一項、第九十六条、第九十八条又は第百条の二の録音、録画又は複製を行つたものとみなす。

一　第一項において準用する第三十条第一項、第三十条の三、第三十一条第一項第一号若しくは第三項後段、第三十三条の二第一項、第三十三条の三第一項若しくは第四項、第三十五条第一項、第三十七条第三項、第三十七条の二第二号、第四十一条から第四十二条の三まで、第四十三条第二項、第四十四条第一項から第三項まで、

第四十七条第一項若しくは第三項、第四十七条の二又は第四十七条の五第一項に定める目的以外の目的のために、これらの規定の適用を受けて作成された実演等の複製物を頒布し、又は当該複製物によつて当該実演、当該レコードに係る音若しくは当該放送若しくは有線放送に係る音若しくは影像の公衆への提示を行つた者

一　第一項において準用する第三十条第一項、第三十条の三、第三十一条第一項第一号、第三項第一号若しくは第五項第一号、第三十三条の二第一項、第三十三条の三第一項若しくは第四項、第三十五条第一項、第三十七条第三項、第三十七条の二第二号、第四十一条から第四十二条の三まで、第四十三条第二項、第四十四条第一項から第三項まで、第四十七条第一項若しくは第三項、第四十七条の二又は第四十七条の五第一項に定める目的以外の目的のために、これらの規定の適用を受けて作成された実演等の複製物を頒布し、又は当該複製物によつて当該実演、当該レコードに係る音若しくは当該放送若しくは有線放送に係る音若しくは影像の公衆への提示を行つた者

（令和三年六月二日から起算して一年を超えない範囲内において政令で定める日から施行）

一　第一項において準用する第三十条第一項、第三十条の三、第三十一条第一項第一号、第二項第一号、第四項、第七項第一号若しくは第九項第一号、第三十三条の二第一項、第三十三条の三第一項若しくは第四項、第三十五条第一項、第三十七条第三項、第三十七条の二第二号、第四十一条から第四十二条の三まで、第四十三条第二項、第四十四条第一項から第三項まで、第四十七条第一項若しくは第三項、第四十七条の二又は第四十七条の五第一項に定める目的以外の目的のために、これらの規定の適用を受けて作成された実演等の複製物を頒布し、又は当該複製物によつて当該実演、当該レコードに係る音若しくは当該放送若しくは有線放送に係る音若しくは影像の公衆への提示を行つた者

（令和三年六月二日から起算して二年を超えない範囲内において政令で定める日から施行）

二　第一項において準用する第三十条の四の規定の適用を受けて作成された実演等の複製物を用いて、当該実演等を自ら享受し又は他人に享受させる目的のために、いずれの方法によるかを問わず、当該実演等を利用した者

三　第一項において準用する第四十四条第四項の規定に違反して同項の録音物又は録画物を保存した放送事業者、有線放送事業者又は放送同時配信等事業者

四　第一項において準用する第四十七条の四又は第四十七条の五第二項に定める目的以外の目的のために、これらの規定の適用を受けて作成された実演等の複製物を用

いて、いずれの方法によるかを問わず、当該実演等を利用した者

五　第三十三条の三第一項又は第三十七条第三項に定める目的以外の目的のために、第三項若しくは第四項の規定の適用を受けて作成された実演若しくはレコードの複製物を頒布し、又は当該複製物によつて当該実演若しくは当該レコードに係る音の公衆への提示を行つた者

（昭五三法四九・４項柱書一部改正、昭五九法四六・昭六一法六四・各項一部改正、平四法一〇六・１項４項柱書一号一部改正、平十一法四三・１項４項一号一部改正、平十一法七七・１項一部改正、平十二法五六・１項２項４項一号一部改正、平十五法八五・４項一号一部改正、平十八法一二一・３項４項５項追加旧３項旧４項繰下１項３項４項６項一部改正７項三号四号追加、平二一法五三・１項２項一部改正３項４項追加旧３項４項５項６項７項繰下旧７項一号三号四号一部改正五号六号七号八号追加、平二一法七三・１項９項一号一部改正、平二二法六五・５項一部改正、平二四法四三・１項９項一号五号一部改正、平三〇法三〇・１項２項一部改正９項二号追加旧二号以下繰下旧三号四号六号七号削除旧五号八号一部改正、平三〇法三九・１項２項３項９項一号五号一部改正、令二法四八・１項一部改正、令三法五二・１項５項８項９項一号三号一部改正）

（実演家人格権との関係）

第百二条の二　前条の著作隣接権の制限に関する規定（同条第七項及び第八項の規定を除く。）は、実演家人格権に影響を及ぼすものと解釈してはならない。

（平十四法七二・追加、平十八法一二一・一部改正、平二一法五三・一部改正）

（著作隣接権の譲渡、行使等）

第百三条　第六十一条第一項の規定は著作隣接権の譲渡について、第六十二条第一項の規定は著作隣接権の消滅について、第六十三条及び第六十三条の二の規定は実演、レコード、放送又は有線放送の利用の許諾について、第六十五条の規定は著作隣接権が共有に係る場合について、第六十六条の規定は著作隣接権を目的として質権が設定されている場合について、第六十七条、第六十七条の二（第一項ただし書を除く。）、第七十条（第三項から第五項までを除く。）、第七十一条（第二号に係る部分に限る。）、第七十二条、第七十三条並びに第七十四条第三項及び第四項の規定は著作隣接権者と連絡することができない場合における実演、レコード、放送又は有線放送の利用について、第六十八条、第七十条（第四項第一号及び第七項を除く。）、第七十一条（第二号に係る部分に限る。）、第七十二条、第七十三条本文及び第七十四条の規定は著作隣接権者に協議を求めたがその協議が成立せず、又はその協議をすることができない場合における実演、レコード、放送又は有線放送の利用について、第七十一条（第一号に係る部分に限る。）及び第七十四条の規定は第百二条第一項において準用する第三

十三条から第三十三条の三までの規定による放送又は有線放送の利用について、それぞれ準用する。この場合において、第六十三条第六項中「第二十三条第一項」とあるのは「第九十二条の二第一項、第九十六条の二、第九十九条の二第一項又は第百条の四」と、第六十八条第二項中「第三十八条第二項及び第三項」とあるのは「第百二条第一項において準用する第三十八条第二項」と読み替えるものとする。

（昭六一法六四・一部改正、平九法八六・一部改正、平十四法七二・一部改正、平二一法五三・一部改正、平二二法六五・一部改正、平三〇法三九・一部改正、令二法四八・一部改正、令三法五二・一部改正）

（著作隣接権の登録）

第百四条　第七十七条及び第七十八条（第三項を除く。）の規定は、著作隣接権に関する登録について準用する。この場合において、同条第一項、第二項、第四項、第八項及び第九項中「著作権登録原簿」とあるのは、「著作隣接権登録原簿」と読み替えるものとする。

（平十一法四三・一部改正、平十二法一三一・一部改正、平十五法六一・一部改正、平二一法五三・一部改正）

第五章　著作権等の制限による利用に係る補償金

（平四法一〇六・追加、平三〇法三〇・一部改正）

第一節　私的録音録画補償金

（平三〇法三〇・追加）

（私的録音録画補償金を受ける権利の行使）

第百四条の二　第三十条第三項（第百二条第一項において準用する場合を含む。以下この節において同じ。）の補償金（以下この節において「私的録音録画補償金」という。）を受ける権利は、私的録音録画補償金を受ける権利を有する者（次項及び次条第四号において「権利者」という。）のためにその権利を行使することを目的とする団体であつて、次に掲げる私的録音録画補償金の区分ごとに全国を通じて一個に限りその同意を得て文化庁長官が指定するもの（以下この節において「指定管理団体」という。）があるときは、それぞれ当該指定管理団体によつてのみ行使することができる。

一　私的使用を目的として行われる録音（専ら録画とともに行われるものを除く。次条第二号イ及び第百四条の四において「私的録音」という。）に係る私的録音録画補償金

二　私的使用を目的として行われる録画（専ら録音とともに行われるものを含む。次条第二号ロ及び第百四条の四において「私的録画」という。）に係る私的録音録画補償金

2　前項の規定による指定がされた場合には、指定管理団体は、権利者のために自己の

名をもつて私的録音録画補償金を受ける権利に関する裁判上又は裁判外の行為を行う権限を有する。

（平四法一〇六・追加、平三〇法三〇・１項柱書一号二号一部改正、令二法四八・１項柱書一部改正）

第百四条の二　第三十条第三項（第百二条第一項において準用する場合を含む。以下この節において同じ。）の補償金（以下この節において「私的録音録画補償金」という。）を受ける権利は、私的録音録画補償金を受ける権利を有する者（次項及び次条第四号において「権利者」という。）のためにその権利を行使することを目的とする団体であつて、次に掲げる私的録音録画補償金の区分ごとに全国を通じて一個に限りその同意を得て文化庁長官が指定するものがあるときは、それぞれ当該指定を受けた団体（以下この節において「指定管理団体」という。）によつてのみ行使することができる。

一・二（略）

2　指定管理団体は、権利者のために自己の名をもつて私的録音録画補償金を受ける権利に関する裁判上又は裁判外の行為を行う権限を有する。

（令和三年六月二日から起算して二年を超えない範囲内において政令で定める日から施行）

（指定の基準）

第百四条の三　文化庁長官は、次に掲げる要件を備える団体でなければ前条第一項の規定による指定をしてはならない。

一　一般社団法人であること。

二　前条第一項第一号に掲げる私的録音録画補償金に係る場合についてはイ、ハ及びニに掲げる団体を、同項第二号に掲げる私的録音録画補償金に係る場合についてはロからニまでに掲げる団体を構成員とすること。

イ　私的録音に係る著作物に関し第二十一条に規定する権利を有する者を構成員とする団体（その連合体を含む。）であつて、国内において私的録音に係る著作物に関し同条に規定する権利を有する者の利益を代表すると認められるもの

ロ　私的録画に係る著作物に関し第二十一条に規定する権利を有する者を構成員とする団体（その連合体を含む。）であつて、国内において私的録画に係る著作物に関し同条に規定する権利を有する者の利益を代表すると認められるもの

ハ　国内において実演を業とする者の相当数を構成員とする団体（その連合体を含む。）

ニ　国内において商業用レコードの製作を業とする者の相当数を構成員とする団体（その連合体を含む。）

三　前号イからニまでに掲げる団体がそれぞれ次に掲げる要件を備えるものであるこ

と。

イ　営利を目的としないこと。

ロ　その構成員が任意に加入し、又は脱退することができること。

ハ　その構成員の議決権及び選挙権が平等であること。

四　権利者のために私的録音録画補償金を受ける権利を行使する業務（第百四条の八第一項の事業に係る業務を含む。以下この節において「補償金関係業務」という。）を的確に遂行するに足りる能力を有すること。

（平四法一〇六・追加、平十八法五〇・一号一部改正、平三〇法三〇・四号一部改正）

（私的録音録画補償金の支払の特例）

第百四条の四　第三十条第三項の政令で定める機器（以下この条及び次条において「特定機器」という。）又は記録媒体（以下この条及び次条において「特定記録媒体」という。）を購入する者（当該特定機器又は特定記録媒体が小売に供された後最初に購入するものに限る。）は、その購入に当たり、指定管理団体から、当該特定機器又は特定記録媒体を用いて行う私的録音又は私的録画に係る私的録音録画補償金の一括の支払として、第百四条の六第一項の規定により当該特定機器又は特定記録媒体について定められた額の私的録音録画補償金の支払の請求があつた場合には、当該私的録音録画補償金を支払わなければならない。

２　前項の規定により私的録音録画補償金を支払つた者は、指定管理団体に対し、その支払に係る特定機器又は特定記録媒体を専ら私的録音及び私的録画以外の用に供することを証明して、当該私的録音録画補償金の返還を請求することができる。

３　第一項の規定による支払の請求を受けて私的録音録画補償金が支払われた特定機器により同項の規定による支払の請求を受けて私的録音録画補償金が支払われた特定記録媒体に私的録音又は私的録画を行う者は、第三十条第三項の規定にかかわらず、当該私的録音又は私的録画を行うに当たり、私的録音録画補償金を支払うことを要しない。ただし、当該特定機器又は特定記録媒体が前項の規定により私的録音録画補償金の返還を受けたものであるときは、この限りでない。

（平四法一〇六・追加、平三〇法三〇・１項一部改正、令二法四八・１項３項一部改正）

（製造業者等の協力義務）

第百四条の五　前条第一項の規定により指定管理団体が私的録音録画補償金の支払を請求する場合には、特定機器又は特定記録媒体の製造又は輸入を業とする者（次条第三項において「製造業者等」という。）は、当該私的録音録画補償金の支払の請求及びその受領に関し協力しなければならない。

（平四法一〇六・追加）

（私的録音録画補償金の額）

第百四条の六　第百四条の二第一項の規定により指定管理団体が私的録音録画補償金を受ける権利を行使する場合には、指定管理団体は、私的録音録画補償金の額を定め、文化庁長官の認可を受けなければならない。これを変更しようとするときも、同様とする。

2　前項の認可があつたときは、私的録音録画補償金の額は、第三十条第三項の規定にかかわらず、その認可を受けた額とする。

3　指定管理団体は、第百四条の四第一項の規定により支払の請求をする私的録音録画補償金に係る第一項の認可の申請に際し、あらかじめ、製造業者等の団体で製造業者等の意見を代表すると認められるものの意見を聴かなければならない。

4　文化庁長官は、第一項の認可の申請に係る私的録音録画補償金の額が、第三十条第一項（第百二条第一項において準用する場合を含む。）及び第百四条の四第一項の規定の趣旨、録音又は録画に係る通常の使用料の額その他の事情を考慮した適正な額であると認めるときでなければ、その認可をしてはならない。

5　文化庁長官は、第一項の認可をしようとするときは、文化審議会に諮問しなければならない。

（平四法一〇六・追加、平十一法一六〇・５項一部改正、令二法四八・２項一部改正）

（補償金関係業務の執行に関する規程）

第百四条の七　指定管理団体は、補償金関係業務を開始しようとするときは、補償金関係業務の執行に関する規程を定め、文化庁長官に届け出なければならない。これを変更しようとするときも、同様とする。

2　前項の規程には、私的録音録画補償金（第百四条の四第一項の規定に基づき支払を受けるものに限る。）の分配に関する事項を含むものとし、指定管理団体は、第三十条第三項の規定の趣旨を考慮して当該分配に関する事項を定めなければならない。

（平四法一〇六・追加、令二法四八・２項一部改正）

（著作権等の保護に関する事業等のための支出）

第百四条の八　指定管理団体は、私的録音録画補償金（第百四条の四第一項の規定に基づき支払を受けるものに限る。）の額の二割以内で政令で定める割合に相当する額を、著作権及び著作隣接権の保護に関する事業並びに著作物の創作の振興及び普及に資する事業のために支出しなければならない。

2　文化庁長官は、前項の政令の制定又は改正の立案をしようとするときは、文化審議会に諮問しなければならない。

3　文化庁長官は、第一項の事業に係る業務の適正な運営を確保するため必要があると認めるときは、指定管理団体に対し、当該業務に関し監督上必要な命令をすることができる。

（平四法一〇六・追加、平十一法一六〇・２項一部改正）

（報告の徴収等）

第百四条の九　文化庁長官は、指定管理団体の補償金関係業務の適正な運営を確保するため必要があると認めるときは、指定管理団体に対し、補償金関係業務に関して報告をさせ、若しくは帳簿、書類その他の資料の提出を求め、又は補償金関係業務の執行方法の改善のため必要な勧告をすることができる。

（平四法一〇六・追加）

（政令への委任）

第百四条の十　この節に規定するもののほか、指定管理団体及び補償金関係業務に関し必要な事項は、政令で定める。

（平四法一〇六・追加、平三〇法三〇・一部改正）

第二節　図書館等公衆送信補償金

（図書館等公衆送信補償金を受ける権利の行使）

第百四条の十の二　第三十一条第五項（第八十六条第三項及び第百二条第一項において準用する場合を含む。第百四条の十の四第二項及び第百四条の十の五第二項において同じ。）の補償金（以下この節において、「図書館等公衆送信補償金」という。）を受ける権利は、図書館等公衆送信補償金を受ける権利を有する者（次項及び次条第四号において「権利者」という。）のためにその権利を行使することを目的とする団体であつて、全国を通じて一個に限りその同意を得て文化庁長官が指定するものがあるときは、当該指定を受けた団体（以下この節において「指定管理団体」という。）によつてのみ行使することができる。

２　指定管理団体は、権利者のために自己の名をもつて図書館等公衆送信補償金を受ける権利に関する裁判上又は裁判外の行為を行う権限を有する。

（指定の基準）

第百四条の十の三　文化庁長官は、次に掲げる要件を備える団体でなければ前条第一項の規定による指定をしてはならない。

一　一般社団法人であること。

二　次に掲げる団体を構成員とすること。

イ　第三十一条第二項（第八十六条第三項及び第百二条第一項において準用する場合を含む。次条第四項において同じ。）の規定による公衆送信（以下この節において「図書館等公衆送信」という。）に係る著作物に関し第二十三条第一項に規定する権利を有する者を構成員とする団体（その連合体を含む。）であつて、国内において図書館等公衆送信に係る著作物に関し同項に規定する権利を有する者の利益を代表すると認められるもの

ロ　図書館等公衆送信に係る著作物に関する第二号出版権者を構成員とする団体

（その連合体を含む。）であつて、国内において図書館等公衆送信に係る著作物に関する第二号出版権者の利益を代表すると認められるもの

三 前号イ及びロに掲げる団体がそれぞれ次に掲げる要件を備えるものであること。

イ 営利を目的としないこと。

ロ その構成員が任意に加入し、又は脱退することができること。

ハ その構成員の議決権及び選挙権が平等であること。

四 権利者のために図書館等公衆送信補償金を受ける権利を行使する業務（第百四条の十の六第一項の事業に係る業務を含む。以下この節において「補償金関係業務」という。）を的確に遂行するに足りる能力を有すること。

（図書館等公衆送信補償金の額）

第百四条の十の四 第百四条の十の二第二項の規定により指定管理団体が図書館等公衆送信補償金を受ける権利を行使する場合には、指定管理団体は、図書館等公衆送信補償金の額を定め、文化庁長官の認可を受けなければならない。これを変更しようとするときも、同様とする。

2 前項の認可があつたときは、図書館等公衆送信補償金の額は、第三十一条第五項の規定にかかわらず、その認可を受けた額とする。

3 指定管理団体は、第一項の認可の申請に際し、あらかじめ、図書館等を設置する者の団体で図書館等を設置する者の意見を代表すると認められるものの意見を聴かなければならない。

4 文化庁長官は、第一項の認可の申請に係る図書館等公衆送信補償金の額が、第三十一条第二項の規定の趣旨、図書館等公衆送信に係る著作物の種類及び用途並びに図書館等公衆送信の態様に照らした著作権者等の利益に与える影響、図書館等公衆送信により電磁的記録を容易に取得することができることにより特定図書館等の利用者が受ける便益その他の事情を考慮した適正な額であると認めるときでなければ、その認可をしてはならない。

5 文化庁長官は、第一項の認可をするときは、文化審議会に諮問しなければならない。

（補償金関係業務の執行に関する規程）

第百四条の十の五 指定管理団体は、補償金関係業務を開始しようとするときは、補償金関係業務の執行に関する規程を定め、文化庁長官に届け出なければならない。これを変更しようとするときも、同様とする。

2 前項の規程には、図書館等公衆送信補償金の分配に関する事項を含むものとし、指定管理団体は、第三十一条第五項の規定の趣旨を考慮して当該分配に関する事項を定めなければならない。

（著作権等の保護に関する事業等のための支出）

第百四条の十の六 指定管理団体は、図書館等公衆送信補償金の総額のうち、図書館等公衆送信による著作物の利用状況、図書館等公衆送信補償金の分配に係る業務に要す

る費用その他の事情を勘案して政令で定めるところにより算出した額に相当する額を、著作権、出版権及び著作隣接権の保護に関する事業並びに著作物の創作の振興及び普及に資する事業のために支出しなければならない。

2　文化庁長官は、前項の政令の制定又は改正の立案をするときは、文化審議会に諮問しなければならない。

3　文化庁長官は、第一項の事業に係る業務の適正な運営を確保するため必要があると認めるときは、指定管理団体に対し、当該業務に関し監督上必要な命令をすることができる。

（報告の徴収等）

第百四条の十の七　文化庁長官は、指定管理団体の補償金関係業務の適正な運営を確保するため必要があると認めるときは、指定管理団体に対し、補償金関係業務に関して報告をさせ、若しくは帳簿、書類その他の資料の提出を求め、又は補償金関係業務の執行方法の改善のため必要な勧告をすることができる。

（政令への委任）

第百四条の十の八　この節に規定するもののほか、指定管理団体及び補償金関係業務に関し必要な事項は、政令で定める。

（令和三年六月二日から起算して二年を超えない範囲内において政令で定める日から施行）

第二節　授業目的公衆送信補償金

第三節　授業目的公衆送信補償金

（令和三年六月二日から起算して二年を超えない範囲内において政令で定める日から施行）

（授業目的公衆送信補償金を受ける権利の行使）

第百四条の十一　第三十五条第二項（第百二条第一項において準用する場合を含む。第百四条の十三第二項及び第百四条の十四第二項において同じ。）の補償金（以下この節において「授業目的公衆送信補償金」という。）を受ける権利は、授業目的公衆送信補償金を受ける権利を有する者（次項及び次条第四号において「権利者」という。）のためにその権利を行使することを目的とする団体であつて、全国を通じて一個に限りその同意を得て文化庁長官が指定するもの（以下この節において「指定管理団体」という。）があるときは、当該指定管理団体によつてのみ行使することができる。

2　前項の規定による指定がされた場合には、指定管理団体は、権利者のために自己の名をもつて授業目的公衆送信補償金を受ける権利に関する裁判上又は裁判外の行為を行う権限を有する。

（平三〇法三〇・追加）

第百四条の十一　第三十五条第二項（第百二条第一項において準用する場合を含む。第百四条の十三第二項及び第百四条の十四第二項において同じ。）の補償金（以下この節において「授業目的公衆送信補償金」という。）を受ける権利は、授業目的公衆送信補償金を受ける権利を有する者（次項及び次条第四号において「権利者」という。）のためにその権利を行使することを目的とする団体であつて、全国を通じて一個に限りその同意を得て文化庁長官が指定するものがあるときは、当該指定を受けた団体（以下この節において「指定管理団体」という。）によつてのみ行使することができる。

2　指定管理団体は、権利者のために自己の名をもつて授業目的公衆送信補償金を受ける権利に関する裁判上又は裁判外の行為を行う権限を有する。

（令和三年六月二日から起算して二年を超えない範囲内において政令で定める日から施行）

（指定の基準）

第百四条の十二　文化庁長官は、次に掲げる要件を備える団体でなければ前条第一項の規定による指定をしてはならない。

一　一般社団法人であること。

二　次に掲げる団体を構成員とすること。

イ　第三十五条第一項（第百二条第一項において準用する場合を含む。次条第四項において同じ。）の公衆送信（第三十五条第三項の公衆送信に該当するものを除く。以下この節において「授業目的公衆送信」という。）に係る著作物に関し第二十三条第一項に規定する権利を有する者を構成員とする団体（その連合体を含む。）であつて、国内において授業目的公衆送信に係る著作物に関し同項に規定する権利を有する者の利益を代表すると認められるもの

ロ　授業目的公衆送信に係る実演に関し第九十二条第一項及び第九十二条の二第一項に規定する権利を有する者を構成員とする団体（その連合体を含む。）であつて、国内において授業目的公衆送信に係る実演に関しこれらの規定に規定する権利を有する者の利益を代表すると認められるもの

ハ　授業目的公衆送信に係るレコードに関し第九十六条の二に規定する権利を有する者を構成員とする団体（その連合体を含む。）であつて、国内において授業目的公衆送信に係るレコードに関し同条に規定する権利を有する者の利益を代表すると認められるもの

ニ　授業目的公衆送信に係る放送に関し第九十九条第一項及び第九十九条の二第一項に規定する権利を有する者を構成員とする団体（その連合体を含む。）であつて、国内において授業目的公衆送信に係る放送に関しこれらの規定に規定する権

利を有する者の利益を代表すると認められるもの

ホ　授業目的公衆送信に係る有線放送に関し第百条の三及び第百条の四に規定する権利を有する者を構成員とする団体（その連合体を含む。）であつて、国内において授業目的公衆送信に係る有線放送に関しこれらの規定に規定する権利を有する者の利益を代表すると認められるもの

三　前号イからホまでに掲げる団体がそれぞれ次に掲げる要件を備えるものであること。

イ　営利を目的としないこと。

ロ　その構成員が任意に加入し、又は脱退することができること。

ハ　その構成員の議決権及び選挙権が平等であること。

四　権利者のために授業目的公衆送信補償金を受ける権利を行使する業務（第百四条の十五第一項の事業に係る業務を含む。以下この節において「補償金関係業務」という。）を的確に遂行するに足りる能力を有すること。

（平三〇法三〇・追加）

（授業目的公衆送信補償金の額）

第百四条の十三　第百四条の十一第一項の規定により指定管理団体が授業目的公衆送信補償金を受ける権利を行使する場合には、指定管理団体は、授業目的公衆送信補償金の額を定め、文化庁長官の認可を受けなければならない。これを変更しようとするときも、同様とする。

2　前項の認可があつたときは、授業目的公衆送信補償金の額は、第三十五条第二項の規定にかかわらず、その認可を受けた額とする。

3　指定管理団体は、第一項の認可の申請に際し、あらかじめ、授業目的公衆送信が行われる第三十五条第一項の教育機関を設置する者の団体で同項の教育機関を設置する者の意見を代表すると認められるものの意見を聴かなければならない。

4　文化庁長官は、第一項の認可の申請に係る授業目的公衆送信補償金の額が、第三十五条第一項の規定の趣旨、公衆送信（自動公衆送信の場合にあつては、送信可能化を含む。）に係る通常の使用料の額その他の事情を考慮した適正な額であると認めるときでなければ、その認可をしてはならない。

5　文化庁長官は、第一項の認可をしようとするときは、文化審議会に諮問しなければならない。

（平三〇法三〇・追加）

（補償金関係業務の執行に関する規程）

第百四条の十四　指定管理団体は、補償金関係業務を開始しようとするときは、補償金関係業務の執行に関する規程を定め、文化庁長官に届け出なければならない。これを変更しようとするときも、同様とする。

2　前項の規程には、授業目的公衆送信補償金の分配に関する事項を含むものとし、指

定管理団体は、第三十五条第二項の規定の趣旨を考慮して当該分配に関する事項を定めなければならない。

（平三〇法三〇・追加）

（著作権等の保護に関する事業等のための支出）

第百四条の十五　指定管理団体は、授業目的公衆送信補償金の総額のうち、授業目的公衆送信による著作物等の利用状況、授業目的公衆送信補償金の分配に係る事務に要する費用その他の事情を勘案して政令で定めるところにより算出した額に相当する額を、著作権及び著作隣接権の保護に関する事業並びに著作物の創作の振興及び普及に資する事業のために支出しなければならない。

2　文化庁長官は、前項の政令の制定又は改正の立案をしようとするときは、文化審議会に諮問しなければならない。

3　文化庁長官は、第一項の事業に係る業務の適正な運営を確保するため必要があると認めるときは、指定管理団体に対し、当該業務に関し監督上必要な命令をすることができる。

（平三〇法三〇・追加）

（報告の徴収等）

第百四条の十六　文化庁長官は、指定管理団体の補償金関係業務の適正な運営を確保するため必要があると認めるときは、指定管理団体に対し、補償金関係業務に関して報告をさせ、若しくは帳簿、書類その他の資料の提出を求め、又は補償金関係業務の執行方法の改善のため必要な勧告をすることができる。

（平三〇法三〇・追加）

（政令への委任）

第百四条の十七　この節に規定するもののほか、指定管理団体及び補償金関係業務に関し必要な事項は、政令で定める。

（平三〇法三〇・追加）

第六章　紛争処理

（平四法一〇六・旧第五章繰下）

（著作権紛争解決あつせん委員）

第百五条　この法律に規定する権利に関する紛争につきあつせんによりその解決を図るため、文化庁に著作権紛争解決あつせん委員（以下この章において「委員」という。）を置く。

2　委員は、文化庁長官が、著作権又は著作隣接権に係る事項に関し学識経験を有する者のうちから、事件ごとに三人以内を委嘱する。

（あつせんの申請）

第百六条　この法律に規定する権利に関し紛争が生じたときは、当事者は、文化庁長官に対し、あつせんの申請をすることができる。

（手数料）

第百七条　あつせんの申請をする者は、実費を勘案して政令で定める額の手数料を納付しなければならない。

２　前項の規定は、同項の規定により手数料を納付すべき者が国であるときは、適用しない。

（昭五六法四五・２項一部改正、昭五九法二三・１項一部改正２項削除、平十一法二二〇・２項追加、令二法四八・２項一部改正）

（あつせんへの付託）

第百八条　文化庁長官は、第百六条の規定に基づき当事者の双方からあつせんの申請があつたとき、又は当事者の一方からあつせんの申請があつた場合において他の当事者がこれに同意したときは、委員によるあつせんに付するものとする。

２　文化庁長官は、前項の申請があつた場合において、事件がその性質上あつせんをするのに適当でないと認めるとき、又は当事者が不当な目的でみだりにあつせんの申請をしたと認めるときは、あつせんに付さないことができる。

（あつせん）

第百九条　委員は、当事者間をあつせんし、双方の主張の要点を確かめ、実情に即して事件が解決されるように努めなければならない。

２　委員は、事件が解決される見込みがないと認めるときは、あつせんを打ち切ることができる。

（報告等）

第百十条　委員は、あつせんが終わつたときは、その旨を文化庁長官に報告しなければならない。

２　委員は、前条の規定によりあつせんを打ち切つたときは、その旨及びあつせんを打ち切ることとした理由を、当事者に通知するとともに文化庁長官に報告しなければならない。

（政令への委任）

第百十一条　この章に規定するもののほか、あつせんの手続及び委員に関し必要な事項は、政令で定める。

第七章　権利侵害

（平四法一〇六・旧第六章繰下）

（差止請求権）

第百十二条　著作者、著作権者、出版権者、実演家又は著作隣接権者は、その著作者人格権、著作権、出版権、実演家人格権又は著作隣接権を侵害する者又は侵害するおそれがある者に対し、その侵害の停止又は予防を請求することができる。

2　著作者、著作権者、出版権者、実演家又は著作隣接権者は、前項の規定による請求をするに際し、侵害の行為を組成した物、侵害の行為によつて作成された物又は専ら侵害の行為に供された機械若しくは器具の廃棄その他の侵害の停止又は予防に必要な措置を請求することができる。

（平十四法七二・１項２項一部改正）

（侵害とみなす行為）

第百十三条　次に掲げる行為は、当該著作者人格権、著作権、出版権、実演家人格権又は著作隣接権を侵害する行為とみなす。

一　国内において頒布する目的をもつて、輸入の時において国内で作成したとしたならば著作者人格権、著作権、出版権、実演家人格権又は著作隣接権の侵害となるべき行為によつて作成された物を輸入する行為

二　著作者人格権、著作権、出版権、実演家人格権又は著作隣接権を侵害する行為によつて作成された物（前号の輸入に係る物を含む。）を、情を知つて、頒布し、頒布の目的をもつて所持し、若しくは頒布する旨の申出をし、又は業として輸出し、若しくは業としての輸出の目的をもつて所持する行為

2　送信元識別符号又は送信元識別符号以外の符号その他の情報であつてその提供が送信元識別符号の提供と同一若しくは類似の効果を有するもの（以下この項及び次項において「送信元識別符号等」という。）の提供により侵害著作物等（著作権（第二十八条に規定する権利（翻訳以外の方法により創作された二次的著作物に係るものに限る。）を除く。以下この項及び次項において同じ。）、出版権又は著作隣接権を侵害して送信可能化が行われた著作物等をいい、国外で行われる送信可能化であつて国内で行われたとしたならばこれらの権利の侵害となるべきものが行われた著作物等を含む。以下この項及び次項において同じ。）の他人による利用を容易にする行為（同項において「侵害著作物等利用容易化」という。）であつて、第一号に掲げるウェブサイト等（同項及び第百十九条第二項第四号において「侵害著作物等利用容易化ウェブサイト等」という。）において又は第二号に掲げるプログラム（次項及び同条第二項第五号において「侵害著作物等利用容易化プログラム」という。）を用いて行うものは、当該行為に係る著作物等が侵害著作物等であることを知つていた場合又は知ることができたと認めるに足りる相当の理由がある場合には、当該侵害著作物等に係る著

作権、出版権又は著作隣接権を侵害する行為とみなす。

一　次に掲げるウェブサイト等

イ　当該ウェブサイト等において、侵害著作物等に係る送信元識別符号等（以下この条及び第百十九条第二項において「侵害送信元識別符号等」という。）の利用を促す文言が表示されていること、侵害送信元識別符号等が強調されていることその他の当該ウェブサイト等における侵害送信元識別符号等の提供の態様に照らし、公衆を侵害著作物等に殊更に誘導するものであると認められるウェブサイト等

ロ　イに掲げるもののほか、当該ウェブサイト等において提供されている侵害送信元識別符号等の数、当該数が当該ウェブサイト等において提供されている送信元識別符号等の総数に占める割合、当該侵害送信元識別符号等の利用に資する分類又は整理の状況その他の当該ウェブサイト等における侵害送信元識別符号等の提供の状況に照らし、主として公衆による侵害著作物等の利用のために用いられるものであると認められるウェブサイト等

二　次に掲げるプログラム

イ　当該プログラムによる送信元識別符号等の提供に際し、侵害送信元識別符号等の利用を促す文言が表示されていること、侵害送信元識別符号等が強調されていることその他の当該プログラムによる侵害送信元識別符号等の提供の態様に照らし、公衆を侵害著作物等に殊更に誘導するものであると認められるプログラム

ロ　イに掲げるもののほか、当該プログラムにより提供されている侵害送信元識別符号等の数、当該数が当該プログラムにより提供されている送信元識別符号等の総数に占める割合、当該侵害送信元識別符号等の利用に資する分類又は整理の状況その他の当該プログラムによる侵害送信元識別符号等の提供の状況に照らし、主として公衆による侵害著作物等の利用のために用いられるものであると認められるプログラム

3　侵害著作物等利用容易化ウェブサイト等の公衆への提示を行つている者（当該侵害著作物等利用容易化ウェブサイト等と侵害著作物等利用容易化ウェブサイト等以外の相当数のウェブサイト等とを包括しているウェブサイト等において、単に当該公衆への提示の機会を提供しているに過ぎない者（著作権者等からの当該侵害著作物等利用容易化ウェブサイト等において提供されている侵害送信元識別符号等の削除に関する請求に正当な理由なく応じない状態が相当期間にわたり継続していることその他の著作権者等の利益を不当に害すると認められる特別な事情がある場合を除く。）を除く。）又は侵害著作物等利用容易化プログラムの公衆への提供等を行つている者（当該公衆への提供等のために用いられているウェブサイト等とそれ以外の相当数のウェブサイト等とを包括しているウェブサイト等又は当該侵害著作物等利用容易化プログラム及び侵害著作物等利用容易化プログラム以外の相当数のプログラムの公衆への提供等の

ために用いられているウェブサイト等において、単に当該侵害著作物等利用容易化プログラムの公衆への提供等の機会を提供しているに過ぎない者（著作権者等からの当該侵害著作物等利用容易化プログラムにより提供されている侵害送信元識別符号等の削除に関する請求に正当な理由なく応じない状態が相当期間にわたり継続していることその他の著作権者等の利益を不当に害すると認められる特別な事情がある場合を除く。）を除く。）が、当該侵害著作物等利用容易化ウェブサイト等において又は当該侵害著作物等利用容易化プログラムを用いて他人による侵害著作物等利用容易化に係る送信元識別符号等の提供が行われている場合であつて、かつ、当該送信元識別符号等に係る著作物等が侵害著作物等であることを知つている場合又は知ることができたと認めるに足りる相当の理由がある場合において、当該侵害著作物等利用容易化を防止する措置を講ずることが技術的に可能であるにもかかわらず当該措置を講じない行為は、当該侵害著作物等に係る著作権、出版権又は著作隣接権を侵害する行為とみなす。

4　前二項に規定するウェブサイト等とは、送信元識別符号のうちインターネットにおいて個々の電子計算機を識別するために用いられる部分が共通するウェブページ（インターネットを利用した情報の閲覧の用に供される電磁的記録で文部科学省令で定めるものをいう。以下この項において同じ。）の集合物（当該集合物の一部を構成する複数のウェブページであつて、ウェブページ相互の関係その他の事情に照らし公衆への提示が一体的に行われていると認められるものとして政令で定める要件に該当するものを含む。）をいう。

5　プログラムの著作物の著作権を侵害する行為によつて作成された複製物（当該複製物の所有者によつて第四十七条の三第一項の規定により作成された複製物並びに第一項第一号の輸入に係るプログラムの著作物の複製物及び当該複製物の所有者によつて同条第一項の規定により作成された複製物を含む。）を業務上電子計算機において使用する行為は、これらの複製物を使用する権原を取得した時に情を知つていた場合に限り、当該著作権を侵害する行為とみなす。

6　技術的利用制限手段の回避（技術的利用制限手段により制限されている著作物等の視聴を当該技術的利用制限手段の効果を妨げることにより可能とすること（著作権者等の意思に基づいて行われる場合を除く。）をいう。次項並びに第百二十条の二第一号及び第二号において同じ。）を行う行為は、技術的利用制限手段に係る研究又は技術の開発の目的上正当な範囲内で行われる場合その他著作権者等の利益を不当に害しない場合を除き、当該技術的利用制限手段に係る著作権、出版権又は著作隣接権を侵害する行為とみなす。

7　技術的保護手段の回避又は技術的利用制限手段の回避を行うことをその機能とする指令符号（電子計算機に対する指令であつて、当該指令のみによつて一の結果を得ることができるものをいう。）を公衆に譲渡し、若しくは貸与し、公衆への譲渡若しくは貸与の目的をもつて製造し、輸入し、若しくは所持し、若しくは公衆の使用に供し、又は公衆送信し、若しくは送信可能化する行為は、当該技術的保護手段に係る著作権等又は当該技術的利用制限手段に係る著作権、出版権若しくは著作隣接権を侵害する行為とみなす。

8　次に掲げる行為は、当該権利管理情報に係る著作者人格権、著作権、出版権、実演家人格権又は著作隣接権を侵害する行為とみなす。

一　権利管理情報として虚偽の情報を故意に付加する行為

二　権利管理情報を故意に除去し、又は改変する行為（記録又は送信の方式の変換に伴う技術的な制約による場合その他の著作物又は実演等の利用の目的及び態様に照らしやむを得ないと認められる場合を除く。）

三　前二号の行為が行われた著作物若しくは実演等の複製物を、情を知つて、頒布し、若しくは頒布の目的をもつて輸入し、若しくは所持し、又は当該著作物若しくは実演等を情を知つて公衆送信し、若しくは送信可能化する行為

9　第九十四条の二、第九十五条の三第三項若しくは第九十七条の三第三項に規定する報酬又は第九十五条第一項若しくは第九十七条第一項に規定する二次使用料を受ける権利は、前項の規定の適用については、著作隣接権とみなす。この場合において、前条中「著作隣接権者」とあるのは「著作隣接権者（次条第九項の規定により著作隣接権とみなされる権利を有する者を含む。）」と、同条第一項中「著作隣接権を」とあるのは「著作隣接権（同項の規定により著作隣接権とみなされる権利を含む。）を」とする。

10　国内において頒布することを目的とする商業用レコード（以下この項において「国内頒布目的商業用レコード」という。）を自ら発行し、又は他の者に発行させている著作権者又は著作隣接権者が、当該国内頒布目的商業用レコードと同一の商業用レコードであつて、専ら国外において頒布することを目的とするもの（以下この項において「国外頒布目的商業用レコード」という。）を国外において自ら発行し、又は他の者に発行させている場合において、情を知つて、当該国外頒布目的商業用レコードを国内において頒布する目的をもつて輸入する行為又は当該国外頒布目的商業用レコードを国内において頒布し、若しくは国内において頒布する目的をもつて所持する行為は、当該国外頒布目的商業用レコードが国内で頒布されることにより当該国内頒布目的商業用レコードの発行により当該著作権者又は著作隣接権者の得ることが見込まれる利益が不当に害されることとなる場合に限り、それらの著作権又は著作隣接権を侵害する行為とみなす。ただし、国内において最初に発行された日から起算して七年を超えない範囲内において政令で定める期間を経過した国内頒布目的商業用レコードと同一の国外頒布目的商業用レコードを輸入する行為又は当該国外頒布目的商業用レコードを国内において頒布し、若しくは国内において頒布する目的をもつて所持する行為については、この限りでない。

11　著作者の名誉又は声望を害する方法によりその著作物を利用する行為は、その著

作者人格権を侵害する行為とみなす。

（昭六〇法六二・2項追加、昭六三法八七・1項二号一部改正、平十一法七七・3項4項追加5項一部改正、平十四法七二・1項柱書一号二号3項一部改正、平十六法九二・5項追加旧5項繰下、平十八法一二一・1項二号4項一部改正、平二一法五三・1項二号2項一部改正、平二八法一〇八・3項追加旧3項以下繰下5項一部改正、平三〇法三〇・5項一部改正、令二法四八・2項3項4項7項追加旧2項以下繰下5項6項8項9項一部改正）

（善意者に係る譲渡権の特例）

第百十三条の二　著作物の原作品若しくは複製物（映画の著作物の複製物（映画の著作物において複製されている著作物にあつては、当該映画の著作物の複製物を含む。）を除く。以下この条において同じ。）、実演の録音物若しくは録画物又はレコードの複製物の譲渡を受けた時において、当該著作物の原作品若しくは複製物、実演の録音物若しくは録画物又はレコードの複製物がそれぞれ第二十六条の二第二項各号、第九十五条の二第三項各号又は第九十七条の二第二項各号のいずれにも該当しないものであることを知らず、かつ、知らないことにつき過失がない者が当該著作物の原作品若しくは複製物、実演の録音物若しくは録画物又はレコードの複製物を公衆に譲渡する行為は、第二十六条の二第一項、第九十五条の二第一項又は第九十七条の二第一項に規定する権利を侵害する行為でないものとみなす。

（平十一法七七・追加）

（損害の額の推定等）

第百十四条　著作権者等が、故意又は過失により自己の著作権、出版権又は著作隣接権を侵害した者に対しその侵害により自己が受けた損害の賠償を請求する場合において、その者がその侵害の行為によつて作成された物を譲渡し、又はその侵害の行為を組成する公衆送信（自動公衆送信の場合にあつては、送信可能化を含む。）を行つたときは、その譲渡した物の数量又はその公衆送信が公衆によつて受信されることにより作成された著作物若しくは実演等の複製物（以下この項において「受信複製物」という。）の数量（以下この項において「譲渡等数量」という。）に、著作権者等がその侵害の行為がなければ販売することができた物（受信複製物を含む。）の単位数量当たりの利益の額を乗じて得た額を、著作権者等の当該物に係る販売その他の行為を行う能力に応じた額を超えない限度において、著作権者等が受けた損害の額とすることができる。ただし、譲渡等数量の全部又は一部に相当する数量を著作権者等が販売することができないとする事情があるときは、当該事情に相当する数量に応じた額を控除するものとする。

2　著作権者、出版権者又は著作隣接権者が故意又は過失によりその著作権、出版権又は著作隣接権を侵害した者に対しその侵害により自己が受けた損害の賠償を請求する場合において、その者がその侵害の行為により利益を受けているときは、その利益の額は、当該著作権者、出版権者又は著作隣接権者が受けた損害の額と推定する。

3　著作権者、出版権者又は著作隣接権者は、故意又は過失によりその著作権、出版権又は著作隣接権を侵害した者に対し、その著作権、出版権又は著作隣接権の行使につき受けるべき金銭の額に相当する額を自己が受けた損害の額として、その賠償を請求することができる。

4　著作権者又は著作隣接権者は、前項の規定によりその著作権又は著作隣接権を侵害した者に対し損害の賠償を請求する場合において、その著作権又は著作隣接権が著作権等管理事業法第二条第一項に規定する管理委託契約に基づき著作権等管理事業者が管理するものであるときは、当該著作権等管理事業者が定める同法第十三条第一項に規定する使用料規程のうちその侵害の行為に係る著作物等の利用の態様について適用されるべき規定により算出したその著作権又は著作隣接権に係る著作物等の使用料の額（当該額の算出方法が複数あるときは、当該複数の算出方法によりそれぞれ算出した額のうち最も高い額）をもつて、前項に規定する金銭の額とすることができる。

5　第三項の規定は、同項に規定する金額を超える損害の賠償の請求を妨げない。この場合において、著作権、出版権又は著作隣接権を侵害した者に故意又は重大な過失がなかつたときは、裁判所は、損害の賠償の額を定めるについて、これを参酌することができる。

（平十二法五六・２項一部改正、平十五法八五・一部改正、平二六法三五・３項４項一部改正、平二八法一〇八・４項追加旧４項繰下１項５項一部改正、令三法五二・４項一部改正）

（具体的態様の明示義務）

第百十四条の二　著作者人格権、著作権、出版権、実演家人格権又は著作隣接権の侵害に係る訴訟において、著作者、著作権者、出版権者、実演家又は著作隣接権者が侵害の行為を組成したもの又は侵害の行為によつて作成されたものとして主張する物の具体的態様を否認するときは、相手方は、自己の行為の具体的態様を明らかにしなければならない。ただし、相手方において明らかにすることができない相当の理由があるときは、この限りでない。

（平十五法八五・追加）

（書類の提出等）

第百十四条の三　裁判所は、著作者人格権、著作権、出版権、実演家人格権又は著作隣接権の侵害に係る訴訟においては、当事者の申立てにより、当事者に対し、当該侵害の行為について立証するため、又は当該侵害の行為による損害の計算をするため必要な書類の提出を命ずることができる。ただし、その書類の所持者においてその提出を拒むことについて正当な理由があるときは、この限りでない。

2　裁判所は、前項本文の申立てに係る書類が同項本文の書類に該当するかどうか又は同項ただし書に規定する正当な理由があるかどうかの判断をするため必要があると認めるときは、書類の所持者にその提示をさせることができる。この場合においては、何人も、その提示された書類の開示を求めることができない。

3　裁判所は、前項の場合において、第一項本文の申立てに係る書類が同項本文の書類に該当するかどうか又は同項ただし書に規定する正当な理由があるかどうかについて前項後段の書類を開示してその意見を聴くことが必要であると認めるときは、当事者等（当事者（法人である場合にあつては、その代表者）又は当事者の代理人（訴訟代理人及び補佐人を除く。）、使用人その他の従業者をいう。第百十四条の六第一項において同じ。）、訴訟代理人又は補佐人に対し、当該書類を開示することができる。

4　裁判所は、第二項の場合において、同項後段の書類を開示して専門的な知見に基づく説明を聴くことが必要であると認めるときは、当事者の同意を得て、民事訴訟法（平成八年法律第百九号）第一編第五章第二節第一款に規定する専門委員に対し、当該書類を開示することができる。

5　前各項の規定は、著作者人格権、著作権、出版権、実演家人格権又は著作隣接権の侵害に係る訴訟における当該侵害の行為について立証するため必要な検証の目的の提示について準用する。

（平八法一一七・追加、平十二法五六・見出し１項一部改正２項３項追加、平十五法八五・旧第百十四条の二繰下、平十六法一二〇・１項一部改正３項追加旧３項繰下一部改正、令二法四八・２項３項一部改正４項追加旧４項繰下一部改正）

（鑑定人に対する当事者の説明義務）

第百十四条の四　著作権、出版権又は著作隣接権の侵害に係る訴訟において、当事者の申立てにより、裁判所が当該侵害の行為による損害の計算をするため必要な事項について鑑定を命じたときは、当事者は、鑑定人に対し、当該鑑定をするため必要な事項について説明しなければならない。

（平十二法五六・追加、平十五法八五・旧第百十四条の三繰下）

（相当な損害額の認定）

第百十四条の五　著作権、出版権又は著作隣接権の侵害に係る訴訟において、損害が生じたことが認められる場合において、損害額を立証するために必要な事実を立証することが当該事実の性質上極めて困難であるときは、裁判所は、口頭弁論の全趣旨及び証拠調べの結果に基づき、相当な損害額を認定することができる。

（平十二法五六・追加、平十五法八五・旧第百十四条の四繰下）

（秘密保持命令）

第百十四条の六　裁判所は、著作者人格権、著作権、出版権、実演家人格権又は著作隣接権の侵害に係る訴訟において、その当事者が保有する営業秘密（不正競争防止法（平成五年法律第四十七号）第二条第六項に規定する営業秘密をいう。以下同じ。）について、次に掲げる事由のいずれにも該当することにつき疎明があつた場合には、当事者の申立てにより、決定で、当事者等、訴訟代理人又は補佐人に対し、当該営業秘密を当該訴訟の追行の目的以外の目的で使用し、又は当該営業秘密に係るこの項の規定による命令を受けた者以外の者に開示してはならない旨を命ずることができる。ただし、その申立ての時までに当事者等、訴訟代理人又は補佐人が第一号に規定する準備書面の閲読又は同号に規定する証拠の取調べ若しくは開示以外の方法により当該営業秘密を取得し、又は保有していた場合は、この限りでない。

一　既に提出され若しくは提出されるべき準備書面に当事者の保有する営業秘密が記載され、又は既に取り調べられ若しくは取り調べられるべき証拠（第百十四条の三第三項の規定により開示された書類を含む。）の内容に当事者の保有する営業秘密が含まれること。

二　前号の営業秘密が当該訴訟の追行の目的以外の目的で使用され、又は当該営業秘密が開示されることにより、当該営業秘密に基づく当事者の事業活動に支障を生ずるおそれがあり、これを防止するため当該営業秘密の使用又は開示を制限する必要があること。

2　前項の規定による命令（以下「秘密保持命令」という。）の申立ては、次に掲げる事項を記載した書面でしなければならない。

一　秘密保持命令を受けるべき者

二　秘密保持命令の対象となるべき営業秘密を特定するに足りる事実

三　前項各号に掲げる事由に該当する事実

3　秘密保持命令が発せられた場合には、その決定書を秘密保持命令を受けた者に送達しなければならない。

4　秘密保持命令は、秘密保持命令を受けた者に対する決定書の送達がされた時から、効力を生ずる。

5　秘密保持命令の申立てを却下した裁判に対しては、即時抗告をすることができる。

（平十六法一二〇・追加、平十七法七五・1項一部改正）

（秘密保持命令の取消し）

第百十四条の七　秘密保持命令の申立てをした者又は秘密保持命令を受けた者は、訴訟記録の存する裁判所（訴訟記録の存する裁判所がない場合にあつては、秘密保持命令を発した裁判所）に対し、前条第一項に規定する要件を欠くこと又はこれを欠くに至つたことを理由として、秘密保持命令の取消しの申立てをすることができる。

2　秘密保持命令の取消しの申立てについての裁判があつた場合には、その決定書をその申立てをした者及び相手方に送達しなければならない。

3　秘密保持命令の取消しの申立てについての裁判に対しては、即時抗告をすることができる。

4　秘密保持命令を取り消す裁判は、確定しなければその効力を生じない。

5　裁判所は、秘密保持命令を取り消す裁判をした場合において、秘密保持命令の取消しの申立てをした者又は相手方以外に当該秘密保持命令が発せられた訴訟において当該営業秘密に係る秘密保持命令を受けている者があるときは、その者に対し、直ちに、秘密保持命令を取り消す裁判をした旨を通知しなければならない。

（平十六法一二〇・追加）

（訴訟記録の閲覧等の請求の通知等）

第百十四条の八　秘密保持命令が発せられた訴訟（全ての秘密保持命令が取り消された訴訟を除く。）に係る訴訟記録につき、民事訴訟法第九十二条第一項の決定があつた場合において、当事者から同項に規定する秘密記載部分の閲覧等の請求があり、かつ、その請求の手続を行つた者が当該訴訟において秘密保持命令を受けていない者であるときは、裁判所書記官は、同項の申立てをした当事者（その請求をした者を除く。第三項において同じ。）に対し、その請求後直ちに、その請求があつた旨を通知しなければならない。

2　前項の場合において、裁判所書記官は、同項の請求があつた日から二週間を経過する日までの間（その請求の手続を行つた者に対する秘密保持命令の申立てがその日までにされた場合にあつては、その申立てについての裁判が確定するまでの間）、その請求の手続を行つた者に同項の秘密記載部分の閲覧等をさせてはならない。

3　前二項の規定は、第一項の請求をした者に同項の秘密記載部分の閲覧等をさせることについて民事訴訟法第九十二条第一項の申立てをした当事者のすべての同意があるときは、適用しない。

（平十六法一二〇・追加、令二法四八・１項一部改正）

（名誉回復等の措置）

第百十五条　著作者又は実演家は、故意又は過失によりその著作者人格権又は実演家人格権を侵害した者に対し、損害の賠償に代えて、又は損害の賠償とともに、著作者又は実演家であることを確保し、又は訂正その他著作者若しくは実演家の名誉若しくは声望を回復するために適当な措置を請求することができる。

（平十四法七二・一部改正）

（著作者又は実演家の死後における人格的利益の保護のための措置）

第百十六条　著作者又は実演家の死後においては、その遺族（死亡した著作者又は実演家の配偶者、子、父母、孫、祖父母又は兄弟姉妹をいう。以下この条において同じ。）は、当該著作者又は実演家について第六十条又は第百一条の三の規定に違反する行為をする者又はするおそれがある者に対し第百十二条の請求を、故意又は過失により著作者人格権又は実演家人格権を侵害する行為又は第六十条若しくは第百一条の三の規定に違反する行為をした者に対し前条の請求をすることができる。

2　前項の請求をすることができる遺族の順位は、同項に規定する順序とする。ただし、著作者又は実演家が遺言によりその順位を別に定めた場合は、その順序とする。

3　著作者又は実演家は、遺言により、遺族に代えて第一項の請求をすることができる者を指定することができる。この場合において、その指定を受けた者は、当該著作者又は実演家の死亡の日の属する年の翌年から起算して七十年を経過した後（その経過する時に遺族が存する場合にあつては、その存しなくなつた後）においては、その請求をすることができない。

（平十四法七二・見出し１項２項３項一部改正、平二八法一〇八・３項一部改正）

（共同著作物等の権利侵害）

第百十七条　共同著作物の各著作者又は各著作権者は、他の著作者又は他の著作権者の同意を得ないで、第百十二条の規定による請求又はその著作権の侵害に係る自己の持分に対する損害の賠償の請求若しくは自己の持分に応じた不当利得の返還の請求をすることができる。

２　前項の規定は、共有に係る著作権又は著作隣接権の侵害について準用する。

（無名又は変名の著作物に係る権利の保全）

第百十八条　無名又は変名の著作物の発行者は、その著作物の著作者又は著作権者のために、自己の名をもつて、第百十二条、第百十五条若しくは第百十六条第一項の請求又はその著作物の著作者人格権若しくは著作権の侵害に係る損害の賠償の請求若しくは不当利得の返還の請求を行なうことができる。ただし、著作者の変名がその者のものとして周知のものである場合及び第七十五条第一項の実名の登録があつた場合は、この限りでない。

２　無名又は変名の著作物の複製物にその実名又は周知の変名が発行者名として通常の方法により表示されている者は、その著作物の発行者と推定する。

第八章　罰則

（平四法一〇六・旧第七章繰下）

第百十九条　著作権、出版権又は著作隣接権を侵害した者（第三十条第一項（第百二条第一項において準用する場合を含む。第三項において同じ。）に定める私的使用の目的をもつて自ら著作物若しくは実演等の複製を行つた者、第百十三条第二項、第三項若しくは第六項から第八項までの規定により著作権、出版権若しくは著作隣接権（同項の規定による場合にあつては、同条第九項の規定により著作隣接権とみなされる権利を含む。第百二十条の二第五号において同じ。）を侵害する行為とみなされる行為を行つた者、第百十三条第十項の規定により著作権若しくは著作隣接権を侵害する行為とみなされる行為を行つた者又は次項第三号若しくは第六号に掲げる者を除く。）は、十年以下の懲役若しくは千万円以下の罰金に処し、又はこれを併科する。

２　次の各号のいずれかに該当する者は、五年以下の懲役若しくは五百万円以下の罰金に処し、又はこれを併科する。

一　著作者人格権又は実演家人格権を侵害した者（第百十三条第八項の規定により著作者人格権又は実演家人格権を侵害する行為とみなされる行為を行つた者を除く。）
二　営利を目的として、第三十条第一項第一号に規定する自動複製機器を著作権、出版権又は著作隣接権の侵害となる著作物又は実演等の複製に使用させた者
三　第百十三条第一項の規定により著作権、出版権又は著作隣接権を侵害する行為とみなされる行為を行つた者
四　侵害著作物等利用容易化ウェブサイト等の公衆への提示を行つた者（当該侵害著作物等利用容易化ウェブサイト等と侵害著作物等利用容易化ウェブサイト等以外の相当数のウェブサイト等（第百十三条第四項に規定するウェブサイト等をいう。以下この号及び次号において同じ。）とを包括しているウェブサイト等において、単に当該公衆への提示の機会を提供したに過ぎない者（著作権者等からの当該侵害著作物等利用容易化ウェブサイト等において提供されている侵害送信元識別符号等の削除に関する請求に正当な理由なく応じない状態が相当期間にわたり継続していたことその他の著作権者等の利益を不当に害すると認められる特別な事情がある場合を除く。）を除く。）
五　侵害著作物等利用容易化プログラムの公衆への提供等を行つた者（当該公衆への提供等のために用いられているウェブサイト等とそれ以外の相当数のウェブサイト等とを包括しているウェブサイト等又は当該侵害著作物等利用容易化プログラム及び侵害著作物等利用容易化プログラム以外の相当数のプログラムの公衆への提供等のために用いられているウェブサイト等において、単に当該侵害著作物等利用容易化プログラムの公衆への提供等の機会を提供したに過ぎない者（著作権者等からの当該侵害著作物等利用容易化プログラムにより提供されている侵害送信元識別符号等の削除に関する請求に正当な理由なく応じない状態が相当期間にわたり継続していたことその他の著作権者等の利益を不当に害すると認められる特別な事情がある場合を除く。）を除く。）
六　第百十三条第五項の規定により著作権を侵害する行為とみなされる行為を行つた者

3　次の各号のいずれかに該当する者は、二年以下の懲役若しくは二百万円以下の罰金に処し、又はこれを併科する。

一　第三十条第一項に定める私的使用の目的をもつて、録音録画有償著作物等（録音され、又は録画された著作物又は実演等（著作権又は著作隣接権の目的となつているものに限る。）であつて、有償で公衆に提供され、又は提示されているもの（その提供又は提示が著作権又は著作隣接権を侵害しないものに限る。）をいう。）の著作権を侵害する自動公衆送信（国外で行われる自動公衆送信であつて、国内で行われたとしたならば著作権の侵害となるべきものを含む。）又は著作隣接権を侵害する送信可能化（国外で行われる送信可能化であつて、国内で行われたとしたならば

著作隣接権の侵害となるべきものを含む。）に係る自動公衆送信を受信して行うデジタル方式の録音又は録画（以下この号及び次項において「有償著作物等特定侵害録音録画」という。）を、自ら有償著作物等特定侵害録音録画であることを知りながら行つて著作権又は著作隣接権を侵害した者

二　第三十条第一項に定める私的使用の目的をもつて、著作物（著作権の目的となつているものに限る。以下この号において同じ。）であつて有償で公衆に提供され、又は提示されているもの（その提供又は提示が著作権を侵害しないものに限る。）の著作権（第二十八条に規定する権利（翻訳以外の方法により創作された二次的著作物に係るものに限る。）を除く。以下この号及び第五項において同じ。）を侵害する自動公衆送信（国外で行われる自動公衆送信であつて、国内で行われたとしたならば著作権の侵害となるべきものを含む。）を受信して行うデジタル方式の複製（録音及び録画を除く。以下この号において同じ。）（当該著作物のうち当該複製がされる部分の占める割合、当該部分が自動公衆送信される際の表示の精度その他の要素に照らし軽微なものを除く。以下この号及び第五項において「有償著作物特定侵害複製」という。）を、自ら有償著作物特定侵害複製であることを知りながら行つて著作権を侵害する行為（当該著作物の種類及び用途並びに当該有償著作物特定侵害複製の態様に照らし著作権者の利益を不当に害しないと認められる特別な事情がある場合を除く。）を継続的に又は反復して行つた者

４　前項第一号に掲げる者には、有償著作物等特定侵害録音録画を、自ら有償著作物等特定侵害録音録画であることを重大な過失により知らないで行つて著作権又は著作隣接権を侵害した者を含むものと解釈してはならない。

５　第三項第二号に掲げる者には、有償著作物特定侵害複製を、自ら有償著作物特定侵害複製であることを重大な過失により知らないで行つて著作権を侵害する行為を継続的に又は反復して行つた者を含むものと解釈してはならない。

（昭五九法四六・全改、平四法一〇六・各号一部改正、平八法一一七・柱書一部改正、平十一法七七・一号二号一部改正、平十四法七二・一号一部改正、平十六法九二・柱書一号一部改正、平十八法一二一・全改、平二四法四三・１項一部改正３項追加、平二八法一〇八・１項２項一号３項一部改正、令二法四八・１項２項一号３項一部改正２項四号五号追加旧四号繰下一部改正４項５項追加）

第百二十条　第六十条又は第百一条の三の規定に違反した者は、五百万円以下の罰金に処する。

（昭五九法四六・一部改正、平八法一一七・一部改正、平十四法七二・一部改正、平十六法九二・一部改正）

第百二十条の二　次の各号のいずれかに該当する者は、三年以下の懲役若しくは三百万円以下の罰金に処し、又はこれを併科する。

一　技術的保護手段の回避若しくは技術的利用制限手段の回避を行うことをその機能とする装置（当該装置の部品一式であつて容易に組み立てることができるものを含む。）若しくは技術的保護手段の回避若しくは技術的利用制限手段の回避を行うことをその機能とするプログラムの複製物を公衆に譲渡し、若しくは貸与し、公衆への譲渡若しくは貸与の目的をもつて製造し、輸入し、若しくは所持し、若しくは公衆の使用に供し、又は当該プログラムを公衆送信し、若しくは送信可能化する行為（当該装置又は当該プログラムが当該機能以外の機能を併せて有する場合にあつては、著作権等を侵害する行為を技術的保護手段の回避により可能とし、又は第百十三条第六項の規定により著作権、出版権若しくは著作隣接権を侵害する行為とみなされる行為を技術的利用制限手段の回避により可能とする用途に供するために行うものに限る。）をした者

二　業として公衆からの求めに応じて技術的保護手段の回避又は技術的利用制限手段の回避を行つた者

三　第百十三条第二項の規定により著作権、出版権又は著作隣接権を侵害する行為とみなされる行為を行つた者

四　第百十三条第七項の規定により技術的保護手段に係る著作権等又は技術的利用制限手段に係る著作権、出版権若しくは著作隣接権を侵害する行為とみなされる行為を行つた者

五　営利を目的として、第百十三条第八項の規定により著作者人格権、著作権、出版権、実演家人格権又は著作隣接権を侵害する行為とみなされる行為を行つた者

六　営利を目的として、第百十三条第十項の規定により著作権又は著作隣接権を侵害する行為とみなされる行為を行つた者

（平十一法七七・追加、平十四法七二・三号一部改正、平十六法九二・柱書一部改正四号追加、平二四法四三・一号一部改正、平二八法一〇八・各号一部改正、令二法四八・一号一部改正三号四号追加旧三号以下繰下五号六号一部改正）

第百二十一条　著作者でない者の実名又は周知の変名を著作者名として表示した著作物の複製物（原著作物の著作者でない者の実名又は周知の変名を原著作物の著作者名として表示した二次的著作物の複製物を含む。）を頒布した者は、一年以下の懲役若しくは百万円以下の罰金に処し、又はこれを併科する。

（昭五九法四六・柱書一部改正、昭六三法八七・二号一部改正、平三法六三・全改、平八法一一七・一部改正、平十六法九二・一部改正）

第百二十一条の二　次の各号に掲げる商業用レコード（当該商業用レコードの複製物（二以上の段階にわたる複製に係る複製物を含む。）を含む。）を商業用レコードとして複製し、その複製物を頒布し、その複製物を頒布の目的をもつて所持し、又はその複製物を頒布する旨の申出をした者（当該各号の原盤に音を最初に固定した日の属す

る年の翌年から起算して七十年を経過した後において当該複製、頒布、所持又は申出を行つた者を除く。）は、一年以下の懲役若しくは百万円以下の罰金に処し、又はこれを併科する。

一　国内において商業用レコードの製作を業とする者が、レコード製作者からそのレコード（第八条各号のいずれかに該当するものを除く。）の原盤の提供を受けて製作した商業用レコード

二　国外において商業用レコードの製作を業とする者が、実演家等保護条約の締約国の国民、世界貿易機関の加盟国の国民又はレコード保護条約の締約国の国民（当該締約国の法令に基づいて設立された法人及び当該締約国に主たる事務所を有する法人を含む。）であるレコード製作者からそのレコード（第八条各号のいずれかに該当するものを除く。）の原盤の提供を受けて製作した商業用レコード

（平三法六三・追加、平六法一一二・二号一部改正、平八法一一七・柱書一部改正、平十六法九二・柱書二号一部改正、平二一法五三・柱書一部改正、平二八法一〇八・柱書一部改正）

第百二十二条　第四十八条又は第百二条第二項の規定に違反した者は、五十万円以下の罰金に処する。

（昭五九法四六・一部改正、平八法一一七・一部改正、平十六法九二・一部改正）

第百二十二条の二　秘密保持命令に違反した者は、五年以下の懲役若しくは五百万円以下の罰金に処し、又はこれを併科する。

２　前項の罪は、国外において同項の罪を犯した者にも適用する。

（平十六法一二〇・追加、平十七法七五・１項一部改正２項追加）

第百二十三条　第百十九条第一項から第三項まで、第百二十条の二第三号から第六号まで、第百二十一条の二及び前条第一項の罪は、告訴がなければ公訴を提起することができない。

２　前項の規定は、次に掲げる行為の対価として財産上の利益を受ける目的又は有償著作物等の提供若しくは提示により著作権者等の得ることが見込まれる利益を害する目的で、次の各号のいずれかに掲げる行為を行うことにより犯した第百十九条第一項の罪については、適用しない。

一　有償著作物等について、原作のまま複製された複製物を公衆に譲渡し、又は原作のまま公衆送信（自動公衆送信の場合にあつては、送信可能化を含む。次号において同じ。）を行うこと（当該有償著作物等の種類及び用途、当該譲渡の部数、当該譲渡又は公衆送信の態様その他の事情に照らして、当該有償著作物等の提供又は提示により著作権者等の得ることが見込まれる利益が不当に害されることとなる場合に限る。）。

二　有償著作物等について、原作のまま複製された複製物を公衆に譲渡し、又は原作

のまま公衆送信を行うために、当該有償著作物等を複製すること（当該有償著作物等の種類及び用途、当該複製の部数及び態様その他の事情に照らして、当該有償著作物等の提供又は提示により著作権者等の得ることが見込まれる利益が不当に害されることとなる場合に限る。）。

3　前項に規定する有償著作物等とは、著作物又は実演等（著作権、出版権又は著作隣接権の目的となつているものに限る。）であつて、有償で公衆に提供され、又は提示されているもの（その提供又は提示が著作権、出版権又は著作隣接権を侵害するもの（国外で行われた提供又は提示にあつては、国内で行われたとしたならばこれらの権利の侵害となるべきもの）を除く。）をいう。

4　無名又は変名の著作物の発行者は、その著作物に係る第一項に規定する罪について告訴をすることができる。ただし、第百十八条第一項ただし書に規定する場合及び当該告訴が著作者の明示した意思に反する場合は、この限りでない。

（平三法六三・１項一部改正、平七法九一・１項一部改正、平十一法七七・１項一部改正、平十六法九二・１項一部改正、平十六法一二〇・１項一部改正、平十七法七五・１項一部改正、平二八法一〇八・２項３項追加旧２項繰下、令二法四八・１項一部改正）

第百二十四条　法人の代表者（法人格を有しない社団又は財団の管理人を含む。）又は法人若しくは人の代理人、使用人その他の従業者が、その法人又は人の業務に関し、次の各号に掲げる規定の違反行為をしたときは、行為者を罰するほか、その法人に対して当該各号に定める罰金刑を、その人に対して各本条の罰金刑を科する。

一　第百十九条第一項若しくは第二項第三号から第六号まで又は第百二十二条の二第一項　三億円以下の罰金刑

二　第百十九条第二項第一号若しくは第二号又は第百二十条から第百二十二条まで　各本条の罰金刑

2　法人格を有しない社団又は財団について前項の規定の適用がある場合には、その代表者又は管理人がその訴訟行為につきその社団又は財団を代表するほか、法人を被告人又は被疑者とする場合の刑事訴訟に関する法律の規定を準用する。

3　第一項の場合において、当該行為者に対してした告訴又は告訴の取消しは、その法人又は人に対しても効力を生じ、その法人又は人に対してした告訴又は告訴の取消しは、当該行為者に対しても効力を生ずるものとする。

4　第一項の規定により第百十九条第一項若しくは第二項又は第百二十二条の二第一項の違反行為につき法人又は人に罰金刑を科する場合における時効の期間は、これらの規定の罪についての時効の期間による。

（平十二法五六・１項一部改正１項一号二号追加、平十四法七二・１項一号二号一部改正、平十六法九二・１項一号一部改正、平十六法一二〇・１項二号追加旧二号繰下、平十七法七五・１項一号一部改正二号削除旧三号繰上、

平十八法一二一・1項一号二号一部改正4項追加、令二法四八・1項一号一部改正）

附　則（抄）

（施行期日）

第一条　この法律は、昭和四十六年一月一日から施行する。

（適用範囲についての経過措置）

第二条　改正後の著作権法（以下「新法」という。）中著作権に関する規定は、この法律の施行の際現に改正前の著作権法（以下「旧法」という。）による著作権の全部が消滅している著作物については、適用しない。

2　この法律の施行の際現に旧法による著作権の一部が消滅している著作物については、新法中これに相当する著作権に関する規定は、適用しない。

3　この法律の施行前に行われた実演（新法第七条各号のいずれかに該当するものを除く。）又はこの法律の施行前にその音が最初に固定されたレコード（新法第八条各号のいずれかに該当するものを除く。）でこの法律の施行の際現に旧法による著作権が存するものについては、新法第七条及び第八条の規定にかかわらず、著作権法中著作隣接権に関する規定（第九十四条の二、第九十五条、第九十五条の三第三項及び第四項、第九十七条並びに第九十七条の三第三項から第五項までの規定を含む。）を適用する。

（昭五九法四六・3項5項一部改正、平元法四三・5項削除、平八法一一七・3項削除4項一部改正、平十一法七七・3項一部改正、平十八法一二一・3項一部改正）

（国等が作成した翻訳物等についての経過措置）

第三条　新法第十三条第四号に該当する著作物でこの法律の施行の際現に旧法による出版権が設定されているものについては、当該出版権の存続期間内に限り、同号の規定は、適用しない。

（法人名義の著作物等の著作者についての経過措置）

第四条　新法第十五条及び第十六条の規定は、この法律の施行前に創作された著作物については、適用しない。

（書籍等の貸与についての経過措置）

第四条の二　削除

（昭五九法四六・追加、平十一法七七・一部改正、平十六法九二・削除）

（映画の著作物等の著作権の帰属についての経過措置）

第五条　この法律の施行前に創作された新法第二十九条に規定する映画の著作物の著作権の帰属については、なお従前の例による。

2　新法の規定は、この法律の施行前に著作物中に挿入された写真の著作物又はこの法律の施行前に嘱託によつて創作された肖像写真の著作物の著作権の帰属について旧法第二十四条又は第二十五条の規定により生じた効力を妨げない。

（自動複製機器についての経過措置）

第五条の二　著作権法第三十条第一項第一号及び第百十九条第二項第二号の規定の適用については、当分の間、これらの規定に規定する自動複製機器には、専ら文書又は図画の複製に供するものを含まないものとする。

（昭五九法四六・追加、平四法一〇六・一部改正、平十一法七七・一部改正、平十八法一二一・一部改正）

（公開の美術の著作物についての経過措置）

第六条　この法律の施行の際現にその原作品が新法第四十五条第二項に規定する屋外の場所に恒常的に設置されている美術の著作物の著作権者は、その設置による当該著作物の展示を許諾したものとみなす。

（著作物の保護期間についての経過措置）

第七条　この法律の施行前に公表された著作物の著作権の存続期間については、当該著作物の旧法による著作権の存続期間が新法第二章第四節の規定による期間より長いときは、なお従前の例による。

（翻訳権の存続期間についての経過措置）

第八条　この法律の施行前に発行された著作物については、旧法第七条及び第九条の規定は、なおその効力を有する。

（著作権の処分についての経過措置）

第九条　この法律の施行前にした旧法の著作権の譲渡その他の処分は、附則第十五条第一項の規定に該当する場合を除き、これに相当する新法の著作権の譲渡その他の処分とみなす。

（合著作物についての経過措置）

第十条　この法律の施行前に二人以上の者が共同して創作した著作物でその各人の寄与を分離して個別的に利用することができるものについては、旧法第十三条第一項及び第三項の規定は、なおその効力を有する。

2　前項の著作物は、新法第五十一条第二項又は第五十二条第一項の規定の適用については、共同著作物とみなす。

（裁定による著作物の利用についての経過措置）

第十一条　新法第六十九条の規定は、この法律の施行前に国内において販売された商業用レコードに録音されている音楽の著作物の他の商業用レコードの製作のための録音については、適用しない。

2　旧法第二十二条ノ五第二項又は第二十七条第一項若しくは第二項の規定により著作物を利用することができることとされた者は、なお従前の例により当該著作物を利用することができる。

3　旧法第二十二条ノ五第二項又は第二十七条第二項の規定に基づき文化庁長官が定めた償金の額は、新法第六十八条第一項又は第六十七条第一項の規定に基づき文化庁長官が定めた補償金の額とみなして、新法第七十二条及び第七十三条の規定を適用する。
4　前項の場合において、当該償金の額について不服のある当事者が裁定のあつたことをこの法律の施行前に知つているときは、新法第七十二条第一項に規定する期間は、この法律の施行の日から起算する。

（登録についての経過措置）

第十二条　この法律の施行前にした旧法第十五条の著作権の登録、実名の登録及び第一発行年月日の登録に関する処分又は手続は、附則第十五条第三項の規定に該当する場合を除き、これらに相当する新法第七十五条から第七十七条までの登録に関する処分又は手続とみなす。
2　この法律の施行の際現に旧法第十五条第三項の著作年月日の登録がされている著作物については、旧法第三十五条第五項の規定は、なおその効力を有する。

（出版権についての経過措置）

第十三条　この法律の施行前に設定された旧法による出版権でこの法律の施行の際現に存するものは、新法による出版権とみなす。
2　この法律の施行前にした旧法第二十八条ノ十の出版権の登録に関する処分又は手続は、これに相当する新法第八十八条の登録に関する処分又は手続とみなす。
3　第一項の出版権については、新法第八十条から第八十五条までの規定にかかわらず、旧法第二十八条ノ三から第二十八条ノ八までの規定は、なおその効力を有する。

（録音物による演奏についての経過措置）

第十四条　削除

（昭六一法六四・一部改正、平九法八六・一部改正、平十一法七七・削除）

（著作隣接権についての経過措置）

第十五条　この法律の施行前にした旧法の著作権の譲渡その他の処分で、この法律の施行前に行われた実演又はこの法律の施行前にその音が最初に固定されたレコードでこの法律の施行の日から新法中著作隣接権に関する規定が適用されることとなるものに係るものは、新法のこれに相当する著作隣接権の譲渡その他の処分とみなす。
2　前項に規定する実演又はレコードでこの法律の施行の際現に旧法による著作権が存するものに係る著作隣接権の存続期間は、旧法によるこれらの著作権の存続期間の満了する日が新法第百一条の規定による期間の満了する日後の日であるときは、同条の規定にかかわらず、旧法による著作権の存続期間の満了する日（その日がこの法律の施行の日から起算して七十年を経過する日後の日であるときは、その七十年を経過する日）までの間とする。
3　この法律の施行前に第一項に規定する実演又はレコードについてした旧法第十五条第一項の著作権の登録に関する処分又は手続は、これに相当する新法第百四条の著作隣接権の登録に関する処分又は手続とみなす。
4　附則第十条第一項及び第十二条第二項の規定は、第一項に規定する実演又はレコードについて準用する。

（昭六三法八七・2項一部改正、平三法六三・2項一部改正、平八法一一七・1項一部改正2項全改、平二八法一〇八・2項一部改正）

（複製物の頒布等についての経過措置）

第十六条　この法律の施行前に作成した著作物、実演又はレコードの複製物であつて、新法第二章第三節第五款（新法第百二条第一項において準用する場合を含む。）の規定を適用するとしたならば適法なものとなるべきものは、これらの規定に定める複製の目的の範囲内において、使用し、又は頒布することができる。この場合においては、新法第百十三条第一項第二号の規定は、適用しない。

（権利侵害についての経過措置）

第十七条　この法律の施行前にした旧法第十八条第一項若しくは第二項の規定に違反する行為又は旧法第三章に規定する偽作に該当する行為（出版権を侵害する行為を含む。）については、新法第十四条及び第七章の規定にかかわらず、なお旧法第十二条、第二十八条ノ十一、第二十九条、第三十三条、第三十四条、第三十五条第一項から第四項まで、第三十六条及び第三十六条ノ二の規定の例による。

（平四法一〇六・一部改正）

（罰則についての経過措置）

第十八条　この法律の施行前にした行為に対する罰則の適用については、なお従前の例による。

附　則（昭和五十三年法律第四十九号）

（施行期日）

1　この法律は、許諾を得ないレコードの複製からのレコード製作者の保護に関する条約が日本国について効力を生ずる日から施行する。〔昭和五十三年十月十四日から施行〕

（経過措置）

2　改正後の著作権法中著作隣接権に関する規定は、この法律の施行前にその音が最初に固定された著作権法第八条第六号に掲げるレコードについては、適用しない。

（平十八法一二一・2項一部改正）

附　則（昭和五十六年法律第四十五号）（抄）

（施行期日）

1　この法律は、公布の日から施行する。〔昭和五十六年五月十九日から施行〕

附　則（昭和五十八年法律第七十八号）（抄）

1　この法律（第一条を除く。）は、昭和五十九年七月一日から施行する。

附　則（昭和五十九年法律第二十三号）（抄）

（施行期日）

1　この法律は、公布の日から起算して二十日を経過した日から施行する。〔昭和五十九年五月二十一日から施行〕

附　則（昭和五十九年法律第四十六号）

（施行期日）

1　この法律は、昭和六十年一月一日から施行する。

（暫定措置法の廃止）

2　商業用レコードの公衆への貸与に関する著作者等の権利に関する暫定措置法（昭和五十八年法律第七十六号。以下「暫定措置法」という。）は、廃止する。

（暫定措置法の廃止に伴う経過措置）

3　この法律の施行前に暫定措置法の規定により商業用レコードの公衆への貸与について許諾を得た者は、改正後の著作権法第二十六条の二、第九十五条の二及び第九十七条の二の規定にかかわらず、その許諾に係る条件の範囲内において当該商業用レコードに複製されている著作物、実演及びレコードを当該商業用レコードの貸与により公衆に提供することができる。

4　この法律の施行前にした暫定措置法第四条第一項の規定に違反する行為については、暫定措置法（これに基づく政令を含む。）の規定は、なおその効力を有する。

附　則（昭和六十年法律第六十二号）（抄）

（施行期日）

1　この法律は、昭和六十一年一月一日から施行する。ただし、第七十六条の次に一条を加える改正規定及び第七十八条第一項の改正規定並びに附則第六項の規定は、改正後の著作権法第七十八条の二に規定する法律の施行の日から施行する。〔昭和六十二年四月一日から施行〕

（昭六一法六五・一部改正）

（職務上作成する著作物についての経過措置）

2　改正後の著作権法第十五条の規定は、この法律の施行後に創作された著作物について適用し、この法律の施行前に創作された著作物については、なお従前の例による。

（創作年月日登録についての経過措置）

3　改正後の著作権法第七十八条の二に規定する法律の施行の日前六月以内に創作されたプログラムの著作物に係る著作権法第七十六条の二第一項の登録については、その施行の日から三月を経過する日までの間は、同項ただし書の規定は、適用しない。

（昭六一法六五・追加）

（プログラムの著作物の複製物の使用についての経過措置）

4　改正後の著作権法第百十三条第二項の規定は、この法律の施行前に作成されたプログラムの著作物の複製物であつて、改正後の著作権法第四十七条の二の規定を適用するとしたならば適法であり、かつ、保存し得るべきものとなるものについては、適用しない。

（昭六一法六五・旧三項の繰下）

（罰則についての経過措置）

5　この法律の施行前にした行為に対する罰則の適用については、なお従前の例による。

（昭六一法六五・旧四項の繰下）

附　則（昭和六十一年法律第六十四号）

（施行期日）

1　この法律は、昭和六十二年一月一日から施行する。

（有線放送のための映画の著作物の著作権の帰属についての経過措置）

2　この法律の施行前に創作された改正後の著作権法第二十九条第三項に規定する映画の著作物の著作権の帰属については、なお従前の例による。

（有線放送事業者又は実演家に係る著作隣接権についての経過措置）

3　著作権法中有線放送事業者又は実演家に係る著作隣接権に関する規定（第九十五条並びに第九十五条の三第三項及び第四項の規定を含む。）は、この法律の施行前に行われた有線放送又はその有線放送において送信された実演（同法第七条第一号から第三号までに規定する実演に該当するものを除く。）については、適用しない。

（罰則についての経過措置）

4　この法律の施行前にした行為に対する罰則の適用については、なお従前の例による。

（平十一法七七・３項一部改正、平十八法一二一・３項一部改正）

附　則（昭和六十一年法律第六十五号）（抄）

（施行期日）

1　この法律は、昭和六十二年四月一日から施行する。

附　則（昭和六十三年法律第八十七号）

（施行期日）

1　この法律は、公布の日から起算して二十日を経過した日から施行する。〔昭和六十三年十一月二十一日から施行〕

（経過措置）

2　改正後の著作権法第百二十一条第二号の規定は、この法律の施行後に行われる次に掲げる行為については、適用しない。

一　国内において商業用レコードの製作を業とする者がレコード製作者からそのレコード（第八条各号のいずれかに該当するものを除く。）の原盤の提供を受けて製作した商業用レコード（次号において「特定外国原盤商業用レコード」という。）で、当該原盤に音を最初に固定した日の属する年の翌年から起算して二十年を経過する日（次号において「改正前の禁止期間経過日」という。）がこの法律の施行前であるものを商業用レコードとして複製し、又はその複製物を頒布する行為

二　改正前の禁止期間経過日以前に特定外国原盤商業用レコードを複製した商業用レ

コードで、改正前の禁止期間経過日がこの法律の施行前であるものを頒布する行為

附　則（平成元年法律第四十三号）

（施行期日）

1　この法律は、実演家、レコード製作者及び放送機関の保護に関する国際条約が日本国について効力を生ずる日から施行する。〔平成元年十月二十六日から施行〕

（条約により保護の義務を負う実演等についての経過措置）

2　改正後の著作権法（以下「新法」という。）中著作隣接権に関する規定（第九十五条及び第九十七条の規定を含む。）は、次に掲げるものについては、適用しない。

一　この法律の施行前に行われた新法第七条第五号に掲げる実演

二　この法律の施行前にその音が最初に固定された新法第八条第三号に掲げるレコードで次項に規定するもの以外のもの

三　この法律の施行前に行われた新法第九条第三号に掲げる放送

3　この法律の施行前にその音が最初に固定された新法第八条第三号に掲げるレコードで許諾を得ないレコードの複製からのレコード製作者の保護に関する条約により我が国が保護の義務を負うものについては、なお従前の例による。

（国内に常居所を有しない外国人であった実演家についての経過措置）

4　著作権法中著作隣接権に関する規定（第九十五条並びに第九十五条の三第三項及び第四項の規定を含む。）は、この法律の施行前に行われた実演に係る実演家で当該実演が行われた際国内に常居所を有しない外国人であったものについては、適用しない。ただし、著作権法の施行前に行われた実演で同法の施行の際現に旧著作権法（明治三十二年法律第三十九号）による著作権が存するものに係る実演家については、この限りでない。

（平八法一一七・一部改正、平十一法七七・４項一部改正、平十八法一二一・４項一部改正）

附　則（平成三年法律第六十三号）

（施行期日）

1　この法律は、平成四年一月一日から施行する。

（経過措置）

2　著作権法第九十五条の三の規定は、著作権法の一部を改正する法律（平成元年法律第四十三号。次項第二号において「平成元年改正法」という。）の施行前に行われた著作権法第七条第五号に掲げる実演については、適用しない。

3　著作権法第九十七条の三の規定は、次に掲げるものについては、適用しない。

一　許諾を得ないレコードの複製からのレコード製作者の保護に関する条約（次号及び附則第五項第三号において「レコード保護条約」という。）により我が国が保護の義務を負うレコード（著作権法第八条第一号又は第二号に掲げるものを除く。）であって著作権法の一部を改正する法律（昭和五十三年法律第四十九号）の施行前

にその音が最初に固定されたもの

二　著作権法第八条第三号に掲げるレコード（レコード保護条約により我が国が保護の義務を負うものを除く。）であって平成元年改正法の施行前にその音が最初に固定されたもの

4　最初に販売された日がこの法律の施行前である商業用レコード（第七条第一号から第四号までに掲げる実演が録音されているもの及び第八条第一号又は第二号に掲げるレコードが複製されているものに限る。）を実演家又はレコード製作者が貸与により公衆に提供する権利に関する第九十五条の三第二項に規定する期間経過商業用レコードに係る期間の起算日については、なお従前の例による。

5　改正後の第百二十一条の二の規定は、この法律の施行後に行われる次に掲げる行為については、適用しない。

一　国内において商業用レコードの製作を業とする者がレコード製作者からそのレコード（第八条各号のいずれかに該当するものを除く。）の原盤の提供を受けて製作した商業用レコード（次号において「特定外国原盤商業用レコード」という。）で、当該原盤に音を最初に固定した日の属する年の翌年から起算して二十年を経過する日（次号において「二十年の禁止期間経過日」という。）が著作権法の一部を改正する法律（昭和六十三年法律第八十七号。次号及び第三号において「昭和六十三年改正法」という。）の施行前であるもの（当該商業用レコードの複製物（二以上の段階にわたる複製に係る複製物を含む。）を含む。）を商業用レコードとして複製し、その複製物を頒布し、又はその複製物を頒布の目的をもって所持する行為

二　二十年の禁止期間経過日以前に特定外国原盤商業用レコードを複製した商業用レコードで、二十年の禁止期間経過日が昭和六十三年改正法の施行前であるものを頒布し、又は頒布の目的をもって所持する行為

三　著作権法の施行地外において商業用レコードの製作を業とする者が実演家、レコード製作者及び放送機関の保護に関する国際条約又はレコード保護条約の締約国の国民（これらの条約の締約国の法令に基づいて設立された法人及び当該締約国に主たる事務所を有する法人を含む。）であるレコード製作者からそのレコード（第八条各号のいずれかに該当するものを除く。）の原盤の提供を受けて製作した商業用レコードで、当該原盤に音を最初に固定した日の属する年の翌年から起算して二十年を経過する日が昭和六十三年改正法の施行前であるもの（当該商業用レコードの複製物（二以上の段階にわたる複製に係る複製物を含む。）を含む。）を商業用レコードとして複製し、その複製物を頒布し、又はその複製物を頒布の目的をもって所持する行為

6　この法律の施行前にした行為に対する罰則の適用については、なお従前の例による。

（平十一法七七・2項3項柱書4項一部改正、平十八法一二一・2項3項一部改正）

附　則（平成四年法律第百六号）

（施行期日）

1　この法律は、公布の日から起算して六月を超えない範囲内において政令で定める日から施行する。ただし、目次の改正規定、第七章を第八章とし、第六章を第七章とし、第五章を第六章とし、第四章の次に一章を加える改正規定（第百四条の四、第百四条の五並びに第百四条の八第一項及び第三項に係る部分を除く。）及び附則第十七条の改正規定は、公布の日から施行する。〔平成五年六月一日から施行〕

（経過措置）

2　改正後の著作権法（以下「新法」という。）の規定は、この法律の施行の日（以下「施行日」という。）前の購入（小売に供された後の最初の購入に限る。以下同じ。）に係る新法第百四条の四第一項の特定機器により施行日前の購入に係る同項の特定記録媒体に行われる新法第百四条の二第一項第一号の私的録音又は同項第二号の私的録画については、適用しない。

3　施行日前の購入に係る新法第百四条の四第一項の特定機器により施行日以後の購入に係る同項の特定記録媒体に新法第百四条の二第一項第一号の私的録音又は同項第二号の私的録画を行う場合には、当該特定機器は、新法第百四条の四第一項の規定により私的録音録画補償金が支払われたものとみなす。施行日以後の購入に係る同項の特定機器により施行日前の購入に係る同項の特定記録媒体に新法第百四条の二第一項第一号の私的録音又は同項第二号の私的録画を行う場合の当該特定記録媒体についても、同様とする。

附　則（平成五年法律第八十九号）（抄）

（施行期日）

第一条　この法律は、行政手続法（平成五年法律第八十八号）の施行の日から施行する。〔平成六年十月一日から施行〕

附　則（平成六年法律第百十二号）

（施行期日）

1　この法律は、世界貿易機関を設立するマラケシュ協定が日本国について効力を生ずる日の翌日から起算して一年を超えない範囲内において政令で定める日から施行する。〔平成八年一月一日から施行〕

（著作隣接権に関する規定の適用）

2　第一条の規定による改正後の著作権法（以下「新法」という。）第七条第四号に掲げる実演（同条第一号から第三号までに掲げる実演に該当するものを除く。）で次に掲げるもの又は同条第五号に掲げる実演で次に掲げるものに対する著作権法中著作隣接権に関する規定（第九十五条の三第三項及び第四項の規定を含む。）の適用については、著作権法の一部を改正する法律（昭和六十一年法律第六十四号）附則第三項、著作権法の一部を改正する法律（平成元年法律第四十三号。以下「平成元年改正法」

という。）附則第二項及び著作権法の一部を改正する法律（平成三年法律第六十三号。附則第四項において「平成三年改正法」という。）附則第二項の規定は、適用しない。

一　世界貿易機関の加盟国において行われた実演

二　次に掲げるレコードに固定された実演

イ　世界貿易機関の加盟国の国民（当該加盟国の法令に基づいて設立された法人及び当該加盟国に主たる事務所を有する法人を含む。以下同じ。）をレコード製作者とするレコード

ロ　レコードでこれに固定されている音が最初に世界貿易機関の加盟国において固定されたもの

三　次に掲げる放送において送信された実演（実演家の承諾を得て送信前に録音され、又は録画されたものを除く。）

イ　世界貿易機関の加盟国の国民である放送事業者の放送

ロ　世界貿易機関の加盟国にある放送設備から行われた放送

3　前項各号に掲げる実演に係る実演家で当該実演が行われた際国内に常居所を有しない外国人であったものに対する著作権法中著作隣接権に関する規定（第九十五条の三第三項及び第四項の規定を含む。）の適用については、平成元年改正法附則第四項の規定は、適用しない。

4　次に掲げるレコードに対する著作権法中著作隣接権に関する規定（第九十七条の三第三項から第五項までの規定を含む。）の適用については、平成元年改正法附則第二項及び第三項並びに平成三年改正法附則第三項の規定は、適用しない。

一　新法第八条第三号に掲げるレコードで次に掲げるもの

イ　世界貿易機関の加盟国の国民をレコード製作者とするレコード

ロ　レコードでこれに固定されている音が最初に世界貿易機関の加盟国において固定されたもの

二　著作権法第八条第五号に掲げるレコードで許諾を得ないレコードの複製からのレコード製作者の保護に関する条約（附則第六項において「レコード保護条約」という。）により我が国が保護の義務を負うもの

5　新法第九条第三号に掲げる放送で次に掲げるものに対する新法中著作隣接権に関する規定の適用については、平成元年改正法附則第二項の規定は、適用しない。

一　世界貿易機関の加盟国の国民である放送事業者の放送

二　世界貿易機関の加盟国にある放送設備から行われた放送

（外国原盤商業用レコードの複製等についての経過措置）

6　新法第百二十一条の二の規定は、著作権法の施行地外において商業用レコードの製作を業とする者が世界貿易機関の加盟国の国民（実演家、レコード製作者及び放送機関の保護に関する国際条約又はレコード保護条約の締約国の国民（これらの条約の締約国の法令に基づいて設立された法人及び当該締約国に主たる事務所を有する法人を

含む。）である場合を除く。）であるレコード製作者からそのレコード（新法第八条各号のいずれかに該当するものを除く。）の原盤の提供を受けて製作した商業用レコードで、当該原盤に音を最初に固定した日の属する年の翌年から起算して二十年を経過する日が著作権法の一部を改正する法律（昭和六十三年法律第八十七号）の施行前であるもの（当該商業用レコードの複製物（二以上の段階にわたる複製に係る複製物を含む。）を含む。）を商業用レコードとして複製し、その複製物を頒布し、又はその複製物を頒布の目的をもって所持する行為であって、この法律の施行後に行われるものについては、適用しない。

（平十一法七七・２項柱書３項４項一部改正、平十八法一二一・２項３項４項柱書二号一部改正）

附　則（平成七年法律第九十一号）（抄）

（施行期日）

第一条　この法律は、公布の日から起算して二十日を経過した日から施行する。〔平成七年六月一日から施行〕

附　則（平成八年法律第百十七号）（抄）

（施行期日）

１　この法律は、公布の日から起算して三月を超えない範囲内において政令で定める日から施行する。〔平成九年三月二十五日から施行〕

（写真の著作物の保護期間についての経過措置）

２　改正後の著作権法中著作物の保護期間に関する規定（次項において「新法」という。）は、写真の著作物については、この法律の施行の際現に改正前の著作権法による著作権が存するものについて適用し、この法律の施行の際現に改正前の著作権法による著作権が消滅している写真の著作物については、なお従前の例による。

３　この法律の施行前に創作された写真の著作物の著作権の存続期間は、当該写真の著作物の改正前の著作権法中著作物の保護期間に関する規定（以下「旧法」という。）による期間の満了する日が新法による期間の満了する日後の日であるときは、新法にかかわらず、旧法による期間の満了する日までの間とする。

附　則（平成九年法律第八十六号）

（施行期日）

１　この法律は、平成十年一月一日から施行する。

（自動公衆送信される状態に置かれている著作物等についての経過措置）

２　改正後の著作権法（以下「新法」という。）第二十三条第一項、第九十二条の二第一項又は第九十六条の二の規定は、この法律の施行の際現に自動公衆送信される状態に置かれている著作物、実演（改正前の著作権法（以下「旧法」という。）第九十二条第二項第二号に掲げるものに限る。以下この項において同じ。）又はレコードを、当該自動公衆送信に係る送信可能化を行った者（当該送信可能化を行った者とこの法律の施行の際現に当該著作物、実演又はレコードを当該送信可能化に係る新法第二条第一項第九号の五の自動公衆送信装置を用いて自動公衆送信される状態に置いている者が異なる場合には、当該自動公衆送信される状態に置いている者）が当該自動公衆送信装置を用いて送信可能化する場合には、適用しない。

3 この法律の施行の際現に自動公衆送信される状態に置かれている実演（旧法第九十二条第二項第二号に掲げるものを除く。）については、同条第一項の規定は、この法律の施行後も、なおその効力を有する。

（罰則についての経過措置）

4 この法律の施行前にした行為に対する罰則の適用については、なお従前の例による。

附 則（平成十年法律第百一号）（抄）

（施行期日）

第一条 この法律は、平成十一年四月一日から施行する。

附 則（平成十一年法律第四十三号）（抄）

（施行期日）

第一条 この法律は、行政機関の保有する情報の公開に関する法律（平成十一年法律第四十二号。以下「情報公開法」という。）の施行の日から施行する。（以下略）〔平成十三年四月一日から施行〕

（著作権法の一部改正に伴う経過措置）

第二条 第十一条の規定による改正後の著作権法第十八条第三項の規定は、この法律の施行前に著作者が情報公開法第二条第一項に規定する行政機関又は地方公共団体に提供した著作物でまだ公表されていないもの（その著作者の同意を得ないで公表された著作物を含む。）については、適用しない。

附 則（平成十一年法律第七十七号）（抄）

（施行期日）

1 この法律は、平成十二年一月一日から施行する。ただし、第二条第一項第十九号の次に二号を加える改正規定、第三十条第一項の改正規定、第百十三条の改正規定、第百十九条の改正規定、第百二十条の次に一条を加える改正規定、第百二十三条第一項の改正規定及び附則第五条の二の改正規定並びに附則第五項の規定は、平成十一年十月一日から施行する。

（経過措置）

2 改正後の著作権法第二十六条の二第一項、第九十五条の二第一項及び第九十七条の二第一項の規定は、この法律の施行の際現に存する著作物の原作品若しくは複製物、実演の録音物若しくは録画物又はレコードの複製物（著作権法第二十一条、第九十一条第一項又は第九十六条に規定する権利を有する者の権利を害さずに作成されたものに限り、出版権者が作成した著作物の複製物を除く。）の譲渡による場合には、適用しない。

3　改正後の著作権法第二十六条の二第一項の規定は、この法律の施行前に設定された出版権でこの法律の施行の際現に存するものを有する者が当該出版権の存続期間中に行う当該出版権の目的となっている著作物の複製物の頒布については、適用しない。
4　出版権（この法律の施行前に設定されたものに限る。）が消滅した後において当該出版権を有していた者が行う当該出版権の存続期間中に作成した著作物の複製物の頒布については、なお従前の例による。
5　平成十一年十月一日からこの法律の施行の日の前日までの間は、改正後の著作権法第百十三条第四項中「第九十五条の三第三項」とあるのは「第九十五条の二第三項」と、「第九十七条の三第三項」とあるのは「第九十七条の二第三項」とする。
6　行政機関の保有する情報の公開に関する法律の施行に伴う関係法律の整備等に関する法律（平成十一年法律第四十三号。以下「整備法」という。）の施行の日がこの法律の施行の日後となる場合には、整備法の施行の日の前日までの間は、改正後の著作権法第四十七条の三中「第四十二条、第四十二条の二」とあるのは「第四十二条」と「、第四十二条又は第四十二条の二」とあるのは「又は第四十二条」とする。
7　この法律の施行前にした行為及び附則第四項の規定によりなお従前の例によることとされる場合におけるこの法律の施行後にした行為に対する罰則の適用については、なお従前の例による。

附　則（平成十一年法律第百六十号）（抄）

（施行期日）

第一条　この法律（第二条及び第三条を除く。）は、平成十三年一月六日から施行する。ただし、次の各号に掲げる規定は、当該各号に定める日から施行する。

一・二　（略）

附　則（平成十一年法律第二百二十号）（抄）

（施行期日）

第一条　この法律（第一条を除く。）は、平成十三年一月六日から施行する。ただし、次の各号に掲げる規定は、当該各号に定める日から施行する。

一～三　（略）

附　則（平成十二年法律第五十六号）（抄）

（施行期日）

1　この法律は、平成十三年一月一日から施行する。ただし、第一条中著作権法第五十八条の改正規定及び第二条の規定は、著作権に関する世界知的所有権機関条約が日本国について効力を生ずる日から施行する。〔平成十四年三月六日から施行〕

（損害額の認定についての経過措置）

2　第一条の規定による改正後の著作権法第百十四条の四の規定は、この法律の施行前に、第二審である高等裁判所又は地方裁判所における口頭弁論が終結した事件及び簡易裁判所の判決又は地方裁判所が第一審としてした判決に対して上告をする権利を留保して控訴をしない旨の合意をした事件については、適用しない。
（罰則についての経過措置）
3　この法律の施行前にした行為に対する罰則の適用については、なお従前の例による。

附　則（平成十二年法律第百三十一号）（抄）

（施行期日）
第一条　この法律は、平成十三年十月一日から施行する。ただし、附則第九条の規定は、公布の日から施行する。

附　則（平成十三年法律第百四十号）（抄）

（施行期日）
第一条　この法律は、公布の日から起算して一年を超えない範囲内において政令で定める日から施行する。（以下略）〔平成十四年十月一日から施行〕

附　則（平成十四年法律第七十二号）（抄）

（施行期日）
1　この法律の規定は、次の各号に掲げる区分に従い、当該各号に定める日から施行する。
一　第七条の改正規定、第八条の改正規定、第九十五条の改正規定、第九十五条の三の改正規定、第九十七条の改正規定、第九十七条の三の改正規定並びに附則第二項から第四項まで、第六項、第七項及び第九項の規定　実演及びレコードに関する世界知的所有権機関条約（以下「実演・レコード条約」という。）が日本国について効力を生ずる日〔平成十四年十月九日から施行〕
二　目次の改正規定（「第百条の四」を「第百条の五」に改める部分に限る。）、第八十九条第四項の改正規定、第九十九条の次に一条を加える改正規定、第四章第五節中第百条の四を第百条の五とし、第百条の三の次に一条を加える改正規定及び第百三条の改正規定　平成十五年一月一日
三　前二号に掲げる規定以外の規定　実演・レコード条約が日本国について効力を生ずる日又は平成十五年一月一日のうちいずれか早い日〔平成十四年十月九日から施行〕
（著作隣接権に関する規定の適用）
2　改正後の著作権法（以下「新法」という。）第七条第四号に掲げる実演（同条第一号から第三号までに掲げる実演に該当するものを除く。）で次に掲げるもの又は同条第五号に掲げる実演で次に揚げるものに対する新法中著作隣接権に関する規定（第九十五条並びに第九十五条の三第三項及び第四項の規定を含む。）の適用については、著作権法の一部を改正する法律（昭和六十一年法律第六十四号）附則第三項、著作権法の一部を改正する法律（平成元年法律第四十三号。以下「平成元年改正法」という。）附則第二項及び著作権法の一部を改正する法律（平成三年法律第六十三号。以下「平成三年改正法」という。）附則第二項の規定は、適用しない。

一　実演・レコード条約の締約国において行われた実演
二　次に掲げるレコードに固定された実演
イ　実演・レコード条約の締約国の国民（当該締約国の法令に基づいて設立された法人及び当該締約国に主たる事務所を有する法人を含む。以下同じ。）をレコード製作者とするレコード
ロ　レコードでこれに固定されている音が最初に実演・レコード条約の締約国において固定されたもの

3　前項各号に掲げる実演に係る実演家で当該実演が行われた際国内に常居所を有しない外国人であったものに対する新法中著作隣接権に関する規定（第九十五条並びに第九十五条の三第三項及び第四項の規定を含む。）の適用については、平成元年改正法附則第四項の規定は、適用しない。

4　次に掲げるレコードに対する新法中著作隣接権に関する規定（第九十七条及び第九十七条の三第三項から第五項までの規定を含む。）の適用については、平成元年改正法附則第二項及び第三項並びに平成三年改正法附則第三項の規定は、適用しない。
一　新法第八条第三号に掲げるレコードで次に揚げるもの
イ　実演・レコード条約の締約国の国民をレコード製作者とするレコード
ロ　レコードでこれに固定されている音が最初に実演・レコード条約の締約国において固定されたもの
二　新法第八条第四号に掲げるレコードで許諾を得ないレコードの複製からのレコード製作者の保護に関する条約により我が国が保護の義務を負うもの

（実演家人格権についての経過措置）

5　この法律の施行前にその実演家の許諾を得て作成された録音物又は録画物に固定されている実演については、新法第九十条の二第一項の規定及び第九十条の三第一項の規定は、適用しない。ただし、この法律の施行後、当該実演に表示されていた当該実演に係る実演家名の表示を削除し、若しくは改変した場合若しくは当該実演に新たに実演家名を表示した場合又は当該実演を改変した場合には、この限りでない。

（商業用レコードの二次使用についての経過措置）

6　実演家、レコード製作者及び放送機関の保護に関する国際条約（以下この項及び次項において「実演家等保護条約」という。）の締約国であり、かつ実演・レコード条約の締約国である国の国民をレコード製作者とするレコードに固定されている実演であって、実演家等保護条約が日本国について効力を生じた日より前に当該固定がされた実演に係る実演家についての新法第九十五条第一項の規定の適用については、同条第二項の規定にかかわらず、同条第四項の規定の例による。

7　実演家等保護条約の締約国であり、かつ実演・レコード条約の締約国である国の国民をレコード製作者とするレコードであって、実演家等保護条約が日本国について効力を生じた日より前にその音が最初に固定されたレコードに係るレコード製作者につ

いての新法第九十七条第一項の規定の適用については、同条第二項の規定において準用する新法第九十五条第二項の規定にかかわらず、新法第九十七条第二項の規定において準用する新法第九十五条第四項の規定の例による。

（レコードの保護期間についての経過措置）

8　新法第百一条第二項第二号の規定は、この法律の施行の際現に改正前の著作権法による著作隣接権が存するレコードについて適用し、この法律の施行の際現に改正前の著作権法による著作隣接権が消滅しているレコードについては、なお従前の例による。

附　則（平成十五年法律第六十一号）（抄）

（施行期日）

第一条　この法律は、行政機関の保有する個人情報の保護に関する法律の施行の日から施行する。〔平成十七年四月一日から施行〕

附　則（平成十五年法律第八十五号）

（施行期日）

第一条　この法律は、平成十六年一月一日から施行する。

（映画の著作物の保護期間についての経過措置）

第二条　改正後の著作権法（次条において「新法」という。）第五十四条第一項の規定は、この法律の施行の際現に改正前の著作権法による著作権が存する映画の著作物について適用し、この法律の施行の際現に改正前の著作権法による著作権が消滅している映画の著作物については、なお従前の例による。

第三条　著作権法の施行前に創作された映画の著作物であって、同法附則第七条の規定によりなお従前の例によることとされるものの著作権の存続期間は、旧著作権法（明治三十二年法律第三十九号）による著作権の存続期間の満了する日が新法第五十四条第一項の規定による期間の満了する日後の日であるときは、同項の規定にかかわらず、旧著作権法による著作権の存続期間の満了する日までの間とする。

（罰則についての経過措置）

第四条　この法律の施行前にした行為に対する罰則の適用については、なお従前の例による。

附　則（平成十五年法律第百十九号）（抄）

（施行期日）

第一条　この法律は、地方独立行政法人法（平成十五年法律第百十八号）の施行の日から施行する。〔平成十六年四月一日から施行〕

附　則（平成十六年法律第八十四号）（抄）

（施行期日）

第一条　この法律は、公布の日から起算して一年を超えない範囲内において政令で定める日から施行する。〔平成十七年四月一日から施行〕

附　則（平成十六年法律第九十二号）（抄）

（施行期日）

第一条　この法律は、平成十七年一月一日から施行する。

（商業用レコードの輸入等についての経過措置）

第二条　改正後の著作権法第百十三条第五項の規定は、この法律の施行前に輸入され、この法律の施行の際現に頒布の目的をもって所持されている同項に規定する国外頒布目的商業用レコードについては、適用しない。

第三条　改正後の著作権法第百十三条第五項に規定する国内頒布目的商業用レコードであってこの法律の施行の際現に発行されているものに対する同項の規定の適用については、同項ただし書中「国内において最初に発行された日」とあるのは「当該国内頒布目的商業用レコードが著作権法の一部を改正する法律（平成十六年法律第九十二号）の施行の際現に発行されているものである場合において、当該施行の日」と、「経過した」とあるのは「経過した後、当該」とする。

（書籍等の貸与についての経過措置）

第四条　この法律の公布の日の属する月の翌々月の初日において現に公衆への貸与の目的をもって所持されている書籍又は雑誌（主として楽譜により構成されているものを除く。）の貸与については、改正前の著作権法附則第四条の二の規定は、この法律の施行後も、なおその効力を有する。

附　則（平成十六年法律第百二十号）（抄）

（施行期日）

第一条　この法律は、平成十七年四月一日から施行する。

（経過措置の原則）

第二条　この法律による改正後の裁判所法、民事訴訟法、民事訴訟費用等に関する法律、特許法、実用新案法、意匠法、商標法、不正競争防止法及び著作権法の規定（罰則を除く。）は、この附則に特別の定めがある場合を除き、この法律の施行前に生じた事項にも適用する。ただし、この法律による改正前のこれらの法律の規定により生じた効力を妨げない。

（特許法等の一部改正に伴う経過措置）

第三条　次に掲げる規定は、この法律の施行前に、訴訟の完結した事件、第二審である高等裁判所又は地方裁判所における口頭弁論が終結した事件及び簡易裁判所の判決又は地方裁判所が第一審としてした判決に対して上告をする権利を留保して控訴をしない旨の合意をした事件については、適用しない。

一　第四条の規定による改正後の特許法（以下この条及び附則第五条第二項において「新特許法」という。）第百四条の三及び第百五条の四から第百五条の六までの規定（新特許法、第五条の規定による改正後の実用新案法（第三号において「新実用新案法」という。）、第六条の規定による改正後の意匠法（次号において「新意匠法」という。）及び第七条の規定による改正後の商標法（同号において「新商標法」という。）において準用する場合を含む。）

二　新特許法第百六十八条第五項及び第六項の規定（新特許法、新意匠法及び新商標法において準用する場合を含む。）

三　新実用新案法第四十条第五項及び第六項の規定（新実用新案法第四十五条第一項において読み替えて準用する新特許法第百七十四条第二項において準用する場合を含む。）

四　第八条の規定による改正後の不正競争防止法第六条の四から第六条の六までの規定

五　第九条の規定による改正後の著作権法第百十四条の六から第百十四条の八までの規定

附　則（平成十六年法律第百四十七号）（抄）

（施行期日）

第一条　この法律は、公布の日から起算して六月を超えない範囲内において政令で定める日から施行する。〔平成十七年四月一日から施行〕

附　則（平成十七年法律第七十五号）（抄）

（施行期日）

第一条　この法律は、公布の日から起算して一年を超えない範囲内において政令で定める日から施行する。〔平成十七年十一月一日から施行〕ただし、附則第三条、第十三条及び第十四条の規定は、犯罪の国際化及び組織化並びに情報処理の高度化に対処するための刑法等の一部を改正する法律（平成十七年法律第六十六号）の施行の日又はこの法律の施行の日のいずれか遅い日から施行する。

附　則（平成十八年法律第五十号）（抄）

（施行期日）

1　この法律は、一般社団・財団法人法の施行の日から施行する。〔平成二十年十二月一日から施行〕

附　則（平成十八年法律第百二十一号）（抄）

（施行期日）

第一条　この法律は、平成十九年七月一日から施行する。ただし、第一条及び附則第四条の規定は、公布の日から起算して二十日を経過した日から施行する。

（放送のための映画の著作物の著作権の帰属についての経過措置）

第二条　この法律の施行前に創作されたこの法律による改正後の著作権法（次条において「新法」という。）第二十九条第二項に規定する映画の著作物の著作権の帰属については、なお従前の例による。

（放送される実演の有線放送についての経過措置）

第三条　新法第九十四条の二の規定は、著作権法の一部を改正する法律（昭和六十一年法律第六十四号）附則第三項若しくは著作権法の一部を改正する法律（平成元年法律第四十三号。以下この条において「平成元年改正法」という。）附則第二項の規定の適用により新法中著作隣接権に関する規定の適用を受けない実演又は平成元年改正法附則第四項の規定の適用により新法中著作隣接権に関する規定の適用を受けない実演家に係る実演については、適用しない。

（罰則についての経過措置）

第四条　この法律（附則第一条ただし書に規定する規定については、当該規定）の施行前にした行為に対する罰則の適用については、なお従前の例による。

附　則（平成二十年法律第八十一号）（抄）

（施行期日）

第一条　この法律は、公布の日から起算して三月を超えない範囲内において政令で定める日から施行し、平成二十一年度において使用される検定教科用図書等及び教科用特定図書等から適用する。〔平成二十年九月十七日から施行〕

（罰則についての経過措置）

第五条　前条の規定の施行前にした行為に対する罰則の適用については、なお従前の例による。

附　則（平成二十一年法律第五十三号）（抄）

（施行期日）

第一条　この法律は、平成二十二年一月一日から施行する。ただし、第七十条第二項、第七十八条、第八十八条第二項及び第百四条の改正規定並びに附則第六条の規定は、公布の日から起算して二年を超えない範囲内において政令で定める日から施行する。〔平成二十三年六月一日から施行〕

（視覚障害者のための録音物の使用についての経過措置）

第二条　この法律の施行前にこの法律による改正前の著作権法（以下「旧法」という。）第三十七条第三項（旧法第百二条第一項において準用する場合を含む。）の規定の適用を受けて作成された録音物（この法律による改正後の著作権法（以下「新法」という。）第三十七条第三項（新法第百二条第一項において準用する場合を含む。）の規定により複製し、又は自動公衆送信（送信可能化を含む。）を行うことができる著作物、実演、レコード、放送又は有線放送に係るものを除く。）の使用については、新法第三十七条第三項及び第四十七条の九（これらの規定を新法第百二条第一項において準用する場合を含む。）の規定にかかわらず、なお従前の例による。

（裁定による著作物の利用等についての経過措置）

第三条　新法第六十七条及び第六十七条の二（これらの規定を新法第百三条において準用する場合を含む。）の規定は、この法律の施行の日以後に新法第六十七条第一項（新法第百三条において準用する場合を含む。）の裁定の申請をした者について適用し、この法律の施行の日前に旧法第六十七条第一項の裁定の申請をした者については、なお従前の例による。

（商業用レコードの複製物の頒布の申出についての経過措置）

第四条　新法第百二十一条の二の規定は、著作権法の一部を改正する法律（平成三年法律第六十三号）附則第五項又は著作権法及び万国著作権条約の実施に伴う著作権法の特例に関する法律の一部を改正する法律（平成六年法律第百十二号）附則第六項の規定によりその頒布又は頒布の目的をもってする所持について同条の規定を適用しないこととされる商業用レコードを頒布する旨の申出をする行為であって、この法律の施行後に行われるものについては、適用しない。

（罰則についての経過措置）

第五条　この法律の施行前にした行為に対する罰則の適用については、なお従前の例による。

附　則（平成二十一年法律第七十三号）（抄）

（施行期日）

第一条　この法律は、平成二十二年四月一日から施行する。

附　則（平成二十二年法律第六十五号）（抄）

（施行期日）

第一条　この法律は、公布の日から起算して九月を超えない範囲内において政令で定める日（以下「施行日」という。）から施行する。〔平成二十三年六月三十日から施行〕

附　則（平成二十四年法律第四十三号）

（施行期日）

第一条　この法律は、平成二十五年一月一日から施行する。ただし、次の各号に掲げる規定は、当該各号に定める日から施行する。

一　附則第七条、第八条及び第十条の規定　公布の日

二　第二条第一項第二十号並びに第十八条第三項及び第四項の改正規定、第十九条第四項に一号を加える改正規定、第三十条第一項第二号の改正規定、第四十二条の三を第四十二条の四とし、第四十二条の二の次に一条を加える改正規定、第四十七条の九の改正規定（「又は第四十六条」を「、第四十二条の三第二項又は第四十六条」に改める部分に限る。）、同条ただし書の改正規定（「第四十二条の二まで」の下に「、第四十二条の三第二項」を加える部分に限る。）、第四十九条第一項第一号の改正規定（「第四十二条の二」を「第四十二条の三」に、「第四十二条の三第二項」を「第四十二条の四第二項」に改める部分に限る。）、第八十六条第一項及び第二項の改正規定（「第四十二条の二まで」の下に「、第四十二条の三第二項」を加える部分に限る。）、第九十条の二第四項に一号を加える改正規定、第百二条第一項の改正規定（「第四十二条の三」を「第四十二条の四」に改める部分に限る。）、同条第九項第一号の改正規定（「第四十二条の二」を「第四十二条の三」に、「第四十二条の三第二項」を「第四十二条の四第二項」に改める部分に限る。）、第百十九条第一項の改正規定、同条に一項を加える改正規定並びに第百二十条の二第一号の改正規定

並びに次条並びに附則第四条から第六条まで及び第九条の規定　平成二十四年十月一日

（経過措置）

第二条　この法律による改正後の著作権法（以下「新法」という。）第十八条第三項第一号から第三号までの規定は、前条第二号に掲げる規定の施行前に著作者が行政機関（行政機関の保有する情報の公開に関する法律（平成十一年法律第四十二号）第二条第一項に規定する行政機関をいう。）、独立行政法人等（独立行政法人等の保有する情報の公開に関する法律（平成十三年法律第百四十号）第二条第一項に規定する独立行政法人等をいう。）又は地方公共団体若しくは地方独立行政法人（地方独立行政法人法（平成十五年法律第百十八号）第二条第一項に規定する地方独立行政法人をいう。以下この項において同じ。）に提供した著作物でまだ公表されていないもの（その著作者の同意を得ないで公表された著作物を含む。）であって、公文書等の管理に関する法律（平成二十一年法律第六十六号。以下この項において「公文書管理法」という。）第八条第一項若しくは第十一条第四項の規定により国立公文書館等（公文書管理法第二条第三項に規定する国立公文書館等をいう。次項において同じ。）に移管されたもの又は公文書管理条例（地方公共団体又は地方独立行政法人の保有する歴史公文書等（公文書管理法第二条第六項に規定する歴史公文書等をいう。以下この項において同じ。）の適切な保存及び利用について定める当該地方公共団体の条例をいう。以下この項において同じ。）に基づき地方公文書館等（歴史公文書等の適切な保存及び利用を図る施設として公文書管理条例が定める施設をいう。次項において同じ。）に移管されたものについては、適用しない。

２　新法第十八条第三項第四号及び第五号の規定は、前条第二号に掲げる規定の施行前に著作者が国立公文書館等又は地方公文書館等に提供した著作物でまだ公表されていないもの（その著作者の同意を得ないで公表された著作物を含む。）については、適用しない。

第三条　この法律の施行の際現にこの法律による改正前の著作権法第三十一条第二項の規定により記録媒体に記録されている著作物であって、絶版等資料（新法第三十一条第一項第三号に規定する「絶版等資料」をいう。）に係るものについては、新法第三十一条第三項の規定により当該著作物の複製物を用いて自動公衆送信（送信可能化を含む。）を行うことができる。

（罰則の適用に関する経過措置）

第四条　この法律（附則第一条第二号に掲げる規定については、当該規定）の施行前にした行為に対する罰則の適用については、なお従前の例による。

（政令への委任）

第五条　前三条に規定するもののほか、この法律の施行に関し必要な経過措置は、政令で定める。

（組織的な犯罪の処罰及び犯罪収益の規制等に関する法律の一部改正）
第六条　組織的な犯罪の処罰及び犯罪収益の規制等に関する法律（平成十一年法律第百三十六号）の一部を次のように改正する。

別表第四十八号中「第百十九条」を「第百十九条第一項又は第二項」に改める。

（国民に対する啓発等）
第七条　国及び地方公共団体は、国民が、著作権法第三十条第一項（同法第百二条第一項において準用する場合を含む。）に定める私的使用の目的をもって、有償著作物等特定侵害録音録画（同法第百十九条第三項第一号に規定する有償著作物等特定侵害録音録画をいう。以下この項において同じ。）を、自ら有償著作物等特定侵害録音録画であることを知りながら行って著作権又は著作隣接権を侵害する行為（以下「特定侵害行為」という。）の防止の重要性に対する理解を深めることができるよう、特定侵害行為の防止に関する啓発その他の必要な措置を講じなければならない。
2　国及び地方公共団体は、未成年者があらゆる機会を通じて特定侵害行為の防止の重要性に対する理解を深めることができるよう、学校その他の様々な場を通じて特定侵害行為の防止に関する教育の充実を図らなければならない。

（平二八法一〇八・一部改正、令二法四八・1項一部改正3項削除）

（関係事業者の措置）
第八条　著作権法第百十九条第三項第一号に規定する録音録画有償著作物等を公衆に提供し、又は提示する事業者は、特定侵害行為を防止するための措置を講ずるよう努めなければならない。

（平二八法一〇八・一部改正、令二法四八・一部改正）

（運用上の配慮）
第九条　著作権法第百十九条第三項（第一号に係る部分に限る。）の規定の運用に当たっては、インターネットによる情報の収集その他のインターネットを利用して行う行為が不当に制限されることのないよう配慮しなければならない。

（令二法四八・一部改正）

（検討）
第十条　削除

（令二法四八・削除）

附　則（平成二十四年法律第三十二号）（抄）

（施行期日）
第一条　この法律は、平成二十五年七月一日から施行する。ただし、別表第一の改正規定は、公布の日から施行する。

附　則（平成二十五年法律第八十四号）（抄）

（施行期日）
第一条　この法律は、公布の日から起算して一年を超えない範囲内において政令で定める日から施行する。〔平成二十六年十一月二十五日から施行〕ただし、附則第六十四条、第六十六条及び第百一条の規定は、公布の日から施行する。

附　則（平成二十六年法律第三十五号）

（施行期日）

第一条　この法律は、平成二十七年一月一日から施行する。ただし、第七条の改正規定及び次条の規定は、視聴覚的実演に関する北京条約（同条において「視聴覚的実演条約」という。）が日本国について効力を生ずる日から施行する。

（著作隣接権に関する規定の適用）

第二条　この法律による改正後の著作権法（以下この条において「新法」という。）第七条第四号に掲げる実演（同条第一号から第三号までに掲げる実演に該当するものを除く。）又は同条第五号に掲げる実演であって、視聴覚的実演条約の締約国の国民又は当該締約国に常居所を有する者である実演家に係るものに対する新法中著作隣接権に関する規定（第九十五条の三第三項及び第四項の規定を含む。）の適用については、著作権法の一部を改正する法律（昭和六十一年法律第六十四号）附則第三項、著作権法の一部を改正する法律（平成元年法律第四十三号。次項において「平成元年改正法」という。）附則第二項及び著作権法の一部を改正する法律（平成三年法律第六十三号）附則第二項の規定は、適用しない。

２　視聴覚的実演条約の締約国の国民又は当該締約国に常居所を有する者である実演家（当該実演家に係る実演が行われた際国内に常居所を有しない外国人であった者に限る。）に対する新法中著作隣接権に関する規定（第九十五条の三第三項及び第四項の規定を含む。）の適用については、平成元年改正法附則第四項の規定は、適用しない。

（出版権についての経過措置）

第三条　この法律の施行前に設定されたこの法律による改正前の著作権法による出版権でこの法律の施行の際現に存するものについては、なお従前の例による。

（政令への委任）

第四条　前二条に規定するもののほか、この法律の施行に関し必要な経過措置は、政令で定める。

附　則（平成二十六年法律第六十九号）（抄）

（施行期日）

第一条　この法律は、行政不服審査法（平成二十六年法律第六十八号）の施行の日から施行する。〔平成二十八年四月一日から施行〕

附　則（平成二十七年法律第四十六号）（抄）

（施行期日）

第一条　この法律は、平成二十八年四月一日から施行する。ただし、次条並びに附則第三条及び第二十条の規定は、公布の日から施行する。

附　則（平成二十八年法律第五十一号）（抄）

（施行期日）

第一条　この法律は、公布の日から起算して一年六月を超えない範囲内において政令で定める日から施行する。〔平成二十九年五月三十日から施行〕

附　則（平成二十八年法律第百八号）（抄）

（施行期日）

第一条　この法律は、環太平洋パートナーシップ協定が日本国について効力を生ずる日（第三号において「発効日」という。）から施行する。〔平成三十年十二月三十日から施行〕

（著作権法の一部改正に伴う経過措置）

第七条　第八条の規定による改正後の著作権法（次項及び第三項において「新著作権法」という。）第五十一条第二項、第五十二条第一項、第五十三条第一項、第五十七条並びに第百一条第二項第一号及び第二号の規定は、施行日の前日において現に第八条の規定による改正前の著作権法（以下この項において「旧著作権法」という。）による著作権又は著作隣接権が存する著作物、実演及びレコードについて適用し、同日において旧著作権法による著作権又は著作隣接権が消滅している著作物、実演及びレコードについては、なお従前の例による。

2　新著作権法第百十六条第三項の規定は、著作者又は実演家の死亡の日の属する年の翌年から起算して五十年を経過した日が施行日以後である場合について適用し、その経過した日が施行日前である場合については、なお従前の例による。

3　新著作権法第百二十一条の二の規定は、同条各号に掲げる商業用レコード（当該商業用レコードの複製物（二以上の段階にわたる複製に係る複製物を含む。）を含む。）で、当該各号の原盤に音を最初に固定した日の属する年の翌年から起算して五十年を経過した日が施行日前であるもの（当該固定した日が昭和四十二年十二月三十一日以前であるものを含む。）については、適用しない。

（罰則に関する経過措置）

第八条　施行日前にした行為及び附則第五条の規定によりなお従前の例によることとされる場合における施行日以後にした行為に対する罰則の適用については、なお従前の例による。

（政令への委任）

第九条　この附則に規定するもののほか、この法律の施行に伴い必要な経過措置（罰則に関する経過措置を含む。）は、政令で定める。

附　則（平成二十九年法律第四十五号）

この法律は、民法改正法の施行の日から施行する。（以下略）〔令和二年四月一日から施行〕

附　則（平成三十年法律第三十号）

（施行期日）

第一条　この法律は、平成三十一年一月一日から施行する。ただし、次の各号に掲げる規定は、当該各号に定める日から施行する。

一　第百十三条第五項の改正規定並びに附則第四条及び第七条から第十条までの規定　公布の日

二　目次の改正規定、第三十五条の改正規定、第四十八条第一項第三号の改正規定（「第三十五条」を「第三十五条第一項」に改める部分に限る。）、第八十六条第三項前段の改正規定（「第三十五条第二項」を「第三十五条第一項」に改める部分に限る。）、同項後段の改正規定（「第三十五条第二項」を「第三十五条第一項ただし書」に改める部分に限る。）及び第五章の改正規定　公布の日から起算して三年を超えない範囲内において政令で定める日

（複製物の使用についての経過措置）

第二条　この法律の施行の日（以下「施行日」という。）前にこの法律による改正前の著作権法（以下「旧法」という。）第三十条の四若しくは第四十七条の四から第四十七条の九までの規定の適用を受けて作成された著作物の複製物、旧法第四十三条の規定の適用を受けて旧法第三十条第一項、第三十一条第一項第一号若しくは第三項後段、第三十三条の二第一項、第三十五条第一項、第三十七条第三項、第三十七条の二本文、第四十一条若しくは第四十二条の規定に従い作成された二次的著作物の複製物又は旧法第三十条の三若しくは第四十七条の三第一項の規定の適用を受けて作成された二次的著作物の複製物の使用については、この法律による改正後の著作権法（以下「新法」という。）第四十九条の規定にかかわらず、なお従前の例による。この場合において、旧法第四十九条第一項第一号中「を公衆に提示した」とあるのは「の公衆への提示（送信可能化を含む。以下この条において同じ。）を行つた」と、同項第三号並びに同条第二項第一号及び第二号中「を公衆に提示した」とあるのは「の公衆への提示を行つた」とする。

２　施行日前に旧法第百二条第一項において準用する旧法第三十条の四又は第四十七条の四から第四十七条の九までの規定の適用を受けて作成された実演若しくはレコード又は放送若しくは有線放送に係る音若しくは影像の複製物の使用については、新法第百二条第九項の規定にかかわらず、なお従前の例による。この場合において、旧法第百二条第九項第一号中「を公衆に提示した」とあるのは「の公衆への提示（送信可能化を含む。第八号において同じ。）を行つた」と、同項第八号中「を公衆に提示した」とあるのは「の公衆への提示を行つた」とする。

（裁定による著作物の利用等についての経過措置）

第三条　新法第六十七条及び第六十七条の二（これらの規定を著作権法第百三条において準用する場合を含む。）の規定は、施行日以後に新法第六十七条第一項（著作権法第百三条において準用する場合を含む。）の裁定の申請をした者について適用し、施

行日前に旧法第六十七条第一項（著作権法第百三条において準用する場合を含む。）の裁定の申請をした者については、なお従前の例による。

（準備行為）

第四条　新法第百四条の十一第一項の規定による指定、新法第百四条の十三第一項の規定による認可、同条第五項の規定による諮問、新法第百四条の十四第一項の規定による届出及び新法第百四条の十五第二項の規定による諮問並びにこれらに関し必要な手続その他の行為は、新法第五章第二節の規定の例により、附則第一条第二号に掲げる規定の施行の日（以下「第二号施行日」という。）前においても行うことができる。

（第二号施行日の前日までの間の読替え）

第五条　施行日から第二号施行日の前日までの間における新法第四十七条の六第一項第一号及び第四十七条の七の規定の適用については、同号中「第三十五条第一項」とあるのは「第三十五条」と、同条中「（第三十一条第一項若しくは第三項後段」とあるのは「（第三十一条第一項若しくは第三項後段、第三十五条第一項」とする。

（罰則についての経過措置）

第六条　この法律（附則第一条第二号に掲げる規定については、当該規定）の施行前にした行為に対する罰則の適用については、なお従前の例による。

（政令への委任）

第七条　附則第二条から前条までに規定するもののほか、この法律の施行に関し必要な経過措置は、政令で定める。

（調整規定）

第八条　附則第一条第一号に掲げる規定の施行の日が環太平洋パートナーシップ協定の締結及び環太平洋パートナーシップに関する包括的及び先進的な協定の締結に伴う関係法律の整備に関する法律（平成二十八年法律第百八号。以下「整備法」という。）の施行の日前である場合には、第百十三条第五項の改正規定及び附則第一条第一号中「第百十三条第五項」とあるのは、「第百十三条第四項」とする。

（平三十法三九・一部改正）

第九条　施行日が整備法の施行の日前である場合には、第二条第一項の改正規定中「削り、同項第二十一号中「利用する」を「実行する」に改める」とあるのは、「削る」とする。

2　前項の場合において、整備法第八条のうち著作権法第二条第一項中第二十三号を第二十四号とし、第二十二号を第二十三号とし、第二十一号を第二十二号とし、第二十号の次に一号を加える改正規定中「利用する」とあるのは、「実行する」とする。

第十条　第二号施行日が整備法の施行の日前である場合には、第二号施行日から整備法の施行の日の前日までの間における著作権法第二条第一項第二十号の規定の適用については、同号中「有線放送（次号」とあるのは、「有線放送（次号及び第百四条の十五第一項」とする。

附　則（平成三十年法律第三十九号）（抄）

（施行期日）

第一条　この法律は、平成三十一年四月一日から施行する。

附　則（平成三十年法律第七十号）（抄）

（施行期日）

第一条　この法律は、公布の日から施行する。〔平成三十年七月六日から施行〕

附　則（平成三十年法律第七十二号）（抄）

（施行期日）

第一条　この法律は、公布の日から起算して一年を超えない範囲内において政令で定める日から施行する。〔令和元年七月一日から施行〕ただし、次の各号に掲げる規定は、当該各号に定める日から施行する。

一～五　（略）

（民法の一部改正に伴う経過措置の原則）

第二条　この法律の施行の日（以下「施行日」という。）前に開始した相続については、この附則に特別の定めがある場合を除き、なお従前の例による。

（著作権法の一部改正に伴う経過措置）

第二十条　前条の規定による改正後の著作権法第七十七条（同法第百四条において準用する場合を含む。）及び第八十八条第一項の規定は、施行後以後の著作権、出版権若しくは著作隣接権又はこれらの権利を目的とする質権（以下この条において「著作権等」という。）の移転について適用し、施行日前の著作権等の移転については、なお従前の例による。

第三十一条　この附則に規定するもののほか、この法律の施行に関し必要な経過措置は、政令で定める。

附　則（令和二年法律第四十八号）（抄）

（施行期日）

第一条　この法律は、令和三年一月一日から施行する。ただし、次の各号に掲げる規定は、当該各号に定める日から施行する。

一　第三条（プログラムの著作物に係る登録の特例に関する法律（以下「プログラム登録特例法」という。）第二十条第一号の改正規定に限る。）並びに次条並びに附則第三条、第六条、第七条、第十二条及び第十三条（映画の盗撮の防止に関する法律（平成十九年法律第六十五号）第四条第一項の改正規定中「含む」の下に「。第三項において同じ」を加える部分に限る。）の規定　公布の日

二　第一条並びに附則第四条、第八条、第十一条及び第十三条（前号に掲げる改正規定を除く。）の規定　令和二年十月一日

三　第三条（プログラム登録特例法第九条、第二十条第一号及び第二十六条の改正規定を除く。）の規定　公布の日から起算して一年を超えない範囲内において政令で

定める日

（国民に対する啓発等）

第二条　国及び地方公共団体は、国民が、私的使用（第二条の規定による改正後の著作権法（以下「第二条改正後著作権法」という。）第三十条第一項に規定する私的使用をいう。）の目的をもって、特定侵害複製（同項第四号に規定する特定侵害複製をいう。以下この項において同じ。）を、特定侵害複製であることを知りながら行って著作権を侵害する行為（以下「特定侵害行為」という。）の防止の重要性に対する理解を深めることができるよう、特定侵害行為の防止に関する啓発その他の必要な措置を講じなければならない。

2　国及び地方公共団体は、未成年者があらゆる機会を通じて特定侵害行為の防止の重要性に対する理解を深めることができるよう、学校その他の様々な場を通じて特定侵害行為の防止に関する教育の充実を図らなければならない。

（関係事業者の措置）

第三条　著作物（著作権の目的となっているものに限る。）を公衆に提供し、又は提示する事業者は、特定侵害行為を防止するための措置を講ずるよう努めなければならない。

（罰則についての運用上の配慮）

第四条　第一条の規定による改正後の著作権法（附則第八条において「第一条改正後著作権法」という。）第百十九条第二項（第四号及び第五号に係る部分に限る。）及び第百二十条の二（第三号に係る部分に限る。）の規定の運用に当たっては、インターネットによる情報の提供その他のインターネットを利用して行う行為が不当に制限されることのないよう配慮しなければならない。

第五条　第二条改正後著作権法第百十九条第三項（第二号に係る部分に限る。）の規定の運用に当たっては、インターネットによる情報の収集その他のインターネットを利用して行う行為が不当に制限されることのないよう配慮しなければならない。

（検討）

第六条　政府は、この法律の施行後一年を目途として、第二条改正後著作権法第三十条第一項（第四号に係る部分に限る。）及び第百十九条第三項（第二号に係る部分に限る。）の規定の施行の状況を勘案し、これらの規定について検討を加え、その結果に基づいて必要な措置を講ずるものとする。

第七条　政府は、著作権、出版権又は著作隣接権を侵害する送信可能化への対処に関し、その施策の充実を図る観点から検討を加え、その結果に基づいて必要な措置を講ずるものとする。

（利用権の対抗力についての経過措置）

第八条　第一条改正後著作権法第六十三条の二（第一条改正後著作権法第八十条第四項及び第百三条において準用する場合を含む。）の規定は、附則第一条第二号に掲げる規定の施行の日（以下「第二号施行日」という。）の前日において現に存する第一条の規定による改正前の著作権法（以下この条において「第一条改正前著作権法」という。）第六十三条第一項（第一条改正前著作権法第百三条において準用する場合を含む。）及び第八十条第三項の許諾に係る著作物等（著作物、実演、レコード、放送又は有線放送をいう。以下この条において同じ。）を第一条改正前著作権法第六十三条第二項（第一条改正前著作権法第八十条第四項及び第百三条において準用する場合を含む。）の規定により利用することができる権利にも適用する。ただし、当該権利は、第二号施行日以後に当該権利に係る著作物等の著作権、出版権又は著作隣接権を取得した者その他の第三者に対してのみ対抗することができる。

（手数料の納付についての経過措置）

第九条　この法律の施行の日（以下「施行日」という。）前に独立行政法人（独立行政法人通則法（平成十一年法律第百三号）第二条第一項に規定する独立行政法人をいう。以下この条において同じ。）（第二条の規定による改正前の著作権法（以下この条において「第二条改正前著作権法」という。）第七十条第二項の政令で定める独立行政法人に限る。）が行った第二条改正前著作権法第六十七条第一項（第二条改正前著作権法第百三条において準用する場合を含む。）の裁定の申請及び第二条改正前著作権法第百六条のあっせんの申請に係る手数料の納付については、第二条改正後著作権法第七十条第二項及び第百七条第二項の規定にかかわらず、なお従前の例による。

２　施行日前に国又は独立行政法人（第三条の規定による改正前のプログラム登録特例法第二十六条の政令で定める独立行政法人に限る。）が行った第二条改正前著作権法第七十五条第一項、第七十六条第一項、第七十六条の二第一項及び第七十七条の登録の申請並びに第二条改正前著作権法第七十八条第四項（第二条改正前著作権法第百四条において準用する場合を含む。）の請求に係る手数料の納付については、第二条改正後著作権法第七十八条第六項及び第三条の規定による改正後のプログラム登録特例法（次条において「新プログラム登録特例法」という。）第二十六条の規定にかかわらず、なお従前の例による。

（罰則についての経過措置）

第十一条　第二号施行日前にした行為に対する罰則の適用については、なお従前の例による。

（政令への委任）

第十二条　附則第八条から前条までに規定するもののほか、この法律の施行に関し必要な経過措置（罰則に関する経過措置を含む。）は、政令で定める。

（著作権法の一部を改正する法律の一部改正）

第十四条　著作権法の一部を改正する法律（平成二十四年法律第四十三号）の一部を次のように改正する。

附則第七条第一項中「、新法」を「、著作権法」に、「（新法」を「（同法」に、「録音録画有償著作物等」を「有償著作物等特定侵害録音録画」に、「著作権法第百十九条第三項」を「同法第百十九条第三項第一号」に、「同じ。）の著作権又は著作隣接権を侵害する自動公衆送信（国外で行われる自動公衆送信であって、国内で行われたとしたならば著作権又は著作隣接権の侵害となるべきものを含む。）を受信して行うデジタル方式の録音又は録画」を「この項において同じ。）」に、「その事実」を「有償著作物等特定侵害録音録画であること」に改め、同条第三項を削る。

附則第八条中「録音録画有償著作物等」を「著作権法第百十九条第三項第一号に規定する録音録画有償著作物等」に、「講じる」を「講ずる」に改める。

附則第九条中「新法第百十九条第三項」を「著作権法第百十九条第三項（第一号に係る部分に限る。）」に改める。

附則第十条を削る。

附　則（令和三年法律第三十七号）（抄）

（施行期日）

第一条　この法律は、令和三年九月一日から施行する。ただし、次の各号に掲げる規定は、当該各号に定める日から施行する。

一～三　（略）

四　第十七条、第三十五条、第四十四条、第五十条及び第五十八条並びに次条、附則第三条、第五条、第六条、第七条（第三項を除く。）、第十三条、第十四条、第十八条（戸籍法第百二十九条の改正規定（「戸籍の」の下に「正本及び」を加える部分を除く。）に限る。）、第十九条から第二十一条まで、第二十三条、第二十四条、第二十七条、第二十九条（住民基本台帳法第三十条の十五第三項の改正規定を除く。）、第三十条、第三十一条、第三十三条から第三十五条まで、第四十条、第四十二条、第四十四条から第四十六条まで、第四十八条、第五十条から第五十二条まで、第五十三条（行政手続における特定の個人を識別するための番号の利用等に関する法律第四十五条の二第一項、第五項、第六項及び第九項の改正規定並びに同法第五十二条の三の改正規定を除く。）、第五十五条（がん登録等の推進に関する法律（平成二十五年法律第百十一号）第三十五条の改正規定（「（条例を含む。）」を削る部分に限る。）を除く。）、第五十六条、第五十八条、第六十四条、第六十五条、第六十八条及び第六十九条の規定　公布の日から起算して一年を超えない範囲内において、各規定につき、政令で定める日〔施行日未定〕

五～十　（略）

（漁業法等の一部改正）

第二十一条　次に掲げる法律の規定中「行政機関の保有する個人情報の保護に関する法律（平成十五年法律第五十八号）第二条第五項」を「個人情報の保護に関する法律（平成十五年法律第五十七号）第六十条第一項」に、「第四章」を「第五章第四節」に改める。

一～九（略）
十　著作権法（昭和四十五年法律第四十八号）第七十八条第九項
十一～十七（略）

附　則（令和三年法律第五十二号）

（施行期日）

第一条　この法律は、令和四年一月一日から施行する。ただし、次の各号に掲げる規定は、当該各号に定める日から施行する。
一　附則第七条の規定　公布の日〔令和三年六月二日〕
二　附則第三条及び第四条の規定　令和三年十月一日
三　第一条中著作権法第三条第一項の改正規定、同法第四条第一項の改正規定、同法第三十一条の改正規定、同法第三十八条第一項の改正規定、同法第四十七条の六第一項第二号の改正規定、同法第四十七条の七の改正規定、同法第四十九条第一項第一号の改正規定（「若しくは第三項後段」を「、第三項第一号若しくは第五項第一号」に改める部分に限る。）、同条第二項第一号の改正規定、同法第八十六条の改正規定及び同法第百二条第九項第一号の改正規定（「若しくは第三項後段」を「、第三項第一号若しくは第五項第一号」に改める部分に限る。）並びに附則第五条の規定　公布の日から起算して一年を超えない範囲内において政令で定める日〔施行日未定〕
四　第二条の規定　公布の日から起算して二年を超えない範囲内において政令で定める日〔施行日未定〕

（経過措置）

第二条　第一条の規定（前条第三号に掲げる改正規定を除く。）による改正後の著作権法（以下「第一条改正後著作権法」という。）第二十九条第二項及び第三項の規定は、この法律の施行の日（以下「施行日」という。）以後に創作される映画の著作物の著作権の帰属について適用し、施行日前に創作された映画の著作物の著作権の帰属については、なお従前の例による。

（放送同時配信等の対象としない自動公衆送信を定めるための準備行為）

第三条　文化庁長官は、第一条改正後著作権法第二条第一項第九号の七に規定する著作権者、出版権者若しくは著作隣接権者の利益を不当に害するおそれがある自動公衆送信又は広く国民が容易に視聴することが困難な自動公衆送信を定めるために、施行日前においても、総務大臣に協議することができる。

（著作権等管理事業者の指定等に関する準備行為）

第四条　文化庁長官は、施行日前においても、第一条改正後著作権法第九十三条の三第三項、第九十四条第一項、第九十四条の三第三項又は第九十六条の三第三項の規定及び第一条改正後著作権法第九十三条の三第四項（第一条改正後著作権法第九十四条第四項、第九十四条の三第四項及び第九十六条の三第四項において準用する場合を含む。）の規定の例により、著作権等管理事業者（第一条改正後著作権法第二条第一項第二十三号に規定する著作権等管理事業者をいう。以下この条において同じ。）の指定をすることができる。この場合において、それらの指定は、施行日以後は、それぞれ第一条改正後著作権法第九十三条の三第三項、第九十四条第一項、第九十四条の三第三項又は第九十六条の三第三項の規定による指定とみなす。

2　前項の規定による指定を受けた著作権等管理事業者は、施行日前においても、第一条改正後著作権法第九十三条の三第七項及び第十二項（これらの規定を第一条改正後著作権法第九十四条第四項、第九十四条の三第四項及び第九十六条の三第四項において準用する場合を含む。以下この項において同じ。）の規定の例により、令和四年の第一条改正後著作権法第九十三条の三第七項に規定する報酬又は補償金の額について、放送事業者、有線放送事業者若しくは放送同時配信等事業者（第一条改正後著作権法第二条第一項第九号の八に規定する放送同時配信等事業者をいう。附則第八条第一項において同じ。）又はその団体と協議して定めることができる。

（団体の指定等に関する準備行為）

第五条　文化庁長官は、附則第一条第四号に掲げる規定の施行の日（以下この条において「第四号施行日」という。）前においても、第二条の規定による改正後の著作権法（以下この条及び附則第八条第二項において「第二条改正後著作権法」という。）第百四条の十の二第一項及び第百四条の十の三の規定の例により、団体の指定をすることができる。この場合において、当該指定は、第四号施行日以後は、第二条改正後著作権法第百四条の十の二第一項の規定による指定とみなす。

2　前項の規定による指定を受けた団体は、第四号施行日前においても、第二条改正後著作権法第百四条の十の四第一項及び第三項の規定の例により、同項の意見を聴き、及び同条第一項の認可の申請をすることができる。

3　文化庁長官は、前項の規定による認可の申請があった場合には、第四号施行日前においても、第二条改正後著作権法第百四条の十の四第四項及び第五項の規定の例により、文化審議会に諮問し、及びその認可をすることができる。この場合において、当該認可は、第四号施行日以後は、同条第一項の規定による認可とみなす。

4　第一項の規定による指定を受けた団体は、第四号施行日前においても、第二条改正後著作権法第百四条の十の五の規定の例により、同条第一項の補償金関係業務の執行に関する規程を定め、文化庁長官に届け出ることができる。この場合において、当該届出は、第四号施行日以後は、同項の規定による届出とみなす。

5　文化庁長官は、第二条改正後著作権法第百四条の十の六第一項の政令の制定の立案のために、第四号施行日前においても、文化審議会に諮問することができる。

（罰則についての経過措置）

第六条　この法律（附則第一条第三号及び第四号に掲げる規定にあっては、当該各規定）の施行前にした行為に対する罰則の適用については、なお従前の例による。

（政令への委任）

第七条　附則第二条から前条までに規定するもののほか、この法律の施行に関し必要な経過措置（罰則に係る経過措置を含む。）は、政令で定める。

（検討等）

第八条　政府は、この法律の施行後三年を目途として、放送事業者、有線放送事業者又は放送同時配信等事業者が業として行う放送同時配信等（第一条改正後著作権法第二条第一項第九号の七に規定する放送同時配信等をいう。以下この項において同じ。）の実施状況、これらの者による著作隣接権者への報酬及び補償金の支払の状況その他の第一条改正後著作権法の施行の状況を勘案し、放送同時配信等における著作物、実演及びレコードの公正な利用並びに著作権者及び著作隣接権者の適正な利益の確保に資する施策の在り方について検討を加え、その結果に基づいて必要な措置を講ずるものとする。

2　政府は、第二条改正後著作権法第三十一条第三項に規定する特定図書館等の設置者による図書館等公衆送信補償金（第二条改正後著作権法第百四条の十の二第一項に規定する図書館等公衆送信補償金をいう。以下この項において同じ。）の支払に要する費用を第二条改正後著作権法第三十一条第二項に規定する特定図書館等の利用者の負担に適切に反映させることが重要であることに鑑み、その費用の円滑かつ適正な転嫁に寄与するため、図書館等公衆送信補償金の趣旨及び制度の内容について、広報活動等を通じて国民に周知を図り、その理解と協力を得るよう努めなければならない。

2　著作権法施行令　（昭和四十五年十二月十日政令第三百三十五号）

改正　昭和五十六年　五月二十六日　政令第百八十四号
同　五十九年　五月　十五日　同　第百四十一号
同　五十九年　六月二十八日　同　第二百二十九号
〔保健体育審議会令等の一部を改正する政令第二十四条による改正〕
同　五十九年　九月二十六日　同　第二百八十八号
〔身体障害者福祉法の一部を改正する法律の施行に伴う関係政令の整備に関する政令第七条による改正〕
同　五十九年十一月　十三日　同　第三百二十三号
同　六十一年　八月二十九日　同　第二百八十六号
同　六十二年　三月　二十日　同　第四十六号
平成　元年　十月　三日　同　第二百九十三号
同　二年　九月二十七日　同　第二百八十五号
〔民事保全法の施行に伴う関係政令の整備に関する政令第二十四条による改正〕
同　二年十二月　七日　同　第三百四十七号
〔老人福祉法等の一部を改正する法律の一部の施行に伴う関係政令の整備に関する政令第十七条による改正〕
同　三年　三月二十五日　同　第四十七号
同　四年　四月　三十日　同　第百六十三号
〔行政事務に関する国と地方の関係等の整理及び合理化に関する法律第九条の規定の施行に伴う関係政令の整理に関する政令による改正〕
同　四年十二月　十六日　同　第三百八十二号
同　五年　三月二十六日　同　第六十九号
同　五年　四月　九日　同　第百四十七号
同　十年　十月　十六日　同　第三百二十四号
同　十年十一月二十六日　同　第三百七十二号
〔精神薄弱の用語の整理のための関係政令の一部を改正する政令第二十二条第二号による改正〕
同　十一年　六月二十五日　同　第二百十号
同　十一年十二月　十七日　同　第四百五号
同　十二年　二月　十六日　同　第三十七号
〔民法の一部を改正する法律及び民法の一部を改正する法律の施行に伴う関係法律の整備等に関する法律の施行に伴う関係政令による改正〕

同　　十二年　二月　十六日　同　第四十二号
〔地方分権の推進を図るための関係法律の整備等に関する法律の施行に伴う文部省関係政令の整備等に関する政令による改正〕
同　　十二年　三月二十九日　同　第百三十号
同　　十二年　六月　　七日　同　第三百八号
〔中央省庁等改革のための文部科学省関係政令の整備等に関する政令による改正〕
同　　十二年　六月　　七日　同　第三百二十六号
〔独立行政法人通則法等の施行に伴う関係政令の整備及び経過措置に関する政令による改正〕
同　　十二年　六月　　七日　同　第三百三十三号
〔独立行政法人国立公文書館等の設立に伴う関係政令の整備等に関する政令による改正〕
同　　十二年　七月　十四日　同　第三百八十二号
同　　十二年十二月　　八日　同　第五百四号
同　　十二年十二月　　八日　同　第五百七号
〔独立行政法人教員研修センター法の施行に伴う関係政令の整備及び経過措置に関する政令第七条による改正〕
同　　十三年　三月三十一日　同　第百五十七号
同　　十五年　六月　　四日　同　第二百四十四号
〔独立行政法人原子力安全基盤機構法の施行に伴う関係政令の整備及び経過措置に関する政令第七条による改正〕
同　　十五年十二月　　三日　同　第四百八十三号
〔国立大学法人法等の施行に伴う関係政令の整備等に関する政令第三十四条による改正〕
同　　十六年　一月　三十日　同　第十四号
〔独立行政法人通信総合研究所法の一部を改正する法律の施行に伴う関係政令の整備及び経過措置に関する政令第十一条による改正〕
同　　十六年　六月二十三日　同　第二百十一号
〔特許審査の迅速化等のための特許法等の一部を改正する法律の一部の施行に伴う関係政令の整備及び経過措置に関する政令第三条による改正〕
同　　十六年　十月　二十日　同　第三百十八号
〔破産法の施行に伴う関係政令の整備等に関する政令第十八条による改正〕
同　　十六年十一月　　四日　同　第三百三十八号

同　　十七年　二月　十八日　同　第二十四号
〔不動産登記法及び不動産登記法の施行に伴う関係法律の整備等に関する法律の施行に伴う関係政令の整備等に関する政令第六十一条による改正〕
同　　十八年　三月三十一日　同　第百五十九号
〔独立行政法人消防研究所の解散に関する法律の施行に伴う関係政令の整備及び経過措置に関する政令第五条による改正〕
同　　十八年　九月二十六日　同　第三百二十号
〔障害者自立支援法の一部の施行に伴う関係政令の整備に関する政令第二十七条による改正〕
同　　十九年　三月　　二日　同　第三十九号
〔一般社団法人及び一般財団法人に関する法律等の施行に伴う関係法令の整備等に関する政令第三十四条による改正〕
同　　十九年　三月二十二日　同　第五十五号
〔学校教育法等の一部を改正する法律の施行に伴う関係政令の整備等に関する政令第二十六条による改正〕
同　　十九年　三月　三十日　同　第百十号
〔独立行政法人国立博物館法の一部を改正する法律の施行に伴う関係政令の整備及び経過措置に関する政令による改正〕
同　　十九年　三月　三十日　同　第百十一号
〔独立行政法人に係る改革を推進するための独立行政法人農林水産消費技術センター法及び独立行政法人森林総合研究所法の一部を改正する法律の施行に伴う関係政令の整備及び経過措置に関する政令による改正〕
同　　十九年　七月　十三日　同　第二百七号
〔信託法及び信託法の施行に伴う関係法律の整備等に関する法律の施行に伴う法務省関係政令等の整備等に関する政令第二十三条による改正〕
同　二十一年　三月三十一日　同　第百十一号
〔独立行政法人に係る改革を推進するための文部科学省関係法律の整備等に関する法律の施行に伴う関係政令の整備及び経過措置に関する政令第四条による改正〕
同　二十一年　五月　十五日　同　第百三十七号
同　二十一年　九月　十一日　同　第二百四十号
〔独立行政法人に係る改革を推進するための文部科学省関係法律の整備等に関する法律の一部の施行に伴う関係政令の整備及び経過措置に関

する政令第三条による改正〕

同　二十一年十二月二十八日　同　第二百九十九号

同　二十三年　五月二十七日　同　第百五十四号

同　二十三年　九月二十二日　同　第二百九十六号

〔障がい者制度改革推進本部等における検討を踏まえて障害保健福祉施策を見直すまでの間において障害者等の地域生活を支援するための関係法律の整備に関する法律の一部の施行に伴う関係政令の整備に関する政令第十三条による改正〕

同　二十四年　二月　　三日　同　第二十六号

〔障がい者制度改革推進本部等における検討を踏まえて障害保健福祉施策を見直すまでの間において障害者等の地域生活を支援するための関係法律の整備に関する法律の施行に伴う関係政令の整備等及び経過措置に関する政令第二十一条による改正〕

同　二十五年　一月　十八日　同　第五号

〔地域社会における共生の実現に向けて新たな障害保健福祉施策を講ずるための関係法律の整備に関する法律の施行に伴う関係政令の整備等に関する政令第四条第十六号による改正〕

同　二十五年十一月二十七日　同　第三百十九号

〔地域社会における共生の実現に向けて新たな障害保健福祉施策を講ずるための関係法律の整備に関する法律の一部の施行に伴う関係政令の整備に関する政令第十三条第三号による改正〕

同　二十六年　二月　十九日　同　第三十九号

〔独立行政法人原子力安全基盤機構の解散に関する法律の施行に伴う関係政令の整備等及び経過措置に関する政令第六条による改正〕

同　二十六年　八月　二十日　同　第二百八十五号

同　二十七年　三月　十八日　同　第七十四号

〔独立行政法人通則法の一部を改正する法律及び独立行政法人通則法の一部を改正する法律の施行に伴う関係法律の整備に関する法律の施行に伴う関係政令の整備等及び経過措置に関する政令第五十三条による改正〕

同　二十八年　一月二十二日　同　第十一号

〔独立行政法人大学評価・学位授与機構法の一部を改正する法律の施行に伴う関係政令の整備及び経過措置に関する政令第七条による改正〕

同　二十九年　二月　十七日　同　第二十二号

〔教育公務員特例法等の一部を改正する法律の施行に伴う関係政令の整備に関する政令第二条による改正〕

同　二十九年十一月　十五日　同　第二百八十三号
同　　三十年　六月　　六日　同　第百八十三号
〔民法の一部を改正する法律及び民法の一部を改正する法律の施行に伴う関係法律の整備等に関する法律の施行に伴う関係政令の整備に関する政令第二十一条による改正〕
同　　三十年十二月二十八日　同　第三百六十号
令和　　元年　六月二十八日　同　第四十二号
同　　　二年　九月　十六日　同　第二百八十四号
同　　　二年十二月二十三日　同　第三百六十四号
同　　　三年　九月二十七日　同　第二百六十六号

目次

第一章　私的録音録画補償金に係る特定機器及び特定記録媒体

（平五政一四七・追加）

（特定機器）

第一条　著作権法（以下「法」という。）第三十条第三項（法第百二条第一項において準用する場合を含む。以下この条及び次条において同じ。）の政令で定める機器のうち録音の機能を有するものは、次に掲げる機器（他の機器との間の音の信号に係る接続の方法で法第三十条第三項の特別の性能を有する機器に用いるものとして文部科学省令で定めるものを用いる機器を除く。）であつて主として録音の用に供するもの（次項に規定するものを除く。）とする。

一　回転ヘッド技術を用いた磁気的方法により、三十二キロヘルツ、四十四・一キロヘルツ又は四十八キロヘルツの標本化周波数（アナログ信号をデジタル信号に変換する一秒当たりの回数をいう。以下この条において同じ。）でアナログデジタル変換（アナログ信号をデジタル信号に変換することをいう。以下この条において同じ。）が行われた音を幅が三・八一ミリメートルの磁気テープに固定する機能を有する機器

二　固定ヘッド技術を用いた磁気的方法により、三十二キロヘルツ、四十四・一キロヘルツ又は四十八キロヘルツの標本化周波数でアナログデジタル変換が行われた音を幅が三・七八ミリメートルの磁気テープに固定する機能を有する機器

三　磁気的かつ光学的方法により、四十四・一キロヘルツの標本化周波数でアナログデジタル変換が行われた音を直径が六十四ミリメートルの光磁気ディスクに固定する機能を有する機器

四　光学的方法により、四十四・一キロヘルツの標本化周波数でアナログデジタル変換が行われた音を直径が八十ミリメートル又は百二十ミリメートルの光ディスク（一枚の基板からなるものに限る。）に固定する機能を有する機器

2　法第三十条第三項の政令で定める機器のうち録画の機能を有するものは、次に掲げる機器（ビデオカメラとしての機能を併せ有するものを除く。）であつて主として録画の用に供するもの（デジタル方式の録音の機能を併せ有するものを含む。）とする。

一　回転ヘッド技術を用いた磁気的方法により、その輝度については十三・五メガヘルツの標本化周波数で、その色相及び彩度については三・三七五メガヘルツの標本

化周波数でアナログデジタル変換が行われた影像を、幅が六・三五ミリメートルの磁気テープ（幅、奥行及び高さが百二十五ミリメートル、七十八ミリメートル及び十四・六ミリメートルのカセットに収容されているものに限る。）に連続して固定する機能を有する機器

二　回転ヘッド技術を用いた磁気的方法により、いずれの標本化周波数によるものであるかを問わずアナログデジタル変換が行われた影像を、幅が十二・六五ミリメートルの磁気テープに連続して固定する機能を有する機器

三　光学的方法により、特定の標本化周波数でアナログデジタル変換が行われた影像又はいずれの標本化周波数によるものであるかを問わずアナログデジタル変換が行われた影像を、直径が百二十ミリメートルの光ディスク（レーザー光が照射される面から記録層までの距離が〇・六ミリメートルのものに限る。）であつて次のいずれか一に該当するものに連続して固定する機能を有する機器

イ　記録層の渦巻状の溝がうねつておらず、かつ、連続していないもの

ロ　記録層の渦巻状の溝がうねつており、かつ、連続しているもの

ハ　記録層の渦巻状の溝がうねつており、かつ、連続していないもの

四　光学的方法（波長が四百五ナノメートルのレーザー光を用いることその他の文部科学省令で定める基準に従うものに限る。）により、特定の標本化周波数でアナログデジタル変換が行われた影像又はいずれの標本化周波数によるものであるかを問わずアナログデジタル変換が行われた影像を、直径が百二十ミリメートルの光ディスク（レーザー光が照射される面から記録層までの距離が〇・一ミリメートルのものに限る。）であつて前号ロに該当するものに連続して固定する機能を有する機器

（平五政一四七・追加、平十政三二四・柱書一部改正四号追加、平十一政二一〇・柱書一部改正２項追加、平十二政三〇八・１項柱書一部改正、平十二政三八二・２項三号追加、平二一政一三七・２項四号追加、令二政三六四・１項柱書２項柱書一部改正）

（特定記録媒体）

第一条の二　法第三十条第三項の政令で定める記録媒体のうち録音の用に供されるものは、前条第一項に規定する機器によるデジタル方式の録音の用に供される同項各号に規定する磁気テープ、光磁気ディスク又は光ディスク（小売に供された後最初に購入する時に録音されていないものに限る。）とする。

２　法第三十条第三項の政令で定める記録媒体のうち録画の用に供されるものは、前条第二項に規定する機器によるデジタル方式の録画（デジタル方式の録音及び録画を含む。）の用に供される同項各号に規定する磁気テープ又は光ディスク（小売に供された後最初に購入する時に録画されていないものに限る。）とする。

（平五政一四七・追加、平十政三二四・一部改正、平十一政二一〇・柱書一部改正２項追加、平十二政三八二・２項一部改正）

第二章　著作物等の複製等が認められる施設等

（昭五九政三二三・改称、平五政一四七・旧第一章繰下、平十二政五〇四・一部改正、平三〇政三六〇・旧第一章の二繰下）

（図書館資料の複製が認められる図書館等）

第一条の三　法第三十一条第一項（法第八十六条第一項及び第百二条第一項において準用する場合を含む。）の政令で定める図書館その他の施設は、次に掲げる施設で図書館法（昭和二十五年法律第百十八号）第四条第一項の司書又はこれに相当する職員として文部科学省令で定める職員（以下「司書等」という。）が置かれているものとする。

一　図書館法第二条第一項の図書館

二　学校教育法（昭和二十二年法律第二十六号）第一条の大学又は高等専門学校（以下「大学等」という。）に設置された図書館及びこれに類する施設

三　大学等における教育に類する教育を行う教育機関で当該教育を行うにつき学校教育法以外の法律に特別の規定があるものに設置された図書館

四　図書、記録その他著作物の原作品又は複製物を収集し、整理し、保存して一般公衆の利用に供する業務を主として行う施設で法令の規定によつて設置されたもの

五　学術の研究を目的とする研究所、試験所その他の施設で法令の規定によつて設置されたもののうち、その保存する図書、記録その他の資料を一般公衆の利用に供する業務を行うもの

六　前各号に掲げるもののほか、国、地方公共団体又は一般社団法人若しくは一般財団法人その他の営利を目的としない法人（第二条から第三条までにおいて「一般社団法人等」という。）が設置する施設で前二号に掲げる施設と同種のもののうち、文化庁長官が指定するもの

2　文化庁長官は、前項第六号の規定による指定をしたときは、その旨をインターネットの利用その他の適切な方法により公表するものとする。

（昭五九政三二三・一部改正、平五政一四七・１項一部改正旧第一条繰下、平十二政三〇八・１項一部改正、平十九政三九・１項六号一部改正、平二一政二九九・１項柱書二号一部改正、平三〇政三六〇・１項六号２項一部改正）

（図書館等に類する外国の施設）

第一条の四　法第三十一条第三項前段（法第八十六条第三項及び第百二条第一項において準用する場合を含む。）の政令で定める外国の施設は、外国の政府、地方公共団体又は営利を目的としない法人が設置する施設で図書、記録その他の資料を公衆の利用に供する業務を行うもののうち、次に掲げる要件を満たすものとする。

一　文学的及び美術的著作物の保護に関するベルヌ条約により創設された国際同盟の加盟国に所在するものであること。

二　司書等に相当する職員が置かれていること。
三　国立国会図書館との間で、絶版等資料に係る著作物の利用を適切に行うために必要な体制の整備に関する事項その他の文部科学省令で定める事項について協定を締結していること。

（平三〇政三六〇・追加）

（視覚障害者等のための複製等が認められる者）

第二条　法第三十七条第三項（法第八十六条第一項及び第三項並びに第百二条第一項において準用する場合を含む。）の政令で定める者は、次に掲げる者とする。

一　次に掲げる施設を設置して視覚障害者等のために情報を提供する事業を行う者（イ、ニ又はチに掲げる施設を設置する者にあつては国、地方公共団体又は一般社団法人等、ホに掲げる施設を設置する者にあつては地方公共団体、公益社団法人又は公益財団法人に限る。）
イ　児童福祉法（昭和二十二年法律第百六十四号）第七条第一項の障害児入所施設及び児童発達支援センター
ロ　大学等の図書館及びこれに類する施設
ハ　国立国会図書館
ニ　身体障害者福祉法（昭和二十四年法律第二百八十三号）第五条第一項の視聴覚障害者情報提供施設
ホ　図書館法第二条第一項の図書館（司書等が置かれているものに限る。）
ヘ　学校図書館法（昭和二十八年法律第百八十五号）第二条の学校図書館
ト　老人福祉法（昭和三十八年法律第百三十三号）第五条の三の養護老人ホーム及び特別養護老人ホーム
チ　障害者の日常生活及び社会生活を総合的に支援するための法律（平成十七年法律第百二十三号）第五条第十一項に規定する障害者支援施設及び同条第一項に規定する障害福祉サービス事業（同条第七項に規定する生活介護、同条第十二項に規定する自立訓練、同条第十三項に規定する就労移行支援又は同条第十四項に規定する就労継続支援を行う事業に限る。）を行う施設

二　前号に掲げる者のほか、視覚障害者等のための情報を提供する事業を行う法人（法第二条第六項に規定する法人をいう。以下同じ。）で次に掲げる要件を満たすもの
イ　視覚障害者等のための複製又は公衆送信（放送又は有線放送を除き、自動公衆送信の場合にあつては送信可能化を含む。ロにおいて同じ。）を的確かつ円滑に行うことができる技術的能力及び経理的基礎を有していること。
ロ　視覚障害者等のための複製又は公衆送信を適正に行うために必要な法に関する知識を有する職員が置かれていること。
ハ　情報を提供する視覚障害者等の名簿を作成していること（当該名簿を作成して

いる第三者を通じて情報を提供する場合にあつては、当該名簿を確認していること）。

ニ　法人の名称並びに代表者（法人格を有しない社団又は財団の管理人を含む。以下同じ。）の氏名及び連絡先その他文部科学省令で定める事項について、文部科学省令で定めるところにより、公表していること。

三　視覚障害者等のための情報を提供する事業を行う法人のうち、当該事業の実施体制が前号イからハまでに掲げるものに準ずるものとして文化庁長官が指定するもの

２　文化庁長官は、前項第三号の規定による指定をしたときは、その旨をインターネットの利用その他の適切な方法により公表するものとする。

（昭五九政二八八・平二政三四七・一部改正、平五政六九・１項五号２項追加、平十政三七二・１項一号一部改正、平十二政五〇四・１項柱書一号二号四号五号一部改正、平十八政三二〇・１項一号二号一部改正五号追加旧五号繰下２項一部改正、平十九政三九・１項一号二号五号一部改正、平十九政五五・１項三号一部改正、平二一政二九九・見出し一部改正１項全改２項一部改正、平二三政二九六・１項一号一部改正、平二四政二六・１項一号一部改正、平二五政五・１項一号一部改正、平二五政三一九・１項一号一部改正、平二六政二八五・１項柱書一部改正、平三〇政三六〇・１項二号一部改正三号追加２項一部改正）

（聴覚障害者等のための複製等が認められる者）

第二条の二　法第三十七条の二（法第八十六条第一項及び第三項並びに第百二条第一項において準用する場合を含む。）の政令で定める者は、次の各号に掲げる利用の区分に応じて当該各号に定める者とする。

一　法第三十七条の二第一号（法第八十六条第一項及び第三項において準用する場合を含む。）に掲げる利用　次に掲げる者

イ　身体障害者福祉法第五条第一項の視聴覚障害者情報提供施設を設置して聴覚障害者等のために情報を提供する事業を行う者（国、地方公共団体又は一般社団法人等に限る。）

ロ　イに掲げる者のほか、聴覚障害者等のために情報を提供する事業を行う法人のうち、聴覚障害者等のための複製又は自動公衆送信（送信可能化を含む。）を的確かつ円滑に行うことができる技術的能力、経理的基礎その他の体制を有するものとして文化庁長官が指定するもの

二　法第三十七条の二第二号（法第八十六条第一項及び第百二条第一項において準用する場合を含む。以下この号において同じ。）に掲げる利用　次に掲げる者（法第三十七条の二第二号の規定の適用を受けて作成された複製物の貸出しを文部科学省令で定める基準に従つて行う者に限る。）

イ　次に掲げる施設を設置して聴覚障害者等のために情報を提供する事業を行う者

（(2)に掲げる施設を設置する者にあつては国、地方公共団体又は一般社団法人等、(3)に掲げる施設を設置する者にあつては地方公共団体、公益社団法人又は公益財団法人に限る。）

(1) 大学等の図書館及びこれに類する施設

(2) 身体障害者福祉法第五条第一項の視聴覚障害者情報提供施設

(3) 図書館法第二条第一項の図書館（司書等が置かれているものに限る。）

(4) 学校図書館法第二条の学校図書館

ロ イに掲げる者のほか、聴覚障害者等のために情報を提供する事業を行う法人のうち、聴覚障害者等のための複製を的確かつ円滑に行うことができる技術的能力、経理的基礎その他の体制を有するものとして文化庁長官が指定するもの

2 文化庁長官は、前項第一号ロ又は第二号ロの規定による指定をしたときは、その旨をインターネットの利用その他の適切な方法により公表するものとする。

（平十二政五〇四・追加、平十九政三九・1項一号一部改正、平二一政二九九・見出し一部改正1項全改2項一部改正、平二六政二八五・1項柱書一号一部改正、平三〇政三六〇・1項二号2項一部改正）

（映画の著作物の複製物の貸与が認められる施設）

第二条の三 法第三十八条第五項の政令で定める施設は、次に掲げるものとする。

一 国又は地方公共団体が設置する視聴覚教育施設

二 図書館法第二条第一項の図書館

三 前二号に掲げるもののほか、国、地方公共団体又は一般社団法人等が設置する施設で、映画フィルムその他の視聴覚資料を収集し、整理し、保存して公衆の利用に供する業務を行うもののうち、文化庁長官が指定するもの

2 文化庁長官は、前項第三号の規定による指定をしたときは、その旨をインターネットの利用その他の適切な方法により公表するものとする。

（昭五九政三二三・追加、昭六一政二八六・一部改正、平十二政五〇四・旧第二条の二繰下、平十九政三九・1項三号一部改正、平三〇政三六〇・2項一部改正）

第三章 記録保存所

（平三〇政三六〇・旧第二章繰下）

（記録保存所）

第三条 法第四十四条第一項から第三項まで（これらの規定を法第百二条第一項において準用する場合を含む。）の規定により作成された録音物又は録画物（以下この章において「一時的固定物」という。）を法第四十四条第四項ただし書（法第百二条第一項において準用する場合を含む。次条第一項において同じ。）の規定により保存す

ることができる公的な記録保存所（以下この章において「記録保存所」という。）は、次に掲げる施設で、当該施設を設置する者の同意を得て文化庁長官が指定するものとする。

一　独立行政法人国立美術館が設置する施設で、映画に関する作品その他の資料を収集し、及び保管することを目的とするもの

二　放送、有線放送又は放送同時配信等の用に供した録音物又は録画物を記録として収集し、及び保存することを目的とする施設（一般社団法人等が設置するものに限る。）

2　文化庁長官は、前項の規定による指定をしたときは、その旨を官報で告示する。

（昭六一政二八六・一部改正、平十二政三三三・１項柱書一号二号２項一部改正、平十九政三九・１項二号一部改正、平三〇政三六〇・２項一部改正、令三政二六六・１項柱書二号一部改正）

（一時的固定物の保存）

第四条　法第四十四条第四項ただし書の規定により記録保存所において保存することができる一時的固定物は、記録として特に保存する必要があると認められるものでなければならない。

2　記録保存所においては、その保存する一時的固定物を良好な状態で保存するため、適当な措置を講じなければならない。

3　記録保存所においては、記録として保存するため必要があると認められる場合には、その保存する一時的固定物に録音され、又は録画されている音又は影像を録音し、又は録画して、その録音物又は録画物を当該一時的固定物に代えて保存することができる。

4　前項の録音物又は録画物は、一時的固定物とみなす。

（昭六一政二八六・一部改正、令三政二六六・１項一部改正）

（報告等）

第五条　記録保存所を設置する者（以下この章において「記録保存所の設置者」という。）は、文部科学省令で定めるところにより、その記録保存所において保存する一時的固定物の保存の状況を文化庁長官に報告しなければならない。

2　記録保存所の設置者は、その記録保存所において保存する一時的固定物を、文化庁長官の定める方法に従い、保存しなければならない。

3　記録保存所の設置者は、その記録保存所において保存する一時的固定物の目録を作成し、かつ、公開しなければならない。

（平十二政三〇八・１項一部改正、平十二政三三三・１項一部改正）

（業務の廃止）

第六条　文化庁長官は、記録保存所の設置者がその記録保存所における一時的固定物の保存に係る業務を廃止しようとする場合において文部科学省令で定める事項を記載し

た書面をもつて届け出たときは、その旨を官報で告示する。

2　第三条第一項の規定による指定は、前項の官報の告示があつた日から起算して一月を経過した日に、その効力を失う。

（平十二政三〇八・1項一部改正、平十二政三三三・2項一部改正、平三〇政三六〇・2項一部改正）

（指定の取消し）

第七条　文化庁長官は、記録保存所の設置者が次の各号のいずれかに該当するときは、第三条第一項の規定による指定を取り消すことができる。

一　その記録保存所において保存する一時的固定物を利用して、不当な収益を図り、又は当該一時的固定物に係る権利者の権利を害したとき。

二　第五条の規定に違反したとき。

2　文化庁長官は、前項の規定による指定の取消しをするときは、あらかじめその旨を官報で告示する。

（平十二政三三三・1項柱書一部改正、平三〇政三六〇・1項柱書2項一部改正）

第四章　原作品展示者に準ずる者及び美術の著作物等の譲渡等の申出に伴う複製等について講ずべき措置

（平二一政二九九・追加、平三〇政三六〇・旧第三章繰下改称）

（原作品展示者に準ずる者）

第七条の二　法第四十七条第三項（法第八十六条第一項及び第三項並びに第百二条第一項において準用する場合を含む。）の政令で定める者は、国若しくは地方公共団体の機関又は営利を目的としない法人で、原作品展示者の同意を得て展示著作物の所在に関する情報を集約して公衆に提供する事業を行うもののうち、文化庁長官が指定するものとする。

2　文化庁長官は、前項の規定による指定をしたときは、その旨をインターネットの利用その他の適切な方法により公表するものとする。

（平三〇政三六〇・追加）

（美術の著作物等の譲渡等の申出に伴う複製等について講ずべき措置）

第七条の三　法第四十七条の二（法第八十六条第一項及び第三項並びに第百二条第一項において準用する場合を含む。）の政令で定める措置は、次の各号に掲げる区分に応じ、当該各号に定める措置とする。

一　法第四十七条の二（法第八十六条第一項及び第百二条第一項において準用する場合を含む。）に規定する複製　当該複製により作成される複製物に係る著作物の表示の大きさ又は精度が文部科学省令で定める基準に適合するものとなるようにすること。

二　法第四十七条の二（法第八十六条第三項及び第百二条第一項において準用する場合を含む。）に規定する公衆送信　次のいずれかの措置

イ　当該公衆送信を受信して行われる著作物の表示の精度が文部科学省令で定める基準に適合するものとなるようにすること。

ロ　当該公衆送信を受信して行う著作物の複製（法第四十七条の四第一項の規定により行うことができるものを除く。）を電磁的方法（法第二条第一項第二十号に規定する電磁的方法をいう。）により防止する手段であつて、著作物の複製に際しこれに用いられる機器が特定の反応をする信号を著作物とともに送信する方式によるものを用い、かつ、当該公衆送信を受信して行われる著作物の表示の精度が文部科学省令で定めるイに規定する基準より緩やかな基準に適合するものとなるようにすること。

（平二一政二九九・追加、平二六政二八五・１項柱書一号二号一部改正２項削除、平三〇政三六〇・旧第七条の二繰下柱書一号二号柱書二号ロ一部改正）

第五章　電子計算機による情報処理及びその結果の提供等の基準

（平三〇政三六〇・全改）

第七条の四　法第四十七条の五第一項（法第八十六条第一項及び第三項並びに第百二条第一項において準用する場合を含む。第三号において同じ。）の政令で定める基準は、次のとおりとする。

一　送信可能化された検索情報に係る送信元識別符号を検索し、及びその結果を提供する行為（ロ及び次項第一号において「送信元識別符号検索結果提供」という。）を行う場合にあつては、次に掲げる要件に適合すること。

イ　送信可能化された著作物等に係る自動公衆送信について受信者を識別するための情報の入力を求めることその他の受信を制限するための手段が講じられている場合にあつては、当該自動公衆送信の受信について当該手段を講じた者の承諾を得たものに限つて利用を行うこと。

ロ　イに掲げるもののほか、送信元識別符号検索結果提供を適正に行うために必要な措置として文部科学省令で定める措置を講ずること。

二　法第四十七条の五第二項（法第八十六条第一項及び第三項並びに第百二条第一項において準用する場合を含む。次項において同じ。）の規定の適用を受けて作成された著作物等の複製物を使用する場合にあつては、当該複製物に係る情報の漏えいの防止のために必要な措置を講ずること。

三　前二号に掲げるもののほか、法第四十七条の五第一項各号に掲げる行為に係る著

作物等の利用を適正に行うために必要な措置として文部科学省令で定める措置を講ずること。

2　法第四十七条の五第二項の政令で定める基準は、次のとおりとする。

一　送信元識別符号検索結果提供の準備を行う場合にあつては、当該送信元識別符号検索結果提供を前項第一号に掲げる要件に適合させるために必要な措置を講ずること。

二　法第四十七条の五第二項の規定の適用を受けて作成された著作物等の複製物に係る情報の漏えいの防止のために必要な措置を講ずること。

（平三〇政三六〇・全改）

第六章　著作物等の利用の裁定に関する手続

（昭五九政二二九・昭五九政三二三・改称、平二一政二九九・旧第三章繰下改称、平三〇政三六〇・旧第七章繰上）

（著作権者と連絡することができない場合）

第七条の五　法第六十七条第一項の政令で定める場合は、著作権者の氏名又は名称及び住所又は居所その他著作権者と連絡するために必要な情報（以下この条において「権利者情報」という。）を取得するために次に掲げる全ての措置をとり、かつ、当該措置により取得した権利者情報その他その保有する全ての権利者情報に基づき著作権者と連絡するための措置をとつたにもかかわらず、著作権者と連絡することができなかつた場合とする。

一　広く権利者情報を掲載していると認められるものとして文化庁長官が定める刊行物その他の資料を閲覧すること。

二　著作権等管理事業者その他の広く権利者情報を保有していると認められる者として文化庁長官が定める者に対し照会すること。

三　時事に関する事項を掲載する日刊新聞紙への掲載その他これに準ずるものとして文化庁長官が定める方法により、公衆に対し広く権利者情報の提供を求めること。

2　文化庁長官は、前項各号の規定による定めをしたときは、その旨を官報で告示する。

（平二一政二九九・追加、平三〇政三六〇・旧第七条の七繰上２項一部改正、令三政二六六・１項２号一部改正）

（補償金の供託を要しない法人）

第七条の六　法第六十七条第二項の政令で定める法人は、次に掲げる法人とする。

一　独立行政法人通則法（平成十一年法律第百三号）第二条第一項に規定する独立行政法人

二　国立大学法人法（平成十五年法律第百十二号）第二条第一項に規定する国立大学法人及び同条第三項に規定する大学共同利用機関法人

三　地方独立行政法人法（平成十五年法律第百十八号）第二条第一項に規定する地方独立行政法人

四　日本放送協会

（平三〇政三六〇・追加）

（著作権者不明等の場合における著作物の利用に関する裁定の申請）

第八条　法第六十七条第三項の政令で定める事項は、次に掲げる事項とする。

一　申請者の氏名又は名称及び住所又は居所並びに法人にあつては代表者の氏名

二　著作物の題号（題号がないとき、又は不明であるときは、その旨）及び著作者名（著作者名の表示がないとき、又は著作者名が不明であるときは、その旨）

三　著作物の種類及び内容又は体様

四　補償金の額の算定の基礎となるべき事項

五　著作権者と連絡することができない理由

六　法第六十七条の二第一項の規定により著作物を利用するときは、その旨

2　法第六十七条第三項の政令で定める資料は、次に掲げる資料とする。

一　申請に係る著作物の体様を明らかにするため必要があるときは、その図面、写真その他当該著作物の体様を明らかにする資料

二　申請に係る著作物が公表され、又は相当期間にわたり公衆に提供され、若しくは提示されている事実が明らかであることを疎明する資料

（平二一政二九九・1項柱書一号2項柱書一部改正1項四号削除旧五号六号繰上新六号追加2項二号削除旧三号繰上、平三〇政三六〇・1項柱書一号二号2項柱書一部改正）

（担保金の取戻し）

第八条の二　法第六十七条の二第一項の規定により担保金を供託した者は、当該担保金の額が同条第八項の規定により著作権者が弁済を受けることができる額を超えることとなつたときは、その超過額を取り戻すことができる。

（平二一政二九九・追加、平三〇政三六〇・一部改正）

（著作物の放送等に関する裁定の申請）

第九条　法第六十八条第一項の裁定を受けようとする者は、次に掲げる事項を記載した申請書を文化庁長官に提出しなければならない。

一　第八条第一項第一号から第四号までに掲げる事項

二　著作権者の氏名又は名称及び住所又は居所並びに法人にあつては代表者の氏名

三　著作権者との協議が成立せず、又は協議をすることができない理由

2　前項の申請書には、次に掲げる資料を添付しなければならない。

一　第八条第二項第一号に掲げる資料

二　著作権者との協議が成立せず、又は協議をすることができないことを疎明する資料

三　申請に係る著作物が公表されていることを疎明する資料

（平二一政二九九・1項一号2項一号一部改正、平三〇政三六〇・2項柱書一部改正、令三政二六六・見出し一部改正）

（商業用レコードへの録音に関する裁定の申請）

第十条　法第六十九条の裁定を受けようとする者は、次に掲げる事項を記載した申請書を文化庁長官に提出しなければならない。

一　第八条第一項第一号から第四号まで並びに前条第一項第二号及び第三号に掲げる事項

二　申請に係る音楽の著作物が録音されている商業用レコードの名称（名称がないとき、又は不明であるときは、その旨）

2　前項の申請書は、次に掲げる資料を添付しなければならない。

一　前条第二項第二号に掲げる資料

二　前項第二号の商業用レコードが最初に国内において販売されたことを疎明する資料

三　前項第二号の商業用レコードが販売された日から三年を経過していることを疎明する資料

四　申請に係る音楽の著作物の前項第二号の商業用レコードへの録音が著作権者の許諾を得て行われたことを疎明する資料

（平二一政二九九・1項一号一部改正、平三〇政三六〇・1項二号2項柱書四号一部改正）

（手数料）

第十一条　法第七十条第一項の政令で定める手数料の額は、一件につき六千九百円とする。

（昭五六政一八四・一部改正、昭五九政一四一・一部改正、昭六二政四六・一部改正、平三政四七・一部改正、平二九政二八三・一部改正）

（補償金の額の通知）

第十二条　文化庁長官は、法第六十七条の二第一項の規定により著作物を利用する者に対して法第七十条第五項の裁定をしない処分をした旨の通知をするとき（その者が当該処分を受けるまでの間に著作権者と連絡をすることができるに至った場合を除く。）は、併せて法第六十七条の二第五項又は第六項の補償金の額を通知する。

2　文化庁長官は、法第七十条第六項の裁定をした旨の通知をするときは、併せて当該裁定に係る著作物の利用につき定めた補償金の額を通知する。

（平十二政三二六・一部改正、平二一政二九九・1項追加旧1項繰下、平三〇政三六〇・1項一部改正）

（著作隣接権への準用）

第十二条の二　第七条の五から第九条まで及び前二条の規定は、法第百三条において法

第六十七条第一項から第三項まで、第六十七条の二第九項並びに第七十条第一項及び第八項の規定を準用する場合について準用する。この場合において、第八条第一項第六号中「法」とあるのは「法第百三条において準用する法」と、第八条の二中「法」とあるのは「法第百三条において準用する法」と、「同条第八項」とあるのは「法第百三条において準用する法第六十七条の二第八項」と、第九条第一項及び前条中「法」とあるのは「法第百三条において準用する法」と読み替えるものとする。

（平二一政二九九・追加、平三〇政三六〇・一部改正、令三政二六六・一部改正）

第七章　登録

（平二一政二九九・旧第四章繰下、平三〇政三六〇・旧第八章繰上）

第一節　著作権登録原簿等

（著作権登録原簿の調製等）

第十三条　法第七十八条第一項の著作権登録原簿、法第八十八条第二項の出版権登録原簿及び法第百四条の著作隣接権登録原簿（以下「著作権登録原簿等」と総称する。）は、その全部を磁気ディスク（これに準ずる方法により一定の事項を確実に記録しておくことができる物を含む。）をもつて調製し、その調製の方法は、文部科学省令で定める。

2　著作権登録原簿等の附属書類については、文部科学省令で定める。

（昭六一政二八六・一部改正、平十二政三〇八・１項２項一部改正、平十三政一五七・１項一部改正、平二三政一五四・１項一部改正）

（手数料）

第十四条　法第七十八条第五項（法第八十八条第二項及び第百四条において準用する場合を含む。）の政令で定める手数料の額は、次の各号に掲げる区分に応じ、それぞれ当該各号に定める額とする。

一　著作権登録原簿等に記録されている事項を記載した書類の交付　次のイ又はロに掲げる著作権登録原簿等の区分に応じ、それぞれイ又はロに定める額

イ　ロに掲げる著作権登録原簿以外の著作権登録原簿等　一通につき千六百円

ロ　プログラムの著作物に係る著作権登録原簿　一通につき二千四百円

二　著作権登録原簿等の附属書類の写しの交付　一通につき千百円

三　著作権登録原簿等の附属書類の閲覧　一件につき千五十円

（昭五九政一四一・一部改正、昭六二政四六・一部改正、平三政四七・一部改正、平十二政一三〇・一部改正、平十三政一五七・一部改正一号二号三号追加、平二三政一五四・一部改正）

第二節　登録手続等

第一款　通則

（登録をする場合）

第十五条　法の規定に基づく登録は、法令に別段の定めがある場合を除き、申請又は嘱託がなければしてはならない。

2　申請による登録に関する規定は、嘱託による登録の手続について準用する。

（登録の申請）

第十六条　登録は、法令に別段の定めがある場合を除き、登録権利者及び登録義務者が申請しなければならない。

第十七条　登録は、申請書に登録義務者の承諾書を添付したときは、登録権利者だけで申請することができる。

（昭六一政二八六・一部改正）

第十八条　判決による登録又は相続若しくは法人の合併による権利の移転の登録は、登録権利者だけで申請することができる。

（令元政四二・一部改正）

第十九条　登録名義人の表示の変更又は更正の登録は、登録名義人だけで申請することができる。

（申請書）

第二十条　登録の申請をしようとする者は、次に掲げる事項を記載した申請書を文化庁長官に提出しなければならない。

一　申請者の氏名又は名称及び住所又は居所並びに法人にあつては代表者の氏名

二　代理人により登録を申請するときは、その氏名又は名称及び住所又は居所並びに法人にあつては代表者の氏名

三　著作物の題号（題号がないとき、又は不明であるときは、その旨）又は実演、レコード、放送番組若しくは有線放送番組の名称（名称がないとき、又は不明であるときは、その旨）

四　登録の目的が著作権、出版権若しくは著作隣接権又はこれらの権利を目的とする質権（以下この章において「著作権等」という。）に関するときは、その権利の表示（これらの権利の一部に関するときは、その部分の表示を含む。）

五　登録の原因及びその発生年月日

六　登録の目的

七　登録の申請に係る著作物、実演、レコード、放送又は有線放送に関する登録がされているときは、その登録番号（登録番号が不明であるときは、その旨）

（昭六一政二八六・一部改正、平三〇政三六〇・三号一部改正、令元政四二・七号一部改正）

（併合申請）

第二十条の二　二以上の登録は、登録の目的が同一である場合に限り、同一の申請書で申請することができる。

（令元政四二・追加）

（添付資料）

第二十一条　第二十条の申請書には、次に掲げる資料を添付しなければならない。

一　申請者が登録権利者若しくは登録義務者の相続人その他の一般承継人であるとき、又は登録名義人の表示の変更若しくは更正の登録を申請するときは、戸籍の謄本又は抄本、登記事項証明書、住民票の写しその他当該事実を証明することができる書面

二　代理人により登録を申請するときは、その権限を証明する書面

三　登録の目的が著作権等に関するときは、その登録の原因を証明する書面（登録の原因が相続その他の一般承継であるときは、戸籍の謄本又は抄本、登記事項証明書、住民票の写しその他当該事実を証明することができる書面を含む。第二十三条第一項第五号において同じ。）

四　登録の原因について第三者の許可、認可、同意又は承諾を要するときは、これを証明する資料

五　登録の変更、更正若しくは抹消又は抹消した登録の回復を申請する場合において、登録上の利害関係を有する第三者があるときは、その者の承諾書又はその者に対抗することができる裁判の謄本若しくは抄本

2　次の各号に掲げる登録を申請しようとするときは、第二十条の申請書に、当該各号に掲げる書面を添付しなければならない。ただし、申請に係る著作物、実演、レコード、放送または有線放送に関する登録がされている場合において、当該申請書にその登録番号を記載したときは、この限りでない。

一　法第七十五条第一項、第七十六条第一項、第七十六条の二第一項、第七十七条又は第八十八条第一項の登録　次に掲げる事項（当該事項のうち不明なものについては、その旨。以下この項において同じ。）を記載した書面

イ　著作者の氏名又は名称及び著作者が日本国民以外の者（以下この項において「外国人」という。）であるときはその国籍（その者が法人であるときは、その設立に当たつて準拠した法令を制定した国及び当該法人の主たる事務所が所在する国の国名。第三号ロ、第四号ロ及び第五号ロにおいて同じ。）

ロ　公表された著作物に関し登録を申請するときは、著作物の最初の公表の際に表示された著作者名（無名で公表された著作物であるときは、その旨）

ハ　著作物が最初に公表された年月日（未公表の著作物であるときは、その旨）

ニ　発行された外国人の著作物に関し登録を申請するときは、著作物が最初に発行された国の国名

ホ　著作物の種類及び内容又は体様
二　実演家の権利に関する法第百四条の登録　次に掲げる事項を記載した書面
イ　実演家の氏名及び実演家がその氏名に代えて通常用いている芸名があるときはその芸名並びに実演家が外国人であるときはその国籍
ロ　実演が行われた年月日及びその行われた国の国名
ハ　レコードに固定されている実演にあつては、当該レコードの名称（名称がないときは、その旨）及び次号イに掲げる事項並びに実演が国外において行われたものである場合には同号ロに掲げる事項
ニ　国外において行われ、かつ、放送又は有線放送において送信された実演（実演家の承諾を得て送信前に録音され、又は録画されているものを除く。）で法第八条各号のいずれかに該当するレコードに固定されているもの以外のものにあつては、当該放送番組又は有線放送番組の名称（名称がないときは、その旨）並びに第四号イ及びロ又は第五号イ及びロに掲げる事項
ホ　映画の著作物において録音され、又は録画されている実演にあつては、当該映画の著作物の題号（題号がないときは、その旨）及び映画製作者の氏名又は名称
ヘ　実演の種類及び内容
三　レコード製作者の権利に関する法第百四条の登録　次に掲げる事項を記載した書面
イ　レコード製作者の氏名又は名称
ロ　レコード製作者が外国人であるときは、その国籍及びレコードに固定されている音が最初に固定された国の国名
ハ　レコードに固定されている音が最初に固定された年月日
ニ　商業用レコードが既に販売されているレコードにあつては、最初に販売された商業用レコードの名称（名称がないときは、その旨）、体様及び製作者の氏名又は名称
ホ　レコードの内容
四　放送事業者の権利に関する法第百四条の登録　次に掲げる事項を記載した書面
イ　放送事業者の氏名又は名称
ロ　放送事業者が外国人であるときは、その国籍及び放送が行われた放送設備のある国の国名
ハ　放送が行われた年月日
ニ　放送の種類及び放送番組の内容
五　有線放送事業者の権利に関する法第百四条の登録　次に掲げる事項を記載した書面
イ　有線放送事業者の氏名又は名称
ロ　有線放送事業者が外国人であるときは、その国籍及び有線放送が行われた有線

放送設備のある国の国名

ハ　有線放送が行われた年月日

ニ　有線放送の種類及び有線放送番組の内容

3　前項第一号ホに掲げる著作物の体様を明らかにするため必要があるときは、その図面、写真その他当該著作物の体様を明らかにする資料を添付しなければならない。

（昭六一政二八六・一部改正、平十七政二四・1項一号三号一部改正、平三〇政三六〇・2項一号イ二号ロハ三号ニ四号ロハ一部改正、令元政四二・1項柱書一部改正1項三号削除四号以下繰上1項新三号2項柱書一部改正）

（添付資料の省略）

第二十一条の二　同時に二以上の登録の申請の手続をする場合において、各手続において添付すべき資料の内容が同一であるときは、一の手続においてこれを添付し、他の手続においてその旨を申し出てその添付を省略することができる。

2　登録の申請の手続において添付すべき資料は、当該資料と内容が同一である資料を他の登録の申請において既に提出しており、かつ、当該資料の内容に変更がないときは、その旨を申し出てその添付を省略することができる。ただし、文化庁長官は、特に必要があると認めるときは、当該添付すべき資料の提出を求めることができる。

（令元政四二・追加）

（登録の順序）

第二十二条　申請による登録は、受付の順序に従つて行う。

2　職権による登録は、登録の原因が発生した順序に従つて行う。

（平三〇政三六〇・各項一部改正、令元政四二・1項一部改正）

（却下）

第二十三条　文化庁長官は、次に掲げる場合には、登録の申請を却下する。

一　登録を申請した事項が登録すべきものでないとき。

二　申請書が方式に適合しないとき。

三　登録の申請に係る著作物、実演、レコード、放送又は有線放送に関する登録がされている場合において、次に掲げる事由があるとき。

イ　申請書に記載した登録義務者の表示が著作権登録原簿等と符合しないこと。

ロ　申請者が登録名義人である場合において、その表示（当該申請が登録名義人の表示の変更又は更正の登録である場合におけるその登録の目的に係る事項の表示を除く。）が著作権登録原簿等と符合しないこと。

ハ　申請書に記載した著作物の題号若しくは実演、レコード、放送番組若しくは有線放送番組の名称、登録の目的に係る権利の表示又は登録番号が著作権登録原簿等と符合しないこと。

四　申請書に必要な資料を添付せず、又は第二十一条の二第二項ただし書の規定により求められた資料を提出しないとき。

五　申請書に登録の原因を証明する書面を添付した場合において、これが申請書に記載した事項と符合しないとき。

六　登録免許税を納付しないとき。

2　前項の規定による却下は、理由を付した書面をもつて行う。

（昭六一政二八六・一部改正、平三〇政三六〇・１項四号五号２項一部改正、令元政四二・１項三号イ四号一部改正）

（申請者への通知）

第二十四条　文化庁長官は、登録を完了したときは、申請者に申請の受付の年月日及び登録番号を記載した通知書を送付する。

（令元政四二・一部改正）

（行政区画等の変更）

第二十四条の二　行政区画又は土地の名称の変更があつたときは、著作権登録原簿等に記録した行政区画又は土地の名称は、変更されたものとみなす。

（昭六一政二八六・追加、平二三政一五四・一部改正）

（更正）

第二十五条　文化庁長官は、登録を完了した後、その登録について錯誤又は脱落があることを発見したときは、遅滞なく、その旨を登録権利者及び登録義務者に通知する。

2　文化庁長官は、登録が第二十九条の規定による申請に係るものであるときは、債権者にも前項の通知をする。

3　前二項の通知は、登録権利者、登録義務者又は債権者が二人以上あるときは、その一人に対してすることをもつて足りる。

第二十六条　文化庁長官は、登録を完了した後、その登録について錯誤又は脱落があることを発見した場合において、その錯誤又は脱落が文化庁長官の過失に基づくものであるときは、登録上の利害関係を有する第三者がある場合を除き、遅滞なく、その登録を更正し、かつ、その旨を登録権利者及び登録義務者に通知する。

2　前条第二項及び第三項の規定は、前項の場合について準用する。

第二款　実名及び第一発行年月日等の登録

（実名の登録の申請書）

第二十七条　法第七十五条第一項の登録の申請書には、著作者の氏名又は名称及び住所又は居所を記載し、かつ、戸籍の謄本又は抄本、登記事項証明書、住民票の写しその他実名を証明することができる書面を添付しなければならない。

（昭六一政二八六・一部改正、平十七政二四・一部改正）

（第一発行年月日等の登録の申請書）

第二十八条　法第七十六条第一項の登録の申請書には、申請者が著作権者であるか発行者であるかの別を記載し、かつ、第一発行年月日又は第一公表年月日を証明する資料を添付しなければならない。

（平三〇政三六〇・一部改正）

第三款　著作権等の登録

（債権者の代位）

第二十九条　債権者は、民法（明治二十九年法律第八十九号）第四百二十三条第一項又は第四百二十三条の七の規定により債務者に代位して著作権等の登録を申請するときは、申請書に次に掲げる事項を記載し、かつ、代位の原因を証明する書面を添付しなければならない。

一　債権者及び債務者の氏名又は名称及び住所又は居所

二　代位の原因

（昭六一政二八六・一部改正、平十九政三九・一部改正、平三〇政一八三・柱書一部改正）

（権利の消滅に関する事項の記載）

第三十条　登録の原因に登録の目的に係る権利の消滅に関する事項の定めがあるときは、申請書にその事項を記載しなければならない。

（昭六一政二八六・一部改正）

（持分等の記載）

第三十一条　登録権利者が二人以上ある場合において、登録の原因に持分の定めがあるときは、申請書にその持分を記載しなければならない。著作権等の一部移転の登録を申請するときも、同様とする。

2　前項の場合において、民法第二百六十四条において準用する同法第二百五十六条第一項ただし書の契約があるときは、申請書にこれを記載しなければならない。

（出版権の登録の申請書）

第三十二条　法第八十八条第一項の登録の申請書には、次に掲げる事項を記載しなければならない。ただし、当該申請に係る出版権に関する登録がされている場合において、当該申請書にその登録番号を記載したときは、この限りでない。

一　設定された出版権の範囲

二　設定行為で定められた存続期間（設定行為に定めがないときは、その旨）

三　設定行為に法第八十条第二項及び第八十一条ただし書の別段の定めがあるときは、その定め

（平二三政一五四・四号一部改正、平二六政二八五・旧二号削除旧三号四号繰上、令元政四二・柱書一部改正）

（質権の登録の申請書）

第三十三条　法第七十七条第二号（法第百四条において準用する場合を含む。）又は第八十八条第一項第二号に掲げる事項の登録の申請書には、次に掲げる事項を記載しなければならない。ただし、当該申請に係る質権に関する登録がされている場合において、当該申請書にその登録番号を記載したときは、この限りでない。

一　質権の目的である権利の表示
二　債権金額（一定の債権金額がないときは、債権の価格）
三　登録の原因に存続期間、利息、違約金若しくは賠償の額に関する定めがあるとき、法第六十六条第一項（法第百三条において準用する場合を含む。）の定めがあるとき、民法第三百四十六条ただし書の定めがあるとき、又は当該債権に条件を付したときは、その定め又は条件
四　債務者の氏名又は名称及び住所又は居所

2　債権の一部の譲渡又は代位弁済による質権の移転の登録を申請する場合の申請書には、前項各号に掲げる事項のほか、当該譲渡又は代位弁済の目的である債権の額を記載しなければならない。

（平三〇政三六〇・１項三号一部改正、令元政四二・１項ただし書一部改正）

（登録した権利の順位）

第三十四条　同一の著作権等について登録した権利の順位は、登録の前後による。

（保全仮登録に基づく本登録の順位）

第三十四条の二　民事保全法（平成元年法律第九十一号）第五十四条において準用する同法第五十三条第二項の規定による仮処分による仮登録（以下「保全仮登録」という。）をした場合においては、同法第六十一条において準用する同法第五十八条第三項の規定による保全仮登録に基づく本登録の順位は、保全仮登録の順位による。

（平二政二八五・追加）

（仮処分の登録に後れる登録等の抹消）

第三十四条の三　著作権又は著作隣接権について民事保全法第五十四条において準用する同法第五十三条第一項の規定による仮処分の登録（保全仮登録とともにしたものを除く。以下この条及び次条において同じ。）をした後、その仮処分の債権者がその仮処分の債務者を登録義務者として著作権又は著作隣接権について登録を申請する場合においては、その債権者だけでその仮処分の登録に後れる登録の抹消を申請することができる。

2　前項の規定により登録の抹消を申請するときは、申請書に民事保全法第六十一条において準用する同法第五十九条第一項の規定による通知をしたことを証明する書面を添付しなければならない。

3　文化庁長官は、第一項の規定により仮処分の登録に後れる登録を抹消したときは、職権でその仮処分の登録を抹消する。

（平二政二八五・追加）

第三十四条の四　前条第一項及び第二項の規定は、出版権又は著作権、出版権若しくは著作隣接権を目的とする質権について民事保全法第五十四条において準用する同法第五十三条第一項の規定による仮処分の登録をした後、その仮処分の債権者がその仮処分の債務者を登録義務者としてその権利の移転又は消滅について登録を申請する場合

について準用する。

2　前条第三項の規定は、前項において準用する同条第一項の規定により仮処分の登録に後れる登録を抹消した場合について準用する。

（平二政二八五・追加）

第三十四条の五　出版権について保全仮登録をした後、本登録を申請する場合においては、その保全仮登録に係る仮処分の債権者だけで出版権又は出版権を目的とする質権に関する登録であつてその仮処分の登録に後れるものの抹消を申請することができる。

2　第三十四条の三第二項の規定は、前項の規定による抹消の申請について準用する。

（平二政二八五・追加）

第三十四条の六　文化庁長官は、保全仮登録をした後、本登録をしたときは、職権でその保全仮登録とともにした処分禁止の登録を抹消する。

（平二政二八五・追加）

第四款　信託に関する登録

（平十九政二〇七・改称）

（信託の登録の申請方法等）

第三十五条　信託の登録の申請は、当該信託に係る著作権等の移転、変更又は設定の登録の申請と同時にしなければならない。

2　信託の登録は、受託者だけで申請することができる。

3　信託法（平成十八年法律第百八号）第三条第三号に掲げる方法によつてされた信託による著作権等の変更の登録は、受託者だけで申請することができる。

（平十九政二〇七・見出し１項一部改正２項３項追加）

（信託の登録の申請書）

第三十六条　信託の登録の申請書には、次に掲げる事項を記載しなければならない。

一　委託者、受託者及び受益者の氏名又は名称及び住所又は居所

二　受益者の指定に関する条件又は受益者を定める方法の定めがあるときは、その定め

三　信託管理人があるときは、その氏名又は名称及び住所又は居所

四　受益者代理人があるときは、その氏名又は名称及び住所又は居所

五　信託法第百八十五条第三項に規定する受益証券発行信託であるときは、その旨

六　信託法第二百五十八条第一項に規定する受益者の定めのない信託であるときは、その旨

七　公益信託ニ関スル法律（大正十一年法律第六十二号）第一条に規定する公益信託であるときは、その旨

八　信託の目的

九　信託財産の管理の方法

十　信託の終了の理由

十一　その他の信託の条項

2　前項の申請書に同項第二号から第六号までに掲げる事項のいずれかを記載したときは、同項第一号の受益者（同項第四号に掲げる事項を記載した場合にあつては、当該受益者代理人が代理する受益者に限る。）の氏名又は名称及び住所又は居所を記載することを要しない。

3　文化庁長官は、第一項各号に掲げる事項を明らかにするため、文部科学省令で定めるところにより、信託目録を作成することができる。

（平十九政二〇七・旧第三十六条削除旧第三十七条繰上二号四号五号六号七号追加旧二号三号四号五号繰下２項３項追加）

（代位による信託の登録）

第三十七条　受益者又は委託者は、受託者に代位して信託の登録を申請することができる。

2　第二十九条の規定は、前項の規定による申請について準用する。この場合においては、申請書に登録の目的に係る著作権等が信託財産であることを証明する書面を添付しなければならない。

（昭六一政二八六・２項一部改正、平十九政二〇七・旧第三十八条繰上、平三〇政三六〇・２項一部改正）

（信託の登録の抹消）

第三十八条　信託財産に属する著作権等が移転、変更又は消滅により信託財産に属さないこととなつた場合における信託の登録の抹消の申請は、当該著作権等の移転若しくは変更の登録又は当該著作権等の登録の抹消の申請と同時にしなければならない。

2　信託の登録の抹消は、受託者だけで申請することができる。

（平十九政二〇七・旧第三十九条削除旧第四十条繰上１項一部改正２項全改）

（受託者の変更）

第三十九条　受託者の変更があつた場合において、著作権等の移転の登録を申請するときは、申請書にその変更を証明する書面を添付しなければならない。

2　前項の規定は、信託法第八十六条第四項本文の規定による著作権等の変更の登録の申請について準用する。

（平十九政二〇七・旧第四十一条繰上見出し全改１項２項一部改正）

第四十条　受託者の任務が死亡、破産手続開始の決定、後見開始若しくは保佐開始の審判、法人の合併以外の理由による解散又は裁判所若しくは主務官庁（その権限の委任を受けた国に所属する行政庁及びその権限に属する事務を処理する都道府県の執行機関を含む。第四十二条において同じ。）の解任の命令により終了し、新たに受託者が選任されたときは、前条第一項の登録は、新たに選任された当該受託者だけで申請することができる。

2　受託者が二人以上ある場合において、その一部の受託者の任務が前項に規定する事由により終了したときは、前条第二項の登録は、他の受託者だけで申請することができる。

（平四政一六三・一部改正、平十二政三七・一部改正、平十二政四二・一部改正、平十六政三一八・一部改正、平十九政二〇七・旧第四十二条繰上1項一部改正2項追加）

（嘱託による信託の変更の登録）

第四十一条　裁判所書記官は、受託者の解任の裁判があつたとき、信託管理人若しくは受益者代理人の選任若しくは解任の裁判があつたとき、又は信託の変更を命ずる裁判があつたときは、職権で、遅滞なく、信託の変更の登録を文化庁長官に嘱託するものとする。

（平十九政二〇七・追加）

第四十二条　主務官庁は、受託者を解任したとき、信託管理人若しくは受益者代理人を選任し、若しくは解任したとき、又は信託の変更を命じたときは、遅滞なく、信託の変更の登録を文化庁長官に嘱託するものとする。

（平十九政二〇七・追加）

（職権による信託の変更の登録）

第四十三条　文化庁長官は、信託財産に属する著作権等について次に掲げる登録をするときは、職権で、信託の変更の登録をしなければならない。

一　信託法第七十五条第一項又は第二項の規定による著作権等の移転の登録

二　信託法第八十六条第四項本文の規定による著作権等の変更の登録

三　受託者である登録名義人の氏名若しくは名称又は住所若しくは居所についての変更の登録又は更正の登録

（平十九政二〇七・全改）

（信託の変更の登録の申請）

第四十四条　前三条に規定するもののほか、第三十六条第一項各号に掲げる事項について変更があつたときは、受託者は、遅滞なく、信託の変更の登録を申請しなければならない。

2　受益者又は委託者は、受託者に代位して前項の登録を申請することができる。

3　第二十九条の規定は、前項の規定による申請について準用する。

（平十九政二〇七・全改）

（著作権等の変更の登録等の特則）

第四十五条　信託の併合又は分割により著作権等が一の信託の信託財産に属する財産から他の信託の信託財産に属する財産となつた場合における当該著作権等に係る当該一の信託についての信託の登録の抹消及び当該他の信託についての信託の登録の申請は、信託の併合又は分割による著作権等の変更の登録の申請と同時にしなければならない。

信託の併合又は分割以外の事由により著作権等が一の信託の信託財産に属する財産から受託者を同一とする他の信託の信託財産に属する財産となつた場合も、同様とする。

2　信託財産に属する著作権等についてする次の表の上欄に掲げる場合における著作権等の変更の登録（第三十五条第三項の登録を除く。）については、同表の中欄に掲げる者を登録権利者とし、同表の下欄に掲げる者を登録義務者とする。

一　著作権等が固有財産に属する財産から信託財産に属する財産となつた場合	受益者（信託管理人がある場合にあつては、信託管理人。以下この表において同じ。）	受託者
二　著作権等が信託財産に属する財産から固有財産に属する財産となつた場合	受託者	受益者
三　著作権等が一の信託の信託財産に属する財産から他の信託の信託財産に属する財産となつた場合	当該他の信託の受益者及び受託者	当該一の信託の受益者及び受託者

（平十九政二〇七・全改）

第八章　放送同時配信等に係る報酬又は補償金に関する指定報酬管理事業者等

（令三政二六六・追加）

（指定の告示）

第四十五条の二　文化庁長官は、法第九十三条の三第三項、第九十四条第一項、第九十四条の三第三項又は第九十六条の三第三項の規定による指定をしたときは、その旨を官報で告示する。

（令三政二六六・追加）

（業務規程）

第四十五条の三　法第九十三条の三第三項に規定する指定報酬管理事業者、法第九十四条第一項に規定する指定補償金管理事業者又は法第九十四条の三第三項若しくは第九十六条の三第三項の規定による指定を受けた著作権等管理事業者（以下この章において「指定報酬管理事業者等」という。）は、法第九十三条の三第二項の報酬（以下この章において「報酬」という。）又は法第九十四条第一項、第九十四条の三第二項若しくは第九十六条の三第二項の補償金（以下この章において「補償金」という。）に係る業務（以下この章において「報酬等関係業務」という。）の執行に関する規程（次項及び第四十五条の九第一項第三号において「業務規程」という。）を定め、報酬等関係業務の開始前に、文化庁長官に届け出なければならない。これを変更しようとするときも、同様とする。
２　業務規程で定めなければならない事項は、文部科学省令で定める。
（令三政二六六・追加）
（報酬等関係業務の会計）
第四十五条の四　指定報酬管理事業者等は、報酬等関係業務に関する会計を他の業務に関する会計と区分し、特別の会計として経理しなければならない。
（令三政二六六・追加）
（事業計画等の提出等）
第四十五条の五　指定報酬管理事業者等は、毎事業年度、報酬等関係業務に関する事業計画及び収支予算を作成し、当該事業年度の開始前に、文化庁長官に提出するとともに、当該事業計画及び収支予算を公表しなければならない。
２　指定報酬管理事業者等は、前項の事業計画又は収支予算を変更するときは、当該変更に係る事業の開始又は予算の執行の日までに、変更後の事業計画又は収支予算を文化庁長官に提出するとともに、公表しなければならない。
３　指定報酬管理事業者等は、毎事業年度、報酬等関係業務に関する事業報告書及び収支決算書を作成し、決算完結後一月以内に文化庁長官に提出するとともに、当該事業報告書及び収支決算書を公表しなければならない。
（令三政二六六・追加）
（報酬等の額の届出等）
第四十五条の六　指定報酬管理事業者等は、法第九十三条の三第七項（法第九十四条第四項、第九十四条の三第四項及び第九十六条の三第四項において準用する場合を含む。次条第一項において同じ。）の協議が成立したときは、遅滞なく、その協議において定められた報酬又は補償金の額を文化庁長官に届け出なければならない。
２　文化庁長官は、前項の規定による届出を受理したときは、遅滞なく、公正取引委員会に対し、その旨を通知しなければならない。
（令三政二六六・追加）
（報告の徴収等）
第四十五条の七　文化庁長官が法第九十三条の三第六項（法第九十四条第四項、第九十四条の三第四項及び第九十六条の三第四項において準用する場合を含む。次項及び第四十五条の九第一項第二号において同じ。）の規定により報告又は帳簿、書類その他の資料の提出を求めることができる事項は、報酬又は補償金の管理に関する事項及び法第九十三条の三第七項の協議に関する事項とする。
２　法第九十三条の三第六項の規定による勧告は、理由を付した書面をもつて行う。
（令三政二六六・追加）
（業務の休廃止）
第四十五条の八　指定報酬管理事業者等は、報酬等関係業務を休止し、又は廃止するときは、あらかじめ、次に掲げる事項を記載した書面をもつて、その旨を文化庁長官に届け出なければならない。

一　休止又は廃止を必要とする理由

二　休止しようとする日及び休止の期間又は廃止する日（第三項において「廃止の日」という。）

三　報酬又は補償金を受ける権利を有する者（次条第一項第五号において「権利者」という。）に対する報酬又は補償金の支払に関し必要な事項

2　文化庁長官は、前項の規定による廃止の届出があつたときは、その旨及び同項各号に掲げる事項を官報で告示する。

3　法第九十三条の三第三項、第九十四条第一項、第九十四条の三第三項又は第九十六条の三第三項の規定による指定は、廃止の日として前項の規定により官報で告示された日に、その効力を失う。

（令三政二六六・追加）

（指定の取消し）

第四十五条の九　文化庁長官は、指定報酬管理事業者等が次の各号のいずれかに該当するときは、法第九十三条の三第三項、第九十四条第一項、第九十四条の三第三項又は第九十六条の三第三項の規定による指定を取り消すことができる。

一　法第九十三条の三第四項各号（法第九十四条第四項、第九十四条の三第四項及び第九十六条の三第四項において準用する場合を含む。）に掲げる要件のいずれかを備えなくなつたとき。

二　法第九十三条の三第六項の規定に違反して報告をせず、若しくは帳簿、書類その他の資料を提出せず、若しくは同項の規定による報告若しくは資料の提出について虚偽の報告をし、若しくは虚偽の資料を提出したとき、又は同項の規定による勧告に従わなかつたとき。

三　第四十五条の三第一項の規定により文化庁長官に届け出た業務規程によらないで報酬等関係業務を行つたとき、その他報酬等関係業務の適正な運営をしていないと認められるとき。

四　第四十五条の五又は第四十五条の六第一項の規定に違反したとき。

五　相当期間にわたり報酬等関係業務を休止している場合であつて、当該休止により権利者の利益を著しく害するおそれがあると認められるとき。

2　文化庁長官は、前項の規定による指定の取消しをしたときは、その旨を官報で告示する。

（令三政二六六・追加）

（報酬等の額に関する裁定の申請）

第四十五条の十　法第九十三条の三第八項（法第九十四条第四項、第九十四条の三第四項及び第九十六条の三第四項において準用する場合を含む。）の裁定（第三号におい

て「裁定」という。）を求めようとする者は、次に掲げる事項を記載した申請書を文化庁長官に提出しなければならない。

一　申請者の氏名又は名称及び住所又は居所並びに法人にあつては代表者の氏名

二　他の当事者の氏名又は名称及び住所又は居所並びに法人にあつては代表者の氏名

三　裁定を求めようとする報酬又は補償金の額の算定の基礎となるべき事項

四　協議が成立しない理由

2　前項の申請書には、申請に至るまでの協議経過を記載した書面を添付しなければならない。

（令三政二六六・追加）

第九章　二次使用料に関する指定団体等

（平二一政二九九・旧五章繰下、平三〇政三六〇・旧九章繰上、令三政二六六・旧八章繰下）

第一節　指定団体

（指定の告示）

第四十六条　文化庁長官は、法第九十五条第五項又は第九十七条第三項の指定をしたときは、その旨を官報で告示する。

（平元政二九三・一部改正、平二一政二九九・一部改正）

（業務規程）

第四十七条　法第九十五条第五項又は第九十七条第三項の指定を受けた団体（以下「指定団体」という。）は、法第九十五条第一項又は第九十七条第一項の二次使用料に係る業務（以下「二次使用料関係業務」という。）の開始の際、二次使用料関係業務の執行に関する規程（次項及び第五十二条第一項第四号において「業務規程」という。）を定め、文化庁長官に届け出なければならない。これを変更しようとするときも、同様とする。

2　前項の業務規程で定めなければならない事項は、文部科学省令で定める。

（平元政二九三・一部改正、平十二政三〇八・２項一部改正、平二一政二九九・１項一部改正、令三政二六六・１項一部改正）

（二次使用料関係業務の会計）

第四十八条　指定団体は、二次使用料関係業務に関する会計を、他の業務に関する会計と区分し特別の会計として経理しなければならない。

（事業計画等の提出等）

第四十九条　指定団体は、毎事業年度、二次使用料関係業務に関する事業計画及び収支予算を作成し、当該事業年度の開始前に文化庁長官に提出するとともに、当該事業計画及び収支予算を公表しなければならない。

2　指定団体は、前項の事業計画又は収支予算を変更するときは、当該変更に係る事業の開始又は予算の執行の日までに、変更後の事業計画又は収支予算を文化庁長官に提出するとともに、公表しなければならない。

3　指定団体は、毎事業年度、二次使用料関係業務に関する事業報告書及び収支決算書を作成し、決算完結後一月以内に文化庁長官に提出するとともに、当該事業報告書及び収支決算書を公表しなければならない。

（平三〇政三六〇・各項一部改正、令三政二六六・１項２項一部改正旧２項繰下２項追加）

（二次使用料の額の届出等）

第四十九条の二　指定団体は、法第九十五条第十項（法第九十七条第四項において準用する場合を含む。以下この章において同じ。）の協議が成立したときは、遅滞なく、その協議において定められた二次使用料の額を文化庁長官に届け出なければならない。

2　文化庁長官は、前項の規定による届出を受理したときは、遅滞なく、公正取引委員会に対し、その旨を通知しなければならない。

（平十政三二四・追加、平二一政二九九・１項一部改正、令三政二六六・１項一部改正）

（報告の徴収等）

第五十条　文化庁長官が法第九十五条第九項（法第九十七条第四項において準用する場合を含む。次項及び第五十二条第一項第三号において同じ。）の規定により報告又は帳簿、書類その他の資料の提出を求めることができる事項は、法第九十五条第一項又は第九十七条第一項の二次使用料の管理に関する事項及び法第九十五条第十項の協議に関する事項とする。

2　法第九十五条第九項の規定による勧告は、理由を付した書面をもつて行う。

（令三政二六六・全改）

（業務の休廃止）

第五十一条　指定団体は、その二次使用料関係業務を休止し、又は廃止しようとするときは、あらかじめ、次に掲げる事項を記載した書面をもつて、その旨を文化庁長官に届け出なければならない。

一　休止又は廃止を必要とする理由

二　休止しようとする日及び休止の期間又は廃止しようとする日（第三項において「廃止の日」という。）

三　法第九十五条第一項又は第九十七条第一項の二次使用料を受ける権利を有する者（次条第一項第六号及び第五十七条において「権利者」という。）に対する措置

2　文化庁長官は、前項の規定による廃止の届出があつたときは、その旨を官報で告示する。

3　法第九十五条第五項又は第九十七条第三項の指定は、廃止の日として前項の規定に

より官報で告示された日に、その効力を失う。

（平元政二九三・一部改正、平二一政二九九・３項一部改正、平三〇政三六〇・２項一部改正、令三政二六六・１項三号一部改正）

（指定の取消し）

第五十二条　文化庁長官は、指定団体が次の各号のいずれかに該当するときは、法第九十五条第五項又は第九十七条第三項の指定を取り消すことができる。

一　法第九十五条第六項各号（法第九十七条第四項において準用する場合を含む。）に掲げる要件のいずれかを備えなくなつたとき。

二　法第九十五条第七項（法第九十七条第四項において準用する場合を含む。）の規定に違反したとき。

三　法第九十五条第九項の規定に違反して報告をせず、若しくは帳簿、書類その他の資料を提出せず、若しくは同項の規定による報告若しくは資料の提出について虚偽の報告をし、若しくは虚偽の資料を提出したとき、又は同項の規定による勧告に従わなかつたとき。

四　第四十七条第一項の規定により文化庁長官に届け出た業務規程によらないで二次使用料関係業務を行つたとき、その他二次使用料関係業務の適正な運営をしていないと認められるとき。

五　第四十九条又は第四十九条の二第一項の規定に違反したとき。

六　相当期間にわたり二次使用料関係業務を休止している場合であつて、当該休止により権利者の利益を著しく害するおそれがあると認められるとき。

２　文化庁長官は、前項の規定による指定の取消しをしたときは、その旨を官報で告示する。

（平元政二九三・一部改正、平十政三二四・１項三号五号一部改正、平二一政二九九・１項柱書一号二号一部改正、平三〇政三六〇・１項五号２項一部改正、令三政二六六・１項三号四号五号全改六号追加）

第二節　二次使用料の額の裁定に関する手続等

（二次使用料の額に関する裁定の申請）

第五十三条　法第九十五条第十一項（法第九十七条第四項において準用する場合を含む。）の裁定（以下この節において「裁定」という。）を求めようとする者は、次に掲げる事項を記載した申請書を文化庁長官に提出しなければならない。

一　申請者の氏名又は名称及び住所又は居所並びに法人にあつては代表者の氏名

二　当事者の一方から裁定を求めようとするときは、他の当事者の氏名又は名称及び住所又は居所並びに法人にあつては代表者の氏名

三　当事者の一方が放送事業者又は有線放送事業者を構成員とする団体（以下この節において「放送事業者等の団体」という。）であるときは、その額の裁定を求めよ

うとする二次使用料に係る放送事業者又は有線放送事業者の氏名又は名称及び住所又は居所

四　裁定を求めようとする二次使用料の額の算定の基礎となるべき事項

五　協議が成立しない理由

2　前項の申請書には、申請に至るまでの協議経過を記載した書面を添付しなければならない。

3　放送事業者等の団体が裁定を求めようとするときは、第一項の申請書に、当該団体が同項第三号の放送事業者又は有線放送事業者から法第九十五条第十項の協議による定めをする権限の委任を受けていることを証明する書面を添付しなければならない。

（昭六一政二八六・一部改正、平元政二九三・一部改正、平十政三二四・3項一部改正、平二一政二九九・1項3項一部改正、平三〇政三六〇・2項一部改正）

（裁定前の手続等）

第五十四条　文化庁長官は、指定団体から放送事業者等の団体を他の当事者とする裁定を求められた場合（当事者の双方から裁定を求められた場合を除く。）において、法第九十五条第十二項（法第九十七条第四項において準用する場合を含む。）において準用する法第七十条第三項の規定による通知をするときは、当該団体に対し、相当の期間を指定して、裁定の当事者となることに同意するかどうかを書面をもつて回答すべきことを求める。

2　前項の規定により回答を求められた放送事業者等の団体は、その額の裁定が求められている二次使用料に係る放送事業者又は有線放送事業者の一部が支払うべき二次使用料の額についての裁定の当事者となることに同意する旨の回答をすることができる。

3　前条第三項の規定は、第一項の規定により回答を求められた放送事業者等の団体が同意する旨の回答をする場合について準用する。

4　第一項の規定により回答を求められた放送事業者等の団体が同項の規定により指定された期間内に回答をしなかつたときは、裁定の当事者となることに同意しなかつたものとみなす。

5　文化庁長官は、第一項の規定により回答を求められた放送事業者等の団体が裁定の当事者となることに同意しなかつたときは、裁定を行わないものとし、当該団体が第二項の規定により同意する旨の回答をしたときは、当該同意に係る放送事業者又は有線放送事業者以外の放送事業者又は有線放送事業者が支払うべき二次使用料の額については裁定を行わないものとする。

6　文化庁長官は、前項の規定により裁定を行わないこととしたときは、理由を付した書面をもつて裁定を求めた指定団体にその旨を通知する。

7　前項の規定による通知を受けた指定団体は、その額の裁定を行わないこととされた二次使用料に係る放送事業者又は有線放送事業者を他の当事者として、裁定を求めることができる。

8　前条第一項第五号及び第二項の規定は、前項の裁定の申請については、適用しない。

（昭六一政二八六・一部改正、平元政二九三・一部改正、平十二政三二六・1項一部改正、平二一政二九九・1項一部改正、平三〇政三六〇・1項6項7項一部改正）

（協議の勧告）

第五十五条　文化庁長官は、裁定を求められた場合において、なお、当事者間において法第九十五条第十項の協議を行う余地があると認めるときは、当事者に対し、その協議を行うように勧告することができる。

（平元政二九三・一部改正、平二一政二九九・一部改正）

（資料の提出の要求）

第五十六条　文化庁長官は、裁定を行うため必要があると認めるときは、当事者に対し、資料の提出を求めることができる。

（平三〇政三六〇・一部改正）

（裁定すべき二次使用料の額）

第五十七条　裁定は、次の各号に掲げる場合には、当該各号に掲げる額について行うものとする。

一　当事者の一方が放送事業者又は有線放送事業者である場合　当該裁定に係る指定団体が、相手方である当事者に対し、法第九十五条第五項又は第九十七条第三項の規定により権利者のために請求することができる二次使用料の総額

二　当事者の一方が放送事業者等の団体である場合　当該裁定に係る指定団体が、その額の裁定が求められた二次使用料に係る全ての放送事業者又は有線放送事業者（第五十四条第五項の規定によりその額の裁定を行わないこととされた二次使用料に係る放送事業者又は有線放送事業者を除く。）に対し、法第九十五条第五項又は第九十七条第三項の規定により権利者のために請求することができる二次使用料の総額

（昭六一政二八六・一部改正、平元政二九三・一部改正、平二一政二九九・1項一号二号一部改正、平三〇政三六〇・二号一部改正）

第十章　貸与権の適用に係る期間及び貸与に係る報酬に関する指定団体等

（昭五九政三二三・追加、平二一政二九九・旧六章繰下、平三〇政三六〇・旧十章繰上、令三政二六六・旧九章繰下）

（貸与権の適用に係る期間）

第五十七条の二　法第九十五条の三第二項の政令で定める期間は、十二月とする。

（昭五九政三二三・追加、平二一政二九九・一部改正）

（報酬に関する指定団体）

第五十七条の三　前章第一節の規定は、法第九十五条の三第四項において準用する法第九十五条第五項の指定を受けた団体及び法第九十七条の三第四項において準用する法第九十七条第三項の指定を受けた団体について準用する。この場合において、次の表の上欄に掲げる同節の規定中同表の中欄に掲げる字句は、それぞれ同表の下欄に掲げる字句に読み替えるものとする。

第四十七条第一項	第九十五条第一項又は第九十七条第一項の二次使用料に係る業務（以下「二次使用料関係業務」という。）	第九十五条の三第三項若しくは第九十七条の三第三項の報酬（以下この節において「報酬」という。）又は法第九十五条の三第五項若しくは第九十七条の三第六項の使用料（以下この節において「使用料」という。）に係る業務
	二次使用料関係業務の執行	報酬及び使用料に係る業務（以下「報酬等関係業務」という。）の執行
第四十八条、第四十九条第一項及び第三項、第五十一条第一項、第五十二条第一項第四号及び第六号	二次使用料関係業務	報酬等関係業務
第四十九条の二第一項	第九十五条第十項（法第九十七条第四項において準用する場合を含む。以下この章において同じ。）	第九十五条の三第四項及び第六項並びに第九十七条の三第五項（同条第七項において準用する場合を含む。）において準用する法第九十五条第十項
	二次使用料	報酬又は使用料
第五十条第一項	第九十五条第九項（法第九十七条第四項において準用する場合を含む。次項及び第五十二条第一項第三号において同じ。）	第九十五条の三第四項及び第六項並びに第九十七条の三第五項（同条第七項において準用する場合を含む。）において準用する法第九十五条第九項
	第九十五条第十項	第九十五条の三第四項及び第六項並びに第九十七条の三第五項（同条第七項において準用する場合を含む。）において準用する法第九十五条第十項
第五十条第一項、第五十一条第一項第三号	法第九十五条第一項又は第九十七条第一項の二次使用料	報酬又は使用料

第五十条第二項、第五十二条第一項第三号	法	法第九十五条の三第四項及び第六項並びに第九十七条の三第五項（同条第七項において準用する場合を含む。）において準用する法
第五十二条第一項第一号	第九十五条第六項各号（法第九十七条第四項において準用する場合を含む。）	第九十五条の三第四項及び第九十七条の三第五項において準用する法第九十五条第六項各号
第五十二条第一項第二号	第九十五条第七項（法第九十七条第四項において準用する場合を含む。）	第九十五条の三第四項及び第六項並びに第九十七条の三第五項（同条第七項において準用する場合を含む。）において準用する法第九十五条第七項

（昭五九政三二三・追加、平元政二九三・一部改正、平十政三二四・一部改正、平二一政二九九・一部改正、令三政二六六・一部改正）

（報酬等の額の裁定に関する手続等）

第五十七条の四　前章第二節の規定は、法第九十五条の三第四項及び第六項並びに第九十七条の三第五項（同条第七項において準用する場合を含む。）において準用する法第九十五条第十一項の裁定について準用する。この場合において、次の表の上欄に掲げる同節の規定中同表の中欄に掲げる字句は、それぞれ同表の下欄に掲げる字句に読み替えるものとする。

第五十三条第一項第三号	放送事業者又は有線放送事業者	商業用レコードの公衆への貸与を営業として行う者（以下この節において「貸レコード業者」という。）
第五十三条第一項第三号及び第三項、第五十四条第一項から第五項まで、第五十七条第二号	放送事業者等の団体	貸レコード業者の団体
第五十三条第一項第三号及び第四号、第五十四条第二項、第五項及び第七項、第五十七条	二次使用料	報酬又は使用料
第五十三条第一項第三号及び第三項、第五十四条第二項、第五項及び第七項、第五十七条	放送事業者又は有線放送事業者	貸レコード業者

（昭五九政三二三・追加、昭六一政二八六・一部改正、平元政二九三・一部改正、平二一政二九九・一部改正）

第十一章　私的録音録画補償金に関する指定管理団体等

（平四政三八二・追加、平二一政二九九・旧七章繰下、平三〇政三六〇・旧十一章繰上、令三政二六六・旧十章繰下）

（業務規程）

第五十七条の五　法第百四条の七第一項の補償金関係業務の執行に関する規程（以下この章において「業務規程」という。）には、同条第二項に規定するもののほか、次に掲げる事項を含むものとする。

一　法第百四条の四第二項の規定による私的録音録画補償金の返還に関する事項

二　法第百四条の八第一項の事業のための支出に関する事項

2　前項に規定するもののほか、業務規程で定めなければならない事項は、文部科学省令で定める。

（平四政三八二・追加、平十二政三〇八・２項一部改正）

（著作権等の保護に関する事業等のために支出すべき私的録音録画補償金の額の割合）

第五十七条の六　法第百四条の八第一項の政令で定める割合は、二割とする。

（平五政一四七・追加）

（業務の休廃止）

第五十七条の七　指定管理団体（法第百四条の二第一項に規定する指定管理団体をいう。以下この章において同じ。）は、その補償金関係業務（法第百四条の三第四号に規定する補償金関係業務をいう。以下この章において同じ。）を休止し、又は廃止しようとするときは、あらかじめ、次に掲げる事項を記載した書面をもつて、その旨を文化庁長官に届け出なければならない。

一　休止又は廃止を必要とする理由

二　休止しようとする日及び休止の期間又は廃止しようとする日（第三項において「廃止の日」という。）

三　権利者（法第百四条の二第一項に規定する権利者をいう。次条第一項第六号において同じ。）に対する措置

四　法第百四条の四第二項の規定による私的録音録画補償金の返還に関する措置

五　法第百四条の八第一項の事業のための支出に関する措置

2　文化庁長官は、前項の規定による廃止の届出があつたときは、その旨を官報で告示する。

3　法第百四条の二第一項の規定による指定は、廃止の日として前項の規定により官報で告示された日に、その効力を失う。

（平四政三八二・追加、平五政一四七・旧第五十七条の六繰下、平三〇政三六〇・２項一部改正）

（指定の取消し）

第五十七条の八　文化庁長官は、指定管理団体が次の各号のいずれかに該当するときは、法第百四条の二第一項の規定による指定を取り消すことができる。

一　法第百四条の三各号に掲げる要件のいずれかを備えなくなつたとき。

二　法第百四条の七第一項の規定により文化庁長官に届け出た業務規程によらないで補償金関係業務を行つたとき、その他補償金関係業務の適正な運営をしていないとき。

三　法第百四条の八第三項の規定による命令に違反したとき。

四　法第百四条の九の規定に違反して報告をせず、若しくは帳簿、書類その他の資料を提出せず、若しくは同条の規定による報告若しくは資料の提出について虚偽の報告をし、若しくは虚偽の資料を提出したとき、又は同条の規定による勧告に従わなかつたとき。

五　次条において準用する第四十九条の規定に違反したとき。

六　相当期間にわたり補償金関係業務を休止している場合において、当該休止により権利者の利益を著しく害するおそれがあると認められるとき。

２　文化庁長官は、前項の規定による指定の取消しをしたときは、その旨を官報で告示する。

（平四政三八二・追加、平五政一四七・旧第五十七条の七繰下、平三〇政三六〇・１項四号２項一部改正）

（準用）

第五十七条の九　第四十六条、第四十八条及び第四十九条の規定は、指定管理団体について準用する。この場合において、第四十六条中「法第九十五条第五項又は第九十七条第三項の」とあるのは「法第百四条の二第一項の規定による」と、第四十八条中「二次使用料関係業務」とあるのは「補償金関係業務」と、第四十九条第一項中「二次使用料関係業務」とあるのは「補償金関係業務」と、「開始前に」とあるのは「開始前に（法第百四条の二第一項の規定による指定を受けた日の属する事業年度にあつては、その指定を受けた後遅滞なく）」と、同条第二項中「二次使用料関係業務」とあるのは「補償金関係業務」と、「決算完結後一月」とあるのは「当該事業年度の終了後三月」と読み替えるものとする。

（平四政三八二・追加、平五政一四七・一部改正旧第五十七条の八繰下、平二一政二九九・一部改正）

第十二章　授業目的公衆送信補償金に関する指定管理団体等

（平三〇政三六〇・追加、令三政二六六・旧十一章繰下）

（業務規程）

第五十七条の十　法第百四条の十四第一項の補償金関係業務の執行に関する規程（以下この章において「業務規程」という。）には、同条第二項に規定するもののほか、法第百四条の十五第一項の事業のための支出に関する事項を含むものとする。

2　前項に規定するもののほか、業務規程で定めなければならない事項は、文部科学省令で定める。

（平三〇政三六〇・追加）

（著作権等の保護に関する事業等のために支出すべき授業目的公衆送信補償金の額の算出方法）

第五十七条の十一　法第百四条の十五第一項の事業のために支出すべき授業目的公衆送信補償金の額は、著作物等の利用の実績に応じて支払う方法以外の方法により支払われた授業目的公衆送信補償金の総額に授業目的公衆送信による著作物等の利用状況、授業目的公衆送信補償金の分配に係る事務に要する費用その他の事情を勘案して文部科学省令で定める割合を乗じて算出するものとする。

（平三〇政三六〇・追加）

（著作権等の保護に関する事業等に関する意見聴取）

第五十七条の十二　指定管理団体（法第百四条の十一第一項に規定する指定管理団体をいう。以下この章において同じ。）は、法第百四条の十五第一項の事業を実施しようとするときは、当該事業が権利者（法第百四条の十一第一項に規定する権利者をいう。以下この章において同じ。）全体の利益に資するものとなるよう、あらかじめ、その内容について学識経験者の意見を聴かなければならない。

（平三〇政三六〇・追加）

（業務の休廃止）

第五十七条の十三　指定管理団体は、その補償金関係業務（法第百四条の十二第四号に規定する補償金関係業務をいう。以下この章において同じ。）を休止し、又は廃止しようとするときは、あらかじめ、次に掲げる事項を記載した書面をもつて、その旨を文化庁長官に届け出なければならない。

一　休止又は廃止を必要とする理由

二　休止しようとする日及び休止の期間又は廃止しようとする日（第三項において「廃止の日」という。）

三　権利者に対する措置

四　法第百四条の十五第一項の事業のための支出に関する措置

2　文化庁長官は、前項の規定による廃止の届出があつたときは、その旨を官報で告示する。

3　法第百四条の十一第一項の規定による指定は、廃止の日として前項の規定により官報で告示された日に、その効力を失う。

（平三〇政三六〇・追加）

（指定の取消し）

第五十七条の十四　文化庁長官は、指定管理団体が次の各号のいずれかに該当するときは、法第百四条の十一第一項の規定による指定を取り消すことができる。

一　法第百四条の十二各号に掲げる要件のいずれかを備えなくなつたとき。

二　法第百四条の十四第一項の規定により文化庁長官に届け出た業務規程によらないで補償金関係業務を行つたとき、その他補償金関係業務の適正な運営をしていないとき。

三　法第百四条の十五第三項の規定による命令に違反したとき。

四　法第百四条の十六の規定に違反して報告をせず、若しくは帳簿、書類その他の資料を提出せず、若しくは同条の規定による報告若しくは資料の提出について虚偽の報告をし、若しくは虚偽の資料を提出したとき、又は同条の規定による勧告に従わなかつたとき。

五　第五十七条の十二の規定に違反したとき。

六　次条において準用する第四十九条の規定に違反したとき。

七　相当期間にわたり補償金関係業務を休止している場合において、当該休止により権利者の利益を著しく害するおそれがあると認められるとき。

2　文化庁長官は、前項の規定による指定の取消しをしたときは、その旨を官報で告示する。

（平三〇政三六〇・追加）

（準用）

第五十七条の十五　第四十六条、第四十八条及び第四十九条の規定は、指定管理団体について準用する。この場合において、第四十六条中「法第九十五条第五項又は第九十七条第三項の」とあるのは「法第百四条の十一第一項の規定による」と、第四十八条中「二次使用料関係業務」とあるのは「補償金関係業務」と、第四十九条第一項中「二次使用料関係業務」とあるのは「補償金関係業務」と、「開始前に」とあるのは「開始前に（法第百四条の十一第一項の規定による指定を受けた日の属する事業年度にあつては、その指定を受けた後遅滞なく）」と、同条第二項中「二次使用料関係業務」とあるのは「補償金関係業務」と、「決算完結後一月」とあるのは「当該事業年度の終了後三月」と読み替えるものとする。

（平三〇政三六〇・追加）

第十三章　あつせんの手続等

（昭五九政三二三・旧六章繰下、平四政三八二・旧七章繰下、平二一政二九九・旧八章繰下、令三政二六六・旧十二章繰下）

（あつせんの申請）

第五十八条　法第百五条第一項のあつせん（以下この章において「あつせん」という。）の申請をしようとする者は、次に掲げる事項を記載した申請書を文化庁長官に提出しなければならない。

一　申請者の氏名又は名称及び住所又は居所並びに法人にあつては代表者の氏名

二　当事者の一方からあつせんの申請をしようとするときは、他の当事者の氏名又は名称及び住所又は居所並びに法人にあつては代表者の氏名

三　あつせんを求める事項

四　紛争の問題点及び交渉経過の概要

五　その他あつせんを行なうに際し参考となる事項

（手数料）

第五十九条　法第百七条第一項の政令で定める手数料の額は、あつせんを求める事件一件につき四万六千円とする。

（昭五六政一八四・昭五九政一四一・昭六二政四六・平三政四七・一部改正、平十二政三二六・一部改正）

（他の当事者への通知等）

第六十条　文化庁長官は、当事者の一方からあつせんの申請があつたときは、他の当事者に対し、その旨を通知するとともに、相当の期間を指定して、当該申請に係る事件をあつせんに付することに同意するかどうかを書面をもつて回答すべきことを求める。

2　前項の規定により回答を求められた者が同項の期間内に回答をしなかつたときは、あつせんに付することに同意しなかつたものとみなす。

3　文化庁長官は、当事者の一方からあつせんの申請があつた場合において、他の当事者がこれに同意しなかつたときは、その旨を申請者に通知する。

（あつせんに付した旨の通知等）

第六十一条　文化庁長官は、申請に係る事件をあつせんに付したときは、その旨及び当該事件に係る著作権紛争解決あつせん委員（次条及び第六十四条において「委員」という。）の氏名を当事者に通知する。

2　文化庁長官は、申請に係る事件を法第百八条第二項の規定によりあつせんに付さないこととしたときは、理由を附した書面をもつて当事者にその旨を通知する。

（委員長）

第六十二条　事件につき二人又は三人の委員が委嘱されたときは、当該委員は、委員長を互選しなければならない。

2　委員長は、委員の会議を主宰し、委員を代表する。
3　委員の会議は、委員長が召集する。
4　委員長に事故があるときは、委員長のあらかじめ指名する委員が、その職務を代理する。

（報告等）

第六十三条　法第百十条第一項の報告は、あつせんの経過及び結果を記載した書面をもつてしなければならない。
2　法第百十条第二項の通知及び報告は、書面をもつてしなければならない。

（委員の退任）

第六十四条　委員は、法第百十条第一項又は第二項の報告をしたときは、退任するものとする。

第十四章　著作権等の侵害とみなす行為

（平十六政三三八・追加、平二一政二九九・旧十章繰下、令二政二八四・一部改正、令二政三六四・旧十四章繰上、令三政二六六・旧十三章繰下）

（公衆への提示が一体的に行われていると認められる要件）

第六十五条　法第百十三条第四項の政令で定める要件は、送信元識別符号のうちインターネットにおいて個々の電子計算機を識別するために用いられる部分が共通するウェブページ（同項に規定するウェブページをいう。以下この条において同じ。）の集合物の一部を構成する複数のウェブページに次の各号に掲げるウェブページのいずれもが含まれていることとする。

一　当該複数のウェブページに共通する性質を示す名称の表示その他の当該複数のウェブページを他のウェブページと区別して識別するための表示が行われているウェブページ

二　当該複数のウェブページを構成する他のウェブページに到達するための送信元識別符号等を一括して表示するウェブページその他の当該複数のウェブページの一体的な閲覧を可能とする措置が講じられているウェブページ

（令二政二八四・追加、令二政三六四・旧六十六条繰上）

（国外頒布目的商業用レコードの輸入等を著作権等の侵害とみなす期間）

第六十六条　法第百十三条第十項ただし書の政令で定める期間は、四年とする。

（平十六政三三八・追加、平三〇政三六〇・一部改正、令二政二八四・旧六六条繰下一部改正、令二政三六四・一部改正旧六十七条繰上）

附　則（抄）

（施行期日）

第一条　この政令は、法の施行の日から施行する。〔昭和四十六年一月一日から施行〕

（著作権法の施行に関する件の廃止）

第二条　著作権法の施行に関する件（昭和十年勅令第百九十号）は廃止する。

（録音物による演奏についての経過規定を適用しない事業）

第三条　削除

（平十一政四〇五・削除）

（商業用レコードへの録音に関する裁定の申請についての経過措置）

第四条　第十条第一項の申請書には、同条第二項各号に掲げる資料のほか、申請に係る音楽の著作物が法の施行前に国内において販売された商業用レコードに録音されているものでないことを疎明する資料を添附しなければならない。

（著作権登録原簿等についての経過措置）

第五条　著作権法の施行に関する件第一条の著作登録簿は、法の施行前にした著作権法（明治三十二年法律第三十九号。以下この条において「旧法」という。）第十五条の著作権の登録（実演又はレコードについてした登録を除く。）、実名の登録、第一発行年月日の登録及び著作年月日の登録（実演又はレコードについてした登録を除く。）に関しては法第七十八条第一項の著作権登録原簿とみなし、法の施行前にした旧法第二十八条ノ十の出版権の登録に関しては法第八十八条第二項の出版権登録原簿とみなし、法の施行前に実演又はレコードについてした旧法第十五条の著作権の登録及び著作年月日の登録に関しては法第百四条の著作隣接権登録原簿とみなす。

（指定報酬管理事業者等の事業計画等の提出等についての経過措置）

第六条　第四十五条の三第一項に規定する指定報酬管理事業者等の同項に規定する報酬等関係業務に係る最初の事業年度における第四十五条の五第一項の事業計画及び収支予算については、同項中「当該事業年度の開始前に」とあるのは、「法第九十三条の三第三項、第九十四条第一項、第九十四条の三第三項又は第九十六条の三第三項の規定による指定を受けた後遅滞なく」とする。

（令三政二六六・追加）

（指定団体の事業計画等の提出についての経過措置）

第七条　指定団体の二次使用料関係業務に係る最初の事業年度の事業計画及び収支予算については、第四十九条第一項中「当該事業年度の開始前に」とあるのは、「法第九十五条第四項又は第九十七条第三項の指定後遅滞なく」とする。

（平元政二九三・一部改正、令三政二六六・旧六条繰下）

附　則（昭和五十六年政令第百八十四号）

この政令は、昭和五十六年六月一日から施行する。

附　則（昭和五十九年政令第百四十一号）

この政令は、各種手数料等の額の改定及び規定の合理化に関する法律（昭和五十九年法律第二十三号）の施行の日から施行する。〔昭和五十九年五月二十一日から施行〕

附　則（昭和五十九年政令第二百二十九号）

この政令は、昭和五十九年七月一日から施行する。

附　則（昭和五十九年政令第二百八十八号）

この政令は、昭和五十九年十月一日から施行する。

附　則（昭和五十九年政令第三百二十三号）（抄）

（施行期日）

第一条　この政令は、昭和六十年一月一日から施行する。

附　則（昭和六十一年政令第二百八十六号）

（施行期日）

第一条　この政令は、昭和六十二年一月一日から施行する。ただし、第二十一条第二項第一号の改正規定中「第七十六条第一項」の下に「、第七十六条の二第一項」を加える部分は、同年四月一日から施行する。

（経過措置）

第二条　この政令の施行の日前に改正前の著作権法施行令第四章第二節の規定に基づいてされた登録の申請で、この政令の施行の際現にこれに対する登録又は登録の拒否の処分がされていないものの処理については、なお従前の例による。

附　則（昭和六十二年政令第四十六号）

この政令は、昭和六十二年四月一日から施行する。

附　則（平成元年政令第二百九十三号）

この政令は、著作権法の一部を改正する法律の施行の日から施行する。〔平成元年十月二十六日から施行〕

附　則（平成二年政令第二百八十五号）

この政令は、民事保全法の施行の日から施行する。〔平成三年一月一日から施行〕

附　則（平成二年政令第三百四十七号）

この政令は、平成三年一月一日から施行する。（以下略）

附　則（平成三年政令第四十七号）

この政令は、平成三年四月一日から施行する。

附　則（平成四年政令第百六十三号）

この政令は、平成四年五月二十日から施行する。

附　則（平成四年政令第三百八十二号）（抄）

（施行期日）

第一条　この政令は、公布の日から施行する。ただし、第八章を第九章とし、第七章を第八章とし、第六章の次に一章を加える改正規定中第五十七条の六、第五十七条の七第一項第二号、第三号及び第六号並びに第五十七条の八（第四十九条第二項の準用に係る部分に限る。）に係る部分は、著作権法の一部を改正する法律（平成四年法律第百六号）の施行の日から施行する。〔平成五年六月一日から施行〕

附　則（平成五年政令第六十九号）

（施行期日）

1　この政令は、平成五年四月一日から施行する。

（罰則に関する経過措置）

2　この政令の施行前にした行為に対する罰則の適用については、なお従前の例による。

附　則（平成五年政令第百四十七号）

この政令は、著作権法の一部を改正する法律（平成四年法律第百六号）の施行の日から施行する。〔平成五年六月一日から施行〕

附　則（平成十年政令第三百二十四号）

（施行期日）

1　この政令は、平成十年十一月一日から施行する。

（経過措置）

2　改正後の著作権法施行令（以下「新令」という。）第一条又は第一条の二の規定は、この政令の施行前の購入（小売に供された後の最初の購入に限る。）に係る新令第一条（第一号から第三号までを除く。）に規定する機器又は当該機器によるデジタル方式の録音の用に供される新令第一条の二に規定する光ディスクについては、適用しない。

附　則（平成十年政令第三百七十二号）

この政令は、平成十一年四月一日から施行する。

附　則（平成十一年政令第二百十号）

（施行期日）

1　この政令は、平成十一年七月一日から施行する。

（経過措置）

2　改正後の著作権法施行令（以下「新令」という。）第一条又は第一条の二の規定は、この政令の施行前の購入（小売に供された後の最初の購入に限る。）に係る新令第一条第二項に規定する機器又は新令第一条の二第二項に規定する磁気テープについては、適用しない。

附　則（平成十一年政令第四百五号）

この政令は、平成十二年一月一日から施行する。

附　則（平成十二年政令第三十七号）（抄）

（施行期日）

第一条　この政令は、平成十二年四月一日から施行する。

（経過措置）

第二条　民法の一部を改正する法律附則第三条第三項の規定により従前の例によること

とされる純禁治産者及びその保佐人に関するこの政令による改正規定の適用については、第十一条の規定による都市再開発法施行令第四条の二第一項の改正規定並びに第十五条の規定による旧公共施設の整備に関連する市街地の改造に関する法律施行令第十九条第二項及び第三項の改正規定を除き、なお従前の例による。

附　則（平成十二年政令第四十二号）（抄）

1　この政令は、平成十二年四月一日から施行する。

附　則（平成十二年政令第百三十号）

この政令は、平成十二年四月一日から施行する。

附　則（平成十二年政令第三百八号）（抄）

（施行期日）

第一条　この政令は、内閣法の一部を改正する法律（平成十一年法律第八十八号）の施行の日から施行する。〔平成十三年一月六日から施行〕ただし、次条第一項、附則第三条及び第五条第一項の規定は公布の日から施行する。

附　則（平成十二年政令第三百二十六号）

この政令は、平成十三年一月六日から施行する。

附　則（平成十二年政令第三百三十三号）（抄）

（施行期日）

1　この政令（第一条を除く。）は平成十三年四月一日から施行する。

附　則（平成十二年政令第三百八十二号）

（施行期日）

1　この政令は、平成十二年七月二十一日から施行する。

（経過措置）

2　改正後の著作権法施行令（以下「新令」という。）第一条第二項又は第一条の二第二項の規定は、この政令の施行前の購入（小売に供された後の最初の購入に限る。）に係る新令第一条第二項（第一号及び第二号を除く。）に規定する機器又は当該機器によるデジタル方式の録画（デジタル方式の録音及び録画を含む。）の用に供される新令第一条の二第二項に規定する光ディスクについては、適用しない。

附　則（平成十二年政令第五百四号）

この政令は、平成十三年一月一日から施行する。

附　則（平成十二年政令第五百七号）

この政令は、平成十三年一月六日から施行する。ただし、第一条から第八条まで及び第六十一条の規定は、同年四月一日から施行する。

附　則（平成十三年政令第百五十七号）

この政令は、平成十三年四月一日から施行する。

附　則（平成十五年政令第二百四十四号）

この政令は、法附則第一条ただし書の政令で定める日から施行する。〔平成十五年十

月一日から施行〕

附　則（平成十五年政令第四百八十三号）（抄）

（施行期日）

第一条　この政令は、平成十六年四月一日から施行する。

附　則（平成十六年政令第十四号）（抄）

（施行期日）

第一条　この政令は、平成十六年四月一日から施行する。

附　則（平成十六年政令第二百十一号）（抄）

（施行期日）

第一条　この政令は、平成十六年十月一日から施行する。

附　則（平成十六年政令第三百十八号）（抄）

（施行期日）

1　この政令は、破産法の施行の日から施行する。〔平成十七年一月一日から施行〕

附　則（平成十六年政令第三百三十八号）

（施行期日）

1　この政令は、平成十七年一月一日から施行する。

（国外頒布目的商業用レコードの輸入等を著作権等の侵害とみなす期間に関する経過措置）

2　著作権法の一部を改正する法律（平成十六年法律第九十二号）附則第三条の規定により読み替えて適用される同法による改正後の著作権法第百十三条第五項ただし書の政令で定める期間は、四年とする。

附　則（平成十七年政令第二十四号）（抄）

（施行期日）

第一条　この政令は、平成十七年三月七日から施行する。

附　則（平成十八年政令第百五十九号）（抄）

この政令は、平成十八年四月一日から施行する。

附　則（平成十八年政令第三百二十号）（抄）

この政令は、障害者自立支援法の一部の施行の日（平成十八年十月一日）から施行する。

附　則（平成十九年政令第三十九号）

この政令は、一般社団法人及び一般財団法人に関する法律の施行の日から施行する。〔平成二十年十二月一日から施行〕

附　則（平成十九年政令第五十五号）（抄）

（施行期日）

第一条　この政令は、平成十九年四月一日から施行する。

附　則（平成十九年政令第百十号）（抄）

この政令は、平成十九年四月一日から施行する。

附　則（平成十九年政令第二百七号）

この政令は、信託法の施行の日から施行する。〔平成十九年九月三十日から施行〕

附　則（平成二十一年政令第百十一号）（抄）

この政令は、平成二十一年四月一日から施行する。ただし、第十三条及び第十四条の規定は、公布の日から施行する。

附　則（平成二十一年政令第百三十七号）

（施行期日）

1　この政令は、平成二十一年五月二十二日から施行する。

（経過措置）

2　改正後の著作権法施行令（以下「新令」という。）第一条第二項又は第一条の二第二項の規定は、新令第一条第二項（第四号に係る部分に限る。）に規定する機器又は当該機器によるデジタル方式の録画（デジタル方式の録音及び録画を含む。）の用に供される同号に規定する光ディスクであって、この政令の施行前の購入（小売に供された後の最初の購入に限る。）に係るものについては、適用しない。

附　則（平成二十一年政令第二百四十号）

この政令は、平成二十一年十月一日から施行する。

附　則（平成二十一年政令第二百九十九号）（抄）

（施行期日）

1　この政令は、平成二十二年一月一日から施行する。

附　則（平成二十三年政令第百五十四号）

（施行期日）

1　この政令は、著作権法の一部を改正する法律の一部の施行の日（平成二十三年六月一日）から施行する。

（著作権法施行令の一部改正に伴う経過措置）

2　この政令の施行の際現に存する著作権登録原簿等（著作権法第七十八条第一項の著作権登録原簿、同法第八十八条第二項の出版権登録原簿及び同法第百四条の著作隣接権登録原簿をいう。以下同じ。）であって帳簿をもって調製されているものについては、当該著作権登録原簿等が第一条の規定による改正後の著作権法施行令第十三条第一項の規定による著作権登録原簿等に改製されるまでの間は、同項の規定にかかわらず、なお従前の例による。

3　前項の規定による著作権登録原簿等の改製に関し必要な事項は、文部科学省令で定める。

4　第二項の規定によりなお従前の例によることとされる著作権登録原簿等の謄本若しくは抄本の交付又は当該著作権登録原簿等の閲覧に係る手数料の額については、なお従前の例による。

附　則（平成二十三年政令第二百九十六号）

（施行期日）

この政令は、平成二十三年十月一日から施行する。

附　則（平成二十四年政令第二十六号）（抄）

（施行期日）

この政令は、平成二十四年四月一日から施行する。

附　則（平成二十五年政令第五号）（抄）

この政令は、平成二十五年四月一日から施行する。

附　則（平成二十五年政令第三百十九号）（抄）

（施行期日）

この政令は、平成二十六年四月一日から施行する。

附　則（平成二十六年政令第三十九号）（抄）

（施行期日）

1　この政令は、法の施行の日（平成二十六年三月一日）から施行する。

附　則（平成二十六年政令第二百八十五号）

この政令は、平成二十七年一月一日から施行する。

附　則（平成二十七年政令第七十四号）（抄）

この法律は、平成二十七年四月一日から施行する。

附　則（平成二十八年政令第十一号）（抄）

（施行期日）

1　この政令は、平成二十八年四月一日から施行する。ただし、第十四条の規定は、公布の日から施行する。

附　則（平成二十九年政令第二十二号）（抄）

（施行期日）

1　この政令は、平成二十九年四月一日から施行する。

附　則（平成二十九年政令第二百八十三号）

（施行期日）

1　この政令は、平成三十年四月一日から施行する。

（経過措置）

2　この政令の施行前にされた著作権法第六十七条第一項、第六十八条第一項及び第六十九条の裁定の申請に係る手数料の額については、この政令による改正後の著作権法施行令第十一条の規定にかかわらず、なお従前の例による。

附　則（平成三十年政令第百八十三号）

この政令は、民法の一部を改正する法律の施行の日（平成三十二年四月一日）から施行する。

附　則（平成三十年政令第三百六十号）

（施行期日）

1　この政令は、平成三十一年一月一日から施行する。ただし、次の各号に掲げる規定は、当該各号に定める日から施行する。

一　第六十六条の改正規定　環太平洋パートナーシップ協定の締結及び環太平洋パートナーシップに関する包括的及び先進的な協定の締結に伴う関係法律の整備に関する法律（平成二十八年法律第百八号）の施行の日〔平成三十年十二月三十日から施行〕

二　目次の改正規定（「第十一章　私的録音録画補償金に関する指定管理団体等（第五十七条の五 ― 第五十七条の九）」を「第十章　私的録音録画補償金に関する指定管理団体等（第五十七条の五 ― 第五十七条の九）　第十一章　授業目的公衆送信補償金に関する指定管理団体等（第五十七条の十 ― 第五十七条の十五）」に改める部分に限る。）、第四十九条の改正規定及び第十一章を第十章とし、同章の次に一章を加える改正規定　著作権法の一部を改正する法律（附則第三項において「改正法」という。）附則第一条第二号に掲げる規定の施行の日〔令和二年四月二十八日から施行〕

（視覚障害者等のための複製等が認められる者に関する経過措置）

2　この政令の施行の日の前日においてこの政令による改正前の著作権法施行令（次項において「旧令」という。）第二条第一項第二号の規定による指定を受けていた者（この政令による改正後の著作権法施行令（以下この項において「新令」という。）第二条第一項第二号に該当する者を除く。）は、この政令の施行の日に新令第二条第一項第三号の規定による指定を受けたものとみなす。この場合において、文化庁長官は、その旨をインターネットの利用その他の適切な方法により公表するものとする。

（送信可能化された情報の送信元識別符号の検索等のための複製等に関する経過措置）

3　改正法の施行の日の前日において改正法による改正前の著作権法（以下この項において「旧法」という。）第四十七条の六（旧法第八十六条第三項及び第百二条第一項において準用する場合を含む。以下この項において同じ。）の規定により著作物（旧法第百二条第一項において準用する場合にあつては、実演、レコード、放送又は有線放送）を利用していた者については、旧法第四十七条の六及び旧令第七条の五の規定は、改正法の施行の日から起算して一年を経過する日までの間は、なおその効力を有する。

附　則（令和元年政令第四十二号）（抄）

（施行期日）

第一条　この政令は、民法及び家事事件手続法の一部を改正する法律（平成三十年法律第七十二号）の施行の日（令和元年七月一日）から施行する。

（経過措置）

第二条　改正後の著作権法施行令第七章第二節の規定は、この政令の施行後に受付がされた申請又は嘱託に係る登録の手続について適用し、この政令の施行前に受付がされた申請又は嘱託に係る登録の手続については、なお従前の例による。

第三条　この政令の施行前に受付がされた申請又は嘱託に係る登録は、著作権法施行令第三十四条の規定の適用については、この政令の施行後に受付がされた申請又は嘱託に係る登録より前にされたものとみなす。

附　則（令和二年政令第二百八十四号）

この政令は、令和二年十月一日から施行する。

附　則（令和二年政令第三百六十四号）（抄）

（施行期日）

1　この政令は、令和三年一月一日から施行する。

（国立大学法人法施行令及び総合法律支援法施行令の一部改正に伴う経過措置）

2　この政令の施行の日前に国立大学法人等及び日本司法支援センターが行った著作権法第六十七条第一項の裁定の申請、同法七十八条第四項の請求（プログラムの著作物に係る登録に関するものを除く。）及び同法第百六条のあっせんの申請に係る手数料の納付については、なお従前の例による。

附　則（令和三年政令第二百六十六号）

（施行期日）

1　この政令は、令和四年一月一日から施行する。ただし、次項の規定は、令和三年十月一日から施行する。

（業務規程の届出等に関する準備行為）

2　著作権法の一部を改正する法律附則第四条第一項の規定による指定を受けた著作権等管理事業者（同項に規定する著作権等管理事業者をいう。）は、この政令の施行の日（以下この項において「施行日」という。）前においても、この政令による改正後の著作権法施行令第四十五条の三第一項の規定の例により、同項に規定する業務規程を定め、文化庁長官に届け出ることができる。この場合において、当該届出は、施行日以後は、同項の規定による届出とみなす。

3　著作権法施行規則 （昭和四十五年十二月二十三日文部省令第二十六号）

改正　昭和五十九年　五月二十一日　文 部 省 令第三十四号
同　五十九年十二月二十三日　同　第五十四号
同　六十一年　九月二十五日　同　第三十四号
平成　二年十二月　十九日　同　第二十九号
同　四年十二月　十六日　同　第三十八号
同　五年　四月二十三日　同　第二十四号
〔大学入学資格検定規程等の一部を改正する省令第七条による改正〕
同　五年　五月　十四日　同　第二十七号
同　十年十一月　十七日　同　第三十八号
〔学校教育法施行規則等の一部を改正する省令第二十条による改正〕
同　十年十二月　十八日　同　第四十五号
〔博物館法施行規則等の一部を改正する省令第三条による改正〕
同　十一年　三月　三十日　同　第九号
〔著作権法施行規則及び著作権に関する仲介業務に関する法律施行規則の一部を改正する省令第一条による改正〕
同　十二年　十月三十一日　同　第五十三号
〔中央省庁等改革のための文部省令の整備等に関する省令による改正〕
同　十三年　三月三十一日　文部科学省令第六十四号
同　十九年　九月二十八日　同　第二十九号
〔著作権法施行規則及びプログラムの著作物に係る登録の特例に関する法律施行規則の一部を改正する省令第一条による改正〕
同　二十一年　五月　十五日　同　第二十四号
同　二十一年十二月二十八日　同　第三十八号
同　二十三年　五月三十一日　同　第二十一号
同　二十六年　八月　二十日　同　第二十四号
同　二十九年　十月三十一日　同　第三十九号
同　三十年十二月二十八日　同　第三十七号
令和　元年　六月二十八日　同　第八号
〔著作権法施行規則及びプログラムの著作物に係る登録の特例に関する法律施行規則の一部を改正する省令による改正〕
同　元年　七月　一日　同　第九号
〔不正競争防止法等の一部を改正する法律の施行に伴う文部科学省関係省令の整理等に関する省令第三条による改正〕

同	二年　四月二十一日	同	第十七号
同	二年　九月　十六日	同	第三十一号
同	二年十二月二十八日	同	第四十四号
同	三年　九月二十九日	同	第四十六号

目次

第一章　放送番組等のデジタル方式の複製を防止等するための措置

（令三文科令四六・追加）

（放送番組等のデジタル方式の複製を防止等するための措置）

第一条　著作権法（以下「法」という。）第二条第一項第九号の七ハの文部科学省令で定める措置は、同号に規定する自動公衆送信が行われた放送番組又は有線放送番組を視聴する者が当該放送番組又は有線放送番組のデジタル方式の複製をするための送信元識別符号等（法第百十三条第二項に規定する送信元識別符号等をいう。）の提供を行わない措置とする。

（令三文科令四六・追加）

第一章の二　音の信号に係る接続の方法及び影像の固定に用いる光学的方法に係る基準

（平五文令二七・追加、平二一文科令二四・改称、令三文科令四六・繰下）

（他の機器との間の音の信号に係る接続の方法）

第一条の二　著作権法施行令（以下「令」という。）第一条第一項の文部科学省令で定める他の機器との間の音の信号に係る接続の方法は、国際電気標準会議が放送局スタジオ用として定める音のデジタル信号の伝送方式によるものとする。

（平五文令二七・追加、平十二文令五三・一部改正、平二一文科令二四・一部改正、令三文科令四六・繰下）

（影像の固定に用いる光学的方法に係る基準）

第一条の三　令第一条第二項第四号の文部科学省令で定める基準は、標準的な室内環境において、波長が四百五ナノメートルのレーザー光を開口数が〇・八五の対物レンズを通して照射することとする。

（平二一文科令二四・追加、令三文科令四六・繰下）

第二章　司書に相当する職員

（平五文令二七・旧第一章繰下、平二一文科令三八・旧第一章の二繰下）

（司書に相当する職員）

第一条の四　令第一条の三第一項の文部科学省令で定める職員は、次の各号のいずれかに該当する者で本務として図書館の専門的事務又はこれに相当する事務（以下「図書館事務」という。）に従事するものとする。

一　図書館法（昭和二十五年法律第百十八号）第四条第二項の司書となる資格を有する者

二　図書館法第四条第三項の司書補となる資格を有する者で当該資格を得た後四年以上図書館事務に従事した経験を有するもの

三　人事院規則で定める採用試験のうち、主として図書館学に関する知識、技術又はその他の能力を必要とする業務に従事することを職務とする官職を対象とするものに合格した者

四　大学又は高等専門学校を卒業した者（専門職大学の前期課程を修了した者を含む。）で、一年以上図書館事務に従事した経験を有し、かつ、文化庁長官が定める著作権に関する講習を修了したもの

五　高等学校若しくは中等教育学校を卒業した者又は高等専門学校第三学年を修了した者で、四年以上図書館事務に従事した経験を有し、かつ、文化庁長官が定める著作権に関する講習を修了したもの

（昭六一文令三四・一部改正、平五文令二七・一部改正旧第一条繰下、平十文令三八・一部改正、平十二文令五三・柱書一部改正、平二一文科令二四・旧第一条の二繰下、平二九文科令三九・四号一部改正、令三文科令四六・繰下）

（著作権に関する講習）

第二条　前条第四号及び第五号の著作権に関する講習に関し、講習の期間、履習すべき科目その他講習を実施するため必要な事項は、文化庁長官が定める。

2　受講者の人数、選定の方法及び講習の日時その他講習実施の細目については、毎年インターネットの利用その他の適切な方法により公表するものとする。

（平三〇文科令三七・２項一部改正）

第二章の二　国立国会図書館と外国の施設との間の協定で定める事項

（平三〇文科令三七・追加）

第二条の二　令第一条の四第三号の文部科学省令で定める事項は、次に掲げるものとする。

一　法第三十一条第三項前段（法第八十六条第三項及び第百二条第一項において準用する場合を含む。次号において同じ。）に規定する自動公衆送信により送信される絶版等資料に係る著作物等（法第二条第一項第二十号に規定する著作物等をいう。以下同じ。）の利用を適切に行うために必要な体制の整備に関する事項

二　法第三十一条第三項前段に規定する自動公衆送信により送信される絶版等資料に係る著作物等の種類及び当該自動公衆送信の方法に関する事項

三　協定の変更又は廃止を行う場合の条件に関する事項

（平三〇文科令三七・追加）

第三章　視覚障害者等のために情報を提供する事業を行う法人の公表事項等

（平三〇文科令三七・追加）

（公表事項）

第二条の三　令第二条第一項第二号ニの文部科学省令で定める事項は、次に掲げるものとする。

一　視覚障害者等のために情報を提供する事業の内容（法第三十七条第三項（法第八十六条第一項及び第三項並びに第百二条第一項において準用する場合を含む。）の規定により複製又は公衆送信を行う著作物等の種類及び当該複製又は公衆送信の態様を含む。）

二　令第二条第一項第二号イからハまでに掲げる要件を満たしている旨

（平三〇文科令三七・追加）

（公表方法）

第二条の四　令第二条第一項第二号ニの規定による公表は、文化庁長官が定めるウェブサイトへの掲載により行うものとする。

（平三〇文科令三七・追加）

第三章の二　聴覚障害者等用複製物の貸出しの基準

（平二一文科令三八・追加、平三〇文科令三七・旧第三章繰下）

第二条の五　令第二条の二第一項第二号の文部科学省令で定める基準は、次のとおりとする。

一　専ら法第三十七条の二第二号の規定の適用を受けて作成された複製物（以下この条において「聴覚障害者等用複製物」という。）の貸出しを受けようとする聴覚障害者等を登録する制度を整備すること。

二　聴覚障害者等用複製物の貸出しに関し、次に掲げる事項を含む規則を定めること。

イ　聴覚障害者等用複製物の貸出しを受ける者が当該聴覚障害者等用複製物を法第三十七条の二第二号に定める目的以外の目的のために、頒布せず、かつ、当該聴覚障害者等用複製物によつて当該聴覚障害者等用複製物に係る著作物を公衆に提示しないこと。

ロ　複製防止手段（電磁的方法（法第二条第一項第二十号に規定する電磁的方法をいう。）により著作物のデジタル方式の複製を防止する手段であつて、著作物の複製に際しこれに用いられる機器が特定の反応をする信号を著作物とともに記録媒体に記録する方式によるものをいう。次号において同じ。）が用いられていない聴覚障害者等用複製物の貸出しを受ける場合に、当該貸出しを受ける者が当該聴覚障害者等用複製物を用いて当該聴覚障害者等用複製物に係る著作物を複製しないこと。

三　複製防止手段を用いていない聴覚障害者等用複製物の貸出しをする場合は、当該聴覚障害者等用複製物に係る著作物とともに、法第三十七条の二第二号の規定により複製を行つた者の名称及び当該聴覚障害者等用複製物を識別するための文字、番号、記号その他の符号の記録（当該聴覚障害者等用複製物に係る著作物が映画の著作物である場合にあつては、当該著作物に係る影像の再生の際に併せて常に表示されるようにする記録に限る。）又は記載をして、当該貸出しを行うこと。

四　聴覚障害者等用複製物の貸出しに係る業務を適正に行うための管理者を置くこと。

2　前項の規定は、法第八十六条第一項及び第百二条第一項において準用する法第三十七条の二の政令で定める者に係る令第二条の二第一項第二号の文部科学省令で定める基準について準用する。

（平二一文科令三八・追加、平二三文科令二一・１項一号一部改正、平三〇文科令三七・旧第二条の二繰下、令三文科令四六・１項一号一部改正）

第四章　一時的固定物の保存状況の報告等

（平二一文科令三八・旧第二章繰下）

（一時的固定物の保存の状況の報告）

第三条　令第三条第一項第二号の記録保存所を設置する者（以下この章において「記録保存所の設置者」という。）は、毎事業年度の終了後一月以内に、その記録保存所において当該事業年度に保存を始めた令第三条第一項の一時的固定物について、次に掲げる事項を記載した書面をもつて文化庁長官に報告しなければならない。この場合において、記録保存所の設置者は、当該書面に令第五条第三項の目録を添付しなければならない。

一　当該一時的固定物に係る放送番組又は有線放送番組の名称

二　当該一時的固定物を作成した放送事業者、有線放送事業者又は放送同時配信等事業者の名称及び放送、有線放送又は放送同時配信等が行われた年月日又は期間（放送、有線放送又は放送同時配信等が行われなかつたときは、その旨）

三　当該一時的固定物がテレビジョン放送又は有線テレビジョン放送（当該テレビジョン放送の放送番組又は当該有線テレビジョン放送の放送番組の放送同時配信等を含む。以下この号において同じ。）のために作成されたものであるかラジオ放送又は有線ラジオ放送（当該ラジオ放送の放送番組又は当該有線ラジオ放送の有線放送番組の放送同時配信等を含む。以下この号において同じ。）のために作成されたものであるかの別（テレビジョン放送又は有線テレビジョン放送及びラジオ放送又は有線ラジオ放送のために作成されたものであるときは、その旨）

２　前項の規定によるもののほか、記録保存所の設置者は、その記録保存所において保存する令第三条第一項の一時的固定物の保存の状態について、文化庁長官が特に必要があると認めて報告を求めた場合には、その報告を求められた事項を文化庁長官に報告しなければならない。

（昭六一文令三四・一部改正、令三文科令四六・１項二号三号一部改正）

（業務の廃止の届出事項）

第四条　令第六条第一項の文部科学省令で定める事項は、次に掲げるものとする。

一　廃止を必要とする理由

二　廃止しようとする日

三　令第三条第一項の一時的固定物に関する措置

（平十二文令五三・柱書一部改正）

第五章　著作物の表示の大きさ又は精度に係る基準

（平二一文科令三八・追加）

第四条の二　令第七条の三第一号の文部科学省令で定める基準は、次に掲げるもののいずれかとする。

一　図画として法第四十七条の二（法第八十六条第一項及び第百二条第一項において準用する場合を含む。以下この項において同じ。）に規定する複製を行う場合にあつては、当該複製により作成される複製物に係る著作物の表示の大きさが五十平方センチメートル以下であること。

二　デジタル方式により法第四十七条の二に規定する複製を行う場合にあつては、当該複製により複製される著作物に係る影像を構成する画素数が三万二千四百以下であること。

三　前二号に掲げる基準のほか、法第四十七条の二に規定する複製により作成される複製物に係る著作物の表示の大きさ又は精度が、同条に規定する譲渡若しくは貸与に係る著作物の原作品若しくは複製物の大きさ又はこれらに係る取引の態様その他の事情に照らし、これらの譲渡又は貸与の申出のために必要な最小限度のものであり、かつ、公正な慣行に合致するものであると認められること。

２　令第七条の三第二号イの文部科学省令で定める基準は、次に掲げるもののいずれかとする。

一　デジタル方式により法第四十七条の二（法第八十六条第三項及び第百二条第一項において準用する場合を含む。以下この項及び次項において同じ。）に規定する公衆送信を行う場合にあつては、当該公衆送信により送信される著作物に係る影像を構成する画素数が三万二千四百以下であること。

二　前号に掲げる基準のほか、法第四十七条の二に規定する公衆送信を受信して行われる著作物の表示の精度が、同条に規定する譲渡若しくは貸与に係る著作物の原作品若しくは複製物の大きさ又はこれらに係る取引の態様その他の事情に照らし、これらの譲渡又は貸与の申出のために必要な最小限度のものであり、かつ、公正な慣行に合致するものであると認められること。

3　令第七条の三第二号ロの文部科学省令で定める基準は、次に掲げるもののいずれかとする。

一　デジタル方式により法第四十七条の二に規定する公衆送信を行う場合にあつては、当該公衆送信により送信される著作物に係る影像を構成する画素数が九万以下であること。

二　前号に掲げる基準のほか、法第四十七条の二に規定する公衆送信を受信して行われる著作物の表示の精度が、同条に規定する譲渡若しくは貸与に係る著作物の原作品若しくは複製物の大きさ又はこれらに係る取引の態様その他の事情に照らし、これらの譲渡又は貸与の申出のために必要と認められる限度のものであり、かつ、公正な慣行に合致すると認められるものであること。

（平二一文科令三八・追加、平二六文科令二四・１項柱書一号２項柱書一号３項柱書一部改正４項削除、平三〇文科令三七・１項柱書一号二号２項柱書一号３項柱書一号一部改正）

第六章　削除

（平三〇文科令三七・削除）

第四条の三　削除

（平三〇文科令三七・削除）

第七章　電子計算機による情報処理及びその結果の提供等を適正に行うために必要な措置

（平二一文科令三八・追加、平三〇文科令三七・改称）

（送信元識別符号検索結果提供を適正に行うために必要な措置）

第四条の四　令第七条の四第一項第一号ロの文部科学省令で定める措置は、次に掲げる行為のいずれかが送信元識別符号検索結果提供を目的とする情報の収集を禁止する措置に係る一般の慣行に従つて行われている場合にあつては、当該行為に係る情報の提供を行わないこととする。

一　robots.txtの名称の付された電磁的記録（法第三十一条第二項に規定する電磁的記録をいう。次号において同じ。）で送信可能化されたものに次に掲げる事項を記載すること。

イ　送信元識別符号検索結果提供を目的とする情報の収集のためのプログラムのうち情報の収集を禁止するもの

ロ　送信元識別符号検索結果提供を目的とする情報の収集において収集を禁止する情報の範囲

二　ＨＴＭＬ（送信可能化された情報を電子計算機による閲覧の用に供するに当たり、当該情報の表示の配列その他の態様を示すとともに、当該情報以外の情報で送信可能化されたものの送信の求めを簡易に行えるようにするための電磁的記録を作成するために用いられる文字その他の記号及びその体系であつて、国際的な標準となつているものをいう。第二十五条において同じ。）その他これに類するもので作成された電磁的記録で送信可能化されたものに送信元識別符号検索結果提供を目的とする情報の収集を禁止する旨を記載すること。

（平二一文科令三八・追加、平二六文科令二四・柱書一部改正、平三〇文科令三七・見出し追加１項柱書一号イロ２項一部改正、令二文科令三一・二号一部改正）

（著作物等の利用を適正に行うために必要な措置）

第四条の五　令第七条の四第一項第三号の文部科学省令で定める措置は、業として法第四十七条の五第一項（法第八十六条第一項及び第三項並びに第百二条第一項において準用する場合を含む。第一号において同じ。）各号に掲げる行為を行う場合にあつては、次に掲げる措置を講ずることとする。

一　当該行為に係る著作物等の利用が法第四十七条の五第一項に規定する要件に適合するものとなるよう、あらかじめ、当該要件の解釈を記載した書類の閲覧、学識経験者に対する相談その他の必要な取組を行うこと。

二　当該行為に関する問合せを受けるための連絡先その他の情報を、当該行為の態様に応じ合理的と認められる方法及び程度により明示すること。

（平三〇文科令三七・追加）

第八章　登録手続等

（平二一文科令三八・旧第三章繰下）

第一節　著作権登録原簿の調製方法等

（著作権登録原簿等の調製方法）

第五条　次の各号に掲げる著作権登録原簿、出版権登録原簿又は著作隣接権登録原簿（以下「著作権登録原簿等」と総称する。）は、それぞれに記録されている事項を記載した書類（以下「登録事項記載書類」という。）をそれぞれ当該各号に定める様式により作成できるように調製する。

一　著作権登録原簿（次号に掲げる著作権登録原簿を除く。）及び出版権登録原簿

別記様式第一

二　プログラムの著作物に係る著作権登録原簿　別記様式第一の二

三　著作隣接権登録原簿　別記様式第二

（平二三文科令二一・見出し柱書一部改正１項一号二号三号追加２項削除）

（附属書類）

第六条　令第十三条第二項の附属書類として、文化庁に登録受付簿を置く。

（平二三文科令二一・第六条削除旧第七条繰上）

第一節の二　申請の手続

（昭六一文令三四・追加）

（書面の用語等）

第七条　申請書及び令第二十一条第二項各号の書面は、日本語で書かなければならない。

2　前項の書面以外の資料であつて、外国語で書いたものには、その翻訳文を添付しなければならない。

（昭六一文令三四・追加、平二三文科令二一・第八条削除旧第八条の二繰上）

（申請書等の様式）

第八条　法第七十五条第一項の登録の申請書は別記様式第三により、法第七十六条第一項の登録の申請書は別記様式第四により、法第七十六条の二第一項の登録の申請書は別記様式第五により、法第七十七条の登録の申請書は別記様式第六（相続又は法人の合併による権利の移転の登録の申請にあつては、別記様式第六の二）により、法第八十八条第一項の登録の申請書は別記様式第七（相続又は法人の合併による権利の移転の登録の申請にあつては、別記様式第七の二）により、法第百四条の登録の申請書は別記様式第八（相続又は法人の合併による権利の移転の登録の申請にあつては、別記様式第八の二）により作成しなければならない。

2　令第二十一条第二項第一号の書面は別記様式第九により、同項第二号の書面は別記様式第十により、同項第三号の書面は別記様式第十一により、同項第四号及び第五号の書面は別記様式第十二により作成しなければならない。

（昭六一文令三四・追加、平二三文科令二一・旧第八条の三繰上１項一部改正、令元文科令八・１項一部改正）

第二節　登録の手続

（登録受付簿の記載）

第九条　申請書の提出があつたときは、登録受付簿に次に掲げる事項を記載するとともに、当該申請書に第一号及び第二号に掲げる事項を記載する。

一　申請の受付の年月日

二　受付番号
三　著作物の題号又は実演等（実演、レコード、放送番組又は有線放送番組をいう。第十一条第二項第一号において同じ。）の名称
四　著作者、実演家、レコード製作者、放送事業者若しくは有線放送事業者の氏名又は名称
五　登録の目的
六　登録免許税として納付する額
七　申請者の氏名又は名称
2　前項第二号の受付番号は、受付の順序により付す。
3　第一項の規定により登録受付簿に申請者の氏名又は名称を記載する場合において、申請者が二人以上あるときは、申請書に掲げた代表者又は筆頭者の氏名又は名称及び他の申請者の数を記載するだけで足りる。

（昭六一文令三四・一部改正、平二三文科令二一・1項三号2項一部改正、令元文科令八・1項一号2項一部改正）

（受付番号の更新）

第十条　受付番号は、毎年更新する。

（表示部等の登録の方法）

第十一条　著作権登録原簿等は、表示部、事項部及び信託部（次項において「表示部等」という。）の別に記録する。
2　表示部等についての登録は、次の各号に掲げる部の区分に応じ、当該各号に掲げる事項を記録して行う。
一　表示部　申請書に掲げた事項のうち著作物の題号又は実演等の名称及び申請書に添付した令第二十一条第二項各号のいずれかの書面に掲げた事項（プログラムの著作物に係る著作権登録原簿にあつては、同項第一号イに規定する事項を除く。）
二　事項部　次に掲げる事項
イ　申請書に掲げた事項のうち令第二十条各号（第三号及び第七号を除く。）の事項
ロ　申請書に掲げた事項のうち令第二十七条若しくは第二十八条に規定する事項又は登録すべき権利に関する事項
ハ　第九条第一項の規定により申請書に記載した同項第一号及び第二号に掲げる事項
三　信託部　前号に掲げる事項及び申請書に掲げた事項のうち令第三十六条第一項各号に掲げる事項
3　令第二十九条又は第三十七条第一項の規定による申請があつた場合において著作権登録原簿等の事項部又は信託部に登録するときは、前項第二号又は第三号の事項のほか、債権者又は受益者若しくは委託者の氏名又は名称及び住所又は居所並びに代位の

原因を記録する。

（昭六一文令三四・一部改正、平十九文科令二九・一部改正、平二三文科令二一・全改）

（準用）

第十二条　申請による登録の手続に関する第九条から前条までの規定は、嘱託による登録の手続について準用する。

（表示番号等の記録）

第十三条　著作権登録原簿等について、表示部に最初に登録したときは、当該登録事項を記録した順序により表示番号を記録する。

2　著作権登録原簿等について、事項部又は信託部に登録したときは、その登録が民事保全法（平成元年法律第九十一号）第五十四条において準用する同法第五十三条第二項の規定による仮処分による仮登録（以下「保全仮登録」という。）をしたものについての本登録である場合及び保全仮登録の抹消の登録である場合を除き、当該登録事項を記録した順序により順位番号を当該登録事項を記録する部分の前に記録する。

（平二三文科令二一・見出し１項一部改正２項追加）

（変更された登録事項等の抹消の方法）

第十四条　著作権登録原簿等について変更又は更正の登録をしたときは、変更され、又は更正された登録事項について抹消記号を記録する。

（平二三文科令二一・一部改正）

（登録の抹消の方法）

第十五条　著作権登録原簿等について抹消の登録をするときは、備考欄に抹消すべき登録を抹消する旨を記録した後、当該登録について抹消記号を記録する。

2　前項の場合において、抹消に係る権利を目的とする第三者の登録があるときは、備考欄に当該抹消に係る権利の登録を抹消することによりその登録を抹消する旨を記録した後、当該登録について抹消記号を記録する。

（平二三文科令二一・一部改正）

（回復の登録の方法）

第十六条　著作権登録原簿等について回復の登録をするときは、備考欄に抹消に係る登録を回復する旨を記録した後、当該登録と同一の登録をする。

（平二三文科令二一・一部改正）

（登録年月日の記録等）

第十七条　著作権登録原簿等について職権により登録したときは、登録の原因及びその発生年月日並びに登録すべき権利に関する事項欄に当該登録の年月日を記録する。

2　文化庁長官が指定する職員は、著作権登録原簿等について登録したときは、登録事項記載書類を作成し、登録の確認を行わなければならない。

（平二三文科令二一・見出し１項一部改正２項追加、令元文科令八・１項一

部改正）

（分界）

第十八条　著作権登録原簿等について登録したときは、備考欄に続けて分界記号を記録する。

（平二三文科令二一・一部改正）

（保全仮登録の方法等）

第十八条の二　著作権登録原簿等について保全仮登録をするときは、事項部に登録をする。

（平二文令二九・追加、平二三文科令二一・１項一部改正２項削除）

第十八条の三　出版権の設定又は変更について、著作権登録原簿について民事保全法第五十四条において準用する同法第五十三条第一項の規定による仮処分の登録（以下この条において「仮処分の登録」という。）をするとともに出版権登録原簿について保全仮登録をするときは、第十一条第二項第二号に掲げる事項のほか、次の各号に掲げる部には当該各号に掲げる事項を記録する。

一　著作権登録原簿の事項部　当該仮処分の登録とともに出版権登録原簿に保全仮登録をする旨並びに当該保全仮登録の表示番号及び順位番号

二　出版権登録原簿の事項部　当該保全仮登録とともに著作権登録原簿に仮処分の登録をする旨並びに当該仮処分の登録の表示番号及び順位番号

（平二文令二九・追加、平二三文科令二一・一部改正）

（保全仮登録後の本登録等）

第十八条の四　著作権登録原簿等について保全仮登録をした後本登録の申請があつたときは、保全仮登録の次にその登録をする。保全仮登録の抹消の嘱託があつたときも、同様とする。

（平二文令二九・追加、平二三文科令二一・一部改正）

第三節　登録事項記載書類の交付手続等

（平二三文科令二一・全改）

（登録事項記載書類の交付申請手続等）

第十九条　登録事項記載書類の交付又は著作権登録原簿等の附属書類の写しの交付若しくは閲覧を請求しようとする者は、次に掲げる事項を記載した申請書を文化庁長官に提出しなければならない。

一　登録番号（著作権登録原簿等の附属書類の写しの交付又は閲覧を請求するときは、申請の受付の年月日及び受付番号）

二　申請者の氏名又は名称及び住所又は居所並びに法人にあつては代表者の氏名

三　登録事項記載書類又は著作権登録原簿等の附属書類の写しの交付を請求するときは、その部数

（昭六一文令三四・一部改正、平十三文科令六四・1項柱書一号三号一部改正、平二三文科令二一・第十九条削除旧第二十条繰上見出し1項柱書三号一部改正2項削除、令元文科令八・一号一部改正）

（登録事項記載書類の作成方法）

第二十条　登録事項記載書類に余白があるときは、その部分に余白である旨を記載する。

2　登録事項記載書類には、作成の年月日並びに記載事項が著作権登録原簿等に記録されている事項と相異がない旨及び文化庁長官の文字を記載し、これに文化庁長官の印を押す。

（平二三文科令二一・旧第二十一条繰上見出し1項2項一部改正3項削除）

第九章　業務規程の記載事項

（平二一文科令三八・旧第四章繰下）

（指定報酬管理事業者等の報酬等関係業務に係る業務規程の記載事項）

第二十条の二　令第四十五条の三第二項の業務規程で定めなければならない事項は、次に掲げるものとする。

一　法第九十三条の三第二項の報酬（以下この条において「報酬」という。）又は法第九十四条の三第二項若しくは第九十六条の三第二項の補償金を受ける権利を行使する業務又は法第九十四条第一項の補償金を受領する業務に要する手数料に関する事項

二　報酬又は法第九十四条第一項、第九十四条の三第二項若しくは第九十六条の三第二項の補償金（次号において「補償金」という。）の分配方法に関する事項

三　報酬又は補償金を受ける権利を有する者（以下この号において「権利者」という。）の不明その他の理由により、権利者と連絡することができず、報酬又は補償金の分配を行うことができなかつた場合における報酬又は補償金の取り扱い）

（令三文科令四六・追加）

（指定団体の二次使用料関係業務に係る業務規程の記載事項）

第二十一条　令第四十七条第二項の業務規程で定めなければならない事項は、次に掲げるものとする。

一　法第九十五条第一項又は第九十七条第一項の二次使用料（以下この条において「二次使用料」という。）を受ける権利を行使する権限の受任に関する事項

二　二次使用料を受ける権利を行使する業務に要する手数料に関する事項

三　二次使用料の分配方法に関する事項

（昭五九文令五四・一部改正、昭六一文令三四・一部改正、平二三文科令二一・旧第二十二条繰上、令三文科令四六・見出し柱書一部改正）

（指定団体の報酬等関係業務に係る業務規程の記載事項）

第二十二条　令第五十七条の三において準用する令第四十七条第二項の業務規程で定めなければならない事項は、次に掲げるものとする。

一　法第九十五条の三第三項又は第九十七条の三第三項の報酬（以下この条において「報酬」という。）及び法第九十五条の三第五項又は第九十七条の三第六項の使用料（以下この条において「使用料」という。）を受ける権利を行使する権限の受任に関する事項

二　報酬及び使用料を受ける権利を行使する業務に要する手数料に関する事項

三　報酬及び使用料の分配方法に関する事項

（昭五九文令五四・追加、平二一文科令三八・一号一部改正、平二三文科令二一・旧第二十二条の二繰上、令三文科令四六・見出し一部改正）

第十章　私的録音録画補償金の額の認可申請等

（平四文令三八・追加、平二一文科令三八・旧第五章繰下）

（私的録音録画補償金の額の認可の申請）

第二十二条の二　法第百四条の二第一項に規定する指定管理団体は、法第百四条の六第一項の規定により私的録音録画補償金（法第百四条の二第一項の私的録音録画補償金をいう。以下この章において同じ。）の額の設定又は変更の認可を受けようとするときは、次に掲げる事項を記載した申請書を文化庁長官に提出しなければならない。

一　名称及び住所並びに代表者の氏名

二　設定又は変更の認可を受けようとする私的録音録画補償金の額及びその算定の基礎となるべき事項

三　法第百四条の六第三項の規定により製造業者等の団体から意見を聴取したときは、その概要

（平四文令三八・追加、平二三文科令二一・旧第二十二条の三繰上）

（補償金関係業務に係る業務規程の記載事項）

第二十二条の三　令第五十七条の五第二項の業務規程で定めなければならない事項は、次に掲げるものとする。

一　私的録音録画補償金を受ける権利を行使する業務に要する手数料に関する事項

二　文化庁長官の認可を受けた私的録音録画補償金の額の公示に関する事項

（平四文令三八・追加、平二三文科令二一・旧第二十二条の四繰上）

第十章の二　授業目的公衆送信補償金の額の認可申請等

（平三〇文科令三七・追加）

（授業目的公衆送信補償金の額の認可の申請）

第二十二条の四　法第百四条の十一第一項に規定する指定管理団体（以下この章において「指定管理団体」という。）は、法第百四条の十三第一項の規定により授業目的公衆送信補償金（法第百四条の十一第一項の授業目的公衆送信補償金をいう。以下この章において同じ。）の額の設定又は変更の認可を受けようとするときは、次に掲げる事項を記載した申請書に参考となる事項を記載した書類を添付して、文化庁長官に提出しなければならない。

一　指定管理団体の名称及び住所並びに代表者の氏名

二　設定又は変更の認可を受けようとする授業目的公衆送信補償金の額及びその算定の基礎となるべき事項

三　法第百四条の十三第三項の規定による教育機関を設置する者の団体からの意見聴取の概要（当該団体の名称及び代表者の氏名、当該意見聴取の年月日及び方法、当該団体から聴取した意見の内容並びに当該意見聴取の結果の授業目的公衆送信補償金の額への反映状況を含む。）

（平三〇文科令三七・追加）

（補償金関係業務に係る業務規程の記載事項等）

第二十二条の五　令第五十七条の十第二項の業務規程で定めなければならない事項は、次に掲げるものとする。

一　授業目的公衆送信補償金を受ける権利を行使する業務に要する手数料（第三項第一号において「手数料」という。）に関する事項

二　文化庁長官の認可を受けた授業目的公衆送信補償金の額及びその算定の基礎となるべき事項の公示に関する事項

2　法第百四条の十四第二項の授業目的公衆送信補償金の分配に関する事項には、当該分配の方法の詳細（著作権者又は著作隣接権者の不明その他の理由により授業目的公衆送信補償金を受ける権利を有する著作権者又は著作隣接権者と連絡することができない場合における分配の方法を含む。）及びその決定の基礎となるべき事項を含むものとする。

3　指定管理団体は、法第百四条の十四第一項の規定により同項の規程を届け出るときは、次に掲げる事項を記載した書類（変更の場合にあつては、変更の内容及び理由を記載した書類）を添付しなければならない。

一　手数料の算定の基礎となるべき事項

二　法第百四条の十二第四号の補償金関係業務を的確に遂行するための体制の整備に関する事項

三　法第百四条の十五第一項の事業の検討の状況及び令第五十七条の十二の規定による学識経験者からの意見聴取の方法に関する事項

（平三〇文科令三七・追加）

（著作権等の保護に関する事業等のために支出すべき授業目的公衆送信補償金の額の算出に用いる割合）

第二十二条の六　令第五十七条の十一の文部科学省令で定める割合は、二割とする。

（令二文科令一七・追加）

第十一章　印紙納付

（平四文令三八・旧第五章繰下、平二一文科令三八・旧第六章繰下）

（印紙納付）

第二十三条　法第七十条第一項、第七十八条第五項（法第八十八条第二項及び第百四条において準用する場合を含む。）及び第百七条の規定による手数料は、収入印紙をもつて納付しなければならない。

（昭五九文令三四・一部改正、平二三文科令二一・一部改正）

第十二章　ディスク等による手続

（平十一文令九・追加、平二一文科令三八・旧第七章繰下）

（ディスク等による手続）

第二十四条　次に掲げる書類の提出については、電子的方法、磁気的方法その他の方法により当該書類に記載すべきこととされている事項を記録したディスクその他これに準ずるものを提出することによつて行うことができる。

一　法第百四条の七第一項及び第百四条の十四第一項の規定により届け出なければならない規程に係る書類並びに第二十二条の五第三項の規定により添付しなければならない書類

二　令第五条第一項の規定により報告しなければならない事項に係る第三条第一項に定める書類及び同項の規定により当該書類に添付しなければならない目録に係る書類

三　令第六条第一項の規定により届け出る事項に係る書類

四　令第四十五条の三第一項及び第四十七条（令第五十七条の三において準用する場合を含む。）第一項の規定により届け出なければならない業務規程に係る書類

五　令第四十五条の五第一項及び第二項並びに第四十九条（令第五十七条の三、第五十七条の九及び第五十七条の十五において準用する場合を含む。以下同じ。）第一項及び第二項の規定により提出しなければならない事業計画及び収支予算に係る書

類並びに令第四十五条の五第三項及び第四十九条第三項の規定により提出しなければならない事業報告書に係る書類

六　令第四十五条の八第一項及び第五十一条（令第五十七条の三において準用する場合を含む。）第一項の規定により届け出なければならない事項に係る書類

七　令第五十七条の七第一項及び第五十七条の十三第一項の規定により届け出なければならない事項に係る書類

八　第二十二条の二及び第二十二条の四の規定により提出しなければならない申請書に係る書類並びに同条の規定により添付しなければならない参考となる事項を記載した書類

（平十一文令九・追加、平二三文科令二一・八号一部改正、平三〇文科令三七・一号五号七号八号一部改正、令三文科令四六・四号五号六号一部改正）

第十三章　インターネットを利用した情報の閲覧の用に供される電磁的記録

（令二文科令三一・追加）

第二十五条　法第百十三条第四項の文部科学省令で定める電磁的記録は、ＨＴＭＬその他の記号及びその体系で作成された電磁的記録で送信可能化されたものであつて、インターネットを利用した閲覧の際に、一の送信元識別符号によつて特定された一のページとして電子計算機の映像面に表示されることとなるものをいう。

（令二文科令三一・追加）

附　則

1　この省令は、法の施行の日から施行する。〔昭和四十六年一月一日から施行〕

2　著作権法施行規則（昭和六年内務省令第十八号）は、廃止する。

3　令第一条第一項の文部省令で定める職員には、この省令施行後三年間に限り、第一条に規定する者のほか、次の各号のいずれかに該当する者で本務として図書館事務に従事する者を含むものとする。

一　大学又は高等専門学校を卒業した者で、二年以上図書館事務に従事した経験を有し、かつ、文化庁長官が定める著作権に関する講習会を受講したもの

二　高等学校を卒業した者又は高等専門学校第三学年を修了した者で、五年以上図書館事務に従事した経験を有し、かつ、文化庁長官が定める著作権に関する講習会を受講したもの

三　令第一条第一項各号に掲げる施設において六年以上図書館事務に従事した経験を有する者

4　第一条の四第四号及び前項第一号の大学には旧大学令（大正七年勅令第三百八十八

号）、旧高等学校令（大正七年勅令第三百八十九号）、旧専門学校令（明治三十六年勅令第六十一号）又は旧教員養成諸学校官制（昭和二十一年勅令第二百八号）の規定による大学、大学予科、高等学校高等科、専門学校及び教員養成諸学校並びにこれらの学校に準ずる学校として文化庁長官が定めるものを、第一条の三第五号及び前項第二号の高等学校には旧中等学校令（昭和十八年勅令第三十六号）、旧高等学校令又は旧青年学校令（昭和十四年勅令第二百五十四号）の規定による中等学校、高等学校尋常科及び青年学校本科並びにこれらの学校に準ずる学校として文化庁長官が定めるものを、それぞれ含むものとする。

（平五文科令二七・一部改正、平二一文科令二四・一部改正、令三文科令四六・一部改正）

5　この省令の施行の際現に登録がされている著作物、実演又はレコードに関し、この省令施行後に登録するときは、著作権登録原簿等の備考欄に、当該著作物、実演又はレコードに関する登録がされている旨を記録する。

（平二三文科令二一・5項削除旧6項繰上一部改正）

附　則（昭和五十九年文部省令第三十四号）

この省令は、公布の日から施行する。〔昭和五十九年五月二十一日から施行〕

附　則（昭和五十九年文部省令第五十四号）

この省令は、昭和六十年一月一日から施行する。

附　則（昭和六十一年文部省令第三十四号）

この省令は、昭和六十二年一月一日から施行する。ただし、第八条の三第一項中法第七十六条の二第一項の登録の申請書に係る部分は、同年四月一日から施行する。

附　則（平成二年文部省令第二十九号）

この省令は、平成三年一月一日から施行する。

附　則（平成四年文部省令第三十八号）

この省令は、公布の日から施行する。〔平成四年十二月十六日から施行〕

附　則（平成五年文部省令第二十四号）（抄）

1　この省令は、公布の日から施行する。〔平成五年四月二十三日から施行〕

附　則（平成五年文部省令第二十七号）

この省令は、平成五年六月一日から施行する。

附　則（平成十年文部省令第三十八号）（抄）

1　この省令は、平成十一年四月一日から施行する。

附　則（平成十年文部省令第四十五号）

この省令は、公布の日から施行する。〔平成十年十二月十八日から施行〕

附　則（平成十一年文部省令第九号）

この省令は、公布の日から施行する。〔平成十一年三月三十日から施行〕

附　則（平成十二年文部省令第五十三号）（抄）

（施行期日）

第一条　この省令は、内閣法の一部を改正する法律（平成十一年法律第八十八号）の施行の日から施行する。〔平成十三年一月六日から施行〕

附　則（平成十三年文部科学省令第六十四号）

この省令は、平成十三年四月一日から施行する。

附　則（平成十九年文部科学省令第二十九号）

この省令は、信託法（平成十八年法律第百八号）の施行の日（平成十九年九月三十日）から施行する。

附　則（平成二十一年文部科学省令第二十四号）

この省令は、平成二十一年五月二十二日から施行する。

附　則（平成二十一年文部科学省令第三十八号）

この省令は、平成二十二年一月一日から施行する。

附　則（平成二十三年文部科学省令第二十一号）

（施行期日）

1　この省令は、著作権法の一部を改正する法律の一部の施行の日（平成二十三年六月一日）から施行する。

（経過措置）

2　著作権法施行令及びプログラムの著作物に係る登録の特例に関する法律施行令の一部を改正する政令（平成二十三年政令第百五十四号。以下「改正政令」という。）附則第二項による著作権登録原簿等（著作権法（昭和四十五年法律第四十八号）第七十八条第一項の著作権登録原簿、同法第八十八条第二項の出版権登録原簿及び同法第百四条の著作隣接権登録原簿をいう。以下同じ。）の改製は、同令の施行の際現に存する著作権登録原簿等であって帳簿をもって調製されているものに記載されている事項を、改正政令による改正後の著作権法施行令第十三条第一項の規定による著作権登録原簿等に記録してするものとする。

3　前項の規定により著作権法施行令附則第五条の規定により同令による著作権登録原簿等とみなされた著作権法の施行に関する件（昭和十年勅令第百九十号）第一条の著作登録簿を改製するときは、当該著作登録簿に記載されている登録事項のうちこの省令による改正後の著作権法施行規則第十一条第二項各号に掲げる事項に該当しないものについては、備考欄に記録してするものとする。

4　前二項の規定による著作権登録原簿等の改製を完了すべき期日は、著作物、実演、レコード、放送又は有線放送ごとに、文化庁長官が指定する。

附　則（平成二十六年文部科学省令第二十四号）

この省令は、平成二十七年一月一日から施行する。

附　則（平成二十九年文部科学省令第三十九号）

この省令は、平成三十一年四月一日から施行する。

附　則（平成三十年文部科学省令第三十七号）

（施行期日）

1　この省令は、平成三十一年一月一日から施行する。ただし、目次の改正規定（「第十章　私的録音録画補償金の額の認可申請等（第二十二条の二・第二十二条の三）」を「第十章　私的録音録画補償金の額の認可申請等（第二十二条の二・第二十二条の三）　第十章の二　授業目的公衆送信補償金の額の認可申請等（第二十二条の四・第二十二条の五）」に改める部分に限る。）、第十章の次に一章を加える改正規定及び第二十四条の改正規定は、著作権法の一部を改正する法律（次項において「改正法」という。）附則第一条第二号に掲げる規定の施行の日から施行する。〔令和二年四月二十八日から施行〕

（経過措置）

2　改正法の施行の日の前日において改正法による改正前の著作権法（以下この項において「旧法」という。）第四十七条の六（旧法第八十六条第三項及び第百二条第一項において準用する場合を含む。）の規定により著作物（旧法第百二条第一項において準用する場合にあつては、実演、レコード、放送又は有線放送）を利用していた者については、この省令による改正前の著作権法施行規則第四条の四の規定は、改正法の施行の日から起算して一年を経過する日までの間は、なおその効力を有する。

附　則（令和元年文部科学省令第八号）（抄）

（施行期日）

1　この省令は、民法及び家事事件手続法の一部を改正する法律（平成三十年法律第七十二号）の施行の日（令和元年七月一日）から施行する。

（経過措置）

2　第一条の規定による改正後の著作権法施行規則第八章の規定及び別記様式は、この省令の施行後に受付がされた申請又は嘱託に係る登録の手続について適用し、この省令の施行前に受付がされた申請又は嘱託に係る登録の手続については、なお従前の例による。

附　則（令和元年文部科学省令第九号）

（施行期日）

1　この省令は、公布の日から施行する。

（経過措置）

2　この省令の施行の際、現に存する改正前の様式による用紙は、当分の間、これを取り繕って使用することができる。

附　則（令和二年文部科学省令第十七号）（抄）

この省令は、著作権法の一部を改正する法律（平成三十年法律第三十号）附則第一条第二号に掲げる規定の施行の日（令和二年四月二十八日）から施行する。

附　則（令和二年文部科学省令第三十一号）

この省令は、令和二年十月一日から施行する。

附　則（令和二年文部科学省令第四十四号）

（施行期日）

1　この省令は、令和三年一月一日から施行する。

（経過措置）

2　この省令の施行の際現にあるこの省令による改正前の様式（次項において「旧様式」という。）により使用されている書類は、この省令による改正後の様式によるものとみなす。

3　この省令の施行の際原にある旧様式による用紙については、当分の間、これを取り繕って使用することができる。

附　則（令和三年文部科学省令第四十六号）

この省令は、令和四年一月一日から施行する。ただし、目次の改正規定（「第二十一条・第二十二条」を「第二十条の二―第二十二条」に改める部分に限る。）並びに第二十条の二及び第二十四条第四号の改正規定は、令和三年十月一日から施行する。

別記様式第一

表示番号　　第　　号

表　　示　　部	
登　録　事　項	
著作物の題号	
著作者の氏名又は名称及びその国籍	
著作物の最初の公表の際に表示された著作者名	
著作物が最初に公表された年月日	
著作物が最初に公表された国の国名	
著作物の種類及び内容	

事　　項　　部		
順位番号	登　録　事　項	
	受付年月日及び受付番号	
	登録の目的	
	権利の表示	
	登録の原因及びその発生年月日並びに登録すべき権利に関する事項	
	申請者の氏名及び住所	
	備考	

信　　託　　部	
順位番号	登　録　事　項

別記様式第一の二

表示番号　　第　　号

表　　　示　　　部	
登　　録　　事　　項	
著作物の題号	
著作物の最初の公表の際に表示された著作者名	
著作物が最初に公表された年月日	
著作物が最初に公表された国の国名	
著作物の種類及び内容	

事　　　項　　　部		
順位番号	登　　録　　事　　項	
	受付年月日及び受付番号	
	登録の目的	
	権利の表示	
	登録の原因及びその発生年月日並びに登録すべき権利に関する事項	
	申請者の氏名及び住所	
	備考	

信　　　託　　　部	
順位番号	登　　録　　事　　項

別記様式第二

表示番号　　第　　号

表示部	
登録事項	
実演、レコード又は放送番組の名称	
実演家、レコード製作者又は放送事業者の氏名又は名称及びその国籍	
実演が行われ、レコードに固定されている音が最初に固定され又は放送が行われた年月日	
実演が行われ若しくはレコードに固定されている音が最初に固定された国又は放送が行われた放送設備がある国の国名	
実演又は放送の種類、実演、レコード又は放送番組の内容及びその他の事項	

事項部		
順位番号	登録事項	
	受付年月日及び受付番号	
	登録の目的	
	権利の表示	
	登録の原因及びその発生年月日並びに登録すべき権利に関する事項	
	申請者の氏名及び住所	
	備考	

信託部	
順位番号	登録事項

別記様式第三

収入 印紙	実名登録申請書	年　月　日

文化庁長官　　　　　殿

1　著作物の題号（フリガナ）

2　登録の原因及びその発生年月日

3　登録の目的

4　著作者
　住所（居所）
　氏名（名称）（フリガナ）

5　前登録の登録番号

6　申請者
　住所（居所）
　氏名（名称）（フリガナ）
　代理人
　　住所（居所）
　　氏名（名称）（フリガナ）

7　添付資料の目録

〔備考〕
1　用紙は、日本産業規格Ａ列４番（横21.0㎝、縦29.7㎝）の大きさとする。
2　余白は、少なくとも用紙の左右及び上下におのおの２㎝をとる。
3　文字は、明瞭にかつ容易に消すことができないように書く。
4　「著作物の題号」は、題号がないときは「なし」、題号が不明であるときは「不明」と記載する。
5　「著作物の題号」には、かたかなでふりがなをつける。
6　「前登録の登録番号」の欄には、登録の申請に係る著作物に関する登録がされているときは、その登録の登録番号を記載するものとし、不明であるときは「不明」と、登録がされていないときは「なし」と記載する。
7　「申請者」の欄の住所の次になるべく電話の番号を記載する。
8　「氏名（名称）」は、法人にあつては、名称とその代表者の氏名とを記載する。
9　「氏名（名称）」には、かたかなでふりがなをつける。
10　代理人によらないときは「代理人」は記載するには及ばない。
11　「収入印紙」は、登録免許税の額に相当する金額の収入印紙を申請書にはり付け、その金額を余白に記載する。
12　外国語の固有名詞は、ローマ字を用いて記載する。
12の２　令第20条の２の規定により二以上の登録の申請を同一の申請書で行う場合には、各欄（「登録の目的」、「申請者」及び「添付資料の目録」の欄を除く。以下同じ。）にそれぞれ「別紙のとおり」と記載し、別の用紙に「(別紙)」と記載して、その次に登録の申請ごとにそれぞれ各欄に記載すべき事項を記載する。ただし、二以上の登録の申請において一の欄に記載すべき事項がすべて同一となる場合など、これによるのが適切でない場合は申請書の当該欄に記載することができる。
12の３　令第21条の２の規定により資料の添付を省略するときは、「添付資料の目録」の欄に、当該資料の資料名とともにその旨を記載する。
13　訂正をしたときは、右の余白に訂正字数を記載する。

別記様式第四

収入
印紙

第一発行年月日
第一公表年月日　登録申請書

年　月　日

文化庁長官　　　　　殿

1　著作物の題号（フリガナ）
2　登録の原因及びその発生年月日
3　登録の目的
4　前登録の登録番号
5　申請者（　　　　　）
　住所（居所）
　氏名（名称）（フリガナ）
　代理人
　　住所（居所）
　　氏名（名称）（フリガナ）
6　添付資料の目録

〔備考〕
1　表題として、登録の目的の別に応じ、「第一発行年月日登録申請書」、「第一公表年月日登録申請書」のいずれかを記載する。
2　「申請者」の欄の（　）には、申請者が著作権者であるか発行者であるかの別を記載する。
3　その他は、別記様式第三の備考1から13までと同様とする。

別記様式第五

収入
印紙

創作年月日登録申請書

年　月　日

文化庁長官　　　　　殿

1　著作物の題号（フリガナ）
2　登録の原因及びその発生年月日
3　登録の目的
4　前登録の登録番号
5　申請者
　住所（居所）
　氏名（名称）（フリガナ）
　代理人
　　住所（居所）
　　氏名（名称）（フリガナ）
6　添付資料の目録

〔備考〕
別記様式第三の備考1から13までと同様とする。

別記様式第六

収入印紙	著作権登録申請書

年　月　日

文化庁長官　　　　殿

1　著作物の題号（フリガナ）

2　権利の表示並びに登録の原因及びその発生年月日

3　登録の目的

4　前登録の登録番号

5　申請者

（登録権利者）
住所（居所）
氏名（名称）（フリガナ）

代理人
住所（居所）
氏名（名称）（フリガナ）

（登録義務者）
住所（居所）
氏名（名称）（フリガナ）

代理人
住所（居所）
氏名（名称）（フリガナ）

6　添付資料の目録

〔備考〕

1　令第29条各号（令第37条第2項及び第44条第3項において準用する場合を含む。）に規定する事項は「申請者」の欄の登録権利者の氏名（名称）の次に記載し、令第30条、第31条、第33条及び第36条に規定する事項は「権利の表示並びに登録の原因及びその発生年月日」の欄に記載する。

2　その他は、別記様式第三の備考1から13までと同様とする。

別記様式第六の二

収入印紙　　相続又は法人の合併による著作権登録申請書 年　月　日 文化庁長官　　　　　　殿 １　著作物の題号（フリガナ） ２　権利の表示並びに登録の原因及びその発生年月日 ３　被承継人の表示 住所（居所） 氏名（名称）（フリガナ） ４　登録の目的 ５　前登録の登録番号 ６　申請者 （登録権利者・承継人） 住所（居所） 氏名（名称）（フリガナ） 代理人 住所（居所） 氏名（名称）（フリガナ） ７　添付資料の目録

〔備考〕

１　令第 29 条各号に規定する事項は「申請者」の欄の登録権利者・承継人の氏名（名称）の次に記載し、令第 31 条及び第 33 条に規定する事項は「権利の表示並びに登録の原因及びその発生年月日」の欄に記載する。

２　その他は、別記様式第三の備考１から 13 までと同様とする。

別記様式第七

収入印紙

出版権登録申請書

年 月 日

文化庁長官 殿

1 著作物の題号（フリガナ）
2 権利の表示並びに登録の原因及びその発生年月日
3 登録の目的
4 出版権の範囲
5 出版権の存続期間
6 出版権に関する特約
7 前登録の登録番号
8 申請者
（登録権利者）
住所（居所）
氏名（名称）（フリガナ）
代理人
住所（居所）
氏名（名称）（フリガナ）
（登録義務者）
住所（居所）
氏名（名称）（フリガナ）
代理人
住所（居所）
氏名（名称）（フリガナ）
9 添付資料の目録

〔備考〕

1 「出版権の範囲」の欄には、当該出版権が平成 27 年 1 月 1 日以降に設定されたものである場合であつて、出版権者が法第 80 条第 1 項第 1 号に掲げる権利のみを専有するとき、同項第 2 号に掲げる権利のみを専有するときその他同項に掲げる権利の一部を専有するときは設定行為で定められた出版権の内容を記載し、出版権者が同項に掲げる権利の全部を専有するときは「限定なし」と記載する。
2 「出版権の存続期間」は、設定行為に定めがないときは「定めなし」と記載する。
3 「出版権に関する特約」の欄には、設定行為に、法第 80 条第 2 項及び第 81 条ただし書の別段の定めがあるときはその定めを記載し、別段の定めがないときは「定めなし」と記載する。
4 その他は、別記様式第三の備考 1 から 13 まで及び別記様式第六の備考 1 と同様とする。

別記様式第七の二

収入印紙	相続又は法人の合併による出版権登録申請書

年　月　日

文化庁長官　　　　　殿

1　著作物の題号（フリガナ）

2　権利の表示並びに登録の原因及びその発生年月日

3　被承継人の表示

　住所（居所）

　氏名（名称）（フリガナ）

4　登録の目的

5　出版権の範囲

6　出版権の存続期間

7　出版権に関する特約

8　前登録の登録番号

9　申請者

（登録権利者・承継人）

　住所（居所）

　氏名（名称）（フリガナ）

　代理人

　　住所（居所）

　　氏名（名称）（フリガナ）

10　添付資料の目録

〔備考〕

別記様式第三の備考1から 13 まで、別記様式第六の二の備考1及び別記様式第七の備考1から3までと同様とする。

別記様式第八

収入印紙

著作隣接権登録申請書

年　月　日

文化庁長官　　　　殿

1　実演、レコード、放送番組又は有線放送番組の名称（フリガナ）

2　権利の表示並びに登録の原因及びその発生年月日

3　登録の目的

4　前登録の登録番号

5　申請者

（登録権利者）
　住所（居所）
　氏名（名称）（フリガナ）

　代理人
　　住所（居所）
　　氏名（名称）（フリガナ）

（登録義務者）
　住所（居所）
　氏名（名称）（フリガナ）

　代理人
　　住所（居所）
　　氏名（名称）（フリガナ）

6　添付資料の目録

〔備考〕

1　「実演、レコード、放送番組又は有線放送番組の名称」は、名称がないときは「なし」、名称が不明であるときは「不明」と記載する。

2　「実演、レコード、放送番組又は有線放送番組の名称」には、かたかなでふりがなをつける。

3　「前登録の登録番号」の欄には、登録の申請に係る実演、レコード、放送又は有線放送に関する登録がされているときは、その登録の登録番号を記載するものとし、不明であるときは「不明」と、登録がされていないときは「なし」と記載する。

4　その他は、別記様式第三の備考1から3まで及び7から13まで並びに別記様式第六の備考1と同様とする。

別記様式第八の二

収入
印紙

相続又は法人の合併による著作隣接権登録申請書

年　月　日

文化庁長官　　　　　殿

フリガナ

1　実演、レコード、放送番組又は有線放送番組の名称

2　権利の表示並びに登録の原因及びその発生年月日

3　被承継人の表示

住所（居所）

フ　リ　ガ　ナ

氏名（名称）

4　登録の目的

5　前登録の登録番号

6　申請者

（登録権利者・承継人）

住所（居所）

フ　リ　ガ　ナ

氏名（名称）

代理人

住所（居所）

フ　リ　ガ　ナ

氏名（名称）

7　添付資料の目録

〔備考〕

別記様式第三の備考1から3まで及び7から13まで、別記様式第六の二の備考1並びに別記様式第八の備考1から3までと同様とする。

別記様式第九

著　作　物　の　明　細　書
1　著作物の題号
2　著作者の氏名（名称）（フリガナ）
3　著作者の国籍
4　最初の公表の際に表示された著作者名
5　最初の公表年月日
6　最初に発行された国の国名
7　著作物の種類
8　著作物の内容又は体様

〔備考〕

1 「著作者の氏名（名称）」には、かたかなでふりがなをつける。

2 「著作者の国籍」は、著作者が外国人であるときに限り記載する。

3 「最初の公表の際に表示された著作者名」は、無名で公表されたときは「無名」と記載する。

4 「最初の公表年月日」は、当該著作物が公表されていないときは「未公表」と記載する。

5 「最初に発行された国の国名」は、発行された外国人の著作物であるときに限り記載する。

6 「著作物の内容又は体様」は、著作物の概要を200字から400字程度で記載する。

　また、プログラムの著作物の場合は、プログラムの分類も記載する。

7　その他は、別記様式第三の備考1から4まで、12及び13と同様とする。

別記様式第十

実　演　の　明　細　書
1　実演の名称
2　実演家の氏名及び芸名
氏名（フリガナ）
芸名（フリガナ）
3　実演家の国籍
4　実演が行われた年月日及び国の国名
5　レコードの名称等
⑴　レコードの名称
⑵　レコード製作者の氏名（名称）
⑶　レコード製作者の国籍
⑷　音が最初に固定された国の国名
6　放送番組の名称等
⑴　放送番組の名称
⑵　放送事業者の氏名（名称）
⑶　放送事業者の国籍
⑷　放送設備のある国の国名
7　映画の著作物の題号等
⑴　映画の著作物の題号
⑵　映画製作者の氏名（名称）
8　実演の種類
9　実演の内容

〔備考〕

1　「実演の名称」は、名称がないときは「なし」、名称が不明であるときは「不明」と記載する。
2　「実演家の氏名及び芸名」の欄の「芸名」は、実演家がその氏名に代えて通常用いている芸名があるときはその芸名を記載し、芸名がないときは「芸名なし」と記載する。
3　「実演家の氏名及び芸名」の欄の「氏名」及び「芸名」には、かたかなでふりがなをつける。
4　「実演家の国籍」は、実演家が外国人であるときに限り記載する。
5　「レコードの名称等」の欄は、実演がレコードに固定されているときに限り記載するものとし、「レコードの名称」は名称がないときは「なし」と記載し、「レコード製作者の国籍」及び「音が最初に固定された国の国名」は実演が国外において行われたときに限り記載する。
6　「放送番組の名称等」の欄は、実演が国外において行われ、かつ、放送において送信され、かつ、法第８条各号に掲げるレコードに固定されたもの以外のものであるときに限り記載するものとし、「放送番組の名称」は名称がないときは「なし」と記載する。
7　実演が有線放送されたものであるときは、「放送番組の名称等」の欄中「放送」とあるのを「有線放送」とし、備考６を準用する。
8　「映画の著作物の題号等」の欄は、実演が映画の著作物において録音され、又は録画されているときに限り記載するものとし、「映画の著作物の題号」は題号がないときは「なし」と記載する。
9　「実演の内容」は、実演の概要を200字から400字程度で記載する。
10　その他は、別記様式第三の備考１から３まで、12及び13と同様とする。

別記様式第十一

<table><tr><td>

レ コ ー ド の 明 細 書

1　レコードの名称

2　レコード製作者の氏名（名称）（フリガナ）

3　レコード製作者の国籍等
 (1)　レコード製作者の国籍
 (2)　音が最初に固定された国の国名

4　音が最初に固定された年月日

5　商業用レコードの名称等
 (1)　名称
 (2)　体様
 (3)　製作者の氏名（名称）

6　レコードの内容

</td></tr></table>

〔備考〕

1　「レコードの名称」は、名称がないときは「なし」、名称が不明であるときは「不明」と記載する。

2　「レコード製作者の氏名（名称）」には、かたかなでふりがなをつける。

3　「レコード製作者の国籍等」の欄は、レコード製作者が外国人であるときに限り記載する。

4　「商業用レコードの名称等」の欄は、商業用レコードがすでに販売されているときに限り記載するものとし、「(1)名称」は、名称がないときは「なし」と記載する。

5　「レコードの内容」は、レコードの概要を200字から400字程度で記載する。

6　その他は、別記様式第三の備考1から3まで、12及び13と同様とする。

別記様式第十二

放 送 の 明 細 書
1　放送の名称
2　放送事業者の氏名（名称）（フリガナ）
3　放送事業者の国籍等 (1)　放送事業者の国籍 (2)　放送設備のある国の国名
4　放送が行われた年月日
5　放送の種類
6　放送番組の内容

〔備考〕

1　「放送の名称」は、名称がないときは「なし」、名称が不明であるときは「不明」と記載する。

2　「放送事業者の氏名（名称）」には、かたかなでふりがなをつける。

3　「放送事業者の国籍等」の欄は、放送事業者が外国人であるときに限り記載する。

4　「放送番組の内容」は、放送番組の概要を200字から400字程度で記載する。

5　その他は、別記様式第三の備考1から3まで、12及び13と同様とする。

6　有線放送の明細書を作成するときは、「放送」とあるのを「有線放送」とし、備考1から5までを準用する。

4 （旧）著作権法 （明治三十二年三月四日法律第三十九号）

第一章 著作者ノ権利

第一条 〔著作権の内容〕 文書演述図画建築彫刻模型写真演奏歌唱其ノ他文芸学術若ハ美術（音楽ヲ含ム以下之ニ同ジ）ノ範囲ニ属スル著作物ノ著作者ハ其ノ著作物ヲ複製スルノ権利ヲ専有ス

② 文芸学術ノ著作物ノ著作権ハ翻訳権ヲ包含シ各種ノ脚本及楽譜ノ著作権ハ興行権ヲ包含ス

第二条 〔譲渡〕 著作権ハ其ノ全部又ハ一部ヲ譲渡スコトヲ得

第三条 〔保護期間―生前公表著作物〕 発行又ハ興行シタル著作物ノ著作権ハ著作者ノ生存間及其ノ死後三十年間継続ス

② 数人ノ合著作ニ係ル著作物ノ著作権ハ最終ニ死亡シタル者ノ死後三十年間継続ス

第四条 〔同前―死後公表著作物〕 著作者ノ死後発行又ハ興行シタル著作物ノ著作権ハ発行又ハ興行ノトキヨリ三十年間継続ス

第五条 〔同前―無名・変名著作物〕 無名又ハ変名著作物ノ著作権ハ発行又ハ興行ノトキヨリ三十年間継続ス但シ其ノ期間内ニ著作者其ノ実名ノ登録ヲ受ケタルトキハ第三条ノ規定ニ従フ

第六条 〔同前―団体著作物〕 官公衙学校社寺協会会社其ノ他団体ニ於テ著作ノ名義ヲ以テ発行又ハ興行シタル著作物ノ著作権ハ発行又ハ興行ノトキヨリ三十年間継続ス

第七条 〔同前―翻訳権〕 著作権者原著作物発行ノトキヨリ十年内ニ其ノ翻訳物ヲ発行セサルトキハ其ノ翻訳権ハ消滅ス

② 前項ノ期間内ニ著作権者其ノ保護ヲ受ケントスル国語ノ翻訳物ヲ発行シタルトキハ其ノ国語ノ翻訳権ハ消滅セス

第八条 〔同前―継続的刊行物〕 冊号ヲ逐ヒ順次ニ発行スル著作物ニ関シテハ前四条ノ期間ハ毎冊若ハ毎号発行ノトキヨリ起算ス

② 一部分ツツヲ漸次ニ発行シ全部完成スル著作物ニ関シテハ前四条ノ期間ハ最終部分ノ発行ノトキヨリ起算ス但シ三年ヲ経過シ仍継続ノ部分ヲ発行セサルトキハ既ニ発行シタル部分ヲ以テ最終ノモノト看做ス

第九条 〔期間の計算〕 前六条ノ場合ニ於テ著作権ノ期間ヲ計算スルニハ著作者死亡ノ年又ハ著作物ヲ発行又ハ興行シタル年ノ翌年ヨリ起算ス

第十条 〔相続人の不存在〕 相続人ナキ場合ニ於テ著作権ハ消滅ス

第十一条 〔著作権の目的とならない著作物〕 左ニ記載シタルモノハ著作権ノ目的物ト為ルコトヲ得ス

一 法律命令及官公文書

二 新聞紙又ハ雑誌ニ掲載シタル雑報及時事ヲ報道スル記事

三　公開セル裁判所、議会並政談集会ニ於テ為シタル演述

第十二条　〔無名・変名著作物の権利保全〕　無名又ハ変名著作物ノ発行者又ハ興行者ハ著作権者ニ属スル権利ヲ保全スルコトヲ得但シ著作者其ノ実名ノ登録ヲ受ケタルトキハ此ノ限ニ在ラス

第十三条　〔共同著作物〕　数人ノ合著作ニ係ル著作物ノ著作権ハ各著作者ノ共有ニ属ス

②　各著作者ノ分担シタル部分明瞭ナラサル場合ニ於テ著作者中ニ其ノ発行又ハ興行ヲ拒ム者アルトキハ他ノ著作者ハ其ノ者ニ賠償シテ其ノ持分ヲ取得スルコトヲ得但シ反対ノ契約アルトキハ此ノ限ニ在ラス

③　各著作者ノ分担シタル部分明瞭ナル場合ニ於テ著作者中ニ其ノ発行又ハ興行ヲ拒ム者アルトキハ他ノ著作者ハ自己ノ部分ヲ分離シ単独ノ著作物トシテ発行又ハ興行スルコトヲ得但シ反対ノ契約アルトキハ此ノ限ニ在ラス

④　本条第二項ノ場合ニ於テハ発行又ハ興行ヲ拒ミタル著作者ノ意ニ反シテ其ノ氏名ヲ其ノ著作物ニ掲クルコトヲ得ス

第十四条　〔編集著作物〕　数多ノ著作物ヲ適法ニ編輯シタル者ハ著作者ト看做シ其ノ編輯物全部ニ付テノミ著作権ヲ有ス但シ各部ノ著作権ハ其ノ著作者ニ属ス

第十五条　〔登録〕　著作権ノ相続譲渡及質入ハ其ノ登録ヲ受クルニ非サレハ之ヲ以テ第三者ニ対抗スルコトヲ得ス

②　無名又ハ変名著作物ノ著作者ハ現ニ其ノ著作権ヲ有スルト否トニ拘ラズ其ノ実名ノ登録ヲ受クルコトヲ得

③　著作者ハ現ニ著作権ヲ有スルト否トニ拘ラズ其ノ著作物ノ著作年月日ノ登録ヲ受クルコトヲ得

④　著作権者其ノ著作物ヲ始メテ発行シタルトキハ著作権者又ハ著作物ノ発行者ハ一年内ニ限リ第一発行年月日ノ登録ヲ受クルコトヲ得

第十六条　〔登録庁〕　登録ハ行政庁之ヲ行フ

②　登録ニ関スル規定ハ命令ヲ以テ之ヲ定ム

第十七条　〔差押禁止物〕　未タ発行又ハ興行セサル著作物ノ原本及其ノ著作権ハ債権者ノ為ニ差押ヲ受クルコトナシ但シ著作権者ニ於テ承諾ヲ為シタルトキハ此ノ限ニ在ラス

第十八条　〔著作者人格権〕　他人ノ著作物ヲ発行又ハ興行スル場合ニ於テハ著作者ノ生存中ハ著作者ガ現ニ其ノ著作権ヲ有スルト否トニ拘ラズ其ノ同意ナクシテ著作者ノ氏名称号ヲ変更若ハ隠匿シ又ハ其ノ著作物ニ改竄其ノ他ノ変更ヲ加ヘ若ハ其ノ題号ヲ改ムルコトヲ得ス

②　他人ノ著作物ヲ発行又ハ興行スル場合ニ於テハ著作者ノ死後ハ著作権ノ消滅シタル後ト雖モ其ノ著作物ニ改竄其ノ他ノ変更ヲ加ヘテ著作者ノ意ヲ害シ又ハ其ノ題号ヲ改メ若ハ著作者ノ氏名称号ヲ変更若ハ隠匿スルコトヲ得ス

③　前二項ノ規定ハ第二十条、第二十条ノ二、第二十二条ノ五第二項、第二十七条第一

項第二項、第三十条第一項第二号乃至第九号ノ場合ニ於テモ之ヲ適用ス

第十九条 〔改作物〕 原著作物ニ訓点、傍訓、句読、批評、註解、附録、図画ヲ加ヘ又ハ其ノ他ノ修正増減ヲ為シ若ハ翻案シタルカ為新ニ著作権ヲ生スルコトナシ但シ新著作物ト看做サルヘキモノハ此ノ限ニ在ラス

第二十条 〔時事問題を論議した記事〕 新聞紙又ハ雑誌ニ掲載シタル政治上ノ時事問題ヲ論議シタル記事(学術上ノ著作物ヲ除ク)ハ特ニ転載ヲ禁ズル旨ノ明記ナキトキハ其ノ出所ヲ明示シテ之ヲ他ノ新聞紙又ハ雑誌ニ転載スルコトヲ得

第二十条ノ二 〔時事問題の公開演述〕 時事問題ニ付テノ公開演述ハ著作者ノ氏名、演述ノ時及場所ヲ明示シテ之ヲ新聞紙又ハ雑誌ニ掲載スルコトヲ得但シ同一著作者ノ演述ヲ蒐輯スル場合ハ其ノ著作者ノ許諾ヲ受クルコトヲ要ス

第二十一条 〔翻訳物〕 翻訳者ハ著作者ト看做シ本法ノ保護ヲ享有ス但シ原著作者ノ権利ハ之カ為ニ妨ケラルルコトナシ

第二十二条 〔美術著作物の異種複製〕 原著作物ト異リタル技術ニ依リ適法ニ美術上ノ著作物ヲ複製シタル者ハ著作者ト看做シ本法ノ保護ヲ享有ス

第二十二条ノ二 〔著作権の内容―映画化権等〕 文芸、学術又ハ美術ノ範囲ニ属スル著作物ノ著作権ハ其ノ著作物ヲ活動写真術又ハ之ト類似ノ方法ニ依リ複製(脚色シテ映画ト為ス場合ヲ含ム)シ及興行スルノ権利ヲ包含ス

第二十二条ノ三 〔映画の著作権〕 活動写真術又ハ之ト類似ノ方法ニ依リ製作シタル著作物ノ著作者ハ文芸、学術又ハ美術ノ範囲ニ属スル著作物ノ著作者トシテ本法ノ保護ヲ享有ス其ノ保護ノ期間ニ付テハ独創性ヲ有スルモノニ在リテハ第三条乃至第六条及第九条ノ規定ヲ適用シ之ヲ欠クモノニ在リテハ第二十三条ノ規定ヲ適用ス

第二十二条ノ四 〔同前〕 他人ノ著作物ヲ活動写真術又ハ之ト類似ノ方法ニ依リ複製(脚色シテ映画ト為ス場合ヲ含ム)シタル者ハ著作者ト看做シ本法ノ保護ヲ享有ス但シ原著作者ノ権利ハ之ガ為ニ妨ゲラルルコトナシ

第二十二条ノ五 〔著作権の内容―放送権〕 文芸、学術又ハ美術ノ範囲ニ属スル著作物ノ著作権ハ其ノ著作物ノ無線電話ニ依ル放送ヲ許諾スルノ権利ヲ包含ス

② 放送事業者ハ既ニ発行又ハ興行シタル他人ノ著作物ヲ放送セントスルトキハ著作権者ト協議ヲ為スコトヲ要ス協議調ハザルトキハ命令ノ定ムル所ニ依リ文化庁長官ノ定ムル相当ノ償金ヲ支払ヒ其ノ著作物ヲ放送スルコトヲ得

③ 前項ノ償金ノ額ニ付異議アル者ハ訴ヲ以テ其ノ増減ヲ請求スルコトヲ得

④ 前項ノ訴ニ於テハ著作権者又ハ放送事業者ヲ以テ被告トス

第二十二条ノ六 〔同前―録音権〕 文芸、学術又ハ美術ノ範囲ニ属スル著作物ノ著作権ハ其ノ著作物ヲ音ヲ機械的ニ複製スルノ用ニ供スル機器ニ写調シ及其ノ機器ニ依リ興行スルノ権利ヲ包含ス

第二十二条ノ七 〔録音物の著作権〕 音ヲ機械的ニ複製スルノ用ニ供スル機器ニ他人ノ著作物ヲ適法ニ写調シタル者ハ著作者ト看做シ其ノ機器ニ付テノミ著作権ヲ有ス

第二十三条　〔保護期間―写真著作物〕　写真著作権ハ十年間継続ス

②　前項ノ期間ハ其ノ著作物ヲ始メテ発行シタル年ノ翌年ヨリ起算ス若シ発行セサルトキハ種板ヲ製作シタル年ノ翌年ヨリ起算ス

③　写真術ニ依リ適法ニ美術上ノ著作物ヲ複製シタル者ハ原著作物ノ著作権ト同一ノ期間内本法ノ保護ヲ享有ス但シ当事者間ニ契約アルトキハ其ノ契約ノ制限ニ従フ

第二十四条　〔同前〕　文芸学術ノ著作物中ニ挿入シタル写真ニシテ特ニ其ノ著作物ノ為ニ著作シ又ハ著作セシメタルモノナルトキハ其ノ著作権ハ文芸学術ノ著作物ノ著作者ニ属シ其ノ著作権ト同一ノ期間内継続ス

第二十五条　〔嘱託による写真肖像〕　他人ノ嘱托ニ依リ著作シタル写真肖像ノ著作権ハ其ノ嘱托者ニ属ス

第二十六条　〔写真類似の著作物〕　写真ニ関スル規定ハ写真術ト類似ノ方法ニ依リ製作シタル著作物ニ準用ス

第二十七条　〔法定許諾〕　著作権者ノ不明ナル著作物ニシテ未タ発行又ハ興行セサルモノハ命令ノ定ムル所ニ依リ之ヲ発行又ハ興行スルコトヲ得

②　著作権者ノ居所不明ナル場合其ノ他命令ノ定ムル事由ニ因リ著作権者ト協議スルコト能ハザルトキハ命令ノ定ムル所ニ依リ文化庁長官ノ定ムル相当ノ償金ヲ供託シテ其ノ著作物ヲ発行又ハ興行スルコトヲ得

③　前項ノ償金ノ額ニ付異議アル者ハ訴ヲ以テ其ノ増減ヲ請求スルコトヲ得

④　前項ノ訴ニ於テハ著作権者又ハ著作物ヲ発行若ハ興行スル者ヲ以テ被告トス

第二十八条　〔外国人の著作権〕　外国人ノ著作権ニ付テハ条約ニ別段ノ規定アルモノヲ除ク外本法ノ規定ヲ適用ス但シ著作権保護ニ関シ条約ニ規定ナキ場合ニハ帝国ニ於テ始メテ其ノ著作物ヲ発行シタル者ニ限リ本法ノ保護ヲ享有ス

第二章　出版権

第二十八条ノ二　〔設定〕　著作権者ハ其ノ著作物ヲ文書又ハ図画トシテ出版スルコトヲ引受クル者ニ対シ出版権ヲ設定スルコトヲ得

第二十八条ノ三　〔内容〕　出版権者ハ設定行為ノ定ムル所ニ依リ出版権ノ目的タル著作物ヲ原作ノ侭印刷術其ノ他ノ機械的又ハ化学的方法ニ依リ文書又ハ図画トシテ複製シ之ヲ発売頒布スルノ権利ヲ専有ス但シ著作権者タル著作者ノ死亡シタルトキ又ハ設定行為ニ別段ノ定ナキ場合ニ於テ出版権ノ設定アリタル後三年ヲ経過シタルトキハ著作権者ハ著作物ヲ全集其ノ他ノ編輯物ニ輯録シ又ハ全集其ノ他ノ編輯物ノ一部ヲ分離シテ別途ニ之ヲ出版スルコトヲ妨ゲズ

第二十八条ノ四　〔存続期間〕　出版権ハ設定行為ニ別段ノ定ナキトキハ其ノ設定アリタルトキヨリ三年間存続ス

第二十八条ノ五　〔出版の義務〕　出版権者ハ出版権ノ設定アリタルトキヨリ三月以内ニ

著作物ヲ出版スルノ義務ヲ負フ但シ設定行為ニ別段ノ定アルトキハ此ノ限ニ在ラズ

② 出版権者ガ前項ノ義務ニ違反シタルトキハ著作権者ハ出版権ノ消滅ヲ請求スルコトヲ得

第二十八条ノ六 〔継続出版の義務〕 出版権者ハ著作物ヲ継続シテ出版スルノ義務ヲ負フ但シ設定行為ニ別段ノ定アルトキハ此ノ限ニ在ラズ

② 出版権者ガ前項ノ義務ニ違反シタルトキハ著作権者ハ三月以上ノ期間ヲ定メテ其ノ履行ヲ催告シ其ノ期間内ニ履行ナキトキハ出版権ノ消滅ヲ請求スルコトヲ得

第二十八条ノ七 〔修正増減・再版〕 著作者ハ出版権者ガ著作物ノ各版ノ複製ヲ完了スルニ至ル迄其ノ著作物ニ正当ノ範囲内ニ於テ修正増減ヲ加フルコトヲ得

② 出版権者ガ著作物ヲ再版スル場合ニ於テハ其ノ都度予メ著作者ニ其ノ旨ヲ通知スルコトヲ要ス

第二十八条ノ八 〔消滅の請求〕 著作権者ハ其ノ著作物ノ出版ヲ廃絶スル為何時ニテモ損害ヲ賠償シテ出版権ノ消滅ヲ請求スルコトヲ得

第二十八条ノ九 〔処分〕 出版権ハ著作権者ノ同意ヲ得テ其ノ譲渡又ハ質入ヲ為スコトヲ得

第二十八条ノ十 〔登録〕 出版権ノ得喪、変更及質入ハ其ノ登録ヲ受クルニ非ザレバ之ヲ以テ第三者ニ対抗スルコトヲ得ズ

② 第十六条ノ規定ハ出版権ノ登録ニ付之ヲ準用ス

第二十八条ノ十一 〔侵害〕 出版権ノ侵害ニ付テハ本法中第三十四条及第三十六条ノ二ノ規定ヲ除クノ外偽作ニ関スル規定ヲ準用ス

第三章 偽作

第二十九条 〔著作権侵害者の責任〕 著作権ヲ侵害シタル者ハ偽作者トシ本法ニ規定シタルモノノ外民法第三編第五章ノ規程ニ従ヒ之ニ因リテ生シタル損害ヲ賠償スルノ責ニ任ス

第三十条 〔著作権の制限〕 既ニ発行シタル著作物ヲ左ノ方法ニ依リ複製スルハ偽作ト看做サス

第一 発行スルノ意思ナク且器械的又ハ化学的方法ニ依ラスシテ複製スルコト

第二 自己ノ著作物中ニ正当ノ範囲内ニ於テ節録引用スルコト

第三 普通教育上ノ修身書及読本ノ目的ニ供スル為ニ正当ノ範囲内ニ於テ抜萃蒐輯スルコト

第四 文芸学術ノ著作物ノ文句ヲ自己ノ著作シタル脚本ニ挿入シ又ハ楽譜ニ充用スルコト

第五 文芸学術ノ著作物ヲ説明スルノ材料トシテ美術上ノ著作物ヲ挿入シ又ハ美術上ノ著作物ヲ説明スルノ材料トシテ文芸学術ノ著作物ヲ挿入スルコト

第六　図画ヲ彫刻物模型ニ作リ又ハ彫刻物模型ヲ図画ニ作ルコト

第七　脚本又ハ楽譜ヲ収益ヲ目的トセズ且出演者ガ報酬ヲ受ケザル興行ノ用ニ供シ又ハ其ノ興行ヲ放送スルコト

第八　音ヲ機械的ニ複製スルノ用ニ供スル機器ニ著作物ノ適法ニ写調セラレタルモノヲ興行又ハ放送ノ用ニ供スルコト

第九　専ラ官庁ノ用ニ供スル為複製スルコト

②　本条ノ場合ニ於テハ其ノ出所ヲ明示スルコトヲ要ス

第三十一条〔著作権侵害物の輸入〕　帝国ニ於テ発売頒布スルノ目的ヲ以テ偽作物ヲ輸入スル者ハ偽作者ト看做ス

第三十二条〔問題の解答書〕　練習用ノ為ニ著作シタル問題ノ解答書ヲ発行スル者ハ偽作者ト看做ス

第三十三条〔善意無過失による侵害〕　善意ニシテ且過失ナク偽作ヲ為シテ利益ヲ受ケ之カ為ニ他人ニ損失ヲ及ホシタル者ハ其ノ利益ノ存スル限度ニ於テ之ヲ返還スル義務ヲ負フ

第三十四条〔共同著作物の侵害〕　数人ノ合著作ニ係ル著作物ノ著作権者ハ偽作ニ対シ他ノ著作権者ノ同意ナクシテ告訴ヲ為シ及自己ノ持分ニ対スル損害ノ賠償ヲ請求シ又ハ自己ノ持分ニ応シテ前条ノ利益ノ返還ヲ請求スルコトヲ得

第三十五条〔著作者・発行者の推定〕　偽作ニ対シ民事ノ訴訟ヲ提起スル場合ニ於テハ既ニ発行シタル著作物ニ於テ其ノ著作者トシテ氏名ヲ掲ケタル者ヲ以テ其ノ著作者ト推定ス

②　無名又ハ変名著作物ニ於テハ其ノ著作物ニ発行者トシテ氏名ヲ掲ケタル者ヲ以テ其ノ発行者ト推定ス

③　未タ発行セサル脚本、楽譜及活動写真術又ハ之ト類似ノ方法ニ依リ製作シタル著作物ノ興行ニ関シテハ其ノ興行ニ著作者トシテ氏名ヲ顕ハシタル者ヲ以テ其ノ著作者ト推定ス

④　著作者ノ氏名ヲ顕ハササルトキハ其ノ興行者ヲ以テ其ノ著作者ト推定ス

⑤　第十五条第三項ノ規定ニ依リ著作年月日ノ登録ヲ受ケタル著作物ニ在リテハ其ノ年月日ヲ以テ著作ノ年月日ト推定ス

⑥　第十五条第四項ノ規定ニ依リ第一発行年月日ノ登録ヲ受ケタル著作物ニ在リテハ其ノ年月日ヲ以テ始メテ発行シタル年月日ト推定ス

第三十六条〔差止・差押〕　偽作ニ関シ民事ノ出訴又ハ刑事ノ起訴アリタルトキハ裁判所ハ原告又ハ告訴人ノ申請ニ依リ保証ヲ立テシメ又ハ立テシメスシテ仮ニ偽作ノ疑アル著作物ノ発売頒布ヲ差止メ若ハ之ヲ差押ヘ又ハ其ノ興行ヲ差止ムルコトヲ得

②　前項ノ場合ニ於テ偽作ニ非サル旨ノ判決確定シタルトキハ申請者ハ差止又ハ差押ヨリ生シタル損害ヲ賠償スルノ責ニ任ス

第三十六条ノ二〔著作者人格権の侵害〕　第十八条ノ規定ニ違反シタル行為ヲ為シタル

者ニ対シテハ著作者ハ著作者タルコトヲ確保シ又ハ訂正其ノ他其ノ声望名誉ヲ回復スルニ適当ナル処分ヲ請求シ及民法第三編第五章ノ規程ニ従ヒ損害ノ賠償ヲ請求スルコトヲ得

② 第十八条ノ規定ニ違反シタル行為ヲ為シタル者ニ対シテハ著作者ノ死後ニ於テハ著作者ノ親族ニ於テ其ノ著作者タルコトヲ確保シ又ハ訂正其ノ他ノ声望名誉ヲ回復スルニ適当ナル処分ヲ請求スルコトヲ得

③ 前二項ノ規定ニ依ル民事ノ訴訟ニ付テハ前二条ノ規定ヲ準用ス

第三十六条ノ三 〔著作権制度審議会〕 文化庁長官ハ第二十二条ノ五第二項又ハ第二十七条第二項ノ規定ニ依ル償金ノ額ヲ定メントスルトキハ著作権制度審議会ニ諮問スベシ

第四章　罰則

第三十七条 〔著作権侵害の罪〕 偽作ヲ為シタル者及情ヲ知テ偽作物ヲ発売シ又ハ頒布シタル者ハ二年以下ノ懲役又ハ五万円以下ノ罰金ニ処ス

第三十八条 〔著作者人格権侵害の罪〕 第十八条ノ規定ニ違反シタル者ハ五万円以下ノ罰金ニ処ス

第三十九条 〔出所不明示の罪〕 第二十条、第二十条ノ二及第三十条第二項ノ規定ニ違反シ出所ヲ明示セスシテ複製シタル者並第十三条第四項ノ規定ニ違反シタル者ハ一万円以下ノ罰金ニ処ス

第四十条 〔著作者名詐称の罪〕 著作者ニ非サル者ノ氏名称号ヲ附シテ著作物ヲ発行シタル者ハ一年以下ノ懲役又ハ三万円以下ノ罰金ニ処ス

第四十一条 削除

第四十二条 〔虚偽登録の罪〕 虚偽ノ登録ヲ受ケタル者ハ一万円以下ノ罰金ニ処ス

第四十三条 〔没収〕 偽作物及専ラ偽作ノ用ニ供シタル器械器具ハ偽作者、印刷者、発売者及頒布者ノ所有ニ在ル場合ニ限リ之ヲ没収ス

第四十四条 〔親告罪〕 本章ニ規定シタル罪ハ被害者ノ告訴ヲ待テ其ノ罪ヲ論ス但シ第三十八条ノ場合ニ於テ著作者ノ死亡シタルトキ並第四十条乃至第四十二条ノ場合ハ此ノ限ニ在ラス

第四十五条 削除

第五章　附則

第四十六条 本法施行ノ期日ハ勅令ヲ以テ之ヲ定ム〔明治三十二年七月十五日から施行〕

② 明治二十六年法律第十六号版権法明治二十年勅令第七十八号脚本楽譜条例明治二十

年勅令第七十九号写真版権条例ハ本法施行ノ日ヨリ廃止ス

第四十七条　本法施行前ニ著作権ノ消滅セサル著作物ハ本法施行ノ日ヨリ本法ノ保護ヲ享有ス

第四十八条　本法施行前偽作ト認メラレサリシ複製物ニシテ既ニ複製シタルモノ又ハ複製ニ著手シタルモノハ之ヲ完成シテ発売頒布スルコトヲ得

②　前項ノ複製ノ用ニ供シタル器械器具ノ現存スルトキハ本法施行後五年間仍其ノ複製ノ為之ヲ使用スルコトヲ得

第四十九条　本法施行前翻訳シ又ハ翻訳ニ著手シ其ノ当時ニ於テ偽作ト認メラレサリシモノハ之ヲ完成シテ発売頒布スルコトヲ得但シ翻訳物ハ本法施行後七年内ニ発行スルコトヲ要ス

②　前項ノ翻訳物ハ発行後五年間仍之ヲ複製スルコトヲ得

第五十条　本法施行前既ニ興行シ若ハ興行ニ著手シ其ノ当時ニ於テ偽作ト認メラレサリシモノハ本法施行後五年間仍之ヲ興行スルコトヲ得

第五十一条　第四十八条乃至第五十条ノ場合ニ於テハ命令ノ定ムル手続ヲ履行スルニ非サレハ其ノ複製物ヲ発売頒布シ又ハ興行スルコトヲ得ス

第五十二条　第三条乃至第五条中三十年トアルハ演奏歌唱ノ著作権及第二十二条ノ七ニ規定スル著作権ヲ除ク外当分ノ間三十八年トス

②　第六条中三十年トアルハ演奏歌唱ノ著作権及第二十二条ノ七ニ規定スル著作権ヲ除ク外当分ノ間三十三年トス

③　第二十三条第一項中十年トアルハ当分ノ間十三年トス

附　則（昭和三十七年法律第七十四号）

この法律は、公布の日から施行する。ただし、この法律の施行前に著作権の消滅した著作物については、適用しない。〔昭和三十七年四月五日から施行〕

附　則（昭和四十年法律第六十七号）

この法律は、公布の日から施行する。ただし、この法律の施行前に著作権の消滅した著作物については、適用しない。〔昭和四十年五月十八日から施行〕

附　則（昭和四十二年法律第八十七号）

この法律は、公布の日から施行する。ただし、この法律の施行前に著作権の消滅した著作物については、適用しない。〔昭和四十二年七月二十七日から施行〕

附　則（昭和四十四年法律第八十二号）

この法律は、公布の日から施行する。ただし、この法律の施行前に著作権の消滅した著作物については、適用しない。〔昭和四十四年十二月八日から施行〕

5　プログラムの著作物に係る登録の特例に関する法律

（昭和六十一年五月二十三日法律第六十五号）

改正　平成　五年十一月　十二日　法律第八十九号
〔行政手続法の施行に伴う関係法律の整備に関する法律第八十四条による改正〕
同　十一年十二月二十二日　同　第百六十号
〔中央省庁等改革関係法施行法第五百七十四条による改正〕
同　十一年十二月二十二日　同　第二百二十号
〔独立行政法人の業務実施の円滑化等のための関係法律の整備等に関する法律第十七条による改正〕
同　十八年　六月　二日　同　第五十号
〔一般社団法人及び一般財団法人に関する法律及び公益社団法人及び公益財団法人の認定等に関する法律の施行に伴う関係法律の整備等に関する法律による改正〕
同　二十一年　六月　十九日　同　第五十三号
〔著作権法の一部を改正する法律第六条による改正〕
同　二十三年　六月二十四日　同　第七十四号
〔情報処理の高度化等に対処するための刑法等の一部を改正する法律による改正〕
同　二十六年　六月　十三日　同　第六十九号
〔行政不服審査法の施行に伴う関係法律の整備等に関する法律第百十五条による改正〕
令和　二年　六月　十二日　同　第四十八号
〔著作権法及びプログラムの著作物に係る登録の特例に関する法律の一部を改正する法律による改正〕

目次

第一章　総則

（目的）

第一条　この法律は、プログラムの著作物に係る登録に関し、著作権法（昭和四十五年法律第四十八号）の特例を定めることを目的とする。

第二章　登録手続等に関する特例

（プログラム登録の申請）

第二条　プログラムの著作物に係る著作権法第七十五条第一項、第七十六条第一項、第七十六条の二第一項又は第七十七条の登録（以下「プログラム登録」という。）の申請をしようとする者は、政令で定めるところにより、申請に係るプログラムの著作物の内容を明らかにする資料として、当該著作物の複製物を文化庁長官に提出しなければならない。ただし、当該著作物につき、既に、申請に係るプログラム登録以外のプログラム登録がされている場合は、この限りでない。

（平二一法五三・一部改正、令二法四八・第二条削除旧第三条繰上）

（プログラム登録の公示）

第三条　文化庁長官は、プログラムの著作物に係る著作権法第七十六条第一項又は第七十六条の二第一項の登録をした場合においては、文部科学省令で定めるところにより、その旨を公示するものとする。

（平十一法一六〇・一部改正、令二法四八・旧第四条繰上）

（プログラム登録に関する証明の請求）

第四条　プログラム登録がされた著作物の著作権者その他の当該プログラム登録に関し利害関係を有する者は、文化庁長官に対し、政令で定めるところにより、自らが保有する記録媒体に記録されたプログラムの著作物が当該プログラム登録がされた著作物であることの証明を請求することができる。

2　前項の規定による請求をする者は、実費を勘案して政令で定める額の手数料を納付しなければならない。

3　前項の規定は、同項の規定により手数料を納付すべき者が国であるときは、適用しない。

（令二法四八・追加）

第三章　登録機関に関する特例

（指定登録機関の指定等）

第五条　文化庁長官は、その指定する者（以下「指定登録機関」という。）に、プロググラム登録並びにプログラム登録につき前条第一項及び著作権法第七十八条第四項の規定による請求に基づき行われる事務並びに第三条の規定による公示（以下「登録事務」と総称する。）の全部又は一部を行わせることができる。

2　前項の指定は、文部科学省令で定めるところにより、登録事務を行おうとする者の申請により行う。

3　文化庁長官は、指定登録機関に登録事務を行わせるときは、当該指定登録機関が行う登録事務を行わないものとする。

4　指定登録機関が登録事務を行う場合においては、第二条中「文化庁長官」とあるのは「第五条第一項に規定する指定登録機関（次条及び第四条第一項において単に「指定登録機関」という。）」と、第三条及び前条第一項中「文化庁長官」とあるのは「指定登録機関」と、著作権法第七十八条第一項中「文化庁長官」とあるのは「プログラムの著作物に係る登録の特例に関する法律（昭和六十一年法律第六十五号）第五条第一項に規定する指定登録機関（第三項及び第四項において単に「指定登録機関」という。）」と、同条第三項中「第七十五条第一項の登録を行つたときは」とあるのは「指定登録機関が第七十五条第一項の登録を行つたときは」と、同条第四項中「文化庁長官」とあるのは「指定登録機関」とする。

（平十一法一六〇・２項一部改正、平二一法五三・１項４項一部改正、令二法四八・１項４項一部改正）

（欠格条項）

第六条　次の各号のいずれかに該当する者は、前条第一項の指定を受けることができない。

一　この法律又は著作権法の規定により罰金以上の刑に処せられ、その執行を終わり、又は執行を受けることがなくなつた日から二年を経過しない者

二　第二十条の規定により指定を取り消され、その取消しの日から二年を経過しない者

三　その業務を行う役員のうちに、次のいずれかに該当する者がある場合

イ　第一号に該当する者

ロ　第十五条の規定による命令により解任され、その解任の日から二年を経過しない者

（指定の基準）

第七条　文化庁長官は、第五条第一項の指定の申請が次の各号に適合していると認めるときでなければ、その指定をしてはならない。

一　文部科学省令で定める条件に適合する知識経験を有する者がプログラム登録を実施し、その数が文部科学省令で定める数以上であること。

二　登録事務を的確かつ円滑に行うに必要な経理的基礎及び技術的能力を有するものであること。

三　一般社団法人又は一般財団法人であつて、その役員又は職員の構成が登録事務の公正な遂行に支障を及ぼすおそれがないものであること。

四　登録事務以外の業務を行つているときは、その業務を行うことによつて登録事務が不公正になるおそれがないものであること。

五　その指定をすることによつて登録事務の的確かつ円滑な実施を阻害することとならないこと。

（平十一法一六〇・一号一部改正、平十八法五〇・三号一部改正）

（登録の実施義務等）

第八条　指定登録機関は、プログラム登録をすべきことを求められたときは、正当な理由がある場合を除き、遅滞なく、プログラム登録を行わなければならない。

２　指定登録機関は、プログラム登録を行うときは、前条第一号に規定する者（以下「登録実施者」という。）に実施させなければならない。

（実名の登録の報告義務）

第九条　指定登録機関は、著作権法第七十五条第一項の登録を行つた場合には、速やかに、文化庁長官に対し、同法第七十八条第三項の規定による公表のために必要な事項を報告しなければならない。

（平二一法五三・一部改正、令二法四八・一部改正）

（事務所の変更）

第十条　指定登録機関は、登録事務を行う事務所の所在地を変更しようとするときは、変更しようとする日の二週間前までに、文化庁長官に届け出なければならない。

（登録事務規程）

第十一条　指定登録機関は、登録事務に関する規程（以下「登録事務規程」という。）を定め、文化庁長官の認可を受けなければならない。これを変更しようとするときも、同様とする。

２　登録事務規程で定めるべき事項は、文部科学省令で定める。

３　文化庁長官は、第一項の認可をした登録事務規程が登録事務の公正な遂行上不適当となつたと認めるときは、指定登録機関に対し、登録事務規程を変更すべきことを命ずることができる。

（平十一法一六〇・２項一部改正）

（登録事務の休廃止）

第十二条　指定登録機関は、文化庁長官の許可を受けなければ、登録事務の全部又は一部を休止し、又は廃止してはならない。

（事業計画等）

第十三条　指定登録機関は、第五条第一項の指定を受けた日の属する事業年度にあつてはその指定を受けた後遅滞なく、その他の事業年度にあつてはその開始前に、その事業年度の事業計画及び収支予算を作成し、文化庁長官の認可を受けなければならない。

これを変更しようとするときも、同様とする。

2　指定登録機関は、毎事業年度経過後三月以内に、その事業年度の事業報告書及び収支決算書を作成し、文化庁長官に提出しなければならない。

（役員等の選任及び解任）

第十四条　指定登録機関の役員又は登録実施者の選任又は解任は、文化庁長官の認可を受けなければ、その効力を生じない。

（解任命令）

第十五条　文化庁長官は、指定登録機関の役員又は登録実施者が、この法律（この法律に基づく命令又は処分を含む。）若しくは登録事務規程に違反したとき、又は登録事務に関し著しく不適当な行為をしたときは、指定登録機関に対し、その役員又は登録実施者を解任すべきことを命ずることができる。

（秘密保持義務等）

第十六条　指定登録機関の役員若しくは職員又はこれらの職にあつた者は、登録事務に関して知り得た秘密を漏らしてはならない。

2　登録事務に従事する指定登録機関の役員又は職員は、刑法（明治四十年法律第四十五号）その他の罰則の適用については、法令により公務に従事する職員とみなす。

（適合命令等）

第十七条　文化庁長官は、指定登録機関が第七条第一号から第四号までに適合しなくなつたと認めるときは、その指定登録機関に対し、これらの規定に適合するため必要な措置をとるべきことを命ずることができる。

2　文化庁長官は、前項に定めるもののほか、この法律を施行するため必要があると認めるときは、指定登録機関に対し、登録事務に関し監督上必要な命令をすることができる。

（帳簿の記載等）

第十八条　指定登録機関は、帳簿を備え、登録事務に関し文部科学省令で定める事項を記載しなければならない。

2　前項の帳簿は、文部科学省令で定めるところにより、保存しなければならない。

（平十一法一六〇・１項２項一部改正）

（報告及び立入検査）

第十九条　文化庁長官は、この法律の施行に必要な限度において、指定登録機関に対し、その業務若しくは経理の状況に関し報告させ、又はその職員に、指定登録機関の事務所に立ち入り、業務の状況若しくは帳簿、書類その他の物件を検査させ、若しくは関係者に質問させることができる。

2　前項の規定により立入検査をする職員は、その身分を示す証明書を携帯し、関係者に提示しなければならない。

3　第一項に規定する立入検査の権限は、犯罪捜査のために認められたものと解してはならない。

（指定の取消し等）

第二十条　文化庁長官は、指定登録機関が次の各号のいずれかに該当するときは、その指定を取り消し、又は期間を定めて登録事務の全部若しくは一部の停止を命ずることができる。

一　第八条から第十条まで、第十一条第一項、第十二条、第十三条、第十六条第一項又は第十八条の規定に違反したとき。

二　第六条第一号又は第三号に該当するに至つたとき。

三　第十一条第一項の認可を受けた登録事務規程によらないで登録事務を行つたとき。

四　第十一条第三項、第十五条又は第十七条の規定による命令に違反したとき。

五　不正の手段により指定を受けたとき。

（令二法四八・一号一部改正）

（聴聞の方法の特例）

第二十一条　第十五条の規定による解任の命令又は前条の規定による指定の取消しに係る聴聞の期日における審理は、公開により行わなければならない。

２　前項の聴聞の主宰者は、行政手続法（平成五年法律第八十八号）第十七条第一項の規定により当該処分に係る利害関係人が当該聴聞に関する手続に参加することを求めたときは、これを許可しなければならない。

（平五法八九・全改）

（文化庁長官による登録事務の実施等）

第二十二条　文化庁長官は、指定登録機関が第十二条の許可を受けて登録事務の全部若しくは一部を休止したとき、第二十条の規定により指定登録機関に対し登録事務の全部若しくは一部の停止を命じたとき、又は指定登録機関が天災その他の事由により登録事務の全部若しくは一部を実施することが困難となつた場合において必要があると認めるときは、当該登録事務の全部又は一部を自ら行うものとする。

２　文化庁長官が前項の規定により登録事務の全部若しくは一部を自ら行う場合、指定登録機関が第十二条の許可を受けて登録事務の全部若しくは一部を廃止する場合又は第二十条の規定により文化庁長官が指定登録機関の指定を取り消した場合における登録事務の引継ぎその他の必要な事項については、文部科学省令で定める。

（平十一法一六〇・２項一部改正）

（指定登録機関がした処分等に係る審査請求）

第二十三条　指定登録機関が行う登録事務に係る処分又はその不作為について不服がある者は、文化庁長官に対し、審査請求をすることができる。この場合において、文化庁長官は、行政不服審査法（平成二十六年法律第六十八号）第二十五条第二項及び第三項、第四十六条第一項及び第二項、第四十七条並びに第四十九条第三項の規定の適用については、指定登録機関の上級行政庁とみなす。

（平二六法六九・一部改正）

（公示）

第二十四条　文化庁長官は、次の場合には、文部科学省令で定めるところにより、その旨を官報で告示しなければならない。

一　第五条第一項の指定をしたとき。

二　第十条の規定による届出があつたとき。

三　第十二条の許可をしたとき。

四　第二十条の規定により指定を取り消し、又は登録事務の全部若しくは一部の停止を命じたとき。

五　第二十二条第一項の規定により文化庁長官が登録事務の全部若しくは一部を自ら行うこととするとき、又は自ら行つていた登録事務の全部若しくは一部を行わないこととするとき。

（平十一法一六〇・１項柱書一部改正）

（手数料）

第二十五条　指定登録機関がプログラム登録を行う場合において、その登録の申請をしようとする者は、実費を勘案して政令で定める額の手数料を指定登録機関に納付しなければならない。

第二十六条　指定登録機関がプログラム登録につき第四条第一項又は著作権法第七十八条第四項の規定による請求に基づき行われる事務を行う場合には、第四条第三項又は同法第七十八条第六項の規定は、適用しない。

（平十一法二二〇・一部改正、平二一法五三・一部改正、令二法四八・全改）

第二十七条　第四条第二項若しくは第二十五条又は著作権法第七十八条第五項の規定により指定登録機関に納められた手数料は、指定登録機関の収入とする。

（平二一法五三・一部改正、令二法四八・一部改正）

第二十八条　この章に規定するもののほか、指定登録機関の行う登録事務に関し必要な事項は、政令で定める。

第四章　罰則

第二十九条　第十六条第一項の規定に違反した者は、一年以下の懲役又は三十万円以下の罰金に処する。

第三十条　第二十条の規定による登録事務の停止の命令に違反したときは、その違反行為をした指定登録機関の役員又は職員は、一年以下の懲役又は三十万円以下の罰金に処する。

第三十一条　次の各号のいずれかに該当するときは、その違反行為をした指定登録機関の役員又は職員は、二十万円以下の罰金に処する。
一　第十二条の許可を受けないで登録事務の全部を廃止したとき。
二　第十八条第一項の規定に違反して帳簿を備えず、帳簿に記載せず、若しくは帳簿に虚偽の記載をし、又は同条第二項の規定に違反して帳簿を保存しなかつたとき。
三　第十九条第一項の規定による報告をせず、若しくは虚偽の報告をし、又は同項の規定による検査を拒み、妨げ、若しくは忌避し、若しくは同項の規定による質問に対して陳述をせず、若しくは虚偽の陳述をしたとき。

附　則（抄）

（施行期日）

1　この法律は、昭和六十二年四月一日から施行する。ただし、第五条から第七条まで、第十条、第十一条、第十三条第一項、第十四条から第十七条まで、第十九条、第二十条（第三号を除く。）、第二十一条、第二十四条、第二十九条、第三十一条第三号及び次項の規定は、昭和六十一年十月一日から施行する。

（経過措置）

2　この法律の施行の日前に指定登録機関の指定がされた場合においては、指定登録機関は、第五条第一項の規定にかかわらず、その施行の日の前日までの間は、登録事務を行うことができないものとする。

附　則（平成五年法律第八十九号）（抄）

（施行期日）

第一条　この法律は、行政手続法（平成五年法律第八十八号）の施行の日から施行する。〔平成六年十月一日から施行〕

附　則（平成十一年法律第百六十号）（抄）

（施行期日）

第一条　この法律（第二条及び第三条を除く。）は、平成十三年一月六日から施行する。ただし、次の各号に掲げる規定は、当該各号に定める日から施行する。
一・二　（略）

附　則（平成十一年法律第二百二十号）（抄）

（施行期日）

第一条　この法律（第一条を除く。）は、平成十三年一月六日から施行する。ただし、次の各号に掲げる規定は、当該各号に定める日から施行する。
一～三　（略）

附　則（平成十八年法律第五十号）（抄）

（施行期日）

1　この法律は、一般社団・財団法人法の施行の日から施行する。〔平成二十年十二月一日から施行〕

附　則（平成二十一年法律第五十三号）（抄）

（施行期日）

第一条　この法律は、平成二十二年一月一日から施行する。ただし、第七十条第二項、第七十八条、第八十八条第二項及び第百四条の改正規定並びに附則第六条の規定は、公布の日から起算して二年を超えない範囲内において政令で定める日から施行する。〔平成二十三年六月一日から施行〕

附　則（平成二十三年法律第七十四号）（抄）

（施行期日）

第一条　この法律は、公布の日から起算して二十日を経過した日から施行する。〔平成二十三年七月十三日から施行〕

附　則（平成二十六年法律第六十九号）（抄）

（施行期日）

第一条　この法律は、行政不服審査法（平成二十六年法律第六十八号）の施行の日から施行する。〔平成二十八年四月一日から施行〕

附　則（令和二年法律第四十八号）（抄）

（施行期日）

第一条　この法律は、令和三年一月一日から施行する。ただし、次の各号に掲げる規定は、当該各号に定める日から施行する。

一　第三条（プログラムの著作物に係る登録の特例に関する法律（以下「プログラム登録特例法」という。）第二十条第一号の改正規定に限る。）並びに次条並びに附則第三条、第六条、第七条、第十二条及び第十三条（映画の盗撮の防止に関する法律（平成十九年法律第六十五号）第四条第一項の改正規定中「含む」の下に「。第三項において同じ」を加える部分に限る。）の規定　公布の日〔令和二年六月十二日から施行〕

二　第一条並びに附則第四条、第八条、第十一条及び第十三条（前号に掲げる改正規定を除く。）の規定　令和二年十月一日

三　第三条（プログラム登録特例法第九条、第二十条第一号及び第二十六条の改正規定を除く。）の規定　公布の日から起算して一年を超えない範囲内において政令で定める日〔令和三年六月一日から施行〕

（手数料の納付についての経過措置）

第九条

1　（略）

2　施行日前に国又は独立行政法人（第三条の規定による改正前のプログラム登録特例法第二十六条の政令で定める独立行政法人に限る。）が行った第二条改正前著作権法第七十五条第一項、第七十六条第一項、第七十六条の二第一項及び第七十七条の登録の申請並びに第二条改正前著作権法第七十八条第四項（第二条改正前著作権法第百四

条において準用する場合を含む。）の請求に係る手数料の納付については、第二条改正後著作権法第七十八条第六項及び第三条の規定による改正後のプログラム登録特例法（次条において「新プログラム登録特例法」という。）第二十六条の規定にかかわらず、なお従前の例による。

（附則第一条第三号に掲げる規定の施行の日の前日までの間の読替え）

第十条　施行日から附則第一条第三号に掲げる規定の施行の日の前日までの間における新プログラム登録特例法第二十六条の規定の適用については、同条中「第四条第一項又は著作権法」とあるのは「著作権法」と、「第四条第三項又は同法」とあるのは「同法」とする。

6　万国著作権条約の実施に伴う著作権法の特例に関する法律

（昭和三十一年四月二十八日法律第八十六号）

改正　昭和三十七年　三月二十九日　法律第三十五号
〔文部省設置法の一部を改正する法律附則第四項による改正〕
同　四十三年　六月　十五日　同　第九十九号
〔行政機構の簡素化等のための総理府設置法等の一部を改正する法律第二十五条による改正〕
同　四十五年　五月　　六日　同　第四十八号
〔著作権法附則第二十六条による改正〕
同　五十八年十二月　　二日　同　第七十八号
〔国家行政組織法の一部を改正する法律の施行に伴う関係法律の整理等に関する法律第七十四条による改正〕
平成　　六年十二月　十四日　同　第百十二号
同　　十一年十二月二十二日　同　第百六十号
〔中央省庁等改革関係法施行法第五百三十九条による改正〕
同　　十二年　五月　　八日　同　第五十六号

（目的）

第一条　この法律は、万国著作権条約の実施に伴い、著作権法（昭和四十五年法律第四十八号）の特例を定めることを目的とする。

（定義）

第二条　この法律において「万国条約」とは、万国著作権条約をいう。

2　この法律において「発行」とは、万国条約第六条に規定する発行をいう。

3　この法律において「翻訳権」とは、万国条約第五条に規定する翻訳権をいう。

（著作物の保護期間の特例）

第三条　万国条約の締約国の国民の発行されていない著作物又は万国条約の締約国で最初に発行された著作物で、万国条約第二条の規定に基いて著作権法による保護を受けているものが、その締約国の法令により保護期間の満了によつて保護を受けなくなつたときは、その著作物の保護期間は、著作権法の規定にかかわらず、その締約国の法令による保護期間の満了の日までとする。

2　万国条約の締約国の国民の発行されていない著作物又は万国条約の締約国で最初に発行された著作物で、その締約国の法令により保護を受ける著作物の種類に属しないものは、万国条約第二条の規定に基く著作権法による保護を受けないものとする。

第四条　万国条約の締約国の国民の著作物で非締約国で最初に発行されたものは、前条の規定の適用については、その締約国で最初に発行されたものとみなす。

2　二以上の万国条約の締約国で同時に発行された著作物は、前条の規定の適用については、最も短い保護期間を許与する締約国で最初に発行されたものとみなす。最初の発行の日から三十日以内に二以上の締約国で発行された著作物は、これらの締約国で同時に発行されたものとみなす。

（翻訳権に関する特例）

第五条　万国条約に基いて著作権法による保護を受けている文書の最初の発行の日の属する年の翌年から起算して七年を経過した時までに、翻訳権を有する者又はその者の許諾を得た者により、日本語で、その文書の翻訳物が発行されず、又は発行されたが絶版になつている場合において、次の各号の一に該当するときは、日本国民は、政令の定めるところにより、文化庁長官の許可を受けて、日本語でその文書の翻訳物を発行することができる。ただし、その発行前に、政令の定めるところにより、文化庁長官の認可を受けた公正なかつ国際慣行に合致した補償額の全部又は一部を、翻訳権を有する者に支払い、又はその者のために供託しなければならない。

一　翻訳権を有する者に対し翻訳し、かつ、その翻訳物を発行することの許諾を求めたが拒否されたとき。

二　相当な努力を払つたが翻訳権を有する者と連絡することができなかつたとき。

2　前項第二号の場合においては、同項の許可を申請した者は、原著作物に発行者の氏名が掲げられているときはその発行者に対し、及び翻訳権を有する者の国籍が判明しているときはその翻訳権を有する者が国籍を有する国の外交代表若しくは領事代表又はその国の政府が指定する機関に対して、申請書の写を送付し、かつ、これを送付した旨を文化庁長官に届け出なければならない。

3　文化庁長官は、前項の規定による申請書の写の発送の日から二箇月の期間が経過するまでは、第一項の許可をすることができない。

4　文化庁長官は、第一項ただし書の認可をするには、文化審議会に諮問しなければならない。

（平十一法一六〇・4項一部改正）

第六条　前条第一項の許可を受けた者は、その許可に係る翻訳物を発行する権利を譲渡することができない。

第七条　第五条第一項の許可に係る翻訳物には、政令の定めるところにより、原著作物の題号、原著作者の氏名及びその他の事項を掲げなければならない。

第八条　第五条第一項の許可に係る翻訳物は、政令で定める万国条約の締約国以外の国へは、輸出することができない。

（無国籍者及び亡命者）

第九条　無国籍者及び亡命者の著作物に対する万国著作権条約の適用に関する同条約の

第一附属議定書の締約国に常時居住する無国籍者及び亡命者は、第三条から第五条までの規定の適用については、その締約国の国民とみなす。

（ベルヌ条約等の保護を受ける著作物）

第十条　この法律は、文学的及び美術的著作物の保護に関するベルヌ条約により創設された国際同盟の加盟国、著作権に関する世界知的所有権機関条約の締約国又は世界貿易機関の加盟国の一をそれぞれ文学的及び美術的著作物の保護に関するベルヌ条約、著作権に関する世界知的所有権機関条約又は世界貿易機関を設立するマラケシュ協定の規定に基づいて本国とする著作物については、適用しない。ただし、当該著作物となる前に第五条第一項の許可を受けた者及び当該許可に係る翻訳物に対する同条から第八条までの規定の適用については、この限りでない。

（平十二法五六・一部改正）

（日本国との平和条約第十二条の保護を受けている著作物）

第十一条　日本国との平和条約第二十五条に規定する連合国でこの法律の施行の際万国条約の締約国であるもの及びその国民は、この法律の施行の際日本国との平和条約第十二条の規定に基く旧著作権法（明治三十二年法律第三十九号）による保護を受けている著作物については、この法律の施行後も引き続き、その保護（著作権法の施行の際当該保護を受けている著作物については、同法による保護）と同一の保護を受けるものとする。

（政令への委任）

第十二条　この法律に定めるもののほか、この法律の実施のため必要な事項は、政令で定める。

附　則（抄）

（施行期日）

1　この法律は、万国条約が日本国について効力を生ずる日から施行する。〔昭和三十一年四月二十八日から施行〕

（経過規定）

2　この法律（第十一条を除く。）は、発行されていない著作物でこの法律の施行前に著作されたもの及び発行された著作物でこの法律の施行前に発行されたものについては、適用しない。

附　則（昭和三十七年法律第三十五号）（抄）

1　この法律は、昭和三十七年四月一日から施行する。

附　則（昭和四十三年法律第九十九号）（抄）

（施行期日）

1　この法律は、公布の日から施行する。

附　則（昭和四十五年法律第四十八号）（抄）

（施行期日）

第一条　この法律は、昭和四十六年一月一日から施行する。

附　則（昭和五十八年法律第七十八号）（抄）

1　この法律（第一条を除く。）は、昭和五十九年七月一日から施行する。

附　則（平成六年法律第百十二号）（抄）

（施行期日）

1　この法律は、世界貿易機関を設立するマラケシュ協定が日本国について効力を生ずる日の翌日から起算して一年を超えない範囲内において政令で定める日から施行する。〔平成八年一月一日から施行〕

附　則（平成十一年法律第百六十号）（抄）

（施行期日）

第一条　この法律（第二条及び第三条を除く。）は、平成十三年一月六日から施行する。ただし、次の各号に掲げる規定は、当該各号に定める日から施行する。

一・二　（略）

附　則（平成十二年法律第五十六号）（抄）

1　この法律は、平成十三年一月一日から施行する。ただし、第一条中著作権法第五十八条の改正規定及び第二条の規定は、著作権に関する世界知的所有権機関条約が日本国について効力を生ずる日から施行する。

7　連合国及び連合国民の著作権の特例に関する法律

（昭和二十七年八月八日法律第三百二号）

改正　昭和四十二年　六月　十二日　法律第三十六号
〔登録免許税法の施行に伴う関係法令の整備等に関する法律第三十四条による改正〕
同　四十五年　五月　　六日　同　第四十八号
〔著作権法附則第二十四条による改正〕

（目的）

第一条　この法律は、連合国及び連合国民の著作権に関し、日本国との平和条約第十五条(c)の規定に基き、著作権法（昭和四十五年法律第四十八号）の特例を定めることを目的とする。

（定義）

第二条　この法律において「連合国」とは、日本国との平和条約第二十五条において「連合国」として規定された国をいう。

2　この法律において「連合国民」とは、左の各号に掲げるものをいう。

一　連合国の国籍を有する者

二　連合国の法令に基いて設立された法人及びこれに準ずる者

三　前号に掲げるものを除く外、営利を目的とする法人その他の団体で、前二号又は本号に掲げるものがその株式又は持分（当該法人その他の団体の役員が有する株式又は持分を除く。）の全部を有するもの

四　第二号に掲げるものを除く外、前三号又は本号に掲げるものが支配する宗教法人その他の営利を目的としない法人その他の団体

3　この法律において「著作権」とは、旧著作権法（明治三十二年法律第三十九号）に基く権利（同法第二十八条の三に規定する出版権を除く。）の全部又は一部をいう。

（戦時中に生じた著作権）

第三条　昭和十六年十二月七日に日本国が当事国であつた条約又は協定が、日本国と当該連合国との戦争の発生の時以後において、日本国又は当該連合国の国内法により廃棄され、又は停止されたかどうかにかかわらず、その日から日本国と当該連合国との間に日本国との平和条約が効力を生ずる日の前日までの期間に、当該条約又は協定により連合国又は連合国民が取得するはずであつた著作権は、その取得するはずであつた日において有効に取得されたものとして保護する。

（著作権の存続期間に関する特例）

第四条　昭和十六年十二月七日に連合国及び連合国民が有していた著作権は、著作権法に規定する当該著作権に相当する権利の存続期間に、昭和十六年十二月八日から日本国と当該連合国との間に日本国との平和条約が効力を生ずる日の前日までの期間（当該期間において連合国及び連合国民以外の者が当該著作権を有していた期間があるときは、その期間を除く。）に相当する期間を加算した期間継続する。

2　昭和十六年十二月八日から日本国と当該連合国との間に日本国との平和条約が効力を生ずる日の前日までの期間において、連合国又は連合国民が取得した著作権（前条の規定により有効に取得されたものとして保護される著作権を含む。）は、著作権法に規定する当該著作権に相当する権利の存続期間に、当該連合国又は連合国民がその著作権を取得した日から日本国と当該連合国との間に日本国との平和条約が効力を生ずる日の前日までの期間（当該期間において連合国及び連合国民以外の者が当該著作権を有していた期間があるときは、その期間を除く。）に相当する期間を加算した期間継続する。

（翻訳権の存続期間に関する特例）

第五条　著作物を日本語に翻訳する権利について、著作権法附則第八条の規定によりなお効力を有することとされる旧著作権法第七条第一項（翻訳権）に規定する期間につき前条第一項又は第二項の規定を適用する場合には、それぞれ更に六箇月を加算するものとする。

（連合国及び連合国民以外の者の著作権）

第六条　前二条の規定は、日本国と当該連合国との間に日本国との平和条約が効力を生ずる日において連合国又は連合国民が有する著作権（前二条に規定する加算期間を加算することにより、著作権の存続期間が同日以後なお継続することとなる場合を含む。）についてのみ、これを適用する。

（手続等の不要）

第七条　第三条から第五条までの規定の適用については、申請書の提出、手数料の支払その他一切の手続又は条件を課さない。但し、著作権法第七十七条（著作権の登録）若しくは第七十八条（登録手続等）又は登録免許税法（昭和四十二年法律第三十五号）の規定の適用を妨げない。

附　則

この法律は、公布の日から施行し、日本国との平和条約の最初の効力発生の日から適用する。〔昭和二十七年四月二十八日から適用〕

附　則（昭和四十二年法律第三十六号）（抄）

1　この法律は、登録免許税法の施行の日から施行する。〔昭和四十二年八月一日から施行〕

附　則（昭和四十五年法律第四十八号）（抄）

（施行期日）

第一条　この法律は、昭和四十六年一月一日から施行する。

8　著作権等管理事業法（平成十二年十一月二十九日法律第百三十一号）

改正　平成　十三年十二月　　五日　法律第百三十八号
〔刑法の一部を改正する法律附則第三条による改正〕
同　　十四年　六月　十九日　同　第七十二号
〔著作権法の一部を改正する法律附則第九項による改正〕
同　　十六年　六月　　二日　同　第七十六号
〔破産法の施行に伴う関係法律の整備等に関する法律第百二十六条による改正〕
同　　十六年　六月　十八日　同　第百二十四号
〔不動産登記法の施行に伴う関係法律の整備等に関する法律第二十条による改正〕
同　　十六年十二月　　三日　同　第百五十四号
〔信託業法附則第九十八条による改正〕
同　　二十年　五月　　二日　同　第二十八号
〔暴力団員による不当な行為の防止等に関する法律の一部を改正する法律附則第三条による改正〕
同　二十四年　八月　　一日　同　第五十三号
〔暴力団員による不当な行為の防止等に関する法律の一部を改正する法律附則第二十二条・第二十三条による改正〕
同　二十五年十一月二十七日　同　第八十六号
〔自動車の運転により人を死傷させる行為等の処罰に関する法律附則第八条による改正〕
令和　　元年　六月　十四日　同　第三十七号
〔成年被後見人等の権利の制限に係る措置の適正化等を図るための関係法律の整備に関する法律第七十三条による改正〕

目次

附則

第一章　総則

（目的）

第一条　この法律は、著作権及び著作隣接権を管理する事業を行う者について登録制度を実施し、管理委託契約約款及び使用料規程の届出及び公示を義務付ける等その業務の適正な運営を確保するための措置を講ずることにより、著作権及び著作隣接権の管理を委託する者を保護するとともに、著作物、実演、レコード、放送及び有線放送の利用を円滑にし、もって文化の発展に寄与することを目的とする。

（定義）

第二条　この法律において「管理委託契約」とは、次に掲げる契約であって、受託者による著作物、実演、レコード、放送又は有線放送（以下「著作物等」という。）の利用の許諾に際して委託者（委託者が当該著作物等に係る次に掲げる契約の受託者であるときは、当該契約の委託者。次項において同じ。）が使用料の額を決定することとされているもの以外のものをいう。

一　委託者が受託者に著作権又は著作隣接権（以下「著作権等」という。）を移転し、著作物等の利用の許諾その他の当該著作権等の管理を行わせることを目的とする信託契約

二　委託者が受託者に著作物等の利用の許諾の取次ぎ又は代理をさせ、併せて当該取次ぎ又は代理に伴う著作権等の管理を行わせることを目的とする委任契約

2　この法律において「著作権等管理事業」とは、管理委託契約（委託者が人的関係、資本関係等において受託者と密接な関係を有する者として文部科学省令で定める者であるものを除く。）に基づき著作物等の利用の許諾その他の著作権等の管理を行う行為であって、業として行うものをいう。

3　この法律において「著作権等管理事業者」とは、次条の登録を受けて著作権等管理事業を行う者をいう。

第二章　登録

（登録）

第三条　著作権等管理事業を行おうとする者は、文化庁長官の登録を受けなければならない。

（登録の申請）

第四条　前条の登録を受けようとする者は、次に掲げる事項を記載した登録申請書を文化庁長官に提出しなければならない。

一　名称
二　役員（第六条第一項第一号に規定する人格のない社団にあっては、代表者。同項第五号及び第九条第四号において同じ。）の氏名
三　事業所の名称及び所在地
四　取り扱う著作物等の種類及び著作物等の利用方法
五　その他文部科学省令で定める事項
2　前項の登録申請書には、次に掲げる書類を添付しなければならない。
一　第六条第一項第三号から第六号までに該当しないことを誓約する書面
二　登記事項証明書、貸借対照表その他の文部科学省令で定める書類
（平十六法一二四・2項二号一部改正）

（登録の実施）

第五条　文化庁長官は、前条の規定による登録の申請があったときは、次条第一項の規定により登録を拒否する場合を除き、次に掲げる事項を著作権等管理事業者登録簿に登録しなければならない。
一　前条第一項各号に掲げる事項
二　登録年月日及び登録番号
2　文化庁長官は、前項の規定による登録をしたときは、遅滞なく、その旨を登録申請者に通知しなければならない。
3　文化庁長官は、著作権等管理事業者登録簿を公衆の縦覧に供しなければならない。

（登録の拒否）

第六条　文化庁長官は、登録申請者が次の各号のいずれかに該当するとき、又は登録申請書若しくはその添付書類のうちに虚偽の記載があり、若しくは重要な事実の記載が欠けているときは、その登録を拒否しなければならない。
一　法人（営利を目的としない法人格を有しない社団であって、代表者の定めがあり、かつ、その直接又は間接の構成員との間における管理委託契約のみに基づく著作権等管理事業を行うことを目的とするもの（以下「人格のない社団」という。）を含む。以下この項において同じ。）でない者
二　他の著作権等管理事業者が現に用いている名称と同一の名称又は他の著作権等管理事業者と誤認されるおそれがある名称を用いようとする法人
三　第二十一条第一項又は第二項の規定により登録を取り消され、その取消しの日から五年を経過しない法人
四　この法律又は著作権法（昭和四十五年法律第四十八号）の規定に違反し、罰金の刑に処せられ、その刑の執行を終わり、又はその刑の執行を受けることがなくなった日から五年を経過しない法人
五　役員のうちに次のいずれかに該当する者のある法人
イ　心身の故障により著作権等管理事業者の役員の職務を適正に行うことができな

い者として文部科学省令で定めるもの
ロ　破産手続開始の決定を受けて復権を得ない者
ハ　著作権等管理事業者が第二十一条第一項又は第二項の規定により登録を取り消された場合において、その取消しの日前三十日以内にその著作権等管理事業者の役員であった者でその取消しの日から五年を経過しないもの
ニ　禁錮以上の刑に処せられ、その刑の執行を終わり、又はその刑の執行を受けることがなくなった日から五年を経過しない者
ホ　この法律、著作権法若しくはプログラムの著作物に係る登録の特例に関する法律（昭和六十一年法律第六十五号）の規定若しくは暴力団員による不当な行為の防止等に関する法律（平成三年法律第七十七号）の規定（同法第三十二条の三第七項及び第三十二条の十一第一項の規定を除く。）に違反し、又は刑法（明治四十年法律第四十五号）第二百四条、第二百六条、第二百八条、第二百八条の二、第二百二十二条若しくは第二百四十七条の罪若しくは暴力行為等処罰に関する法律（大正十五年法律第六十号）の罪を犯し、罰金の刑に処せられ、その刑の執行を終わり、又はその刑の執行を受けることがなくなった日から五年を経過しない者
六　著作権等管理事業を遂行するために必要と認められる文部科学省令で定める基準に適合する財産的基礎を有しない法人
2　文化庁長官は、前項の規定により登録を拒否したときは、遅滞なく、文書によりその理由を付して通知しなければならない。

（平十三法一三八・1項五号一部改正、平二十法二八・1項五号ホ一部改正、平二四法五三・1項五号ニホ一部改正、平二五法八六・1項五号ホ一部改正、令元法三七・1項五号イロ全改）

（変更の届出）

第七条　著作権等管理事業者は、第四条第一項各号に掲げる事項に変更があったときは、その日から二週間以内に、その旨を文化庁長官に届け出なければならない。
2　文化庁長官は、前項の規定による届出を受理したときは、届出があった事項を著作権等管理事業者登録簿に登録しなければならない。

（承継）

第八条　著作権等管理事業者がその著作権等管理事業の全部を譲渡し、又は著作権等管理事業者について合併若しくは分割（その著作権等管理事業の全部を承継させるものに限る。）があったときは、その著作権等管理事業の全部を譲り受けた法人（人格のない社団を含む。）又は合併後存続する法人（著作権等管理事業者である法人と著作権等管理事業を行っていない法人の合併後存続する著作権等管理事業者である法人を除く。以下この項において同じ。）若しくは合併により設立された法人若しくは分割によりその著作権等管理事業の全部を承継した法人は、当該著作権等管理事業者の地

位を承継する。ただし、その著作権等管理事業の全部を譲り受けた法人（人格のない社団を含む。）又は合併後存続する法人若しくは合併により設立された法人若しくは分割によりその著作権等管理事業の全部を承継した法人が第六条第一項第二号から第六号までのいずれかに該当するときは、この限りでない。

2　前項の規定により著作権等管理事業者の地位を承継した者は、その承継の日から三十日以内に、その旨を文化庁長官に届け出なければならない。

3　前条第二項の規定は、前項の規定による届出について準用する。

（廃業の届出等）

第九条　著作権等管理事業者が次の各号のいずれかに該当することとなったときは、当該各号に定める者は、その日から三十日以内に、その旨を文化庁長官に届け出なければならない。

一　合併により消滅したとき　消滅した法人を代表する役員であった者

二　破産手続開始の決定を受けたとき　破産管財人

三　合併及び破産手続開始の決定以外の理由により解散（人格のない社団にあっては、解散に相当する行為）をしたとき　清算人（人格のない社団にあっては、代表者であった者）

四　著作権等管理事業を廃止したとき　著作権等管理事業者であった法人（人格のない社団を含む。）を代表する役員

（平十六法七六・二号三号一部改正）

（登録の抹消）

第十条　文化庁長官は、前条の規定による届出があったとき又は第二十一条第一項若しくは第二項の規定により登録を取り消したときは、当該著作権等管理事業者の登録を抹消しなければならない。

第三章　業務

（管理委託契約約款）

第十一条　著作権等管理事業者は、次に掲げる事項を記載した管理委託契約約款を定め、あらかじめ、文化庁長官に届け出なければならない。これを変更しようとするときも、同様とする。

一　管理委託契約の種別（第二条第一項第二号の委任契約であるときは、取次ぎ又は代理の別を含む。）

二　契約期間

三　収受した著作物等の使用料の分配の方法

四　著作権等管理事業者の報酬

五　その他文部科学省令で定める事項

2　著作権等管理事業者は、前項後段の規定による変更の届出をしたときは、遅滞なく、委託者に対し、その届出に係る管理委託契約約款の内容を通知しなければならない。

3　著作権等管理事業者は、第一項の規定による届出をした管理委託契約約款によらなければ、管理委託契約を締結してはならない。

（管理委託契約約款の内容の説明）

第十二条　著作権等管理事業者は、管理委託契約を締結しようとするときは、著作権等の管理を委託しようとする者に対し、管理委託契約約款の内容を説明しなければならない。

（使用料規程）

第十三条　著作権等管理事業者は、次に掲げる事項を記載した使用料規程を定め、あらかじめ、文化庁長官に届け出なければならない。これを変更しようとするときも、同様とする。

一　文部科学省令で定める基準に従い定める利用区分（著作物等の種類及び利用方法の別による区分をいう。第二十三条において同じ。）ごとの著作物等の使用料の額

二　実施の日

三　その他文部科学省令で定める事項

2　著作権等管理事業者は、使用料規程を定め、又は変更しようとするときは、利用者又はその団体からあらかじめ意見を聴取するように努めなければならない。

3　著作権等管理事業者は、第一項の規定による届出をしたときは、遅滞なく、その届出に係る使用料規程の概要を公表しなければならない。

4　著作権等管理事業者は、第一項の規定による届出をした使用料規程に定める額を超える額を、取り扱っている著作物等の使用料として請求してはならない。

（使用料規程の実施禁止期間）

第十四条　前条第一項の規定による届出をした著作権等管理事業者は、文化庁長官が当該届出を受理した日から起算して三十日を経過する日までの間は、当該届出に係る使用料規程を実施してはならない。

2　文化庁長官は、著作権等管理事業者から前条第一項の規定による届出があった場合において、当該届出に係る使用料規程が著作物等の円滑な利用を阻害するおそれがあると認めるときは、その全部又は一部について、当該届出を受理した日から起算して三月を超えない範囲内において、前項の期間を延長することができる。

3　文化庁長官は、指定著作権等管理事業者（第二十三条第一項の指定著作権等管理事業者をいう。以下この条において同じ。）から前条第一項の規定による届出があった場合において、第一項の期間を経過する日までの間に利用者代表（第二十三条第二項に規定する利用者代表をいう。第五項において同じ。）から当該届出に係る使用料規程に関し第二十三条第二項の協議を求めた旨の通知があったときは、当該使用料規程のうち当該協議に係る部分の全部又は一部について、当該届出を受理した日から起算

して六月を超えない範囲内において、第一項の期間を延長することができる。

4　文化庁長官は、前項の規定により第一項の期間を延長した場合において、当該延長された同項の期間を経過する日前に、当該使用料規程のうち当該延長に係る部分の全部又は一部について、当該指定著作権等管理事業者から第二十三条第二項の協議において変更する必要がないこととされた旨の通知があったとき、又は変更する必要がない旨の第二十四条第一項の裁定をしたときは、当該使用料規程のうち当該変更する必要がないこととされた部分について、当該延長された第一項の期間を短縮することができる。

5　文化庁長官は、第二項の規定により第一項の期間を延長したとき又は第三項の規定により第一項の期間を延長し、若しくは前項の規定により当該延長された第一項の期間を短縮したときは、その旨を、当該著作権等管理事業者又は当該指定著作権等管理事業者及び利用者代表に通知するとともに、公告しなければならない。

（管理委託契約約款及び使用料規程の公示）

第十五条　著作権等管理事業者は、文部科学省令で定めるところにより、第十一条第一項の規定による届出をした管理委託契約約款及び第十三条第一項の規定による届出をした使用料規程を公示しなければならない。

（利用の許諾の拒否の制限）

第十六条　著作権等管理事業者は、正当な理由がなければ、取り扱っている著作物等の利用の許諾を拒んではならない。

（情報の提供）

第十七条　著作権等管理事業者は、著作物等の題号又は名称その他の取り扱っている著作物等に関する情報及び当該著作物等ごとの取り扱っている利用方法に関する情報を利用者に提供するように努めなければならない。

（財務諸表等の備付け及び閲覧等）

第十八条　著作権等管理事業者は、毎事業年度経過後三月以内に、その事業年度の著作権等管理事業に係る貸借対照表、事業報告書その他の文部科学省令で定める書類（次項及び第三十四条第二号において「財務諸表等」という。）を作成し、五年間事業所に備えて置かなければならない。

2　委託者は、著作権等管理事業者の業務時間内は、いつでも、財務諸表等の閲覧又は謄写を請求することができる。

第四章　監督

（報告徴収及び立入検査）

第十九条　文化庁長官は、この法律の施行に必要な限度において、著作権等管理事業者に対し、その業務若しくは財産の状況に関し報告させ、又はその職員に、著作権等管理事業者の事業所に立ち入り、業務の状況若しくは帳簿、書類その他の物件を検査させ、若しくは関係者に質問させることができる。

2　前項の規定により立入検査をする職員は、その身分を示す証明書を携帯し、関係者に提示しなければならない。

3　第一項の規定による立入検査の権限は、犯罪捜査のために認められたものと解してはならない。

（業務改善命令）

第二十条　文化庁長官は、著作権等管理事業者の業務の運営に関し、委託者又は利用者の利益を害する事実があると認めるときは、委託者又は利用者の保護のため必要な限度において、当該著作権等管理事業者に対し、管理委託契約約款又は使用料規程の変更その他業務の運営の改善に必要な措置をとるべきことを命ずることができる。

（登録の取消し等）

第二十一条　文化庁長官は、著作権等管理事業者が次の各号のいずれかに該当するときは、その登録を取り消し、又は六月以内の期間を定めて著作権等管理事業の全部若しくは一部の停止を命ずることができる。

一　この法律若しくはこの法律に基づく命令又はこれらに基づく処分に違反したとき。

二　不正の手段により第三条の登録を受けたとき。

三　第六条第一項第一号、第二号、第四号又は第五号のいずれかに該当することとなったとき。

2　文化庁長官は、著作権等管理事業者が登録を受けてから一年以内に著作権等管理事業を開始せず、又は引き続き一年以上著作権等管理事業を行っていないと認めるときは、その登録を取り消すことができる。

3　第六条第二項の規定は、前二項の場合について準用する。

（監督処分の公告）

第二十二条　文化庁長官は、前条第一項又は第二項の規定による処分をしたときは、文部科学省令で定めるところにより、その旨を公告しなければならない。

第五章　使用料規程に関する協議及び裁定

（協議）

第二十三条　文化庁長官は、著作権等管理事業者について、その使用料規程におけるいずれかの利用区分（当該利用区分における著作物等の利用の状況を勘案して当該利用区分をより細分した区分についてこの項の指定をすることが合理的であると認めるときは、当該細分した区分。以下この条において同じ。）において、すべての著作権等管理事業者の収受した使用料の総額に占めるその収受した使用料の額の割合が相当の割合であり、かつ、次に掲げる場合に該当するときは、当該著作権等管理事業者を当該利用区分に係る指定著作権等管理事業者として指定することができる。
一　当該利用区分において収受された使用料の総額に占めるすべての著作権等管理事業者の収受した使用料の総額の割合が相当の割合である場合
二　前号に掲げる場合のほか、当該著作権等管理事業者の使用料規程が当該利用区分における使用料の額の基準として広く用いられており、かつ、当該利用区分における著作物等の円滑な利用を図るために特に必要があると認める場合
2　指定著作権等管理事業者は、当該利用区分に係る利用者代表（一の利用区分において、利用者の総数に占めるその直接又は間接の構成員である利用者の数の割合、利用者が支払った使用料の総額に占めるその直接又は間接の構成員が支払った使用料の額の割合その他の事情から当該利用区分における利用者の利益を代表すると認められる団体又は個人をいう。以下この章において同じ。）から、第十三条第一項の規定による届出をした使用料規程（当該利用区分に係る部分に限る。以下この章において同じ。）に関する協議を求められたときは、これに応じなければならない。
3　利用者代表は、前項の協議（以下この章において「協議」という。）に際し、当該利用区分における利用者（当該利用者代表が直接又は間接の構成員を有する団体であるときは、当該構成員である利用者を除く。）から意見を聴取するように努めなければならない。
4　文化庁長官は、利用者代表が協議を求めたにもかかわらず指定著作権等管理事業者が当該協議に応じず、又は協議が成立しなかった場合であって、当該利用者代表から申立てがあったときは、当該指定著作権等管理事業者に対し、その協議の開始又は再開を命ずることができる。
5　指定著作権等管理事業者は、協議が成立したとき（当該使用料規程を変更する必要がないこととされたときを除く。次項において同じ。）は、その結果に基づき、当該使用料規程を変更しなければならない。
6　使用料規程の実施の日（第十四条第三項の規定により同条第一項の期間が延長されたときは、当該延長された同項の期間を経過する日。次条第三項において同じ。）前に協議が成立したときは、当該使用料規程のうち変更する必要があることとされた部分に係る第十三条第一項の規定による届出は、なかったものとみなす。

（裁定）

第二十四条　前条第四項の規定による命令があった場合において、協議が成立しないときは、その当事者は、当該使用料規程について文化庁長官の裁定を申請することができる。
2　文化庁長官は、前項の裁定（以下この条において「裁定」という。）の申請があったときは、その旨を他の当事者に通知し、相当の期間を指定して、意見を述べる機会を与えなければならない。
3　指定著作権等管理事業者は、使用料規程の実施の日前に裁定の申請をし、又は前項

の通知を受けたときは、第十四条の規定により使用料規程を実施してはならないこととされる期間を経過した後においても、当該裁定がある日までは、当該使用料規程を実施してはならない。

4　文化庁長官は、裁定をしようとするときは、文化審議会に諮問しなければならない。

5　文化庁長官は、裁定をしたときは、その旨を当事者に通知しなければならない。

6　使用料規程を変更する必要がある旨の裁定があったときは、当該使用料規程は、その裁定において定められたところに従い、変更されるものとする。

第六章　雑則

（適用除外）

第二十五条　第十一条第一項第三号、第十三条、第十四条、第十五条（使用料規程に係る部分に限る。）、第二十三条及び前条の規定は、次の各号に掲げる団体が第三条の登録を受けて当該各号に定める権利に係る著作権等管理事業を行うときは、当該権利に係る使用料については、適用しない。

一　著作権法第九十五条の三第四項において準用する同法第九十五条第五項の団体　同法第九十五条の三第一項に規定する権利

二　著作権法第九十七条の三第四項において準用する同法第九十七条第三項の団体　同法第九十七条の三第一項に規定する権利

（平十二法一三一・２号一部改正）

（信託業法の適用除外等）

第二十六条　信託業法（平成十六年法律第百五十四号）第三条の規定は、第二条第一項第一号に掲げる契約に基づき著作権等のみの信託の引受けを業として行う者については、適用しない。

（平十六法一五四・１項一部改正２項削除）

（文部科学省令への委任）

第二十七条　この法律に定めるもののほか、この法律を実施するため必要な事項は、文部科学省令で定める。

（経過措置）

第二十八条　この法律の規定に基づき文部科学省令を制定し、又は改廃する場合においては、その文部科学省令で、その制定又は改廃に伴い合理的に必要と判断される範囲内において、所要の経過措置を定めることができる。

第七章　罰則

第二十九条　次の各号のいずれかに該当する者は、百万円以下の罰金に処する。
一　第三条の規定に違反して著作権等管理事業を行った者
二　不正の手段により第三条の登録を受けた者

第三十条　第二十一条第一項の規定による著作権等管理事業の停止の命令に違反した者は、五十万円以下の罰金に処する。

第三十一条　次の各号のいずれかに該当する者は、三十万円以下の罰金に処する。
一　第十一条第三項の規定に違反して管理委託契約を締結した者
二　第十三条第四項の規定に違反して請求した使用料を収受した者
三　第二十条の規定による命令に違反した者

第三十二条　次の各号のいずれかに該当する者は、二十万円以下の罰金に処する。
一　第七条第一項又は第八条第二項の規定による届出をせず、又は虚偽の届出をした者
二　第十五条の規定に違反して管理委託契約約款又は使用料規程を公示しなかった者
三　第十九条第一項の規定による報告をせず、若しくは虚偽の報告をし、又は同項の規定による検査を拒み、妨げ、若しくは忌避し、若しくは同項の規定による質問に対して陳述をせず、若しくは虚偽の陳述をした者

第三十三条　法人（法人格を有しない社団又は財団で代表者又は管理人の定めのあるものを含む。以下この項において同じ。）の代表者若しくは管理人又は法人若しくは人の代理人、使用人その他の従業者が、その法人又は人の業務に関し、第二十九条から前条までの違反行為をしたときは、行為者を罰するほか、その法人又は人に対しても、各本条の罰金刑を科する。

2　法人格を有しない社団又は財団について前項の規定の適用がある場合には、その代表者又は管理人がその訴訟行為につきその社団又は財団を代表するほか、法人を被告人又は被疑者とする場合の刑事訴訟に関する法律の規定を準用する。

第三十四条　次の各号のいずれかに該当する者は、二十万円以下の過料に処する。
一　第九条の規定による届出をせず、又は虚偽の届出をした者
二　第十八条第一項の規定に違反して財務諸表等を備えて置かず、財務諸表等に記載すべき事項を記載せず、若しくは虚偽の記載をし、又は正当な理由がないのに同条第二項の規定による財務諸表等の閲覧若しくは謄写を拒んだ者

附　則

（施行期日）

第一条　この法律は、平成十三年十月一日から施行する。

（著作権に関する仲介業務に関する法律の廃止）

第二条　著作権に関する仲介業務に関する法律（昭和十四年法律第六十七号）は、廃止する。

（旧仲介業務であった著作権等管理事業に係る経過措置）

第三条　この法律の施行の際現に前条の規定による廃止前の著作権に関する仲介業務に関する法律（以下「旧仲介業務法」という。）第二条の規定による許可を受けている者であって著作権等管理事業を行っているものは、当該許可に係る旧仲介業務（旧仲介業務法第一条に規定する著作権に関する仲介業務をいう。次条第一項において同じ。）のうち著作権等管理事業に該当する部分について、この法律の施行の日に第三条の登録を受けたものとみなす。

2　前項の規定により第三条の登録を受けたものとみなされる者（以下この条において「旧仲介人」という。）は、この法律の施行の日から三十日以内に、第四条第一項各号に掲げる事項を記載した書類及び同条第二項各号に掲げる書類を文化庁長官に提出しなければならない。

3　文化庁長官は、前項に規定する書類の提出があったときは、当該書類に記載された第四条第一項各号に掲げる事項及び第五条第一項第二号に掲げる事項を著作権等管理事業者登録簿に登録するものとする。

4　旧仲介人に対する第十一条第三項、第十二条及び第十五条（管理委託契約約款に係る部分に限る。）の規定の適用については、平成十四年三月三十一日又は第十一条第一項の規定により届け出た管理委託契約約款の実施の日の前日のいずれか早い日までの間は、旧仲介業務法第二条又は第四条の規定により許可を受けた業務執行の方法は、第十一条第一項の規定により届け出た管理委託契約約款とみなす。

5　旧仲介人に対する第十三条第四項及び第十五条（使用料規程に係る部分に限る。）の規定の適用については、平成十四年三月三十一日又は第十三条第一項の規定により新たに届け出た使用料規程の実施の日の前日のいずれか早い日までの間は、旧仲介業務法第三条第一項の規定により認可を受けた著作物使用料規程（次項において「旧著作物使用料規程」という。）は、第十三条第一項の規定により届け出た使用料規程とみなす。

6　旧仲介人が第十三条第一項の規定により新たに届け出た使用料規程であってその実施の日が平成十四年四月一日以前であるものの全部又は一部について次の各号に掲げる事由があるときは、旧著作物使用料規程のうち当該全部又は一部に相当する部分については、前項の規定にかかわらず、当該各号に定める日までの間、同条第一項の規定により届け出た使用料規程とみなす。

一　第十四条第二項から第四項までの規定により同条第一項の期間が変更されたとき（次号に該当するときを除く。）　当該変更された同項の期間を経過する日

二　その実施の日（第十四条第三項の規定により同条第一項の期間が延長されたとき

は、当該延長された同項の期間を経過する日）前に第二十四条第一項の裁定の申請があったとき　その実施の日の前日又は当該裁定の日のいずれか遅い日

（旧仲介業務に該当しない著作権等管理事業に係る経過措置）

第四条　この法律の施行の際現に著作権等管理事業（旧仲介業務に該当するものを除く。以下この条において同じ。）を行っている者は、平成十四年三月三十一日までの間は、第三条の登録を受けないで、当該著作権等管理事業を引き続き行うことができる。

2　前項に規定する者が同項の著作権等管理事業について平成十四年三月三十一日以前に第三条の登録を受けた場合には、当該著作権等管理事業については、同日又は第十一条第一項の規定により届け出た管理委託契約約款の実施の日の前日のいずれか早い日までの間は、同条第三項及び第十二条の規定は、適用しない。

3　前項に規定する場合には、当該著作権等管理事業については、平成十四年三月三十一日又は第十三条第一項の規定により届け出た使用料規程の実施の日の前日のいずれか早い日までの間は、同条第四項の規定は、適用しない。

4　その実施の日が平成十四年四月一日以前である使用料規程の全部又は一部について前条第六項各号に掲げる事由があるときは、当該著作権等管理事業のうち当該全部又は一部に係る部分については、前項の規定にかかわらず、当該各号に定める日までの間、第十三条第四項の規定は、適用しない。

（登録の拒否に関する経過措置）

第五条　第六条第一項第三号及び第五号ハの規定の適用については、旧仲介業務法第九条の規定により旧仲介業務法第二条の許可を取り消された者は、その処分を受けた日において、第二十一条第一項の規定により登録を取り消された者とみなす。

2　第六条第一項第四号及び第五号ホの規定の適用については、旧仲介業務法の規定により罰金の刑に処せられた者は、その処分を受けた日において、この法律の規定に違反し、罰金の刑に処せられた者とみなす。

（罰則に関する経過措置）

第六条　この法律の施行前にした行為に対する罰則の適用については、なお従前の例による。

（検討）

第七条　政府は、この法律の施行後三年を経過した場合において、この法律の施行の状況を勘案し、必要があると認めるときは、この法律の規定について検討を加え、その結果に基づいて必要な措置を講ずるものとする。

附　則（平成十三年法律第百三十八号）（抄）

（施行期日）

第一条　この法律は、公布の日から起算して二十日を経過した日から施行する。〔平成十三年十二月二十五日から施行〕

附　則（平成十四年法律第七十二号）（抄）

（施行期日）

1　この法律の規定は、次の各号に掲げる区分に従い、当該各号に定める日から施行する。

一　第七条の改正規定、第八条の改正規定、第九十五条の改正規定、第九十五条の三の改正規定、第九十七条の改正規定、第九十七条の三の改正規定並びに附則第二項から第四項まで、第六項、第七項及び第九項の規定　実演及びレコードに関する世界知的所有権機関条約（以下「実演・レコード条約」という。）が日本国について効力を生ずる日〔平成十四年十月九日から施行〕

附　則（平成十六年法律第七十六号）（抄）

（施行期日）

第一条　この法律は、破産法（平成十六年法律第七十五号。次条第八項並びに附則第三条第八項、第五条第八項、第十六項及び第二十一項、第八条第三項並びに第十三条において「新破産法」という。）の施行の日から施行する。〔平成十七年一月一日から施行〕

附　則（平成十六年法律第百二十四号）（抄）

（施行期日）

第一条　この法律は、新不動産登記法の施行の日から施行する。〔平成十七年三月七日から施行〕

附　則（平成十六年法律第百五十四号）（抄）

（施行期日）

第一条　この法律は、公布の日から起算して六月を超えない範囲内において政令で定める日（以下「施行日」という。）から施行する。（後略）〔平成十六年十二月三十日から施行〕

附　則（平成二十年法律第二十八号）（抄）

（施行期日）

第一条　この法律は、公布の日から施行する。

附　則（平成二十四年法律第五十三号）（抄）

（施行期日）

第一条　この法律は、公布の日から起算して三月を超えない範囲内において政令で定める日から施行する。〔平成二十四年十月三十日から施行〕ただし、次の各号に掲げる規定は、当該各号に定める日から施行する。

一　第二条の規定並びに附則第五条、第七条、第十条、第十二条、第十四条、第十六条、第十八条、第二十条、第二十三条、第二十八条及び第三十一条第二項の規定　公布の日から起算して六月を超えない範囲内において政令で定める日

二　（略）

附　則（平成二十五年法律第八十六号）（抄）

（施行期日）

第一条　この法律は、公布の日から起算して六月を超えない範囲内において政令で定める日から施行する。〔平成二十六年五月二十日から施行〕

附　則（令和元年法律第三十七号）（抄）

（施行期日）

第一条　この法律は、公布の日から起算して三月を経過した日から施行する。〔令和元年九月十四日から施行〕

9　(旧) 著作権ニ関スル仲介業務ニ関スル法律

(昭和十四年四月五日法律第六十七号)
平成十三年十月一日廃止

改正　昭和二十二年十二月　四日　法律第二百二十三号
〔民法の改正に伴う関係法律の整理に関する法律第二十六条に関する改正〕
同　二十七年　六月　六日　同　第百六十八号
〔文部省設置法の一部を改正する法律附則第四項による改正〕
同　三十七年　三月二十九日　同　第三十五号
〔文部省設置法の一部を改正する法律附則第三項による改正〕
同　四十三年　六月　十五日　同　第九十九号
〔行政機構の簡素化等のための総理府設置法等の一部を改正する法律第十九条による改正〕
同　四十五年　五月　六日　同　第四十八号
〔著作権法附則第十九条による改正〕
同　五十八年十二月　二日　同　第七十八号
〔国家行政組織法の一部を改正する法律の施行に伴う関係法律の整理等に関する法律第六十一条による改正〕
平成　十一年十二月　八日　同　第百五十一号
〔民法の一部を改正する法律の施行に伴う関係法律の整備等に関する法律第十三条による改正〕
同　十一年十二月二十二日　同　第百六十号
〔中央省庁等改革関係法施行法第五百十条による改正〕

第一条　〔定義〕 本法ニ於テ著作権ニ関スル仲介業務ト称スルハ著作物ノ出版、翻訳、興行、放送、映画化、録音其ノ他ノ方法ニ依ル利用ニ関スル契約ニ付著作権者ノ為ニ代理又ハ媒介ヲ業トシテ為スヲ謂フ

② 著作権ノ移転ヲ受ケ他人ノ為ニ一定ノ目的ニ従ヒ著作物ヲ管理スルノ行為ヲ業トシテ為スハ之ヲ著作権ニ関スル仲介業務ト看做ス

③ 前二項ノ著作物ノ範囲ハ勅令ヲ以テ之ヲ定ム

(昭四五法四八・一部改正)

第二条　〔業務実施の許可〕 著作権ニ関スル仲介業務ヲ為サントスル者ハ文部科学省令ノ定ムル所ニ依リ業務ノ範囲及業務執行ノ方法ヲ定メ文化庁長官ノ許可ヲ受クベシ

(昭四三法九九・一部改正、平十一法一六〇・一部改正)

第三条　〔著作物使用料規程の認可〕　前条ノ許可ヲ受ケタル者（以下仲介人ト称ス）ハ文部科学省令ノ定ムル所ニ依リ著作物使用料規程ヲ定メ文化庁長官ノ認可ヲ受クベシ之ヲ変更セントスルトキ亦同ジ

②　前項ノ認可ノ申請アリタルトキハ文化庁長官ハ其ノ要領ヲ公告ス

③　出版ヲ業トスル者ノ組織スル団体、興行ヲ業トスル者ノ組織スル団体其ノ他文部科学省令ヲ以テ定ムル者ハ前項ノ要領ニ付公告ノ日ヨリ一月以内ニ文化庁長官ニ意見ヲ具申スルコトヲ得

④　文化庁長官第一項ノ認可ヲ為サントスルトキハ公告ノ日ヨリ一月ヲ経過シタル後文化審議会ニ諮問スベシ前項ノ規定ニ依リ意見ノ具申アリタルトキハ文化審議会ニ之ヲ提出スルコトヲ要ス

（昭二七法一六八・一部改正、昭三七法三五・一部改正、昭四三法九九・一部改正、昭四五法四八・一部改正、昭五八法七八・一部改正、平十一法一六〇・一部改正）

第四条　〔業務範囲変更等の許可〕　仲介人ハ業務ノ範囲又ハ業務執行ノ方法ヲ変更セントスルトキハ文化庁長官ノ許可ヲ受クベシ

（昭四三法九九・一部改正）

第五条　〔報告書〕　仲介人ハ文部科学省令ノ定ムル所ニ依リ業務報告書及会計報告書ヲ文化庁長官ニ提出スベシ

（昭四三法九九・一部改正、平十一法一六〇・一部改正）

第六条　〔監督〕　文化庁長官ハ何時ニテモ仲介人ヲシテ其ノ業務ニ関スル報告ヲ為サシメ又ハ其ノ帳簿書類ヲ提出セシムルコトヲ得

（昭四三法九九・一部改正）

第七条　〔同前〕　文化庁長官ハ何時ニテモ当該官吏ヲシテ仲介人ノ事務所其ノ他ノ場所ニ臨検シ其ノ業務及財産ノ状況ヲ検査セシムルコトヲ得此ノ場合ニ於テハ其ノ身分ヲ示ス証票ヲ携帯セシムベシ

（昭四三法九九・一部改正）

第八条　〔同前〕　文化庁長官ハ仲介人ノ業務又ハ財産ノ状況ニ依リ必要ト認ムルトキハ業務執行ノ方法ノ変更ヲ命ジ其ノ他必要ナル命令ヲ為スコトヲ得

（昭四三法九九・一部改正）

第九条　〔同前〕　仲介人本法若ハ本法ニ基キテ発スル命令又ハ之ニ基キテ為ス処分ニ違反シタルトキ又ハ其ノ業務ニ関シ公益ヲ害スル行為ヲ為シタルトキハ文化庁長官ハ第二条ノ許可ヲ取消シ又ハ其ノ業務ヲ停止シ若ハ制限スルコトヲ得

（昭四三法九九・一部改正）

第十条　〔罰則〕　第二条ノ規定ニ依ル許可ヲ受ケズシテ著作権ニ関スル仲介業務ヲ為シタル者ハ三千円（※）以下ノ罰金ニ処ス

第十一条　〔同前〕　仲介人左ノ各号ノ一ニ該当スルトキハ千円（※）以下ノ罰金ニ処ス

一　第二条又ハ第四条ノ規定ニ依リ許可ヲ受ケタル業務ノ範囲ヲ超エ業務ヲ為シタルトキ

二　第九条ノ規定ニ依ル業務ノ停止又ハ制限ニ違反シタルトキ

第十二条〔同前〕仲介人左ノ各号ノ一ニ該当スルトキハ五百円（※）以下ノ罰金ニ処ス

一　第二条又ハ第四条ノ規定ニ依リ許可ヲ受ケタル業務ノ執行方法ニ依ラズシテ業務ヲ為シタルトキ

二　第三条第一項ノ規定ニ依リ認可ヲ受ケタル著作物使用料規程ニ依ラズシテ業務ヲ為シタルトキ

三　第五条ノ規定ニ依ル業務報告書若ハ会計報告書ヲ提出セズ又ハ之ニ虚偽ノ記載ヲ為シタルトキ

四　第六条ノ規定ニ依ル報告ヲ為サズ若ハ虚偽ノ報告ヲ為シ又ハ帳簿書類ヲ提出セザルトキ

五　第八条ノ規定ニ依ル命令ニ違反シタルトキ

第十三条〔同前〕第七条ノ規定ニ依ル臨検検査ヲ拒ミ、妨ゲ又ハ忌避シタル者ハ五百円（※）以下ノ罰金ニ処ス

第十四条〔同前〕法人ノ代表者又ハ法人若ハ人ノ代理人、使用人其ノ他ノ従業者ガ其ノ法人又ハ人ノ業務ニ関シ第十条及至第十二条ノ違反行為ヲ為シタルトキハ行為者ヲ罰スルノ外其ノ法人又ハ人ニ対シ各本条ノ刑ヲ科ス

（平十一法一五一・全改）

附　則

① 本法施行ノ期日ハ勅令ヲ以テ之ヲ定ム〔昭和十四年勅令第八百三十四号で昭和十四年十二月十五日から施行〕

② 本法施行ノ際現ニ著作権ニ関スル仲介業務ヲ為ス者又ハ其ノ業務ヲ承継シタル者ハ本法施行ノ日ヨリ三月ヲ限リ第二条ノ規定ニ拘ラズ其ノ業務ヲ為スコトヲ得

③ 前項ニ掲グル者前項ノ期間内ニ第二条ノ許可ヲ申請シタル場合ニ於テ其ノ申請ニ対スル許可又ハ不許可ノ処分ノ日迄亦前項ニ同ジ

附　則（昭和二十二年法律第二百二十三号）（抄）

第二十九条　この法律は、昭和二十三年一月一日から、これを施行する。

附　則（昭和二十七年法律第百六十八号）（抄）

1　この法律は、公布の日から施行する。

附　則（昭和三十七年法律第三十五号）（抄）

1　この法律は、昭和三十七年四月一日から施行する。

附　則（昭和四十三年法律第九十九号）（抄）

（施行期日）
1　この法律は、公布の日から施行する。

附　則（昭和四十五年法律第四十八号）（抄）

（施行期日）
第一条　この法律は、昭和四十六年一月一日から施行する。

附　則（昭和五十八年法律第七十八号）（抄）

1　この法律（第一条を除く。）は、昭和五十九年七月一日から施行する。

附　則（平成十一年法律第百五十一号）（抄）

（施行期日）
第一条　この法律は、平成十二年四月一日から施行する。

（経過措置）
第三条　民法の一部を改正する法律（平成十一年法律第百四十九号）附則第三条第三項の規定により従前の例によることとされる準禁治産者及びその保佐人に関するこの法律による改正規定の適用については、次に掲げる改正規定を除き、なお従前の例による。

一～二十五　（略）

第四条　この法律の施行前にした行為に対する罰則の適用については、なお従前の例による。

附　則（平成十一年法律第百六十号）（抄）

（施行期日）
第一条　この法律（第二条及び第三条を除く。）は、平成十三年一月一日から施行する。ただし、次の各号に掲げる規定は、当該各号に定める日から施行する。

一・二　（略）

（注）※印の罰金の多額は、罰金等臨時措置法（昭和二十三年法律第二百五十一号）第二条第一項の規定により二万円とされている。

10　昭和十四年法律第六十七号第一条第三項ノ規定ニ依リ著作物ノ範囲ヲ定ムルノ件

（昭和十四年十二月十三日勅令第八百三十五号）

昭和十四年法律第六十七号第一条第三項ノ規定ニ依リ著作物ノ範囲ヲ定ムルコト左ノ如シ

一　小説

二　脚本

三　楽曲ヲ伴フ場合ニ於ケル歌詞

四　楽曲

附　則

本令ハ昭和十四年法律第六十七号施行ノ日ヨリ之ヲ施行ス〔昭和十四年十二月十五日から施行〕

11　映画の盗撮の防止に関する法律

（平成十九年五月三十日法律第六十五号）

改正　令和　　二年　六月　十二日　法律第四十八号

（目的）

第一条　この法律は、映画館等における映画の盗撮により、映画の複製物が作成され、これが多数流通して映画産業に多大な被害が発生していることにかんがみ、映画の盗撮を防止するために必要な事項を定め、もって映画文化の振興及び映画産業の健全な発展に寄与することを目的とする。

（定義）

第二条　この法律において、次の各号に掲げる用語の意義は、それぞれ当該各号に定めるところによる。

一　上映　著作権法（昭和四十五年法律第四十八号）第二条第一項第十七号に規定する上映をいう。

二　映画館等　映画館その他不特定又は多数の者に対して映画の上映を行う会場であって当該映画の上映を主催する者によりその入場が管理されているものをいう。

三　映画の盗撮　映画館等において観衆から料金を受けて上映が行われる映画（映画館等における観衆から料金を受けて行われる上映に先立って観衆から料金を受けずに上映が行われるものを含み、著作権の目的となっているものに限る。以下単に「映画」という。）について、当該映画の影像の録画（著作権法第二条第一項第十四号に規定する録画をいう。）又は音声の録音（同項第十三号に規定する録音をいう。）をすること（当該映画の著作権者の許諾を得てする場合を除く。）をいう。

（映画産業の関係事業者による映画の盗撮の防止）

第三条　映画館等において映画の上映を主催する者その他映画産業の関係事業者は、映画の盗撮を防止するための措置を講ずるよう努めなければならない。

（映画の盗撮に関する著作権法の特例）

第四条　映画の盗撮については、著作権法第三十条第一項の規定は、適用せず、映画の盗撮を行った者に対する同法第百十九条第一項の規定の適用については、同項中「第三十条第一項（第百二条第一項において準用する場合を含む。第三項において同じ。）に定める私的使用の目的をもつて自ら著作物若しくは実演等の複製を行つた者、第百十三条第二項」とあるのは、「第百十三条第二項」とする。

2　前項の規定は、最初に日本国内の映画館等において観衆から料金を受けて上映が行われた日から起算して八月を経過した映画に係る映画の盗撮については、適用しない。

（令二法四八・１項一部改正）

附　則

この法律は、公布の日から起算して三月を経過した日から施行する。

附　則（令和二年法律第四十八号）（抄）

（施行期日）

第一条　この法律は、令和三年一月一日から施行する。ただし、次の各号に掲げる規定は、当該各号に定める日から施行する。

一　第三条（プログラムの著作物に係る登録の特例に関する法律（以下「プログラム登録特例法」という。）第二十条第一号の改正規定に限る。）並びに次条並びに附則第三条、第六条、第七条、第十二条及び第十三条（映画の盗撮の防止に関する法律（平成十九年法律第六十五号）第四条第一項の改正規定中「含む」の下に「。第三項において同じ」を加える部分に限る。）の規定　公布の日

二　第一条並びに附則第四条、第八条、第十一条及び第十三条（前号に掲げる改正規定を除く。）の規定　令和二年十月一日

索　引

ア

イ

ウ

エ

オ

カ

キ

ケ

コ

サ

シ

ス

セ

ソ

タ

チ

ツ

テ

ト

ナ

ニ

ネ

ハ

編著者プロフィール

池村　聡（いけむら　さとし）

弁護士（三浦法律事務所）

1999年　早稲田大学法学部卒業

2001年　弁護士登録（第二東京弁護士会）、マックス法律事務所（現森・濱田松本法律事務所）入所

2009年1月～2012年6月　文化庁著作権課著作権調査官

2019年　三浦法律事務所開設

著作に『著作権法コンメンタール別冊平成21年改正解説』（勁草書房、2010）、『著作権法コンメンタール別冊平成24年改正解説』（共著、勁草書房、2013）、『はじめての著作権法』（日経文庫、2018）、連載「ざっくりさくっと著作権」（コピライト2016年4月号～2017年3月号）ほか多数。

小坂　準記（こさか　じゅんき）

弁護士（TMI総合法律事務所）

2005年　北海道大学法学部卒業

2007年　北海道大学法科大学院修了

2008年　弁護士登録（東京弁護士会）

2009年　TMI総合法律事務所入所

2012年7月～2014年12月　文化庁著作権課著作権調査官

2016年8月～3月　Max Planck Institute for Innovation and Competition 客員研究員

2020年　TMI総合法律事務所パートナー就任

著作に『ライセンス契約書作成のポイント』（編著者、中央経済出版社、2020）、『著作権判例百選 第6版』（共著、有斐閣、2019）、『著作権の法律相談Ⅰ・Ⅱ』（共著、青林書院、2016）、連載「コピライト・ビギナー－著作権のボーダーラインを学ぶ判例入門」（コピライト2017年4月号～2018年3月号）ほか多数。

澤田　将史（さわだ　まさし）

弁護士（三村小松山縣法律事務所）

2008年　早稲田大学法学部卒業

2011年　早稲田大学大学院法務研究科修了

2012年　弁護士登録（第一東京弁護士会）

2016年11月～2019年6月　文化庁著作権課著作権調査官

長島・大野・常松法律事務所を経て、2020年三村小松山縣法律事務所に参画。

著作に『著作権法コンメンタール別冊　平成30年・令和2年改正解説』（共著、勁草書房、2022）、連載「著作権契約のツボ」（コピライト2021年4月号～2022年3月号）ほか多数。

実務者のための
著作権ハンドブック（新版）

定価はカバーに表示してあります。

1996年１月　発行
1996年５月　第２刷発行
1997年３月　第３刷発行
1998年６月　改訂版発行（第二版）
1998年10月　改訂版第２刷発行
1999年４月　改訂版第３刷発行
2000年４月　改訂新版発行（第三版）
2001年８月　第四版発行
2002年11月　第五版発行
2003年５月　第五版第２刷発行
2003年12月　第五版第３刷発行
2004年２月　第五版第４刷発行
2004年９月　第五版第５刷発行
2005年１月　第五版第６刷発行
2005年４月　第五版第７刷発行
2005年11月　第六版発行
2008年５月　第六版第２刷発行
2009年２月　第七版発行
2011年３月　第八版発行
2014年１月　第九版発行
2016年11月　第九版第２刷発行
2017年11月　第九版第３刷発行
2022年４月　新版発行

編著者　池村 聡　小坂 準記　澤田 将史

発行者　公益社団法人著作権情報センター
〒164-0012　東京都中野区本町１-32-２
ハーモニータワー22Ｆ
TEL(03)5309-2421　FAX(03)5354-6435

制作・印刷・表紙デザイン　ナナオ企画

落丁本・乱丁本はお取替えいたします。

ISBN978-4-88526-096-4